Guide des arts

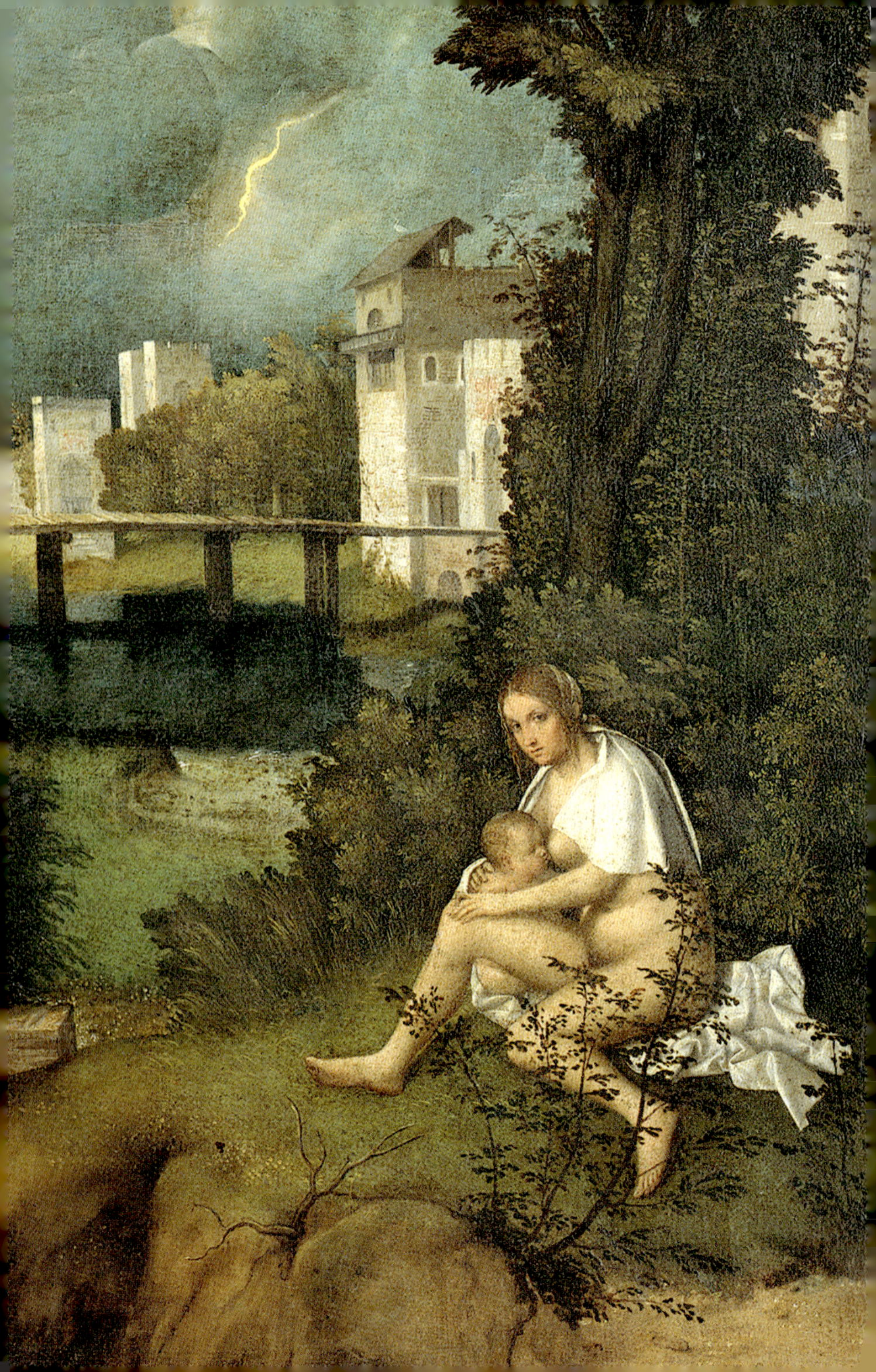

Matilde Battistini

Symboles et Allégories

Traduit de l'italien par Dominique Férault

HAZAN

Page 2
Giorgione, *La Tempête* (détail), vers 1506
Venise, Gallerie dell'Accademia

Pages 8-9
Frères de Limbourg, *Juillet* (détail),
miniature des *Très Riches Heures du duc de Berry*, vers 1416
Chantilly, musée Condé

Pages 98-99
Le Caravage, *Narcisse* (détail), vers 1599-1600
Rome, Galleria Nazionale di Arte Antica, palais Corsini

Pages 174-175
Jérôme Bosch, *Le Jardin des délices* (détail),
panneau central du *Triptyque du Jardin des délices*, 1503-1504
Madrid, Museo del Prado

Pages 276-277
Sandro Botticelli, *Le Printemps* (détail), vers 1482-1483
Florence, Galleria degli Uffizi

Page 366
Plafond de bois, XVIe siècle
Mantoue, palais ducal, salle du Labyrinthe

Direction artistique
Giorgio Seppi

Coordination éditoriale
Tatjana Pauli

Rédaction
Lidia Maurizi

Conception graphique
Dario Tagliabue

Mise en pages
Chiara Forte

Couverture
Anna Piccarreta

Recherche iconographique
Elisa Dal Canto

ISBN : 2 85025 914 4
Dépôt légal : janvier 2004

Suivi éditorial
Béatrice Petit et Anne-Marike Linnebank

Mise en pages
Gabriela Larrea

Couverture
Jean-Marc Barrier

Sommaire

Introduction

Que disent les œuvres d'art et que représentent-elles ? Est-il possible que, sous ce que voient nos yeux, l'artiste ait dissimulé un message caché ?

Dans le très vaste répertoire des symboles du passé, les peintres ont puisé images et codes de représentation, dont la clef de lecture est souvent perdue. Ces codes font partie intégrante de la structure de l'œuvre, et le spectateur, s'il ne les connaît pas, n'est pas en mesure de reconnaître ce que les images racontent ni la signification dont elles sont porteuses.

La pensée médiévale réorganise les grands codes symboliques de l'Antiquité en une nouvelle conception théologique et religieuse du monde, et elle distingue nettement les principes du bien ou du mal auxquels elle fait correspondre les figures majeures du panthéon chrétien : le Christ, la Vierge Marie, les anges et les saints, ou le diable et ses envoyés.

L'art roman est très riche de symboles tirés du passé : certains sont clairement lisibles par nos contemporains, d'autres sont relégués dans les catégories du démoniaque et du monstrueux car devenus incompréhensibles au fil du temps.

La Renaissance retrouve la culture classique à travers la lecture et la traduction de manuscrits découverts par les humanistes et diffusés grâce à l'invention de l'imprimerie. Ces textes apportent à l'Occident des traditions culturelles extrêmement anciennes, qui remontent aux civilisations mésopotamienne, indo-persane et égyptienne.

Les « images symboliques » des XVe et XVIe siècles sont profondément influencées non seulement par les mythes de l'antiquité gréco-romaine, mais aussi par la philosophie de Platon et par les traditions hermétiques et ésotériques, dont certaines ont pour source la kabbale hébraïque. Dans leur conception de l'œuvre d'art comme « seconde nature » et nouvelle cosmogenèse, les artistes de la Renaissance se servent de symboles alchimiques pour représenter les étapes fondamentales de la création du monde et son harmonie, et pour partager des valeurs morales et intellectuelles essentielles avec un cercle étroit d'« initiés » (humanistes, lettrés, peintres, commanditaires).

Au XVIIe siècle, une grande partie du répertoire iconographique est codifiée dans une série de dictionnaires et de traités, que les artistes utilisent pour présenter de manière efficace et correcte les symboles les plus répandus et leurs significations. Au fil des

XVIIe et XVIIIe siècles, ces codes finissent par être appliqués de façon mécanique, ce qui vide les images de leur profonde valeur cognitive et les transforme en de simples icônes didactiques.

La peinture visionnaire de la fin du XVIIIe siècle, la culture romantique et le symbolisme du XIXe siècle retrouvent une conception antinaturaliste de l'art, où se mêlent figures et significations tirées de l'imaginaire et de l'inconscient. Toutefois, c'est seulement au XXe siècle que certains courants artistiques, comme le surréalisme, semblent rattacher leurs principes esthétiques aux traditions ésotériques du passé.

Le présent volume veut offrir aux lecteurs d'aujourd'hui et aux visiteurs des expositions et des musées un instrument pour s'orienter dans le monde des images et apprendre à déchiffrer le sens caché de tableaux célèbres. Comme une telle matière interdit par nature une interprétation univoque et définitive, nous proposons quelques clefs d'interprétation des différentes œuvres, sans avoir la prétention d'épuiser, en de simples et brèves explications iconographiques, l'étendue et la complexité de leurs références et des sujets qu'elles traitent.

Cet ouvrage est organisé en quatre sections thématiques : la première, « Symboles du temps », est consacrée à la manière d'exprimer la conception de la temporalité aux différentes époques de l'histoire européenne, et elle en présente les principales personnifications symboliques ; la deuxième section, « Symboles de l'homme », illustre quelques archétypes de l'imaginaire culturel et anthropologique de l'humanité tirés des traditions religieuses et philosophiques de l'Occident ; la troisième section, « Symboles de l'espace », se propose de faire découvrir au lecteur des lieux « magiques » du monde qui l'entoure ; et la quatrième section, intitulée « Allégories », s'attache aux principaux thèmes iconographiques de l'histoire de l'art.

Dans les annexes, sont présentées les sources littéraires, philosophiques, religieuses et iconographiques dont se sont inspirés les artistes ou les intellectuels qui guidaient ceux-ci dans la composition de leurs œuvres, ainsi qu'une bibliographie essentielle, permettant ainsi au lecteur d'approfondir la connaissance de ce monde fascinant et riche de nombreuses surprises captivantes.

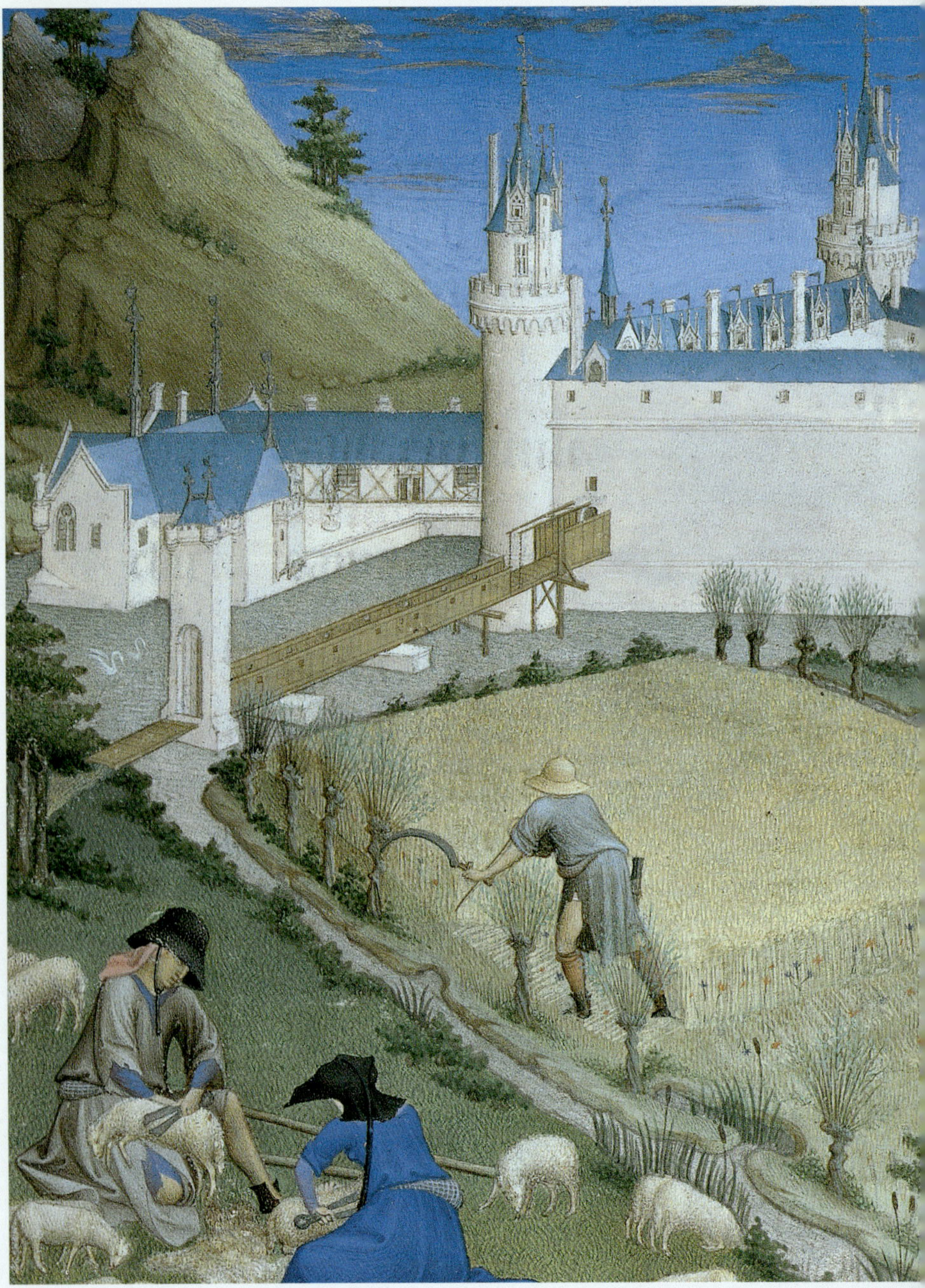

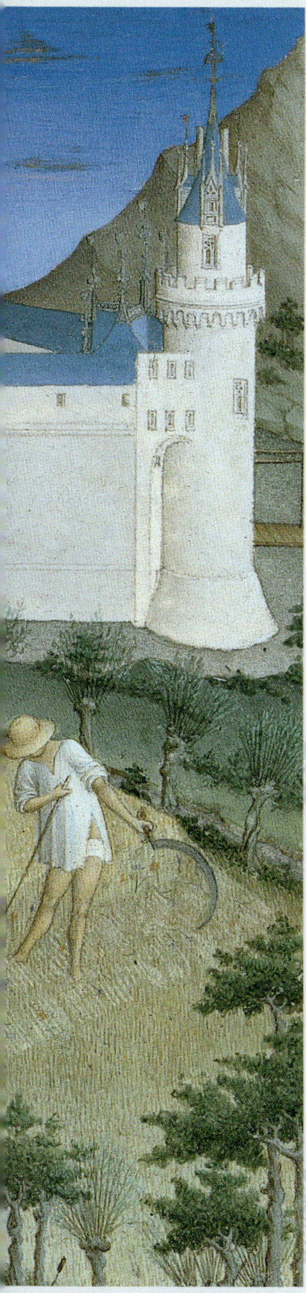

LE TEMPS

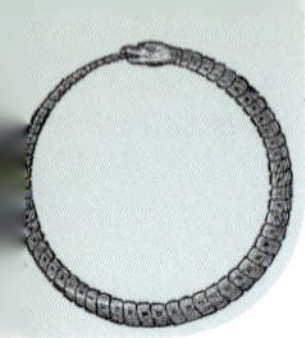

Représentation : sous la forme d'un serpent qui se mord la queue. Il représente l'éternité, la continuité de la vie et la totalité de l'univers. Il est l'emblème primordial de la création.

Ouroboros ou le Roi serpent

Étymologie du nom
Du copte *ouro*, « roi », de l'hébraïque *ob*, « serpent ».

Origine du symbole
Chez les Égyptiens, c'est l'anneau qui unit les quatre divinités cosmiques Seth, Isis, Osiris et Horus.

Caractéristiques
L'acte de se mordre la queue illustre le principe de l'autofécondation. Il est accompagné de l'inscription *En to pan* (« L'Un, le Tout »).

Traditions religieuses et philosophiques
Le gnosticisme, l'hermétisme, l'alchimie, la théosophie.

Divinités et symboles en relation
Hermès (Mercure), Éon, le temps cosmique ; le serpent ailé ou le dragon alchimique, mercuriel ou vif argent, la roue de feu, le cercle.

Symbole de l'éternel retour et de la régénération continuelle de la vie, le Roi serpent, ou Ouroboros, est l'image qui illustre le mieux la conception cyclique du temps : la « Grande Année » des Anciens. Selon cette tradition, le temps cosmique s'achève chaque fois que les astres reviennent à leur point de départ. À partir de ce moment (tous les quinze mille ans, selon le comput médiéval), le temps inverse son cours et repart dans la direction opposée. À l'avènement du christianisme, cette conception est supplantée par celle du temps linéaire, avec un début (la création du monde) et une fin (le Jugement dernier). Le Roi serpent remplit aussi une fonction importante dans la tradition alchimique et hermétique, où il représente le processus d'affinage des substances. Le serpent qui se mord la queue a été utilisé comme motif iconographique pour figurer l'éternité, et on le trouve souvent associé aux divinités et aux emblèmes qui représentent le temps. Le succès rencontré par ce symbole à la Renaissance en Italie est lié à la reviviscence d'un certain paganisme favorisée par le néoplatonisme de Pic de la Mirandole et de Marsile Ficin. Des princes et des seigneurs font mettre ce motif au revers de médailles à leur effigie pour synthétiser en une image symbolique leurs qualités morales, intellectuelles et politiques.

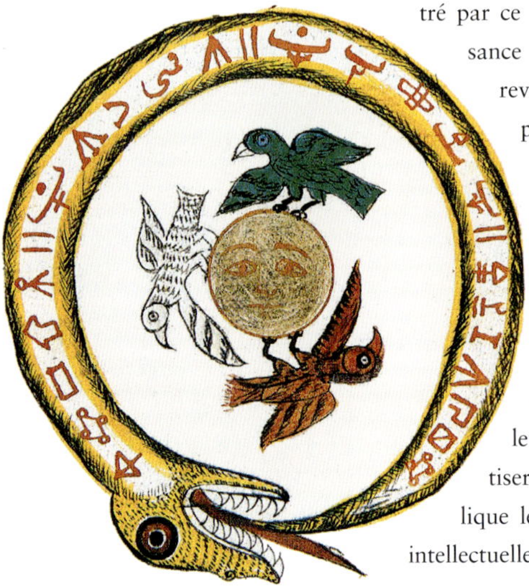

► *Ouroboros*, miniature arabe du XVIIIe siècle

Démogorgon est considéré à la Renaissance comme la souche des dieux et le gardien suprême des puissances occultes.

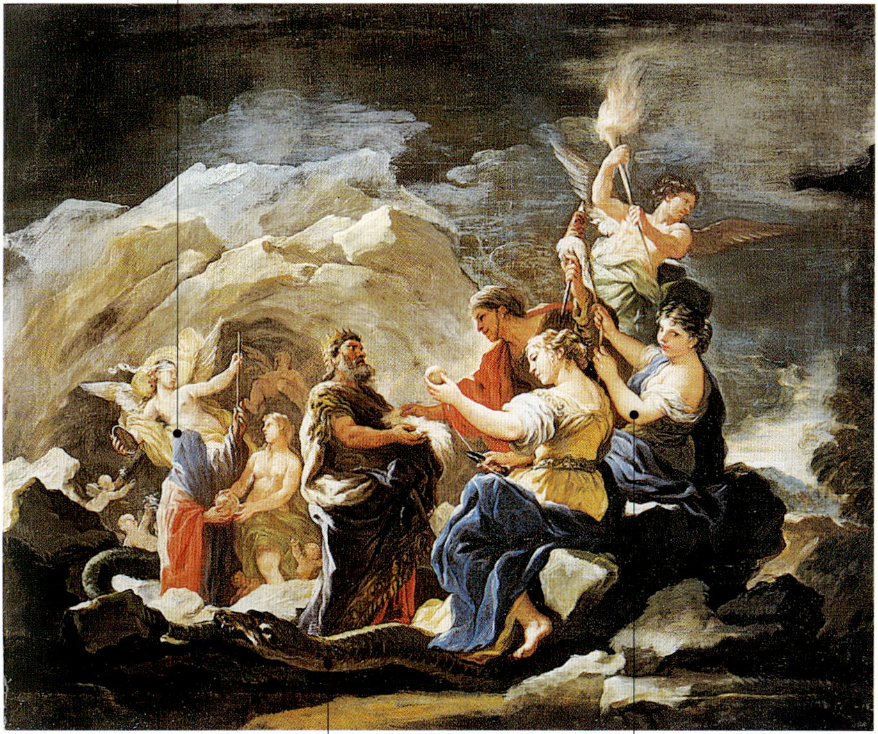

Le corps de l'ouroboros, moitié blanc et moitié noir, illustre l'union des opposés (le ciel et la terre) au sein du tout originaire.

Les trois Parques représentent le destin assigné à l'homme par sa naissance.

▲ Luca Giordano, *L'Antre de l'Éternité*, vers 1685
Londres, National Gallery

Le phénix, qui peut renaître de ses cendres, figure aussi bien la résurrection au sens chrétien que la synthèse des quatre éléments cosmiques.

La sphère armillaire symbolise l'univers.

Les chaînes représentent le joug inflexible d'Ananké (la Nécessité) qui pèse sur l'existence humaine.

Le Tractatus de immortalitate animae *de Pomponace, la* Gigantomachie *de Claudien et* Les Métamorphoses *d'Ovide sont probablement au nombre des sources littéraires de ce tableau.*

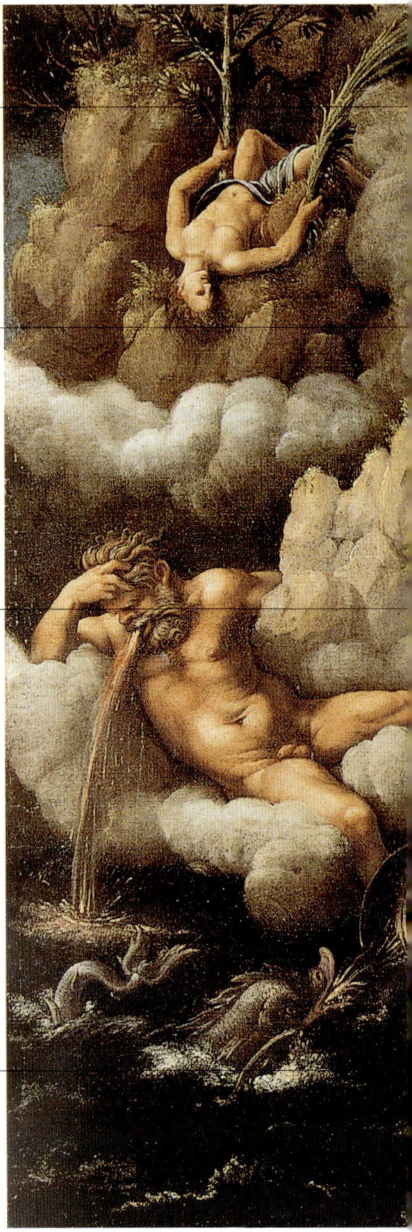

► Giulio Romano,
Allégorie de l'immortalité, vers 1520
Madrid, Museo del Prado

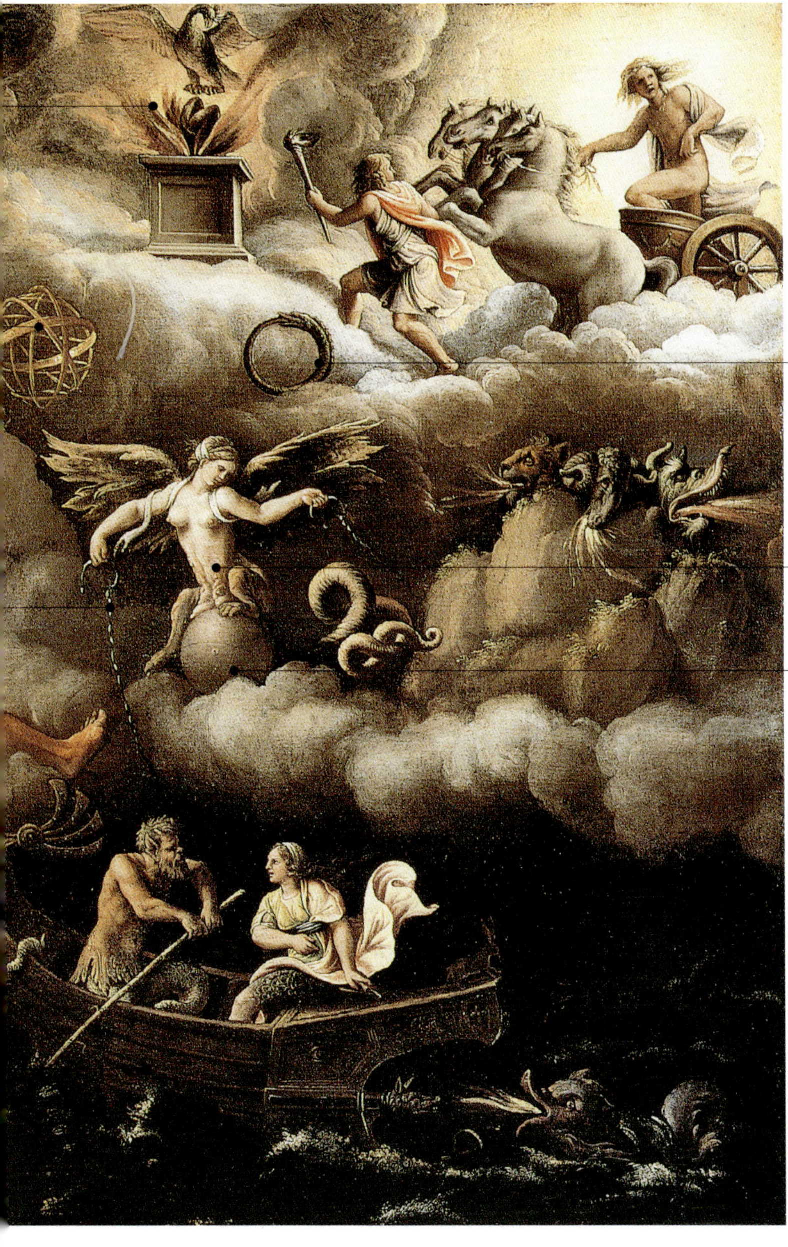

L'ouroboros est l'emblème de l'éternel retour et du caractère cyclique du temps.

Le sphinx incarne l'inexorabilité du destin de l'homme.

Le monde, soumis à la caducité et à la mort, est représenté dans les griffes du monstre.

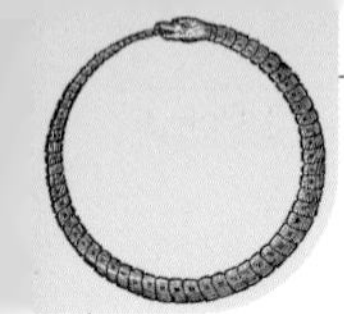

Représentation: sous les traits d'un vieillard, souvent en buste, portant barbe et avec des pinces de crabe dans les cheveux. Il peut aussi prendre la forme de serpent cosmique.

L'Océan

L'Océan est le fleuve cosmique qui entoure l'univers, présidant à la naissance et à la mort de toute chose. En tant que gardien de l'écoulement du temps et du devenir éternel, il est d'une nature double: sous son aspect d'eau primordiale, il est la source de vie originaire et inépuisable, et, en tant que frontière du monde, il symbolise le destin obligé de l'existence. À sa figure est associée celle du Styx, le fleuve divin qui entoure le royaume des morts.

Dans la Grèce antique, à chaque situation correspondait une divinité temporelle spécifique, comme Kairos (l'Occasion), Niké (la Victoire) et Hermès. Ce dernier était identifié avec le silence qui planait pendant une manifestation publique (sacrifice ou assemblée), cependant que Kairos personnifiait le moment propice pour agir. Niké présidait aux guerres et aux compétitions sportives, transformant le temps du combat en l'heure de la victoire. L'Océan a été ensuite rapproché du dieu persan Zurvan, qui renferme en lui deux principes temporels distincts: l'éternité (le temps infini) et la nécessité (le temps du long règne).

Dans les *Poèmes orphiques*, cette fonction est remplie par Ananké (la Nécessité), qui, sous forme de serpent, entoure l'univers de ses anneaux. Dans l'iconographie chrétienne, l'Océan apparaît aux pieds du Christ, le « nouveau Soleil » et seigneur du temps, comme simple père des cours d'eau et dénué de toute valeur temporelle.

Étymologie du nom
Du grec *Okéanos*; en latin, *Oceanus*.

Origine du symbole
Dans la mythologie grecque, il est fils d'Ouranos et de Gaïa.

Caractéristiques
Il entoure l'univers de ses méandres et il représente l'idée de temps comme écoulement et devenir incessant.

Traditions religieuses et philosophiques
La philosophie présocratique, le judaïsme, l'orphisme.

Divinités et symboles en relation
Téthys, Éros-Phanès, Ananké (la Nécessité), Némésis (la Vengeance), Chronos, Hermès (Mercure), Kairos (l'Occasion), Niké (la Victoire), Zurvan; Ouroboros, le serpent cosmique (Ophion-Borée), l'eau, la mer, l'œuf, le lotus, le roseau, l'île, l'au-delà, le fleuve Styx.

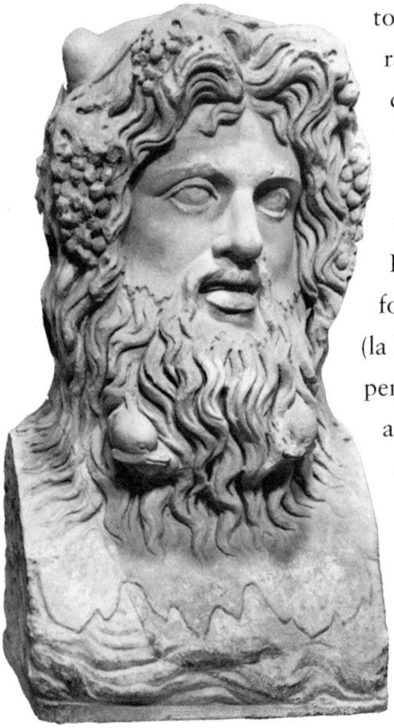

► Art romain, buste de l'Océan Cité du Vatican, musées du Vatican

Le poisson ailé est un symbole du Christ s'élevant hors du monde.

La pendule symbolise le destin de l'homme. Dans de nombreux tableaux, elle est associée à la représentation de la crucifixion.

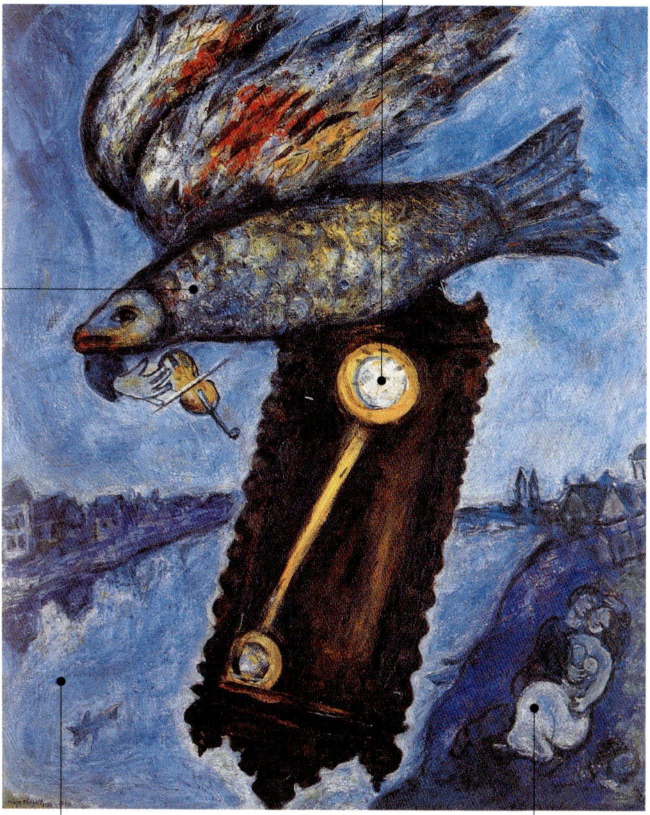

Sur la rive du fleuve de la vie, un couple d'amants symbolise le pouvoir fécondant des eaux.

Le fleuve illustre la conception du temps comme écoulement et source de vie qui anime la nature entière. Le titre du tableau est tiré d'un vers des Métamorphoses *d'Ovide.*

▲ Marc Chagall,
Le temps est un fleuve sans rives,
1930-1939
New York, Museum of Modern Art

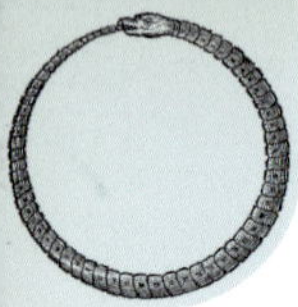

Représentation : sous les traits d'une jeune fille au visage caché par une longue touffe de cheveux, à la tête chauve par-derrière et se tenant en équilibre sur une sphère qui roule.

L'Occasion

L'Occasion représente le moment propice pour agir et réaliser ses désirs. Dans l'Antiquité classique, elle était personnifiée par Kairos, fils de l'Océan et frère de Niké (la Victoire). Kairos est un éphèbe ailé qui tient une balance en équilibre précaire, image allégorique de l'inconstance de ses faveurs, qu'il faut savoir saisir « au vol ».

Par la suite, l'Occasion a été représentée sous les traits d'une vierge portant au haut du front une épaisse touffe de cheveux qui lui couvre le visage et ayant le reste de la tête tout à fait chauve. L'habileté consiste pour l'être humain à attraper cette grosse mèche avant que la jeune fille ne s'éloigne pour toujours. Saisir l'instant fuyant n'est cependant pas facile, étant donné la rapidité avec laquelle il passe. Cette caractéristique exprime la nature double et ambivalente de l'Occasion, qui sera condamnée au cours du Moyen Âge et opposée à la constance de la Vertu.

À partir de cette époque, son image se fond progressivement avec celle de la Fortune, avec laquelle elle partage certaines propriétés et quelques attributs, comme la roue ou la sphère. À la Renaissance, ce symbole est introduit dans des scènes morales et allégoriques, où il retrouve son ancienne valeur positive en représentant la vertu qui consiste à savoir agir au moment opportun et intervenir de manière efficace dans le cours des événements.

Étymologie du nom
Du latin tardif *occasio*, « moment propice », « occasion ».

Origine du symbole
Il résulte de la fusion, survenue au Moyen Âge, entre le dieu grec Kairos et la Fortune.

Caractéristiques
C'est la personnification de l'idée d'« instant fuyant », la coïncidence favorable qu'il faut savoir saisir promptement.

Divinités et symboles en relation
L'Océan, Kairos, Niké (la Victoire), Hermès (Mercure), la Fortune ; la balance, le globe.

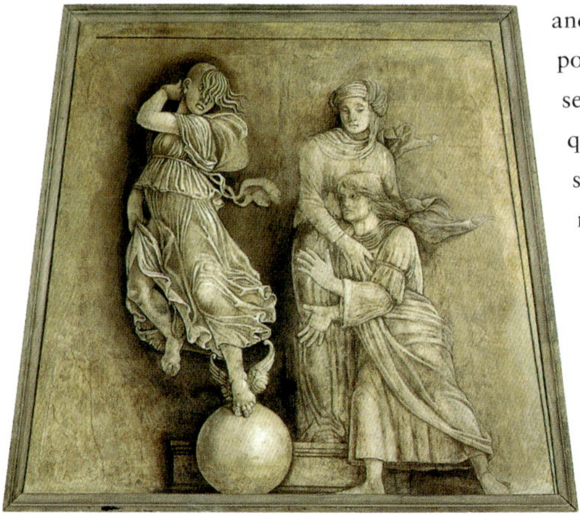

► École d'Andrea Mantegna, *Occasio et pœnitentia*, vers 1500
Mantoue, palais ducal

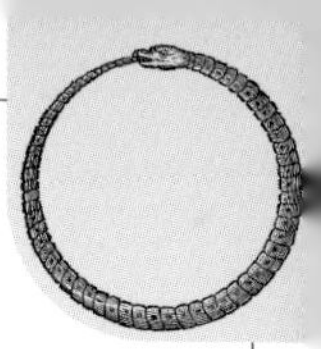

Éon

Représentation: un homme à tête de lion, au corps entouré des anneaux d'un serpent, et tenant dans ses mains un sceptre, une clef et un foudre.

Éon personnifie la lymphe vitale et le fluide divin qui continuent d'exister après la mort du corps. Le serpent qui l'entoure, symbole de l'immortalité de l'âme et de la vie qui se renouvelle (les six anneaux représentent le cours du soleil en une année), est la manifestation sensible de cette caractéristique. Vénéré comme « âme du monde », « seigneur de la lumière » et émanation de l'être divin, Éon symbolise le temps éternel qui gouverne la sphère des étoiles fixes. Doté d'une nature double, représentée par la tête de lion (le principe solaire, estival et sec lié à l'élément du feu) et par le serpent (l'aspect souterrain, hivernal et humide correspondant à l'élément de la terre), il contient en soi toutes les oppositions cosmiques: la vie et la mort, le mal comme le bien.

Dans les représentations artistiques, le corps d'Éon est souvent entouré des signes du zodiaque, qui peuvent aussi être inscrits sur la peau du reptile.

Un éon, ou « Grand Siècle », est composé de mille années terrestres. La doctrine chrétienne, qui divise le temps cosmique en sept éons, correspondant aux sept jours de la création, fait tomber la fin du monde au terme du dernier éon. Selon un comput de l'Antiquité tardive, la fin du monde aurait dû arriver en 1492, l'année de la découverte de l'Amérique. D'une manière plus générale, le passage d'un éon à l'autre coïncide avec la fin d'une époque et le début d'un nouvel ordre spirituel.

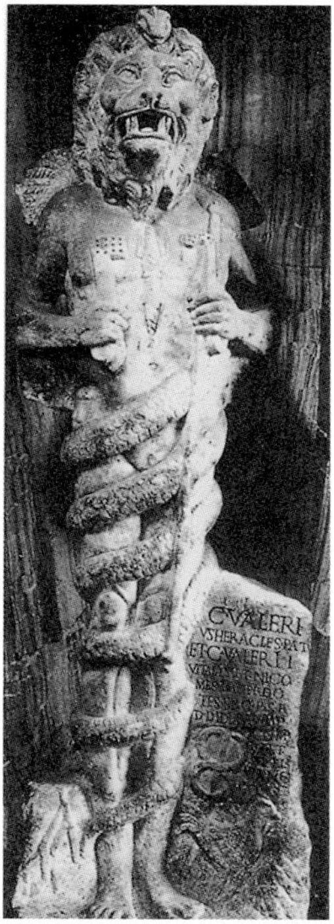

Étymologie du nom
Du grec *aiôn*; en latin tardif, *aeon*, « âge », « période ».

Origine du symbole
C'est la personnification du terme *aiôn*, qui signifie « être existant de toute éternité ».

Caractéristiques
Éon désigne aussi bien une ère cosmique que la divinité qui préside au culte de Mithra. En tant que gardien des portes de l'au-delà, il tient à la main une clef, un sceptre et un foudre.

Traditions religieuses et philosophiques
Le zurvanisme, les mystères mithriaques, l'orphisme, le zoroastrisme, le manichéisme, le gnosticisme.

Divinités et symboles en relation
Rê, Océan, Chronos, Mithra, Zurvan-Ahriman; le serpent cosmique, le bien, la lumière, les ténèbres, l'esprit, la matière.

◄ Statue d'Aiôn léontocéphale provenant du temple mithriaque d'Ostie
Cité du Vatican, musées du Vatican

Le Temps

Représentation: sous les traits d'un vieillard barbu et ailé s'appuyant sur une béquille ou bien tenant dans ses mains un sablier, une faux ou une serpe.

Étymologie du nom
Du latin médiéval *tempus*, dont la racine signifie « couper, diviser ». Ce terme désigne l'une des caractéristiques principales du temps, qui « fauche » ou « moissonne » les heures de l'existence terrestre.

Origine du symbole
Il résulte de la fusion, opérée au Moyen Âge, entre Cronos (le père de Zeus) et Chronos (le Temps).

Caractéristiques
Comme principe destructeur, il est le symbole de la caducité de toute chose; en tant que divinité bénéfique, il contribue au triomphe de la vérité et de l'innocence contre les attaques et les pièges de la calomnie et du vice.

Traditions religieuses et philosophiques
L'alchimie, l'hermétisme, l'astrologie, le néoplatonisme.

Divinités et symboles en relation
Chronos, Cronos (Saturne), Janus Bifrons; la vérité, la vertu, la vie, la mort, la mélancolie.

L'iconographie du Temps a son origine dans la fusion opérée au Moyen Âge de deux divinités antérieurement distinctes: Cronos, le père de Zeus, et Chronos, le dieu grec du temps. Cronos (Saturne pour les Romains) représente l'immutabilité et l'irréversibilité des événements: il est le principe cosmique qui s'oppose au devenir de l'univers, et il est figuré en train de dévorer ses enfants. Son émasculation et son exil aux confins septentrionaux du monde manifestent le caractère inéluctable de la constitution d'un nouvel ordre cosmique. Au Moyen Âge, à travers les illustrations du *De universo* de Raban Maur, de la *Cité de Dieu* de saint Augustin, de l'*Ovide moralisé* et du *Fulgentius metaforalis*, il est progressivement identifié avec la Sagesse. Cette transposition jouit d'une extraordinaire diffusion à la Renaissance: le néoplatonisme florentin et la tradition alchimique font de Saturne la plus haute manifestation de la pensée. En tant que ministre de la Mort, à laquelle il fournit les victimes prédestinées, le Temps peut être représenté sous l'apparence d'un démon aux dents de fer, dressé au milieu de ruines ou d'un paysage aride et désolé. En tant que père de la Vérité, remplissant la fonction positive de « révélateur », il est figuré dans de nombreuses allégories morales et en train de couper les ailes de Cupidon. Comme divinité protectrice du tempérament mélancolique, il est représenté sous les traits de saint Jérôme en méditation.

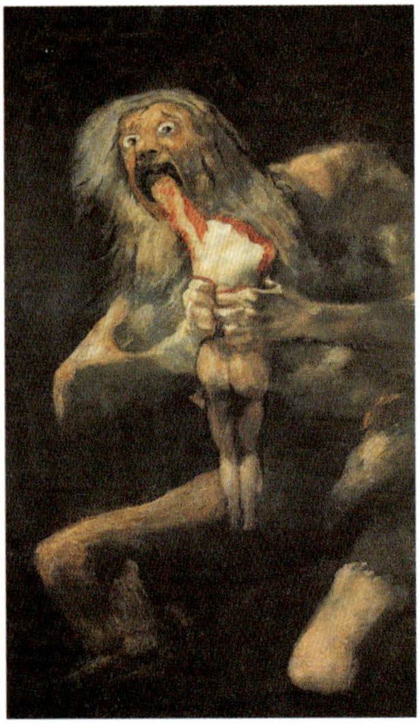

La jeune fille tend au jeune homme un œillet, symbole de fidélité en amour.

Le jeune homme a été interprété comme une figuration du Temps, avec une main tournée vers le passé heureux et l'autre vers l'avenir amer.

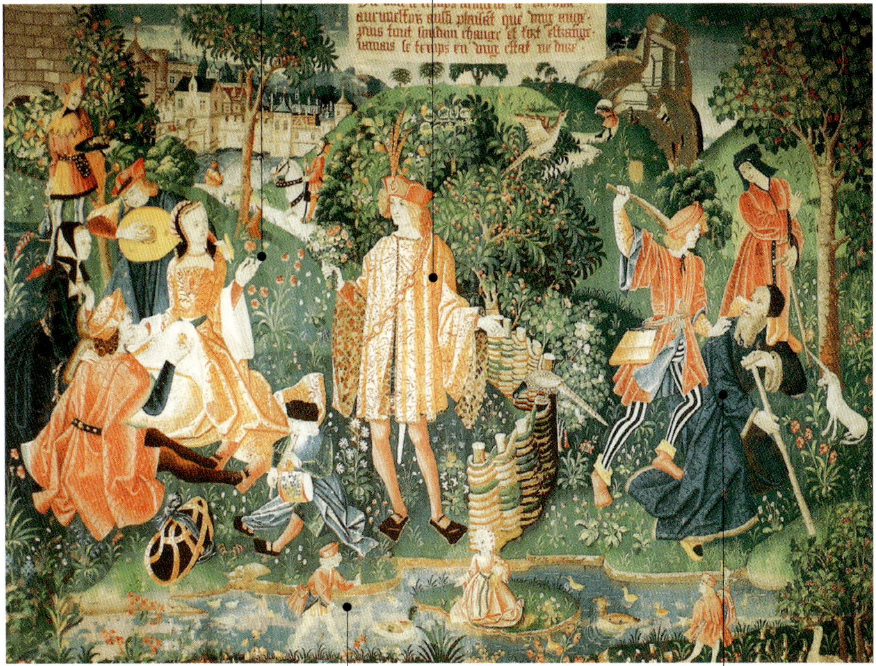

Saturne est figuré sous les traits d'un vieillard chancelant et boiteux qui s'appuie sur une béquille.

Le jeu insouciant des enfants représente l'âge de l'innocence et de l'ignorance inconsciente.

◄ Francisco Goya,
Cronos en train de dévorer l'un de ses enfants, 1821-1823
Madrid, Museo del Prado

▲ Manufacture française,
Allégorie du Temps, tapisserie,
début du XVIe siècle
Cleveland, Museum of Art

La corne d'abondance débordant de fruits symbolise l'harmonie et la richesse dues au retour du règne de Saturne (le gouvernement des Médicis).

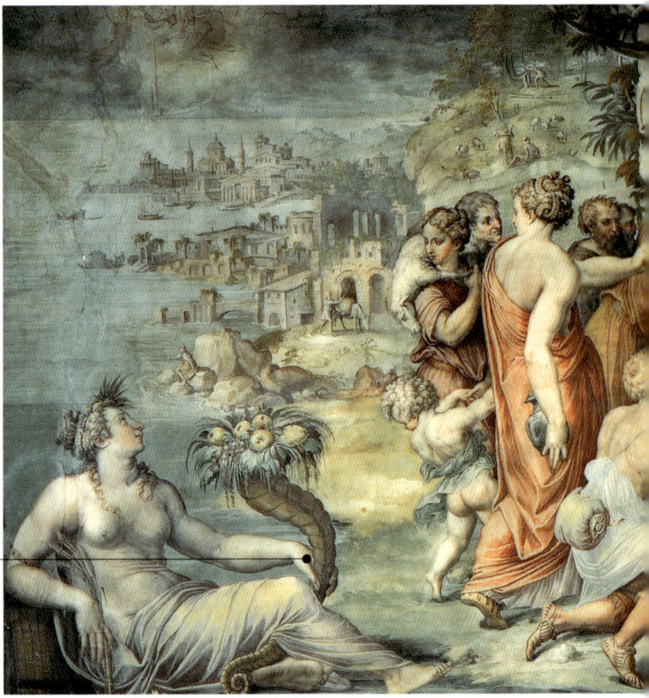

Le Capricorne est l'emblème astrologique de la famille de Médicis. Cosme Ier, commanditaire de cette fresque, était placé sous la protection de ce signe (où il avait son ascendant), symbole de force et de victoire dans les batailles.

▲ Giorgio Vasari,
Les Prémices de la terre offertes à Saturne, 1555-1557
Florence, Palazzo Vecchio

Selon l'iconographie classique, Saturne est représenté sous les traits d'un homme mûr et vénérable, la tête couverte d'un voile.

Le serpent qui se mord la queue devient un attribut de Saturne à partir du IVe-Ve siècle av. J.-C.

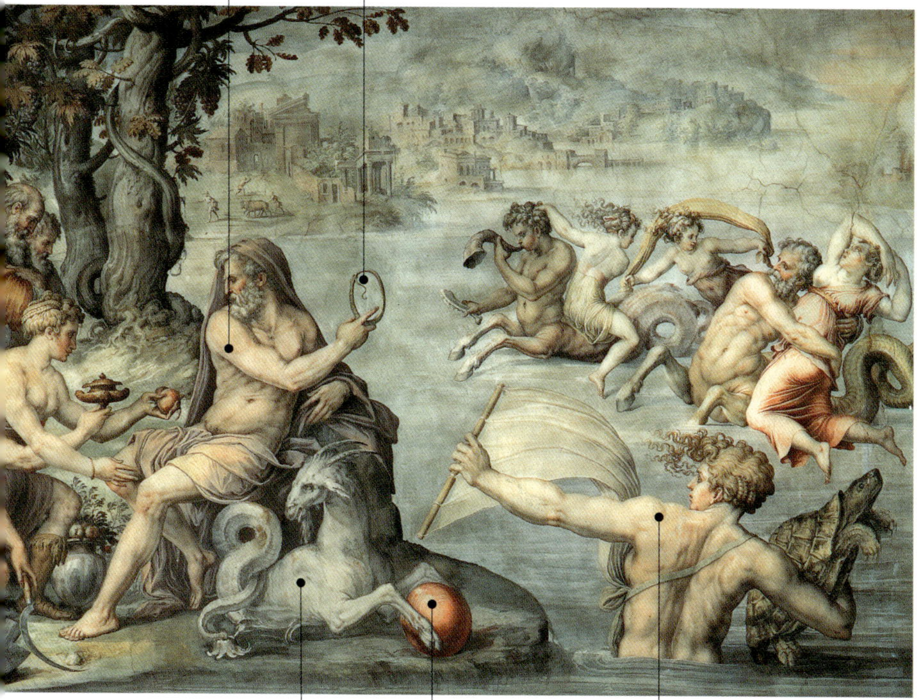

La nymphe qui tient dans ses mains une voile et une tortue (emblèmes héraldiques de Cosme Ier) personnifie la Fortune du duc.

La balle est l'emblème héraldique des Médicis, dont les armes en comptent sept : elle représente ici le globe du monde, « gouverné par les sept étoiles » (Vasari) qui composent la constellation du Capricorne.

La faux est l'un des attributs originels de Saturne, divinité agricole qui présidait aux moissons. Elle symbolise le caractère inexorable du temps qui passe.

Les représentations de Saturne ailé à la Renaissance se fondent sur le Triomphe du Temps *de Pétrarque. La divinité peut être aussi figurée avec quatre ailes : les deux ailes repliées renvoient au temps écoulé, et les deux ailes ouvertes, au temps encore à venir.*

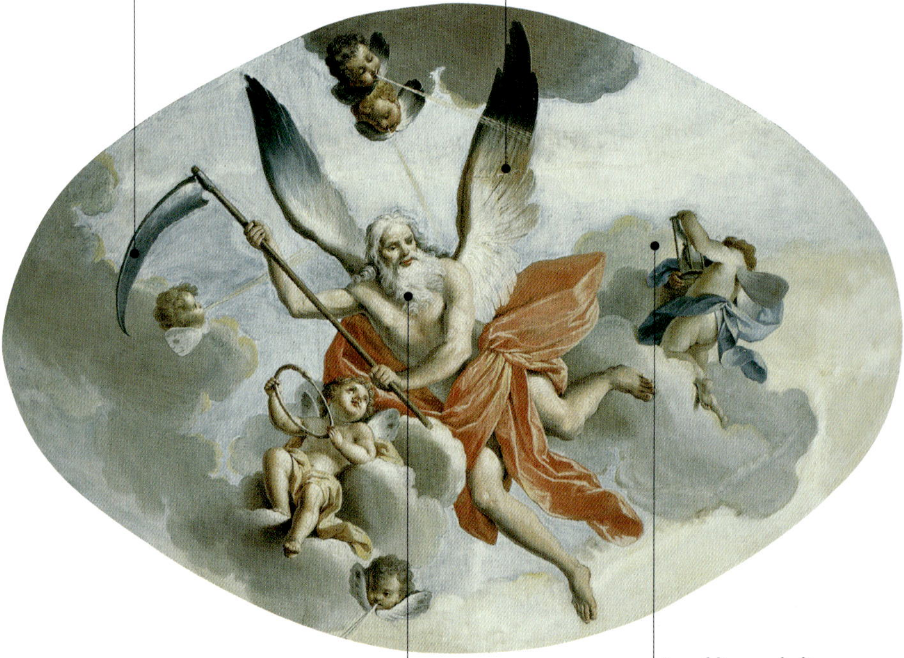

Le sablier symbolise l'écoulement irréversible du temps.

Dans l'art de la Renaissance et de l'époque baroque, le Temps est représenté sous les traits d'un vieillard ailé et dénudé.

▲ Giacomo Zampa,
Allégorie du Temps, XVIIIe siècle
Forli, palais Lombardini Monsignani

La Vérité, qui n'a jamais rien à cacher, est représentée sous les traits d'une jeune fille nue et sans défense.

La faux et le serpent qui se mord la queue sont des attributs du Temps.

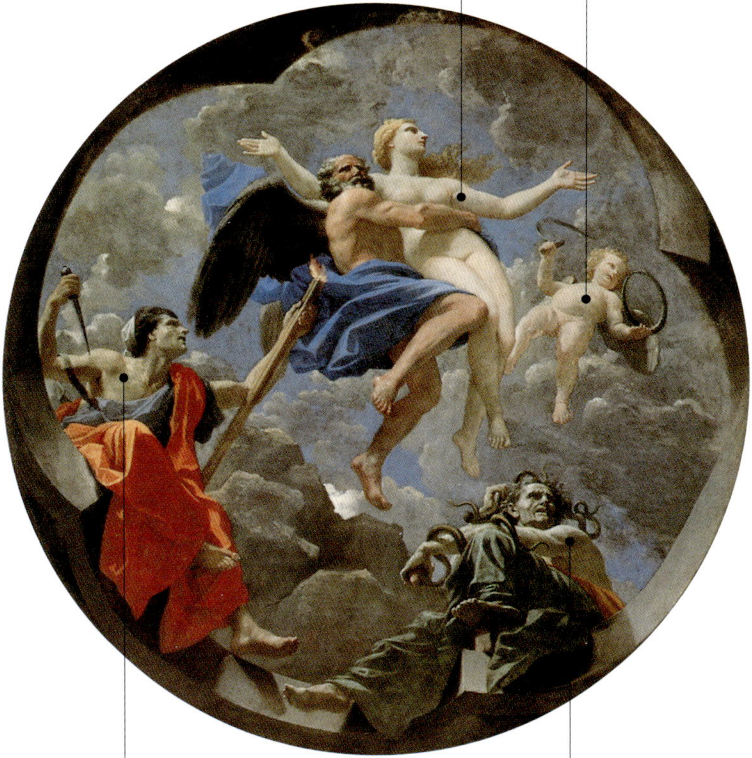

On peut identifier la Discorde à sa pomme et à sa chevelure faite de serpents.

On reconnaît l'Envie à ses attributs, un poignard et un tison ardent.

▲ Nicolas Poussin, *Le Temps soustrait la Vérité à l'Envie et à la Discorde*, 1641
Paris, musée du Louvre

Représentation: seigneur du zodiaque, inséré dans une mandorle ou nimbé d'un halo lumineux. Il peut porter les attributs des divinités solaires antiques, comme une couronne resplendissante.

Jésus-Christ Chronocrator

Étymologie du nom
Du grec *khristos*, « oint » ; de *khrônos*, « temps », et *kratos*, « force », « puissance, pouvoir ».

Origine du symbole
C'est la synthèse, opérée par la patristique chrétienne, des principaux symboles cosmiques de l'Antiquité.

Caractéristiques
En tant que principe ordonnateur du temps, il est représenté sous la forme du « nouveau Soleil » du zodiaque chrétien.

Traditions religieuses et philosophiques
Les cultes solaires de l'aire mésopotamienne et indo-persane, et le christianisme.

Divinités et symboles en relation
Hélios (Soleil), Phébus (Apollon), Zeus (Jupiter), le Temps, le Père, l'Océan, Éon ; le zodiaque, la roue solaire, l'arbre de la vie, la croix, l'échelle, l'épée, la lumière, le tétramorphe.

La naissance de Jésus-Christ révolutionne l'ordre temporel et cosmique de l'Antiquité. Il est le « Soleil » du salut et de la justice divins, qui éclaire de nouvelles significations tous les événements passés et futurs de l'histoire de l'homme. Dans cette perspective, à la conception cyclique du temps, fondée sur la régénération perpétuelle de la nature, vient se substituer celle d'un processus linéaire et irréversible, ayant pour fin le salut éternel (*oikonomìa*). Dans la conception théologique chrétienne, le caractère circulaire du temps devient synonyme d'imperfection : le mouvement continu de ce processus répétitif exprime un principe de dispersion, incapable de se réaliser complètement en une fin. Ce changement radical se reflète dans le système de datation, que l'on fait débuter avec l'année de naissance de Jésus-Christ : l'*anno Domini*. En tant que seigneur du zodiaque, Jésus-Christ occupe la place anciennement réservée aux divinités solaires (Hélios, Apollon, Jupiter) et préside à l'influence des réalités spirituelles (représentées par les anges et les saints) sur la destinée des hommes. Sa fonction ordonnatrice s'exerce en outre sur la scansion des heures du jour, l'alternance des saisons, l'enchaînement des différents moments de l'année liturgique. En tant que principe ordonnateur du temps, la figure de Jésus-Christ peut se confondre avec celle de Dieu le Père ou être représentée par le symbole tétramorphe des quatre évangélistes.

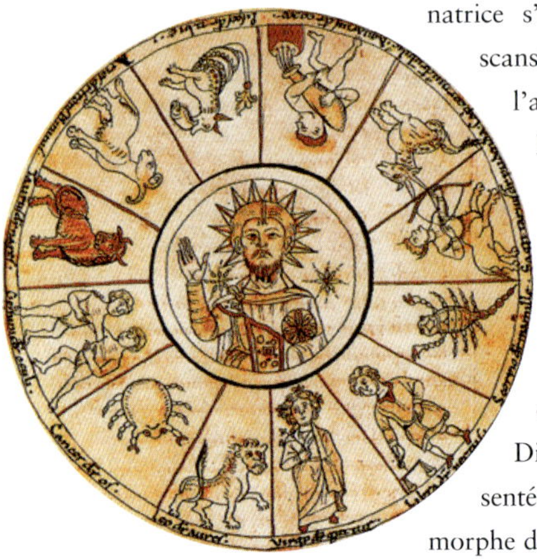

Jésus-Christ est figuré en train d'imprimer le mouvement à l'univers.

Les anges représentent les énergies spirituelles qui gouvernent les sphères célestes.

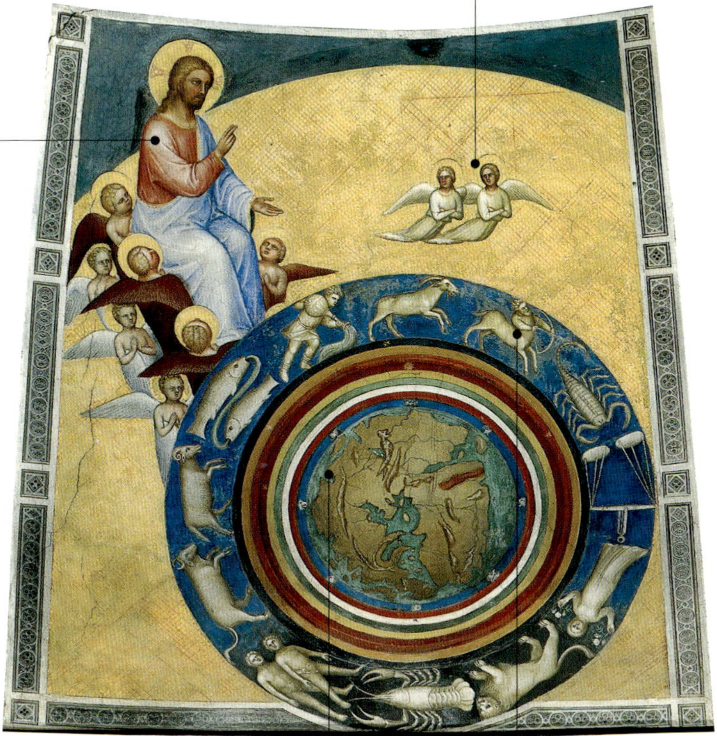

La roue du zodiaque illustre la fonction de Jésus-Christ en tant que Chronocrator.

La terre est située au centre de l'univers selon la doctrine aristotélo-ptolémaïque.

◄ Le Christ-Apollon au centre du zodiaque, détail d'un manuscrit de l'Italie du Nord, XIe siècle

▲ Giusto de' Menabuoi, «La Création du monde», détail des *Scènes de l'Ancien et du Nouveau Testament*, 1370-1378 Padoue, baptistère

L'Océan et Déméter sont représentés dans une position subalterne par rapport à celle de Jésus-Christ : ils ont perdu toute valeur cosmologique et ils sont ici réduits à la simple personnification d'éléments naturels (l'eau et la terre).

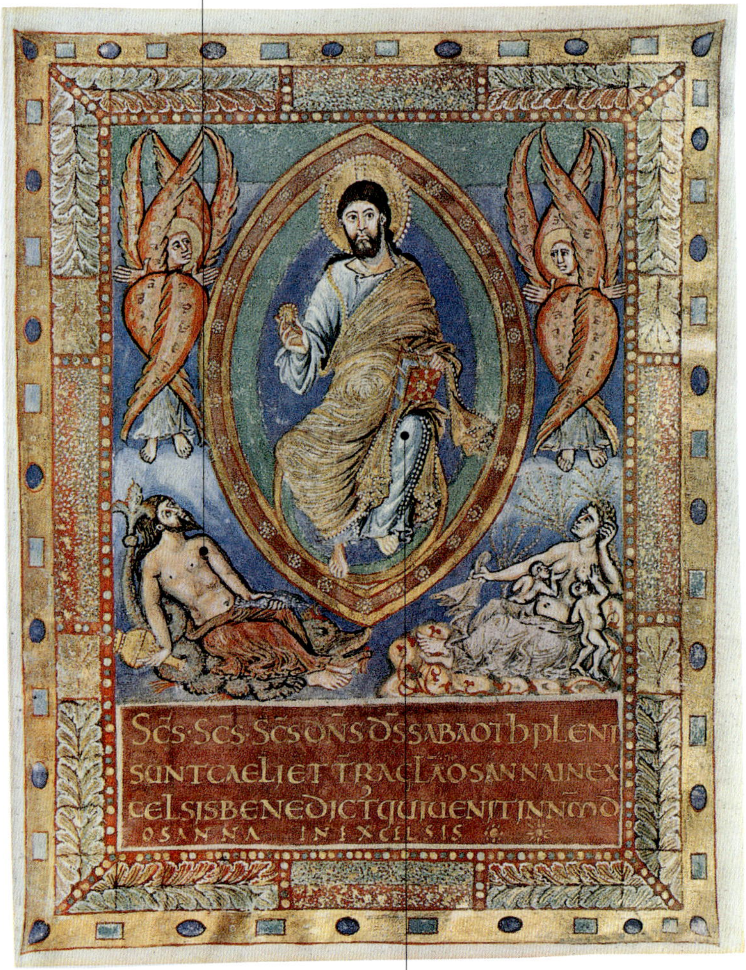

En sa qualité de « nouveau Soleil », Jésus-Christ est entouré d'une mandorle de lumière et il occupe le centre de la composition.

▲ *Jésus-Christ en majesté*, miniature du *Sacramentaire de Saint-Denis*, vers 870
Paris, Bibliothèque nationale de France

Le soleil et la lune représentent les deux âges du monde : celui des Évangiles (le soleil) et celui de l'Ancien Testament (la lune).

La croix est l'instrument de la résurrection et de la transfiguration de Jésus-Christ.

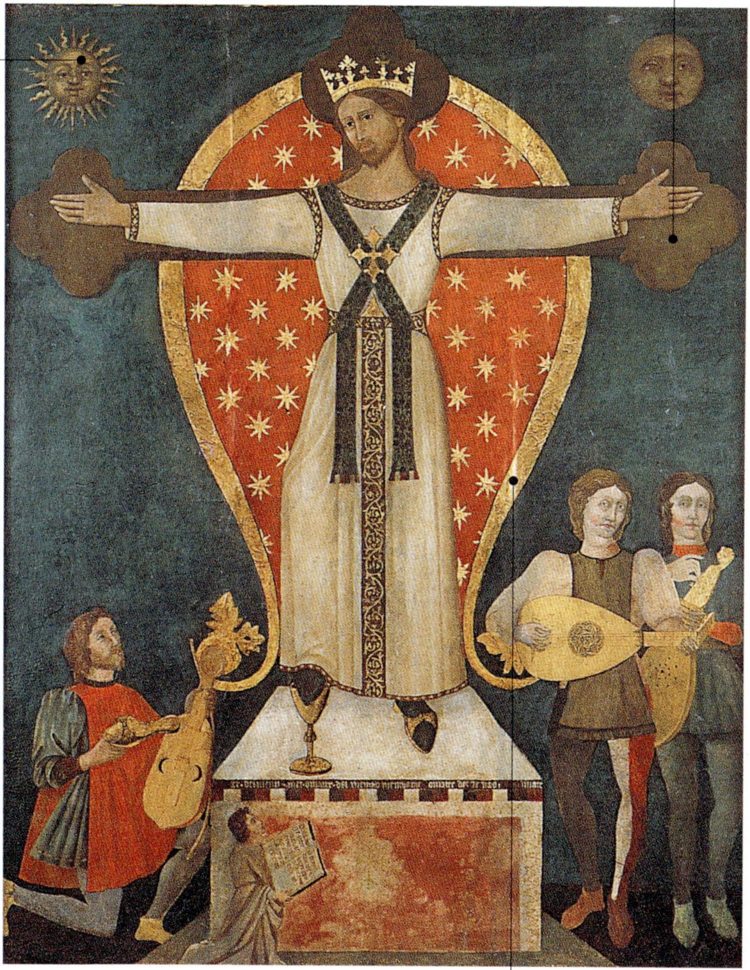

La mandorle en forme d'oméga souligne la fonction de Jésus-Christ en tant que Chronocrator, principe et fin ultime de toute chose.

▲ *Le Saint Visage de Lucques et la Légende du jongleur,* milieu du XVe siècle
Lanciano, Musée diocésain

L'archange Gabriel a pour tâche de porter la croix, symbole du sacrifice accompli par Dieu pour le salut de l'homme.

Jésus-Christ est représenté comme un juge qui sépare les élus des damnés.

La Vierge Marie incarne l'humilité, la grâce, la foi et l'espérance chrétiennes.

Les élus montent au ciel, appelés par Dieu comme agents du salut et de la vérité.

Les saints et les martyrs accompagnent l'apparition de Jésus-Christ.

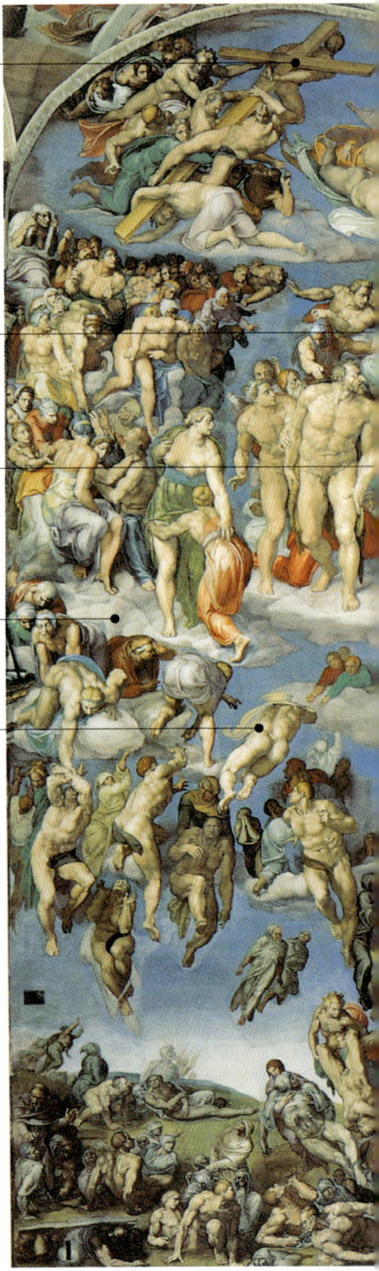

► Michel-Ange,
Le Jugement dernier, 1537-1541
Cité du Vatican, chapelle Sixtine

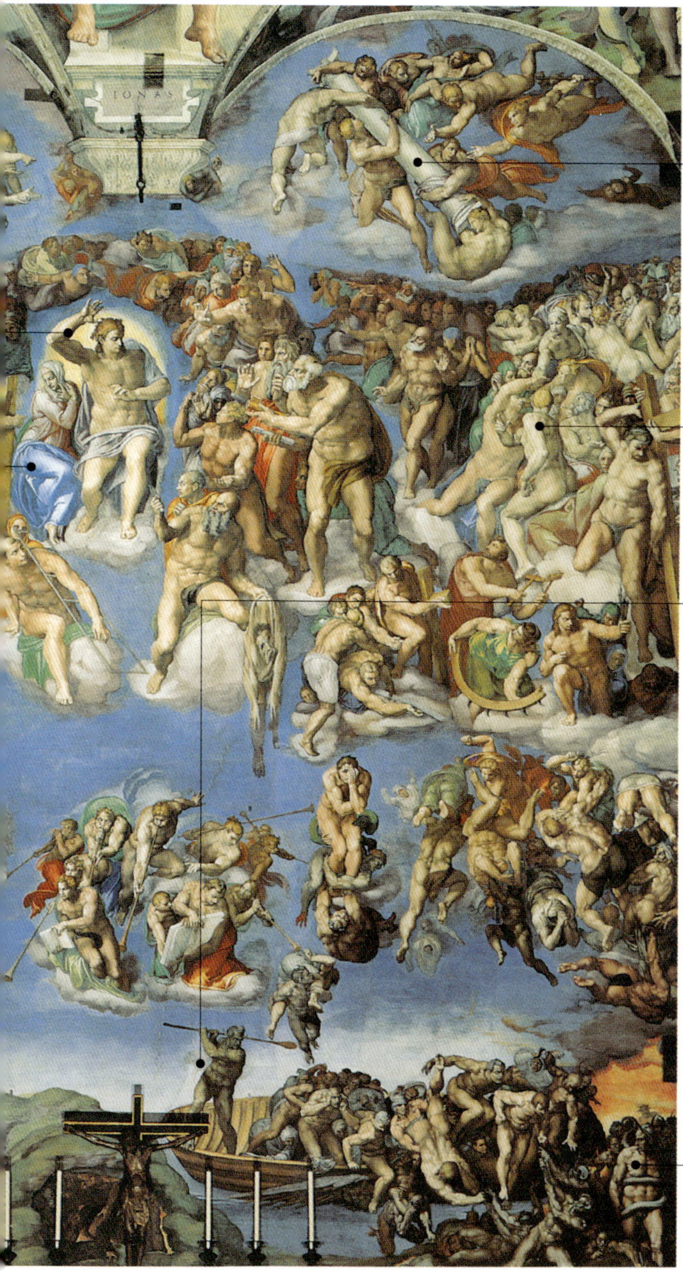

La colonne est l'un des instruments de la Passion.

Dans le groupe des damnés sont représentés quelques pécheurs célèbres de La Divine Comédie *de Dante.*

Charon pousse les âmes des damnés vers la porte des enfers.

Le roi de Crète Minos est représenté en juge des morts. Le serpent qui l'entoure indique par le nombre de ses anneaux le numéro du cercle des enfers auquel chaque damné est destiné.

Représentation: une roue, sur laquelle les signes zodiacaux sont disposés en cercle.

Le zodiaque

Étymologie du nom
Du grec *zodiakos*, dérivé de *zôdion*, « figure d'un animal », lui-même de *zôon*, « être vivant », « animal ».

Origine du symbole
Il se diffuse dans les civilisations méditerranéennes, des Chaldéens au monde gréco-romain, pour représenter le mouvement circulaire des astres au long de l'année.

Caractéristiques
Les astrologues reconnaissent dans le zodiaque un élément masculin (spirituel) et un élément féminin (matériel), expressions de l'union des principes vitaux et des affinités entre les différentes parties du cosmos. Comme symbole de l'année, il porte en son centre un homme assis qui tient dans ses mains le soleil et la lune.

Divinités et symboles en relation
Les signes zodiacaux, la roue de la Fortune, les saisons, les mois, les heures, la rose des vents, les points cardinaux, les éléments, les tempéraments.

Le zodiaque exprime une conception « qualitative » du temps caractérisée par l'influence des planètes sur l'existence humaine. Il est divisé en douze parties parfaitement égales correspondant aux mois de l'année et aux constellations principales. Lors de l'avènement du christianisme, on cherche à concilier la tradition astrologique du passé avec la nouvelle orthodoxie religieuse en interprétant en un sens moral de nombreuses figures zodiacales: aux personnifications mythologiques des constellations s'adjoignent celles des douze apôtres ou des prophètes, et la figure de l'Année, au centre de la roue céleste, est remplacée par celle de Jésus-Christ Chronocrator, qui confère une signification téléologique et linéaire aux divers symboles du temps. Le motif iconographique du zodiaque apparaît surtout à la Renaissance, dans la représentation à caractère philosophique et moral des horoscopes de souverains, de papes et de chefs militaires. Parmi les plus célèbres représentations du zodiaque, rappelons la sphère de l'*Atlante Farnèse*; la chapelle des Planètes dans le Tempio Malatestiano, à Rimini; les décorations d'appartements du Vatican dues au Pinturicchio (salle des Sibylles), à Raphaël (chambre de la Signature), à Giovanni da Udine et à Perin del Vaga (salle des Pontifes); l'horoscope d'Agostino Chigi peint par Peruzzi dans la villa Farnesina, à Rome; la salle des Vents du palais du Té, à Mantoue, peinte à fresque par Giulio Romano; la carte céleste de Dürer, caractérisée par une présentation rigoureusement classique des dieux et des héros planétaires.

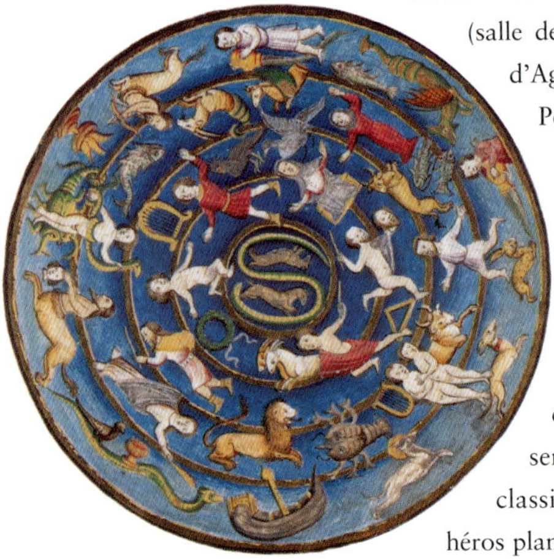

Le ciel ici représenté est celui du 31 octobre 1503, jour de l'élection au pontificat de Giuliano Della Rovere, qui prit le nom de Jules II.

La femme vêtue d'une robe vert azur qui gouverne la voûte céleste est une personnification de l'astronomie.

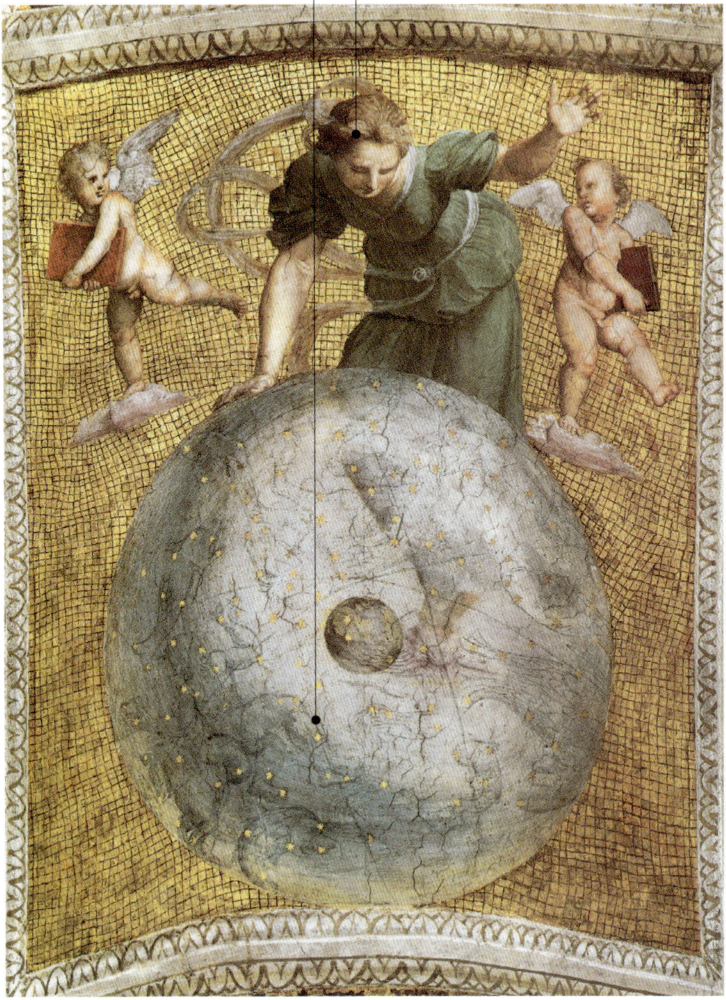

◄ *L'Hémisphère zodiacal septentrional*, miniature des *Miscellanea astronomica*, XVe siècle
Cité du Vatican, Bibliothèque apostolique vaticane

▲ Raphaël, *L'Astronomie*, 1508
Cité du Vatican, palais pontificaux, chambre de la Signature

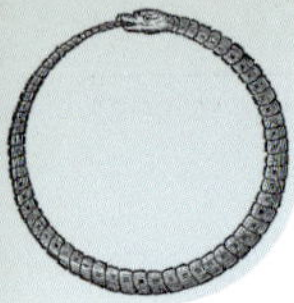

Représentation: des hommes et des femmes d'âge divers, ou sous les traits de divinités de l'Olympe, ou comme les quatre animaux sacrés correspondant aux solstices et aux équinoxes.

Les saisons

Les saisons marquent les moments fondamentaux de la vie de l'homme – la naissance, la maturité, le déclin, la mort – et elles sont étroitement liées à la tradition astrologique des influences célestes sur le monde sublunaire. Dans les mythes orphiques, aux saisons correspondaient les quatre têtes animales d'Éros-Phanès: le bélier, le lion, le taureau et le serpent. Le mythe olympien de la création sépara les quatre attributs de Phanès en divinités singulières, associant à Zeus le bélier, animal consacré au printemps, à Hélios le lion, emblème de l'été, à Dionysos le taureau, attribut de l'automne, et à Hadès le serpent, symbole de l'hiver et de la vie qui se renouvelle à travers la mort. Dans l'Antiquité classique, les Grecs figuraient les saisons sous les traits de quatre femmes, souvent placées dans des monuments funéraires pour représenter le caractère éphémère de la vie humaine. Au Moyen Âge et à la Renaissance, l'iconographie représente les saisons à l'aide des activités agricoles qui leur sont associées: les semailles, la fenaison et la moisson, la récolte et la vendange, et la chasse.

Étymologie du nom
Du latin *statio*, « halte », « demeure » – c'est-à-dire la position occupée par le soleil aux solstices et aux équinoxes.

Origine du symbole
Il résulte de la division de l'année solaire par les équinoxes de printemps et d'automne et par les solstices d'été et d'hiver.

Caractéristiques
La succession des saisons marque les rythmes de la nature et de la vie. Le cercle et la danse sont des symboles de renaissance éternelle.

Divinités et symboles en relation
Le printemps: Éros-Phanès, Zeus (Jupiter), Héra (Junon), Koré, Perséphone (Proserpine), Flore.
L'été: Hélios (le Soleil), Phébus (Apollon), Déméter (Cérès), Pomone.
L'automne: Dionysos (Bacchus), Vertumne.
L'hiver: Hadès (Pluton), Héphaïstos (Vulcain), Cronos (Saturne) et Janus.

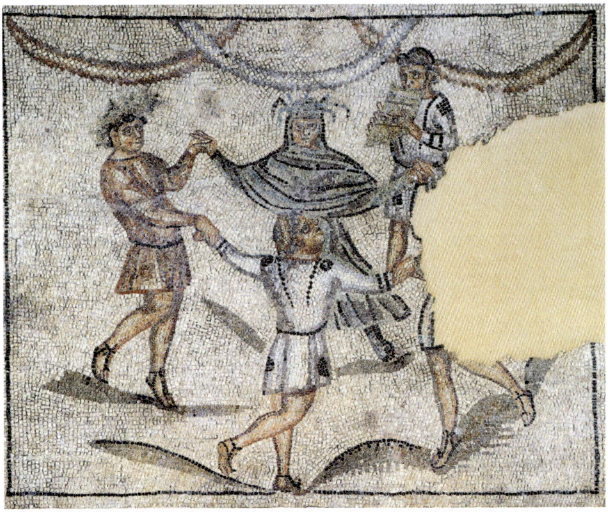

► *La Danse des Génies des saisons*, mosaïque, VIe siècle Ravenne, Museo Nazionale

Le baiser symbolise l'union du jour et de la nuit lors des équinoxes.

L'Automne, la tête couronnée de lierre et de sarments de vigne, est représenté sous les traits de Bacchus.

L'Hiver est personnifié par un vieillard transi de froid.

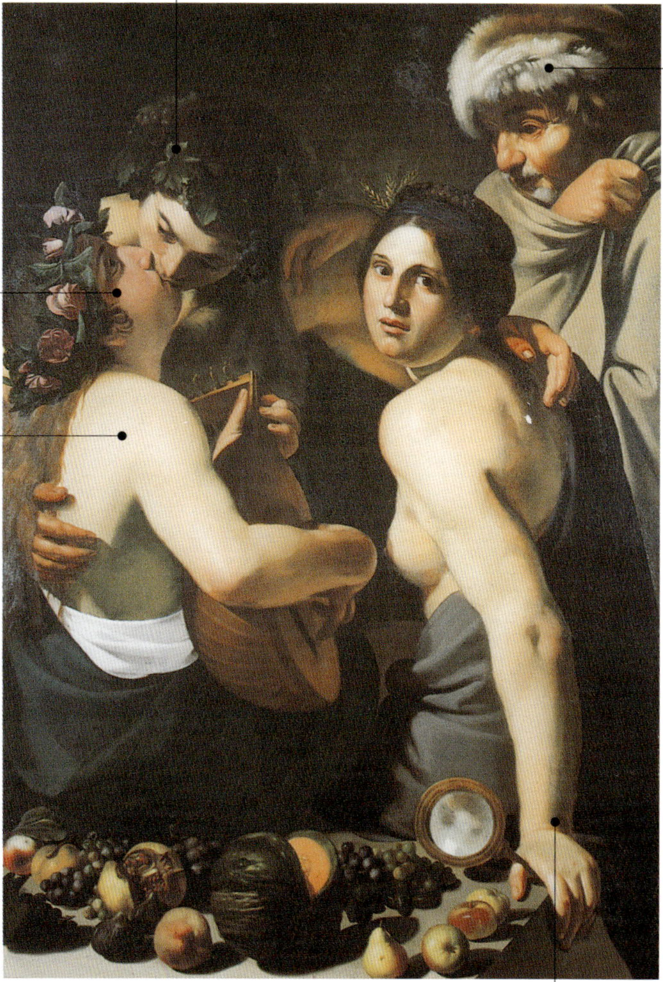

La figure du Printemps a la tête ceinte d'une couronne de fleurs.

L'Été est représenté comme une femme plantureuse au sein découvert. Son attribut est une couronne d'épis.

▲ Bartolomeo Manfredi,
Allégorie des saisons, début du XVIIe siècle
Dayton (Ohio), The Dayton Art Institute

Représentation : sous les traits d'une jeune femme, la tête ceinte d'une couronne de fleurs et tenant à la main un surgeon qui bourgeonne.

Le printemps

Le printemps est au nombre des sujets les plus aimés du répertoire mythologique, littéraire et iconographique occidental. Il représente la jeunesse et l'insouciance. Dans l'interprétation religieuse, il devient un symbole de la rédemption humaine. La Pâque chrétienne, dont les rites remontent aux cultes païens antiques, célèbre dans la résurrection de Jésus-Christ la victoire de la vie sur la mort. Dans l'*Iconologie* de Cesare Ripa (adaptée en français par Jean Baudoin), célèbre bréviaire des peintres du XVIIe siècle, le printemps, à son équinoxe, « est figuré par un jeune homme de moyenne taille, vêtu d'une robe blanche d'un côté et de l'autre noire [ces deux couleurs symbolisent l'aspect double de la saison : à la fois divinité de la nature qui se renouvelle et maîtresse de la mort]. La ceinture qu'il porte est de bleu turquin, un peu large, sans nœud, et semée de petites étoiles [symboles du zodiaque]. Il a sous le bras droit un mouton, en la main gauche une guirlande de fleurs, et à ses pieds deux ailerons, dont l'un est blanc et l'autre noir [probablement hérités des attributs du dieu grec Hermès, auquel est consacrée la saison du printemps] ». Dans la Grèce antique, le Printemps était identifié avec Koré-Perséphone (Proserpine), et à Rome avec la divinité italique Flore, symbole de la fécondité de la nature et protectrice des femmes « en douce attente ». Il peut être représenté aussi par les travaux agricoles qui lui correspondent, comme la fenaison à la mi-juin.

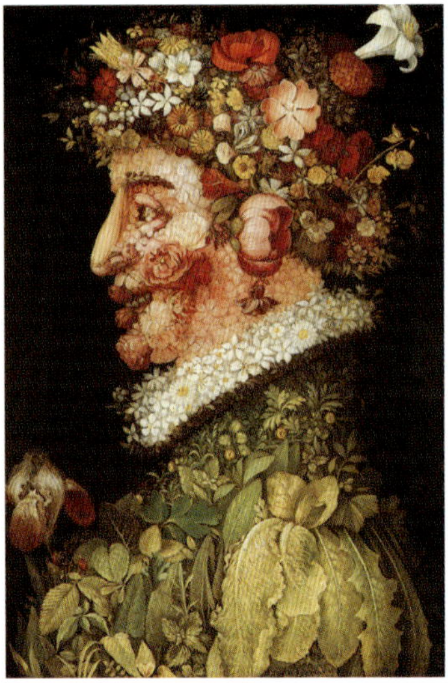

Étymologie du nom
Du latin *primus tempus*, littéralement « premier temps ».

Caractéristiques
Première saison de l'année, il représente la renaissance périodique de la nature après la « mort » hivernale. Il a pour symbole le bélier, et il est consacré à Hermès.

Divinités et symboles en relation
Héra (Junon), Koré, Perséphone (Proserpine), Flore, Hermès (Mercure), Aphrodite (Vénus), Éros, Éos (l'Aurore) ; l'aube, l'air, l'humeur sanguine, l'enfance.

Fêtes et dévotions
Les Florales (ou Floralies), fêtes romaines en l'honneur de la renaissance de la nature, qui se déroulaient du 28 avril au 3 mai ; le Printemps sacré, vœu public prononcé par un magistrat au nom du peuple romain ; la Pâque chrétienne.

► Giuseppe Arcimboldo, *Le Printemps*, 1563
Madrid, Real Academia de Bellas Artes de San Fernando

En tant que saison des amours, le Printemps peut être accompagné de couples tendrement enlacés et d'une nuée de petits cupidons ou amours.

Flore est la déesse de la renaissance printanière.

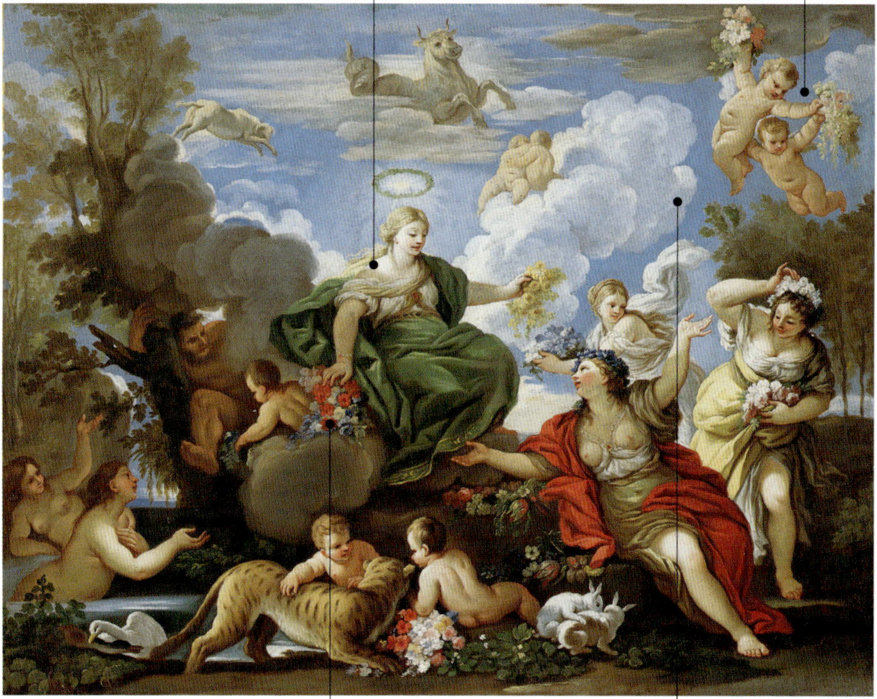

Au printemps sont associés l'âge de la jeunesse, le tempérament sanguin et l'élément de l'air (habituellement représenté par Zéphyr, dieu des vents).

Flore est entourée de fleurs et de drageons, symboles de la régénération de la nature après le repos hivernal.

▲ Luca Giordano (copie d'après), *Le Triomphe du Printemps* (*Flore*), XVIIe siècle
Milan, Civiche Raccolte del Castello Sforzesco

Représentation : sous les traits de la déesse Cérès, la tête ceinte d'une couronne d'épis et portant à la main une torche ardente.

L'été

Étymologie du nom
Du latin *aestas*, dont la racine signifie « chaleur brûlante ».

Caractéristiques
Deuxième saison de l'année, il représente la pleine manifestation de l'énergie solaire. Il a pour symboles une couronne d'épis, une faux, un dragon, et il est consacré à Apollon.

Divinités et symboles en relation
Hélios (Soleil), Phébus (Apollon), Déméter (Cérès) ; l'heure de midi, le feu, le tempérament colérique, la maturité.

Fêtes et dévotions
Les mystères d'Éleusis et les Thesmophories en l'honneur de Déméter, rites propitiatoires pour la fertilité de la terre ; la Saint-Jean (24 juin), qui tombe presque au solstice d'été.

L'été, saison où mûrissent les fruits de la terre, est souvent représenté sous les traits d'une femme aux seins découverts et munie de quelques attributs distinctifs : un épi de blé, une torche ardente et une corne d'abondance débordant de fruits. Les couleurs qui lui sont associées sont le jaune et l'or.

Dans la mythologie grecque, l'été était identifié à Déméter, déesse de la terre et de l'agriculture. Son équipée à la recherche de sa fille Perséphone, enlevée par Hadès, le dieu du royaume des morts, reflétait sa nature double de dispensatrice de l'abondance mais aussi de la sécheresse.

À la Renaissance, au sein du système complexe de correspondances entre macrocosme et microcosme, l'été est associé au feu et au tempérament colérique ainsi qu'au motif iconographique des cinq sens. Dans la célèbre série des *Saisons* et des *Éléments* de Giuseppe Arcimboldo, peinte pour Maximilien II de Habsbourg entre 1563 et 1566, *L'Été* est représenté comme une nature morte anthropomorphe (un homme en pleine jeunesse) chargée de motifs symboliques liés au culte solaire et impérial : les épis de blé dont le vêtement est constitué, l'artichaut et l'épi de maïs mûr. Dans l'iconographie occidentale, l'été peut être représenté aussi par les travaux agricoles correspondants.

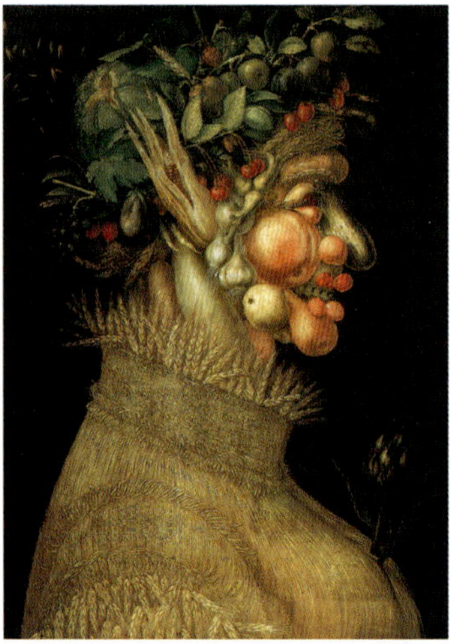

► Giuseppe Arcimboldo, *L'Été*, 1563
Vienne, Kunsthistorisches Museum

La tonalité chaude, déclinée en teintes jaunes et ocre, est une caractéristique de l'été.

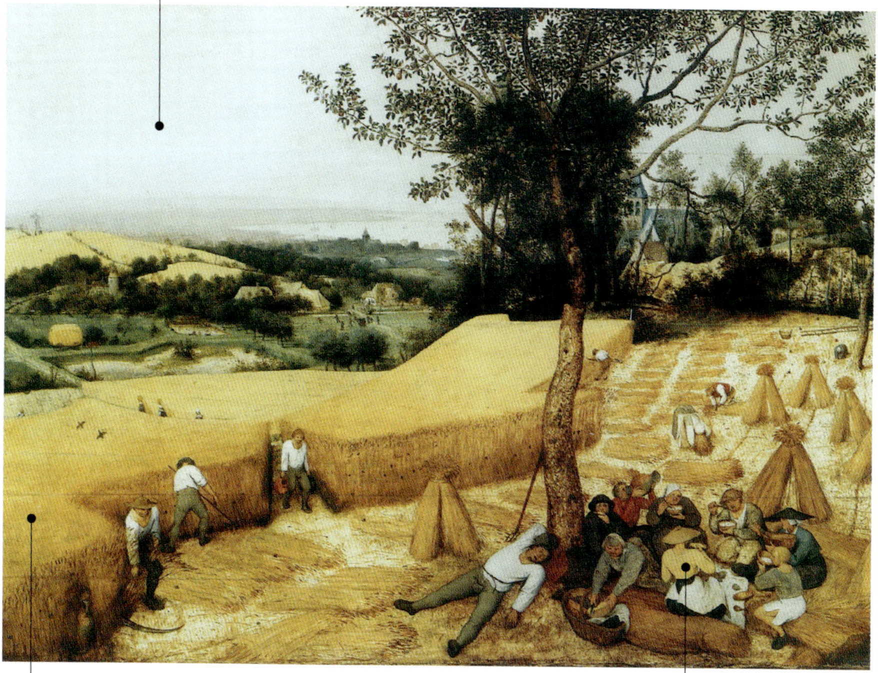

La moisson se fait habituellement fin juin, au moment du solstice d'été.

Le motif des travaux des champs est ici uni à la célébration du repos. Dans sa série des Saisons, *Bruegel donne une splendide description de la vie paysanne de son époque.*

▲ Pieter Bruegel l'Ancien,
La Moisson, 1565
New York, Metropolitan Museum of Art

Le miroir représente le sens de la vue, et l'un des volets de son encadrement est à demi refermé pour symboliser le caractère transitoire de la beauté.

Les pêches, fruits typiques de l'été, figurent le sens du goût.

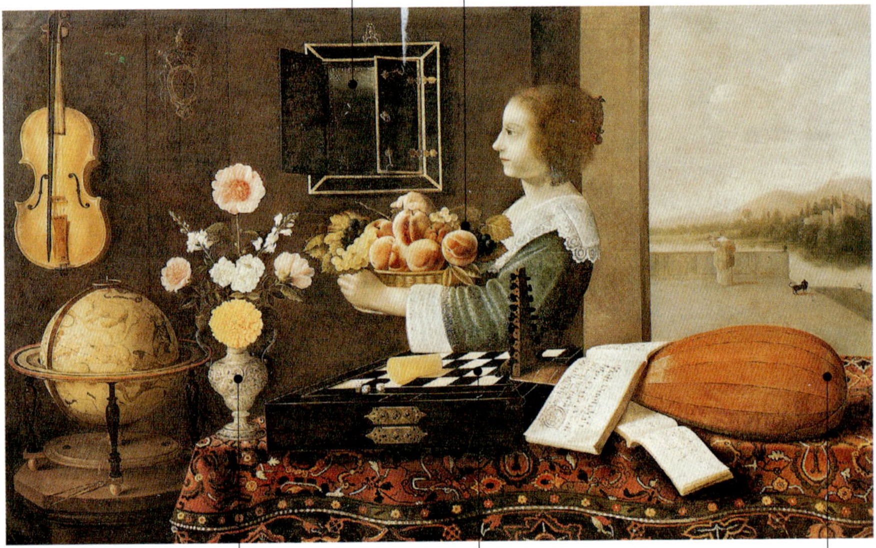

Le damier et les dés évoquent le sens du toucher.

Les fleurs font référence au sens de l'odorat.

Les instruments de musique et les partitions correspondent au sens de l'ouïe.

▲ Sébastien Stoskopff,
L'Été ou *Allégorie des cinq sens*, 1633
Strasbourg, musée de l'Œuvre Notre-Dame

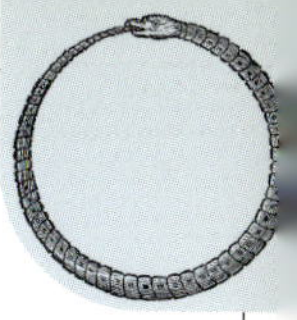

Représentation : sous les traits d'un homme d'âge mûr, une grappe de raisin à la main et des ailes aux pieds. Il peut aussi tenir de la main droite une balance (symbole de l'équinoxe) avec deux globes de couleur blanche et noire.

L'automne

L'automne est le temps de la récolte, récompense des pénibles travaux des champs et fruit du savoir humain appliqué au gouvernement de la nature.

À cette saison était associée la figure de Dionysos, divinité qui présidait au culte de la vigne en Europe, au Proche-Orient et en Afrique du Nord : la vigne était célébrée au mois de septembre par les joyeux rites des vendanges. Dans l'Antiquité, était aussi vénérée une autre plante automnale, également liée au culte de Dionysos : le lierre, nourriture des Ménades. Avec le mythe de la mort et de la renaissance de ce dieu, les Anciens exprimaient la correspondance entre les saisons équinoxiales du printemps et de l'automne. À l'époque romaine, on tirait du tronc et des tiges du lierre une matière pourpre, qui était utilisée pour enduire de rouge (couleur symbolique de la victoire sur l'ennemi et sur la mort) le visage des généraux recevant les honneurs du triomphe.

Les artistes se sont souvent servis de l'image de la vendange pour représenter l'automne, associant à la figure de Dionysos une minutieuse description des différentes phases de la cueillette et du pressurage du raisin. Dans l'iconographie occidentale, le paysage automnal peut être utilisé comme une image allégorique de la vieillesse et de l'approche de la mort (l'hiver).

L'*Iconologie* de Cesare Ripa recense quelques caractéristiques et attributs distinctifs de la personnification de l'automne, tels l'âge mûr, une grappe de raisin et une balance.

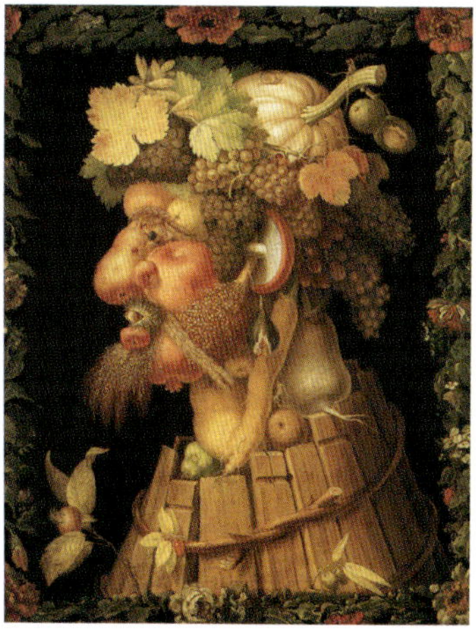

◄ Giuseppe Arcimboldo, *L'Automne*, 1573
Paris, musée du Louvre

Étymologie du nom
Du latin *autumnus*, terme d'origine étrusque.

Caractéristiques
Troisième saison de l'année, il a pour symboles des grappes de raisin, une cuve, un panier de fruits et un lièvre (animal que l'on chasse au mois de novembre), et il est consacré à Dionysos.

Divinités et symboles en relation
Dionysos (Bacchus), Vertumne ; le crépuscule, la terre, le tempérament mélancolique, le début de la vieillesse.

Fêtes et dévotions
Les mystères dionysiaques ; les Vertumnales, fêtes romaines qui se déroulaient fin octobre pour célébrer le passage de l'été à l'automne.

Dans la cuve repose le moût, à partir duquel on fera le vin nouveau, symbole de joie et de renaissance printanière.

À cette saison, on fait redescendre les troupeaux des estives.

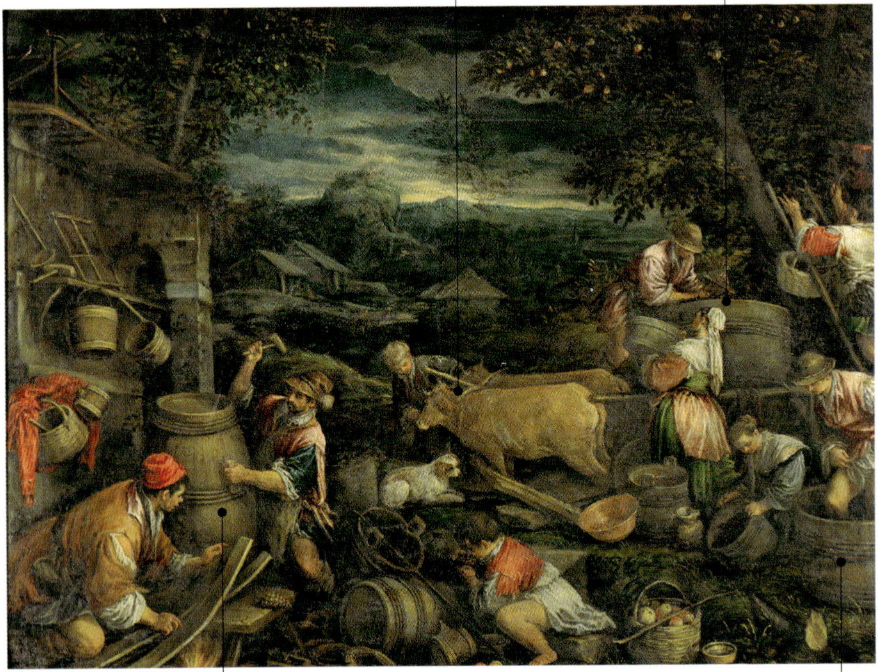

Les paysans taillent les douelles des tonneaux, que le cerclage doit empêcher de se disjoindre.

L'automne est représenté par les activités et les travaux artisanaux liés à la vendange et au pressurage du raisin.

▲ Jacopo Bassano,
L'Automne, 1576
Rome, Galleria Borghese

Le baiser que se donnent le Jour et la Nuit symbolise l'équinoxe.

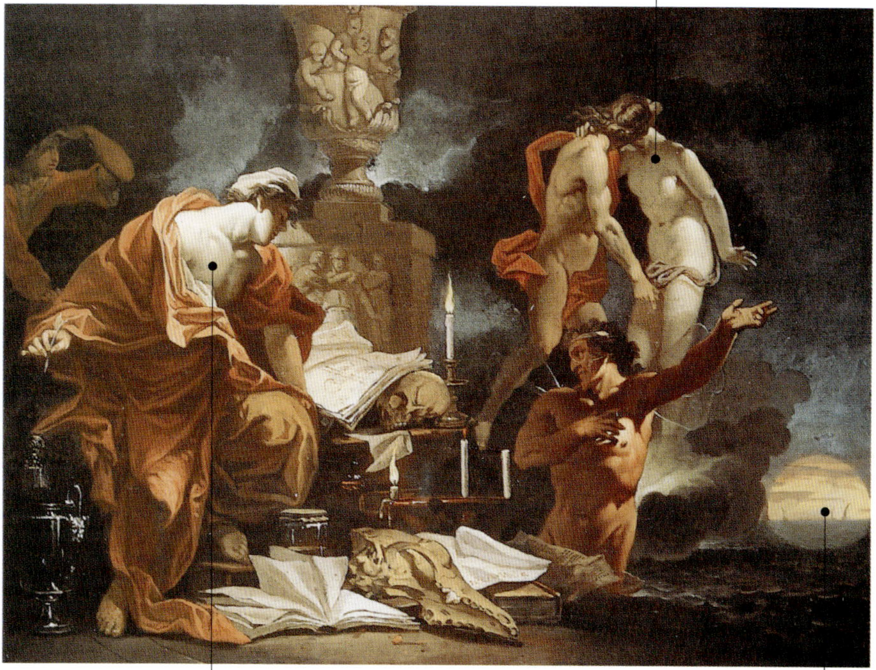

La faible lumière et le motif de l'astronome observant l'équinoxe composent une représentation allégorique de l'automne.

Le coucher du soleil symbolise l'âge du déclin et de la vieillesse, traditionnellement associé à l'automne.

▲ Dominicus Van Wijnen,
Un astronome observe l'équinoxe d'automne, 1680
Varsovie, Muzeum Narodowe

Représentation : sous les traits d'un vieillard se tenant auprès d'arbres dépouillés, ou bien transi de froid sous un manteau.

L'hiver

Étymologie du nom
De l'expression latine *hibernum tempus*, « saison hivernale ».

Caractéristiques
Quatrième saison de l'année, il a pour symboles un serpent et une salamandre, et il est consacré à Héphaïstos.

Divinités et symboles en relation
Cronos (Saturne), Héphaïstos (Vulcain), Janus; la nuit, l'eau, le tempérament flegmatique, les heures, la vieillesse, la mort.

Fêtes et dévotions
Les Saturnales, fêtes en l'honneur de Saturne, qui se déroulaient du 17 au 19 décembre; le Jour de l'an romain, consacré à Janus; le Carnaval, qui célèbre la fin de l'hiver et le retour imminent du printemps.

L'hiver est la saison de la mort et du repos périodique de la nature. Il est étroitement lié aux principes souterrains de l'obscurité et de l'humidité, représentés iconographiquement par des reptiles et des amphibiens, comme les serpents et les salamandres.
À l'hiver correspondaient les dieux Saturne (qui gouverne les signes zodiacaux du Verseau et du Capricorne), vénéré comme maître du temps, et Janus Bifrons, auquel était consacré le début de l'année romaine (*caput anni*). Héphaïstos, dieu du feu, a été aussi associé à l'hiver en tant que protecteur des activités artisanales, que l'on exerçait surtout pendant cette période de l'année.
Dans l'iconographie de la Renaissance et de l'époque baroque, l'hiver est souvent figuré dans la représentation de l'enlèvement de Proserpine par Pluton ou bien dans des images de la vie artisanale et paysanne : la chasse, le ramassage du bois, l'abattage du porc. Giuseppe Arcimboldo associe à la représentation anthropomorphe de l'hiver (portrait allégorique de Maximilien II d'Autriche) l'élément de l'eau, principe souterrain lié au royaume des morts (le fleuve Styx) et à la source primordiale de la vie cosmique (l'Océan) et terrestre (Neptune).
Dans les œuvres du peintre allemand Caspar David Friedrich, imprégnées d'un profond spiritualisme religieux, l'hiver devient un symbole de foi et d'espérance chrétiennes, et il est représenté par des paysages dépouillés et enneigés.

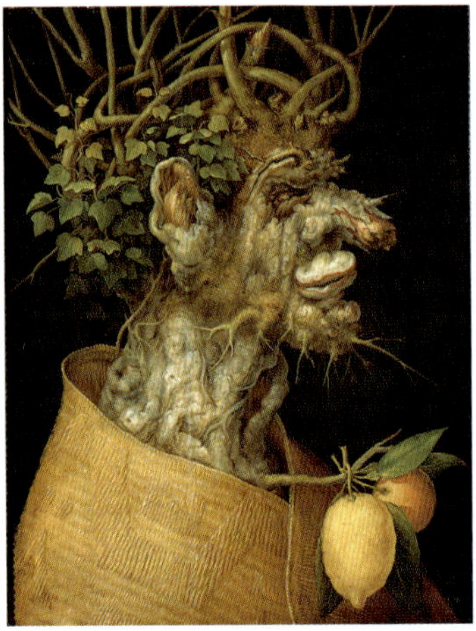

► Giuseppe Arcimboldo, *L'Hiver*, 1563
Vienne, Kunsthistorisches Museum

Le feu est allumé et un baquet préparé pour l'abattage du porc.

Dans cette partie de la composition sont représentés les divertissements hivernaux : patinage et jeu de boules sur la glace.

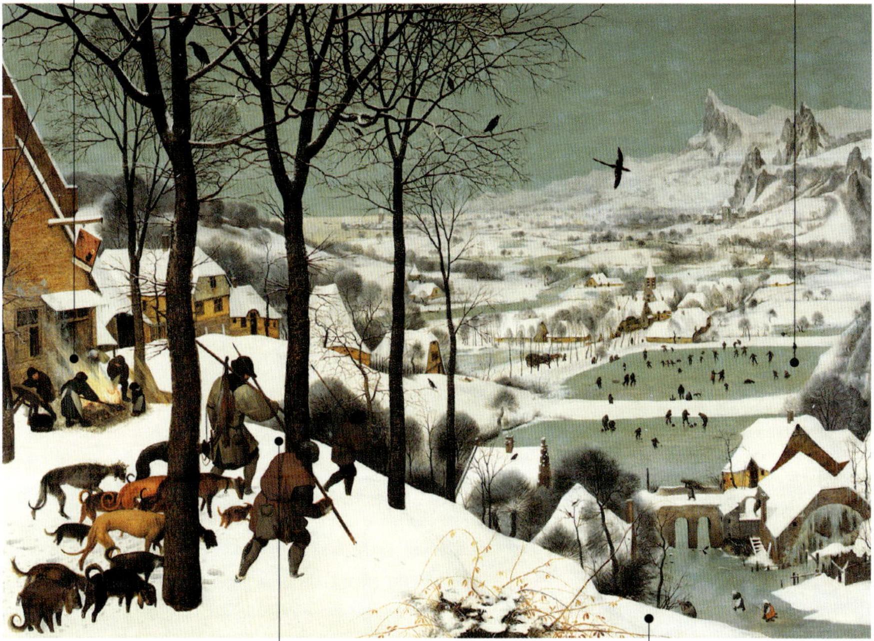

Le retour de la chasse symbolise le repos hivernal attendu et il correspond à la sixième saison du calendrier flamand. Dans les Flandres, l'année solaire était en effet divisée en six parties distinctes : aux quatre saisons traditionnelles s'ajoutaient l'avant-printemps et la fin de l'automne.

La couleur blanche, les teintes de la glace et les tons gris vert et brun noirâtre donnent une image frappante du rude climat hivernal.

▲ Pieter Bruegel l'Ancien,
Chasseurs dans la neige, 1565
Vienne, Kunsthistorisches Museum

Saturne se dirige vers le temple de Janus, dieu qui ouvre les portes de l'année nouvelle. À la béquille, attribut traditionnel de Saturne, le peintre ajoute le visage double ou bifrons, *tourné vers le passé et vers l'avenir.*

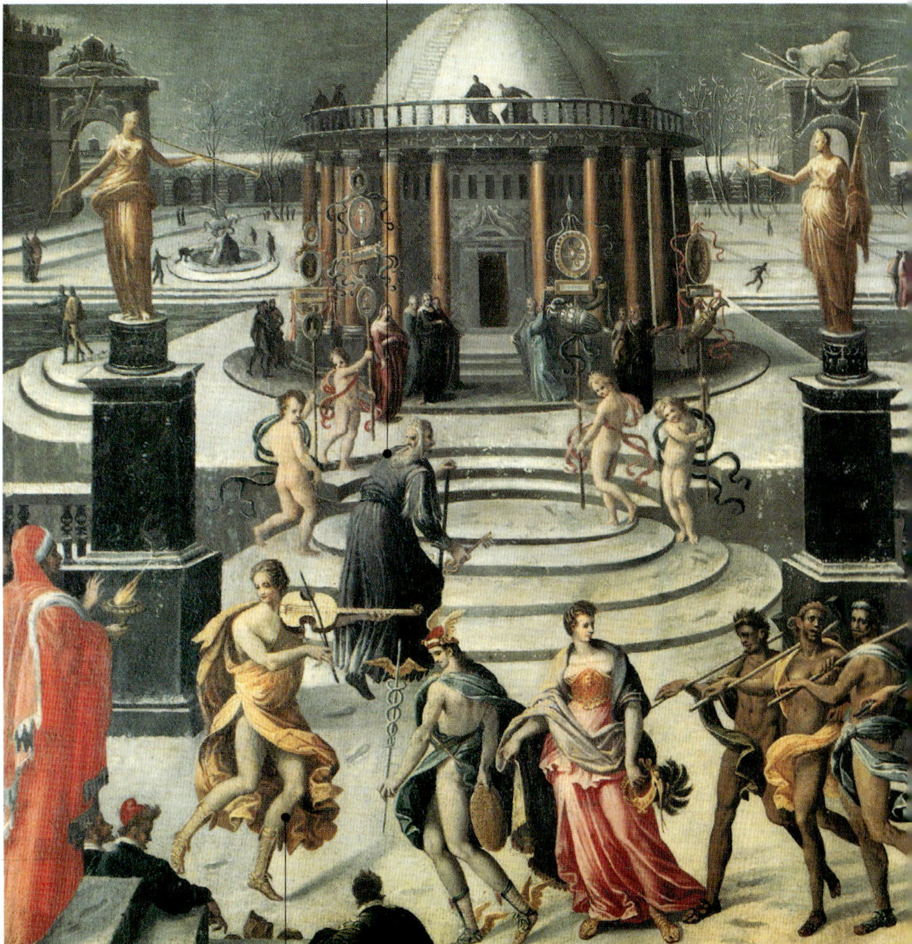

En tête du cortège, on reconnaît Apollon, qui joue d'une cithare d'un modèle du XVIe *siècle; il est suivi de Mercure, qui porte un caducée ainsi qu'un casque et des sandales ailés, puis de Minerve, sur la cuirasse de laquelle figure la tête de Méduse.*

▲ Antoine Caron,
Le Triomphe de l'hiver, 1568-1570
Paris, collection particulière

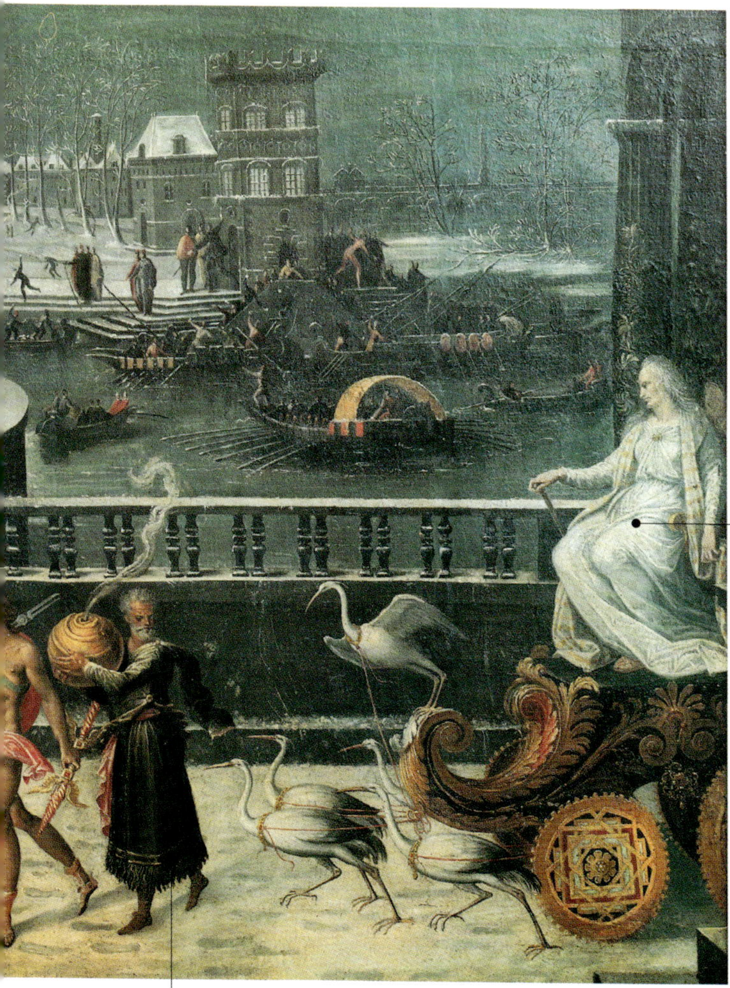

L'Hiver est porté en triomphe sur un char traîné par des oiseaux blancs.

Vulcain, dieu du feu, est une autre divinité traditionnellement associée à l'hiver. Le forgeron exerçait son activité surtout pendant cette période de l'année, alors que la culture des champs ne requérait ni travaux ni soins.

Transposition céleste du serpent, l'éclair jette sa lueur sur le Déluge, motif biblique dont Poussin a fait ici le choix insolite pour représenter l'hiver.

Le pâle soleil voilé est un symbole de la mort.

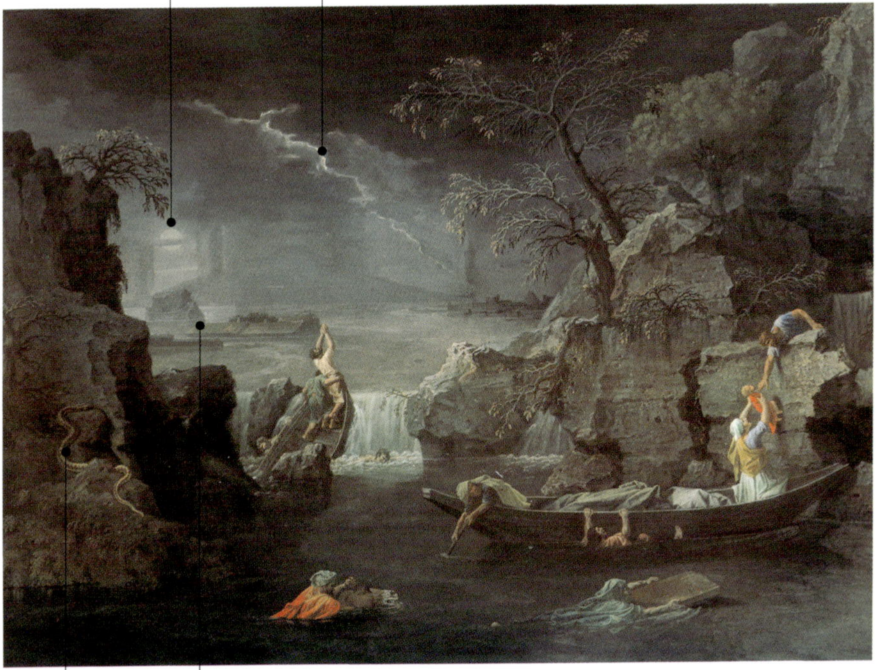

La présence de l'arche indique que la vie continue au-delà de cette terre.

Le serpent représente aussi bien le monde obscur des enfers que la puissance régénératrice de la nature.

▲ Nicolas Poussin,
L'Hiver, 1660-1664
Paris, musée du Louvre

Représentation: des personnifications allégoriques ou des motifs de travaux agricoles et de divertissements de cour.

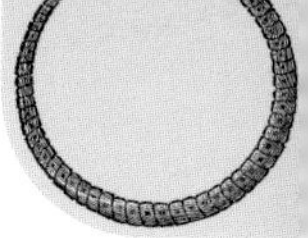

Les mois

L'iconographie des mois est liée à la représentation du calendrier et du zodiaque. À chaque mois correspondent une planète et une divinité céleste, dont les influences se manifestent sur la nature et sur les différents tempéraments humains. Dans leurs représentations des mois, les miniaturistes médiévaux ont donné une extraordinaire description de la société féodale, des mœurs de l'époque, des distractions des nobles et des travaux agricoles, rythmés par la succession des saisons. L'illustration réaliste de la vie paysanne – labours, semailles, fabrication du beurre, fenaison, moissons, vendanges et ramassage hivernal du bois – alterne avec une vision allégorique de la société de cour et de ses passe-temps favoris – banquet, tournoi, amour courtois, cortège nuptial, chasse au faucon. À la Renaissance, la représentation des mois fournit l'occasion d'une reprise grandiose de motifs et symboles profanes, pour la plupart tirés de la culture classique. Dans la conception chrétienne, aux douze mois correspondent les douze apôtres ou les douze prophètes. Parmi les cycles les plus célèbres, citons les *Mois* du Palazzo della Ragione à Padoue et les *Mois* à grotesques du Kunsthistorisches Museum de Vienne.

Étymologie du nom
Du latin *mensis*, dont la racine indo-européenne signifie « mesurer ».

Origine du symbole
Les mois résultent de la division de l'année solaire en douze parties introduite par Jules César en 46 av. J.-C.

Caractéristiques
Ils marquent le temps mis par le soleil pour parcourir une constellation. Ils sont utilisés dans l'art roman à des fins mnémoniques et didactiques, en tant que symboles du rachat du péché originel par le travail.

Divinités et symboles en relation
Le soleil, la lune, le zodiaque, les saisons, les métiers, les tempéraments, les vertus.

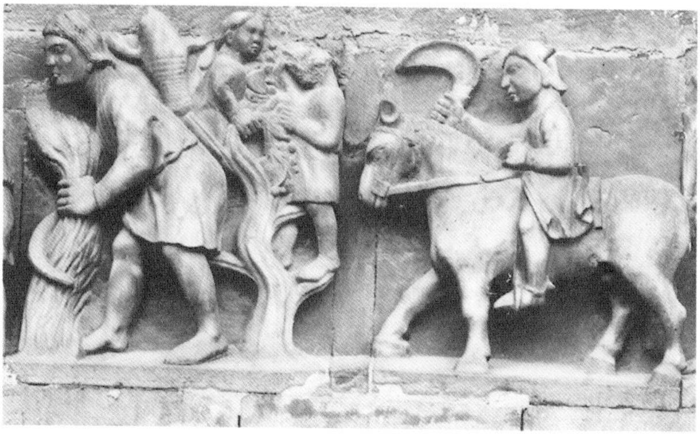

◄ École de Benedetto Antelami, *Les Mois* (détail), 1220-1230 Crémone, cathédrale

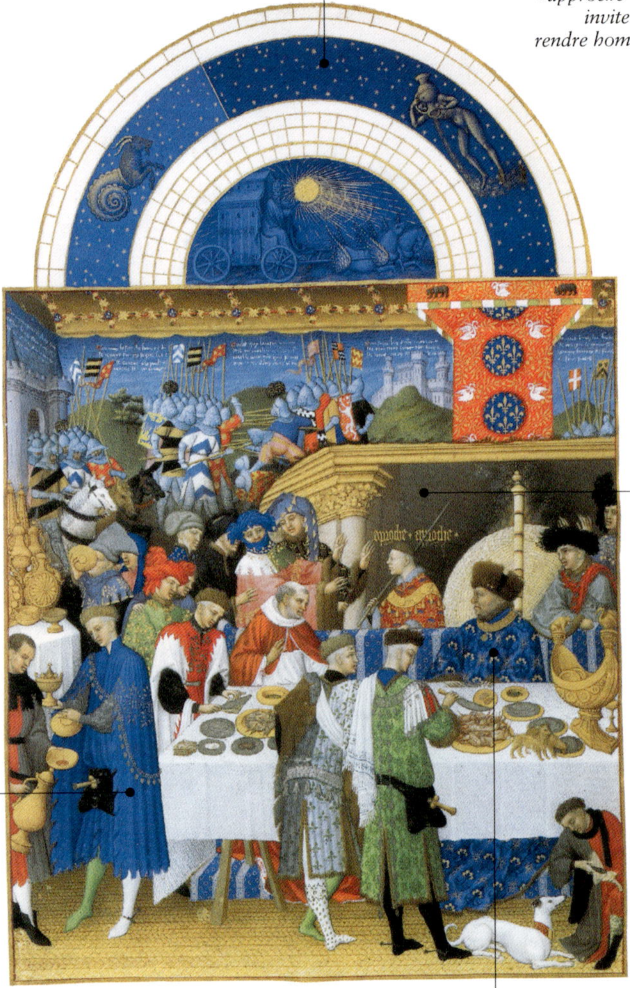

Le mois de janvier est identifié par les symboles astrologiques du Capricorne et du Verseau présents dans la lunette, au centre de laquelle se trouve le char du Soleil.

L'inscription en caractères gothiques, « approche + approche », invite l'assistance à rendre hommage au duc.

Les personnages au premier plan sont des officiers de cour : l'échanson, le panetier et l'écuyer tranchant.

La pratique de l'hommage rendu au seigneur se situait généralement au mois de janvier.

▲ Frères de Limbourg,
Le Mois de janvier, miniature des *Très Riches Heures du duc de Berry*, vers 1416
Chantilly, musée Condé

Pendant l'hiver, on se rend en ville pour vendre du bois et acheter des provisions.

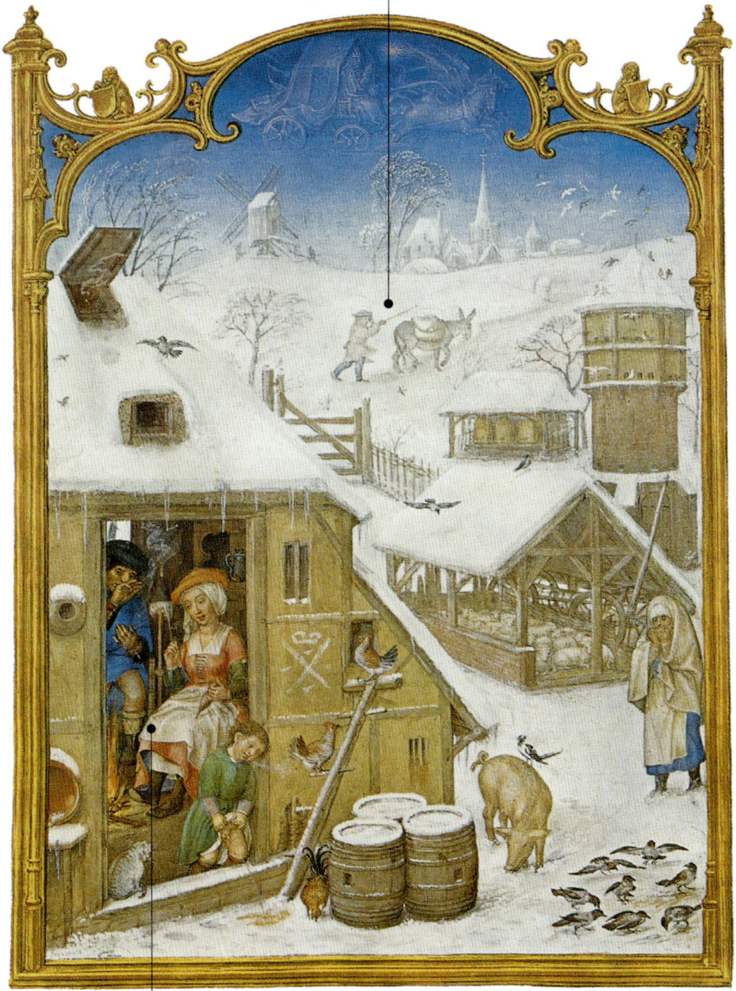

Le mois de février est représenté à travers la description d'une journée de travail typique : on file, on tisse, on répare les divers outils et instruments, et l'on donne à manger aux animaux.

▲ *Le Mois de février*, miniature du bréviaire Grimani, fin du XVe siècle
Venise, Biblioteca Marciana

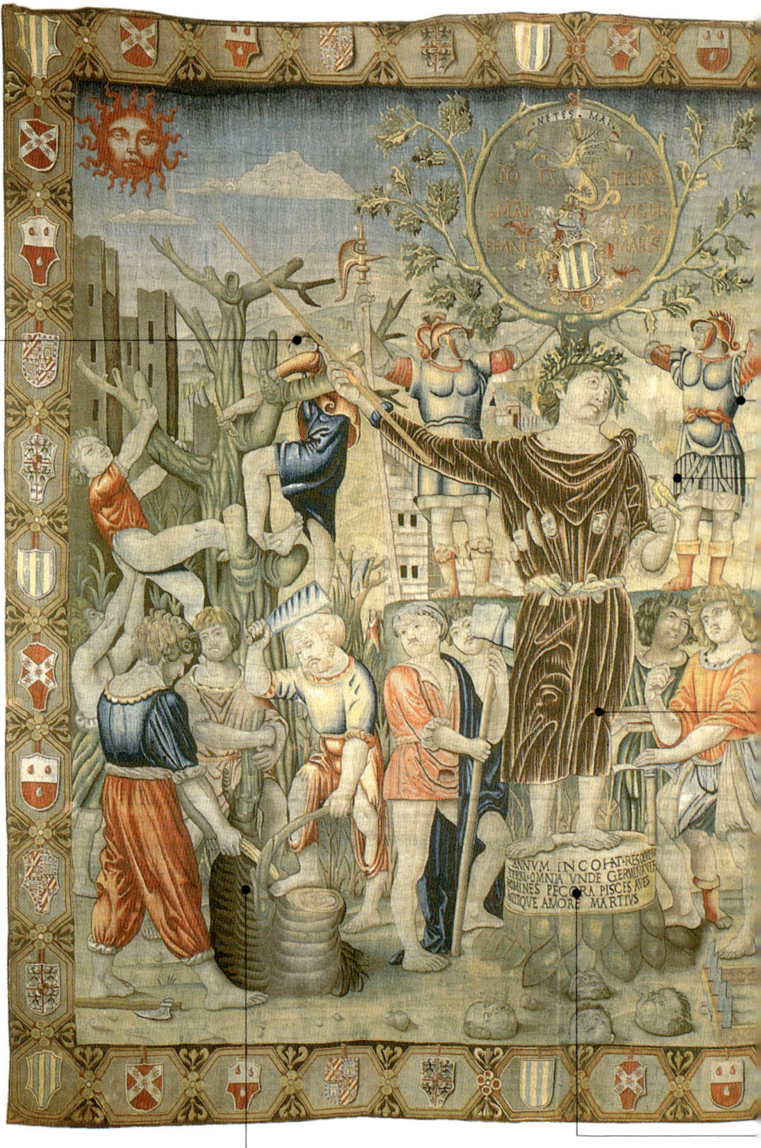

La position du soleil pour le mois concerné est indiquée sur la gauche de chaque tapisserie de ce cycle. L'inclinaison du bras et du bâton dépend du mouvement de l'astre sur l'écliptique et indique le sens de lecture des images.

Cette composition a pour thème central la célébration de la paix par l'exaltation des travaux agricoles.

▲ Bramantino et Benedetto da Milano, *Le Mois de mars*, tapisserie du *Cycle des mois Trivulzio*, 1504-1509
Milan, Civiche Raccolte del Castello Sforzesco

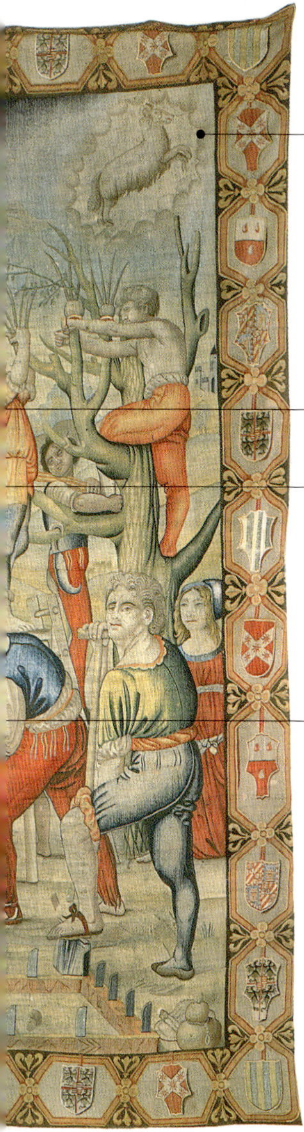

Le bélier, tiré de la première édition imprimée du De astronomia *d'Hygin, correspond astrologiquement au mois de mars.*

La présence de soldats fait allusion au dieu Mars, dont dérive le nom du mois.

Le petit oiseau est un symbole printanier très ancien, inspiré des Fastes *d'Ovide.*

Le mois de mars est personnifié par une figure allégorique qui célèbre la renaissance de la nature au printemps.

L'inscription sur le piédestal rend hommage à l'année nouvelle, qui commence astrologiquement au mois de mars.

Selon les Astronomica *de Manilius, dont le peintre s'est inspiré pour ce cycle ferrarais, à chaque mois correspond une divinité protectrice, qui exerce sa puissante influence sur les inclinations et les tempéraments des natifs du signe astrologique considéré.*

La position de Mars, dieu de la guerre, à genoux aux pieds de Vénus, symbolise le recul des instincts belliqueux devant le pouvoir de l'amour. Le joug amoureux est représenté par les chaînes qui attachent Mars à la déesse.

La saison des amours se célèbre en avril et mai sous la domination de Vénus, déesse de la grâce et de la beauté.

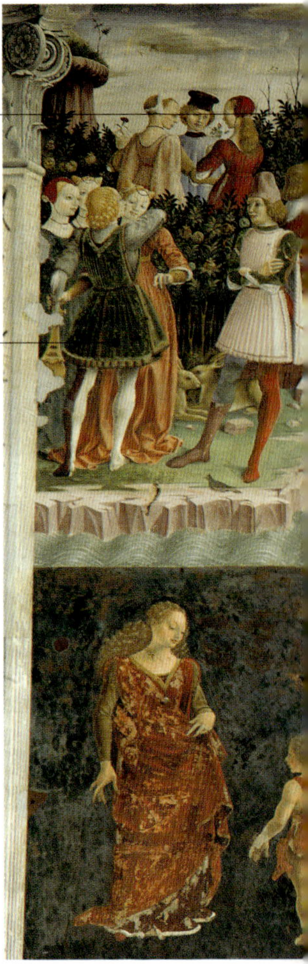

► Francesco del Cossa,
Le Mois d'avril, 1469-1470
Ferrare, Palazzo Schifanoia

Les trois Grâces représentent l'art de la danse, qui constitue avec la musique et l'amour le motif organisateur de la scène.

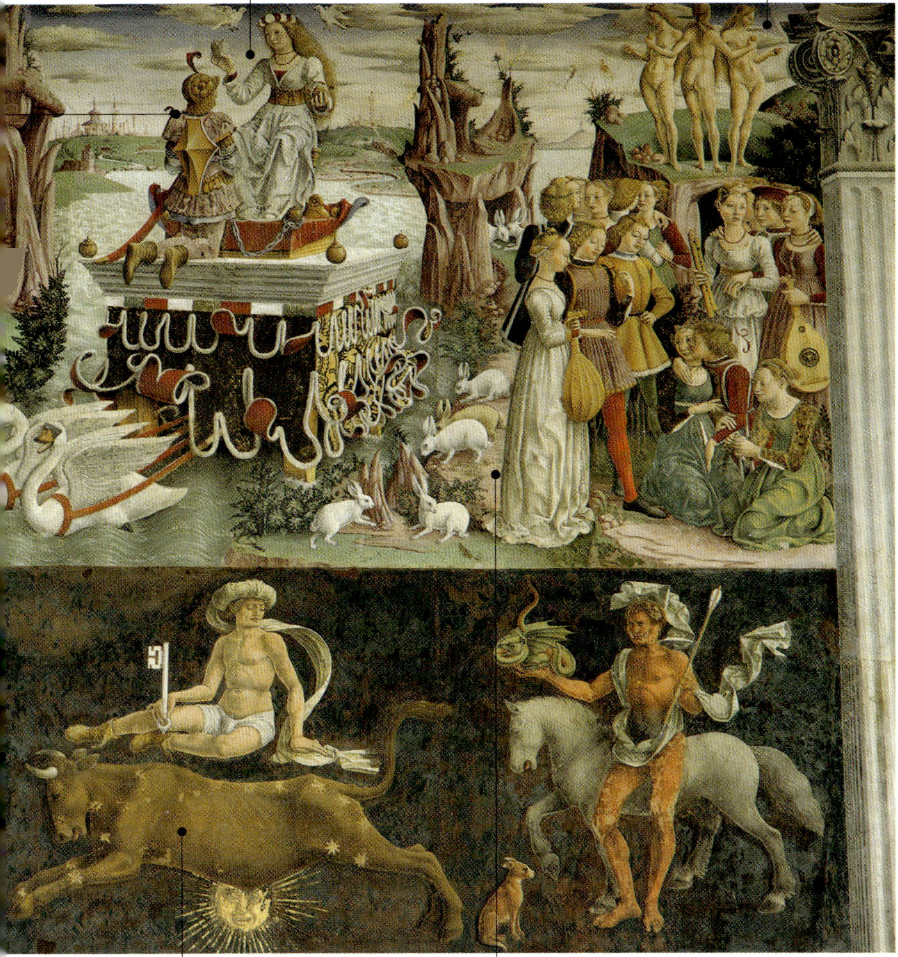

Le signe zodiacal du Taureau est accompagné des décans correspondants.

Le lapin est un symbole de fécondité, tout comme les haies de grenadier à gauche de la composition.

Le soleil est accompagné du nom du signe zodiacal correspondant, en l'occurrence les Gémeaux.

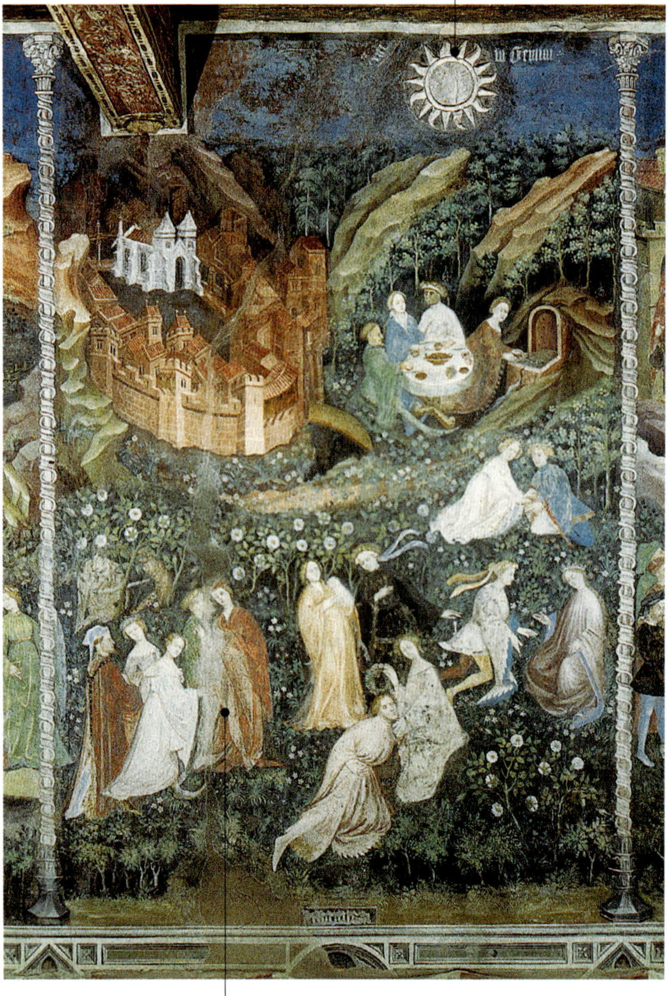

Le mois de mai est représenté par le motif de la cour d'amour à laquelle s'adonnent différents couples dans un magnifique jardin (le verger d'amour), foisonnant de fleurs et de plantes aromatiques.

▲ Maître Wenceslas,
Le Mois de mai, vers 1400
Trente, Castello del Buonconsiglio

*Les Gémeaux et la Vierge ont aussi une signification alchimique: les premiers représentent l'union des opposés, et la seconde, le processus de l'*albedo.

Le dieu Mercure (Hermès) est le protecteur du mois de juin et du signe des Gémeaux. On le reconnaît à son caducée, à son sac et aux ailes à ses pieds.

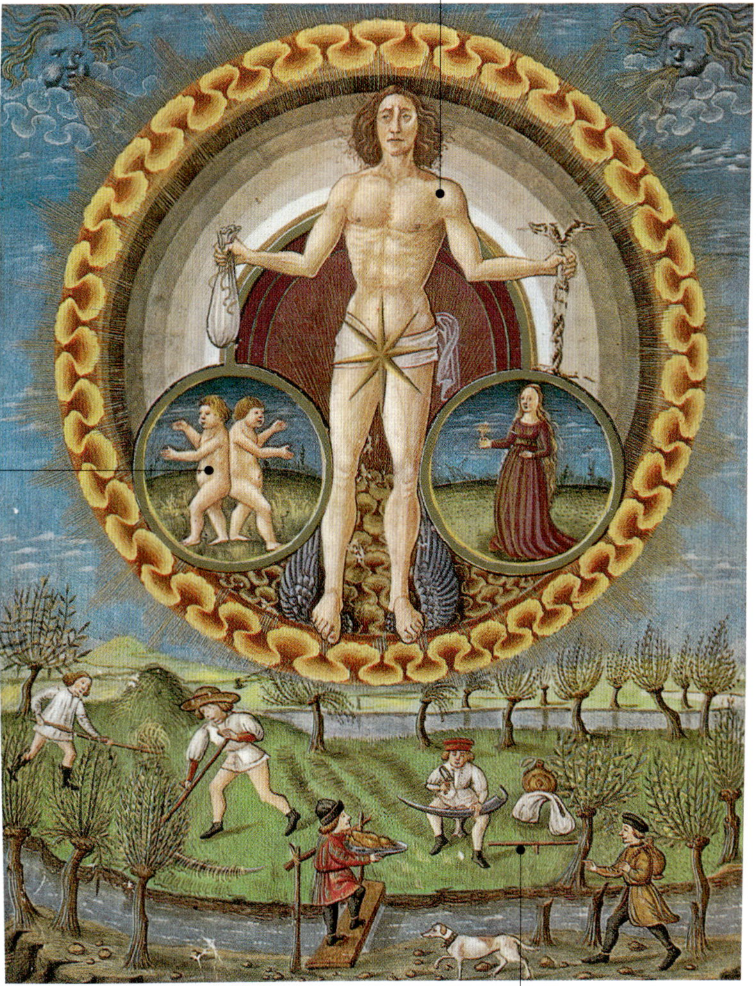

Au mois de juin correspond le fauchage du blé.

▲ Christoforo de Predis, *Mercure*, miniature du *De sphaera*, seconde moitié du XVe siècle
Modène, Biblioteca Estense

Le Lion est le signe astrologique qui correspond au mois de juillet.

Le paysan se consacre au battage du blé, travail agricole traditionnellement accompli pendant ce mois.

La Vierge est le signe astrologique dans lequel se trouve le soleil au mois d'août.

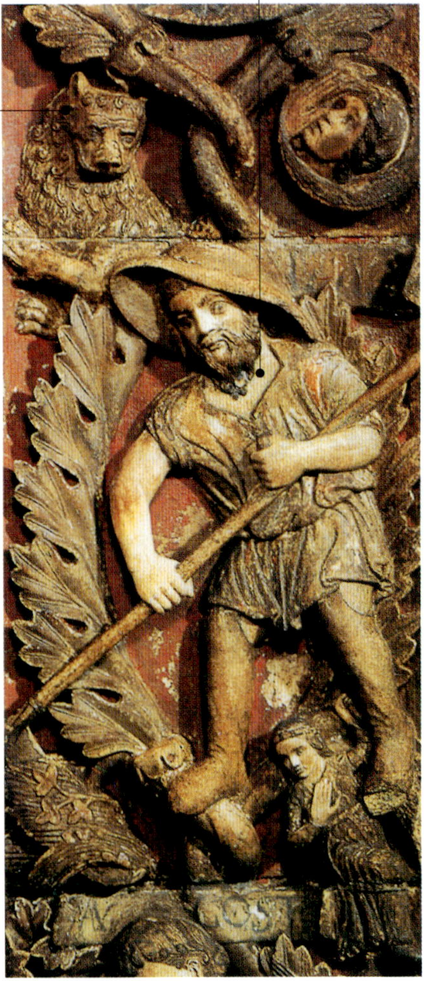

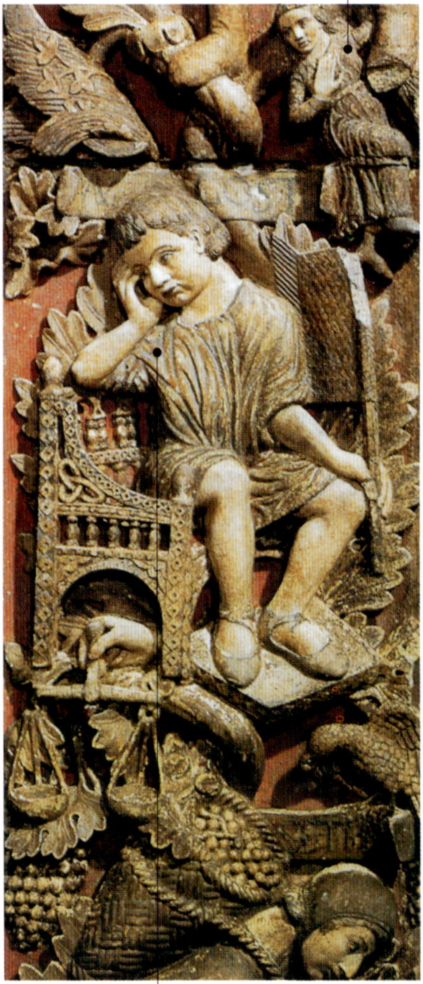

Le personnage qui fait lourdement reposer sa tête sur sa main évoque l'épuisement dû à la canicule. Cette iconographie reprend le motif de la torpeur mélancolique.

▲ *Le Mois de juillet* et *Le Mois d'août*,
XIIIe siècle
Venise, basilique Saint-Marc

Au mois de septembre sont associées la vendange et la préparation du vin.

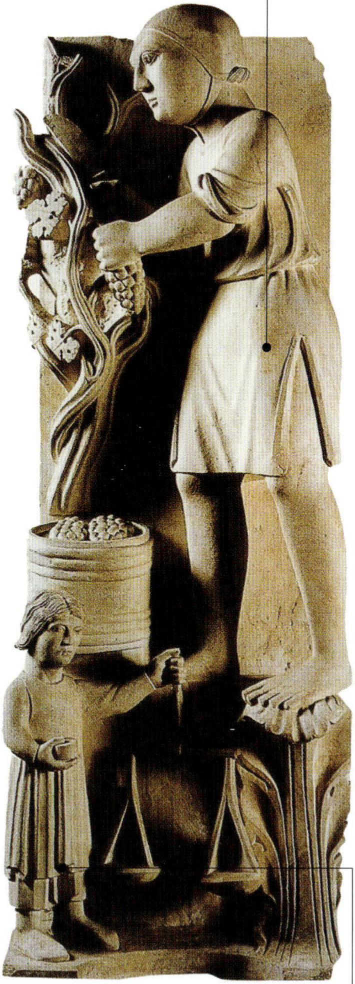

La Balance est le signe astrologique qui correspond au mois de septembre.

Le scorpion est l'animal emblématique du signe astrologique homonyme, qui correspond au mois d'octobre.

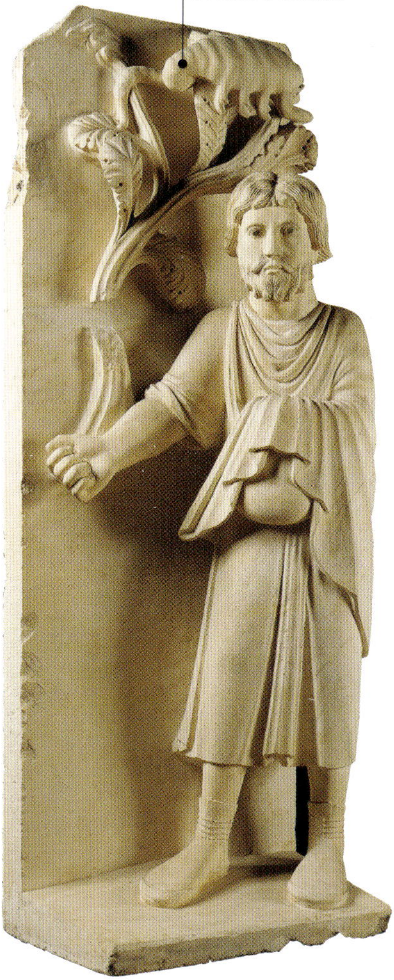

▲ Benedetto Antelami, *Le Mois de septembre* et *Le Mois d'octobre*, début du XIIIe siècle Parme, baptistère

Le peintre représente le mois de novembre en l'illustrant du motif de la chasse au lièvre, qui se pratiquait à cette époque de l'année.

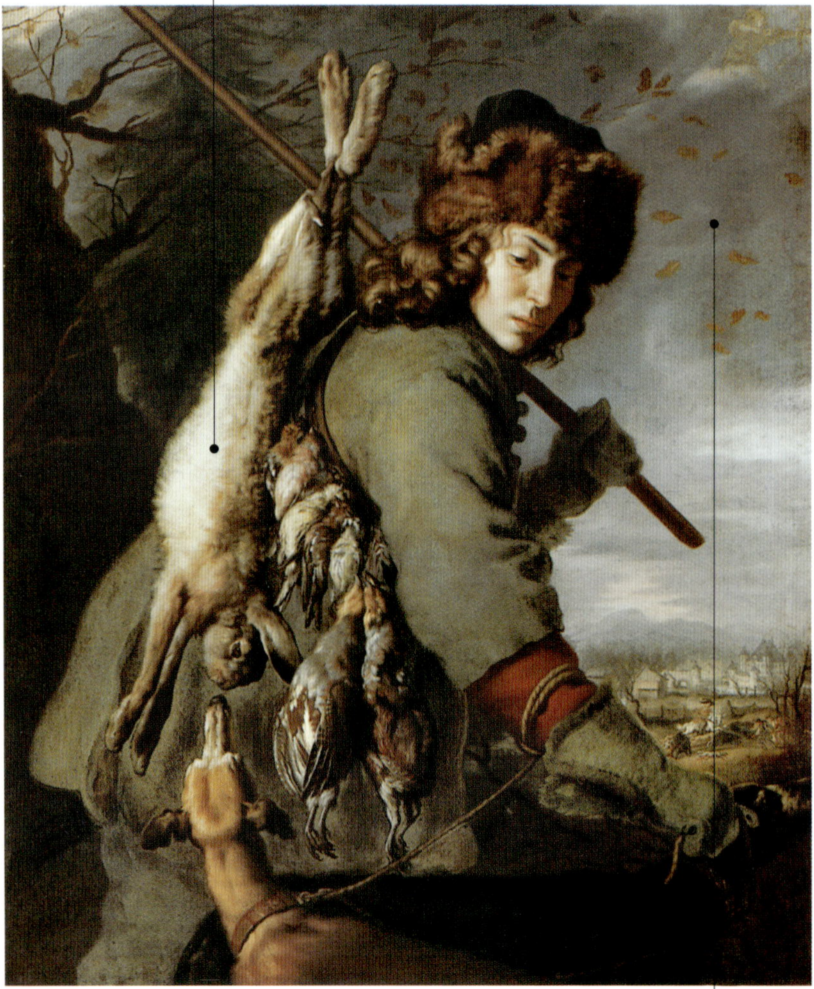

Le ciel couleur de plomb et les feuilles qui tombent sont des caractéristiques météorologiques de ce mois.

▲ Joachim von Sandrart,
Le Mois de novembre, 1643
Schlessheim, Staatsgalerie

Le soleil est accompagné du nom du signe zodiacal correspondant, Capricorne, qui caractérise le tempérament des natifs du dernier mois de l'année.

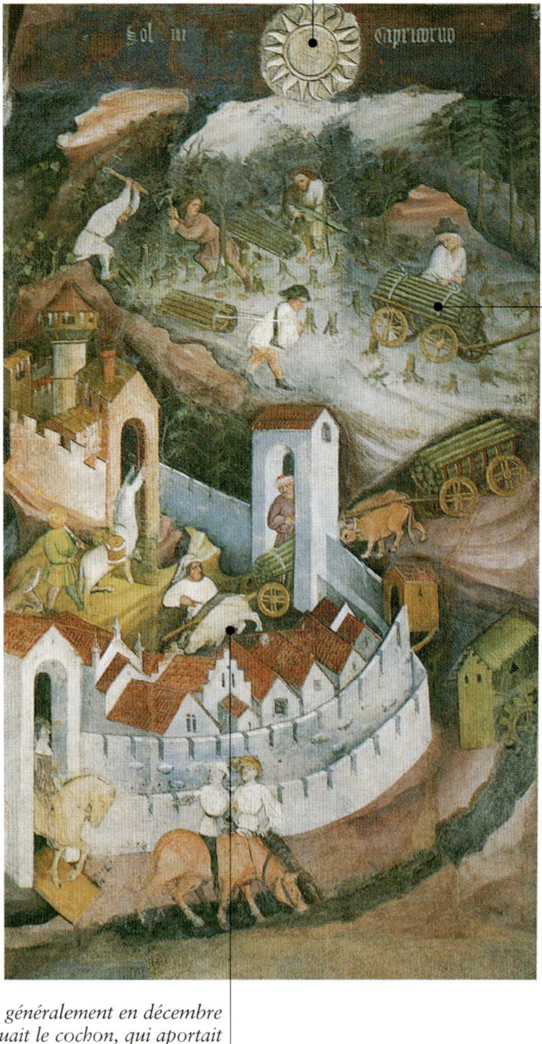

Le mois de décembre est représenté par le ramassage du bois dans la forêt et son transport jusqu'à la ville.

C'était généralement en décembre que l'on tuait le cochon, qui aportait d'abondantes provisions pour l'hiver.

▲ Maître Wenceslas,
Le Mois de décembre, vers 1400
Trente, Castello del Buonconsiglio

Représentation : sous les traits d'une jeune fille à la jeunesse éternelle, vêtue de voiles légers et portant à la main un flambeau ardent.

L'aurore

L'Aurore précède la pleine manifestation de la lumière diurne, que personnifie son frère le Soleil, et elle est un symbole de l'espérance et de toutes les possibilités. Les noms d'Héméra (le Jour) et d'Hespéra (le Soir) expriment ses différentes fonctions dans la suite qui accompagne le char solaire. Dans la religion chrétienne, elle est l'emblème de la renaissance et de l'illumination spirituelle (le règne du Saint-Esprit) et elle est représentée sous l'aspect de l'Enfant Jésus ou de la Vierge Marie, symboles de l'âme dans sa fonction naissante.

L'Aurore est l'une des figures les plus importantes de la tradition hermétique et elle correspond à la Sagesse (Sophia) : « L'Aurore, au sommet de la *rubedo*, est la fin de toutes les ténèbres et elle chasse la nuit, cette période hivernale qui bouleverse celui qui la caresse sans la prudence nécessaire » (Jakob Böhme, *L'Aurore à son lever*). Elle est donc ce principe cognitif et ordonnateur qui met fin à l'ignorance et à la sottise des adeptes ainsi qu'à la putréfaction de la matière. L'Aurore hermétique a pour fils le Christ-Mercure, le serpent guérisseur qui ressuscite les morts. À l'Aurore sont associés le fleuve Achéron, l'élément de l'air et le tempérament sanguin. Sous l'aspect de l'aurore boréale, elle est une personnification de l'au-delà.

Étymologie du nom
Du latin *aurora*.

Origine du symbole
Dans la mythologie grecque, elle est fille d'Hypérion et de Théia.

Caractéristiques
Elle est la lumière qui se répand avant le lever du soleil. Elle précède le char solaire et elle est accompagnée de l'étoile du matin (Vénus). De ses larmes naît la rosée.

Traditions religieuses et philosophiques
La gnose, la kabbale, l'hermétisme, l'alchimie.

Divinités et symboles en relation
Éos, Hélios (Soleil), Phébus (Apollon), Héméra, Hespéra, l'Enfant Jésus, la Vierge Marie ; l'au-delà, le fleuve Achéron, l'élément de l'air, le printemps, l'humeur sanguine, l'enfance.

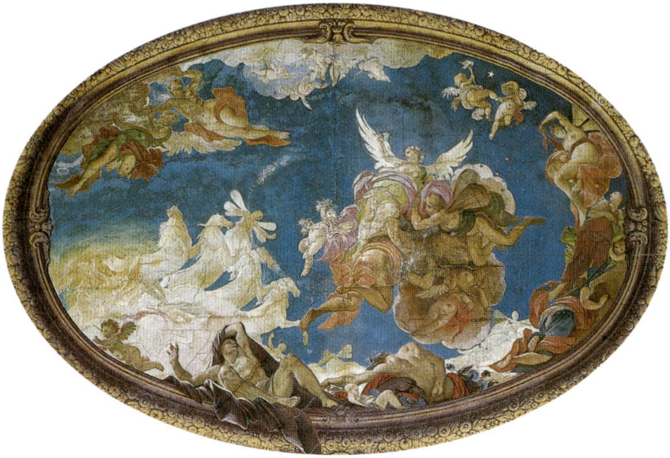

► Louis Dorigny, *Allégorie de l'Aurore*, vers 1685
Venise, Ca' Zenobio

L'Aurore symbolise la victoire de la lumière solaire sur les ténèbres nocturnes : elle est représentée sous les traits d'une jeune fille à la jeunesse éternelle et vêtue de voiles légers.

Le lys est le symbole de la pure lumière divine.

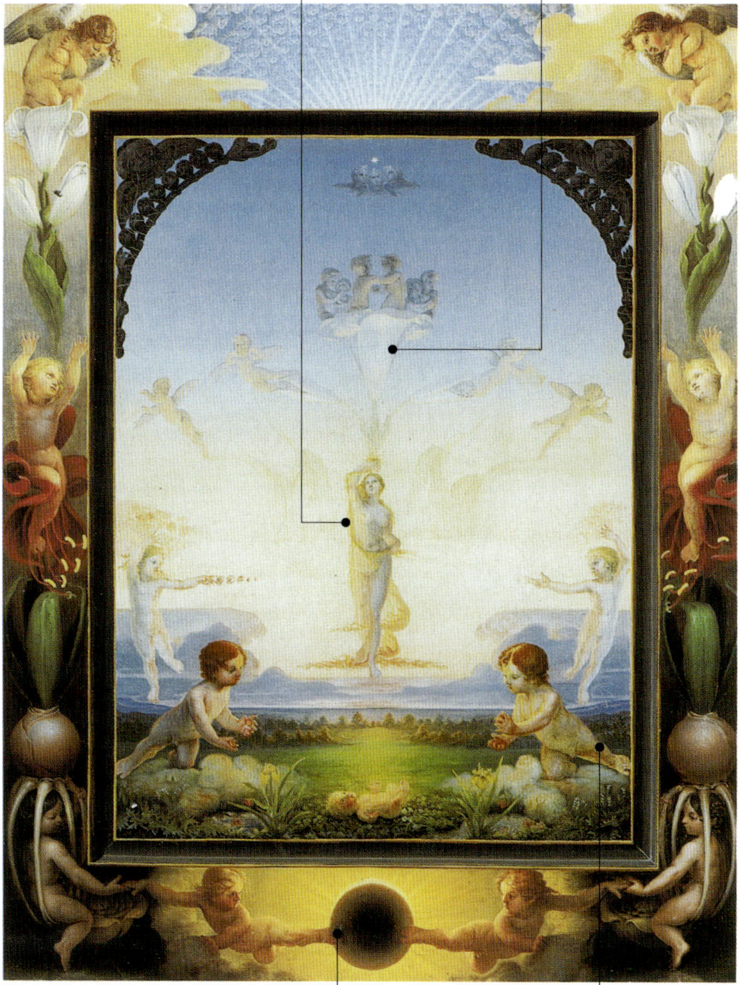

Le soleil noir (en éclipse totale) renvoie à l'obscurité du soir et de la mort.

Les groupes d'enfants sont une allégorie de la Trinité.

▲ Philipp Otto Runge,
Le Matin (première version), 1808
Hambourg, Kunsthalle

Hélios conduit le char solaire.

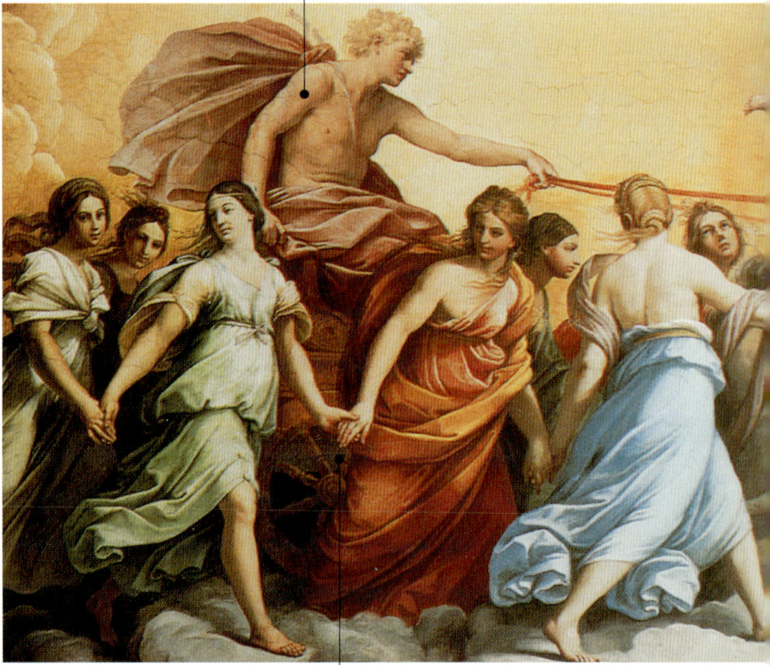

Les jeunes filles qui se tiennent par la main sont les Heures, divinités dont la ronde scande les activités humaines.

▲ Guido Reni,
L'Aurore, 1612-1614
Rome, palais Rospigliosi Pallavicini

Le flambeau ardent est le symbole d'Éosphore, l'étoile du matin, connue aussi sous le nom de Lucifer (« qui porte la lumière »).

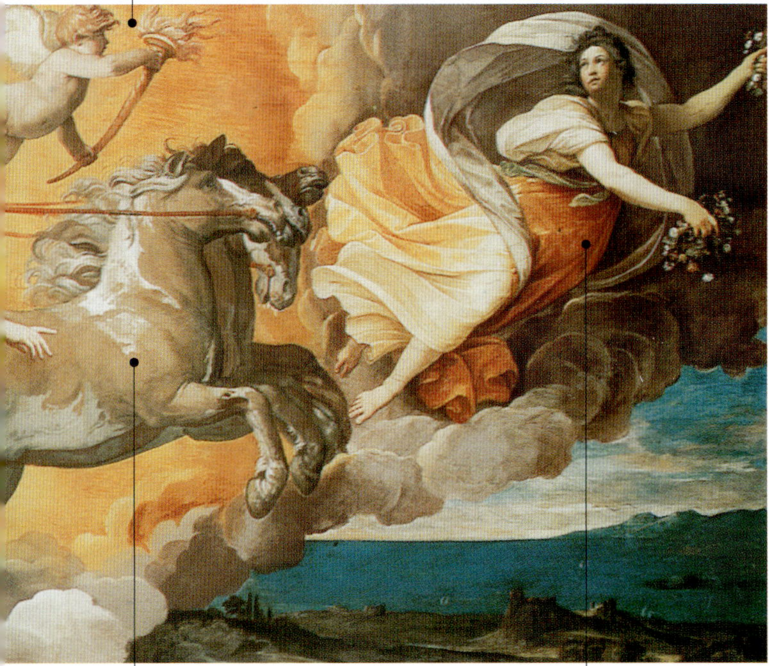

L'Aurore « aux doigts de rose » précède le char du Soleil. Cette iconographie remonte à L'Iliade.

Les quatre chevaux représentent les quatre saisons.

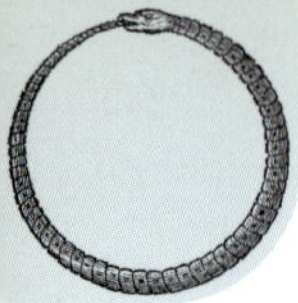

Midi

Signification: il est le symbole de la lumière dans sa plénitude physique et spirituelle; il est représenté comme l'instant immobile où tout dans la nature s'arrête et se tait.

Étymologie du nom
Du latin *meridies*, « milieu du jour ».

Origine du symbole
Il résulte de la position du soleil au zénith.

Caractéristiques
C'est l'instant fugitif où la nature s'arrête, pour laisser place à une dimension temporelle magique et extatique.

Traditions religieuses et philosophiques
La kabbale, l'hermétisme, l'alchimie.

Divinités et symboles en relation
Hélios (Soleil), Phébus (Apollon), Zeus (Jupiter), Pan, le Christ-Soleil, Satan; le fleuve Phlégéthon, le feu, l'été, l'humeur colérique, la jeunesse, la paresse.

Midi contient en soi deux aspects: il est l'heure de l'inspiration divine et de l'union mystique, où le Christ-Soleil se manifeste dans toute sa puissance, et le moment de l'épiphanie du démon méridien, personnification fantastique du péché capital de la paresse. Au Moyen Âge, ce démon a été identifié avec le dieu Pan, expression des forces diaboliques et de la terreur panique. Midi, heure où le soleil se trouve au zénith (le point le plus haut par rapport à la terre), est aussi le symbole de l'éternité, représentée par l'absence totale de changement et d'imperfection (l'ombre).

Dans l'art de la Renaissance, le Jour est représenté sous les traits d'un homme viril et robuste, symbole de la pleine manifestation de l'énergie solaire, dispensatrice de force et de vitalité: on a un exemple célèbre de ce motif iconographique dans les tombeaux des Médicis sculptés par Michel-Ange, dans l'église San Lorenzo, à Florence.

Au Jour sont associés l'élément du feu, l'humeur colérique et le Phlégéthon (l'un des quatre fleuves des enfers).

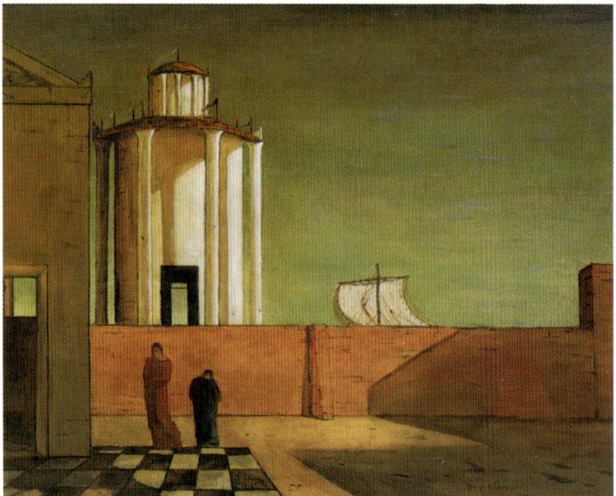

► Giorgio De Chirico, *L'Énigme de l'arrivée et de l'après-midi*, 1911-1912
Collection particulière

Armés de faisceaux de lumière éclatante, les dieux olympiens et solaires chassent les démons.

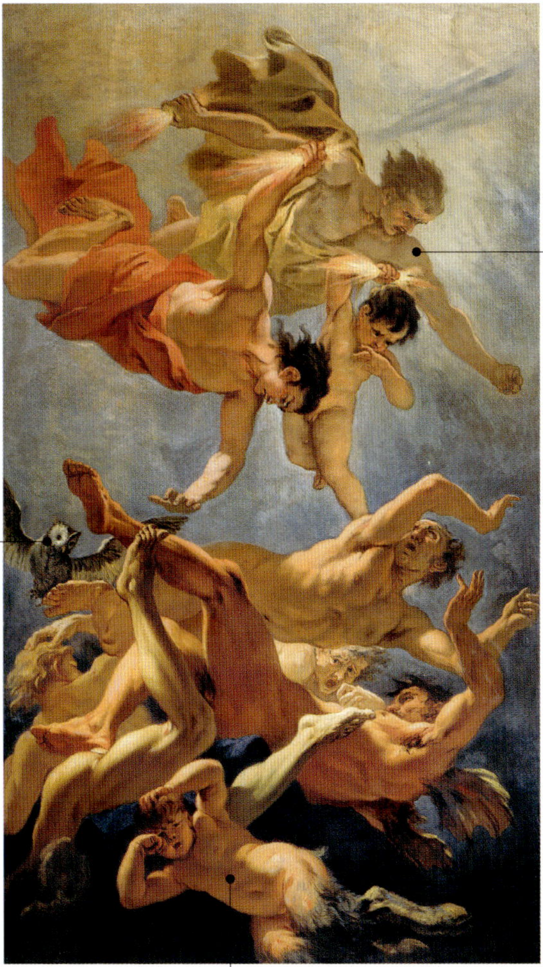

La chouette, attribut de la Nuit, accompagne les personnifications des cauchemars.

Le dieu Pan est représenté sous les traits d'un jeune faune ensommeillé.

▲ Sebastiano Ricci,
Allégorie du Jour: Midi, vers 1696-1704
Venise, Fondazione Querini Stampalia

Signification: le passage de la lumière solaire aux ténèbres nocturnes a été souvent représenté comme un symbole de réflexion intérieure ou comme une allégorie de la vieillesse.

Le crépuscule

C'est le moment le plus propice au recueillement et il est souvent utilisé comme métaphore de l'écoulement du temps et de l'épuisement de la créativité. À l'instar de nombreux symboles, le crépuscule a aussi un aspect double: il peut être comparé à la vieillesse et à l'approche de la mort et de l'oubli, ou il peut représenter des émotions et sentiments très profonds et intenses, comme la nostalgie. Dans l'art de la Renaissance, le crépuscule est figuré sous les traits d'un vieillard chenu qui s'oppose à la jeune vierge Aurore. Cette représentation s'inspire du mythe classique d'Éos et de Tithonos, auquel les dieux avaient donné l'immortalité mais non la jeunesse éternelle. Comme motif iconographique, le coucher du soleil se charge de valeurs symboliques, surtout à partir du romantisme, quand il se transforme en véritable « paysage de l'âme ». Le ciel enflammé par le soleil couchant est utilisé par les peintres romantiques pour accroître la charge émotive de la scène représentée, et il peut être aussi bien une image de la puissance de Dieu (Friedrich) qu'un symbole du tragique de la destinée humaine (Turner).

Étymologie du nom
Du latin *crepusculum*, dont la racine *creper* signifie « obscur ».

Origine du symbole
Il résulte de la position du soleil à son coucher.

Caractéristiques
Le coucher du soleil, comme le lever de la lune, marque le passage entre les énergies solaires et vivifiantes du règne du jour et les forces lunaires et mortifères qui peuplent le royaume de la nuit.

Divinités et symboles en relation
Hélios (Soleil), Hespéra, Jésus-Christ; le fleuve Styx, la terre, l'automne, l'humeur mélancolique, la vieillesse, la flamme.

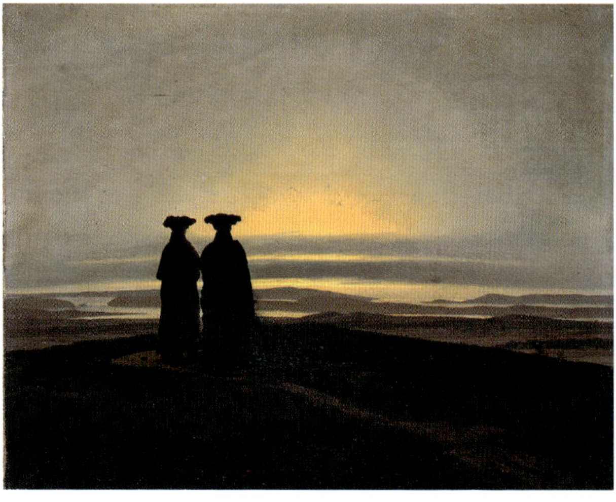

► Caspar David Friedrich, *Paysage au coucher du soleil avec deux personnages*, 1830-1835 Saint-Pétersbourg, musée de l'Ermitage

Le Soir est représenté sur le char du Soleil, avec lequel il s'apprête à traverser le ciel.

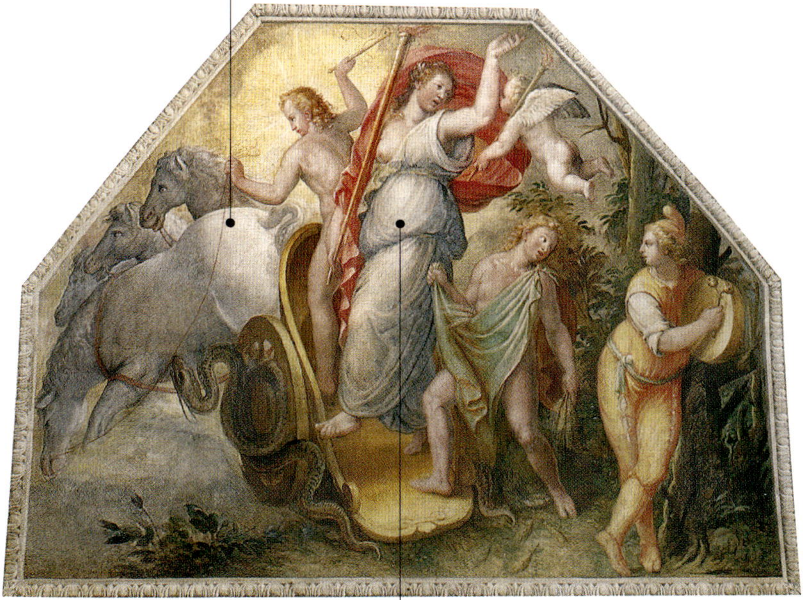

Dans la mythologie grecque, la tombée du soir était personnifiée par la déesse Hespéra, face nocturne d'Éos (l'Aurore).

▲ Camillo, Cesare et Sebastiano Filippi,
Le Coucher du Soleil, détail du plafond de la salle de l'Aurore, seconde moitié du XVIe siècle
Ferrare, Castello Estense

La nuit

Étymologie du nom
Du latin *nox*.

Origine du symbole
Selon les *Poèmes orphiques*, elle est la mère primordiale des principes cosmiques.

Caractéristiques
Elle annonce le Jour en en préparant les manifestations futures.

Traditions religieuses et philosophiques
L'orphisme, le néoplatonisme, l'occultisme.

Divinités et symboles en relation
Chaos, Éros-Phanès, Ouranos, Gaïa, la Lune, Léda, Hécate Trivia; le fleuve Cocyte, l'eau, l'hiver, l'humeur flegmatique, la vie, la mort.

Représentation: sur un char céleste traîné par quatre chevaux noirs, ou plongée dans le sommeil, vêtue d'une robe ou d'un voile piqueté d'étoiles et accompagnée de ses attributs, une chouette et la lune.

La Nuit est la mère primordiale, génératrice de tous les principes cosmiques. Selon les *Poèmes orphiques*, de son union avec le Vent résulta un œuf d'argent (la Lune), duquel naquit Éros-Phanès, le désir qui meut l'univers. Étaient aussi considérés comme ses enfants le Ciel et la Terre, le Sommeil et la Mort. En tant que matrice universelle, la Nuit est liée à l'élément aquatique et souterrain, lieu de gestation des semences de toutes les choses. C'est pour cela qu'elle est considérée comme la source de toutes les possibilités, qui ne trouveront leur pleine manifestation que sous la lumière du jour. Dans l'art antique, elle est figurée sous les traits d'une femme enveloppée d'un voile noir et couronnée de fleurs de pavot (aux vertus soporifiques reconnues). La nuit représente en outre la dimension du rêve et de l'éros ainsi que l'entrée dans le domaine du fantastique et de l'occulte. C'est pourquoi elle est associée à la déesse Hécate Trivia et au « marais des larmes », le Cocyte de Virgile et de Dante. Elle peut aussi être représentée dans un autre thème iconographique et symbolique, le motif chrétien de la « Nuit sainte » de Noël.

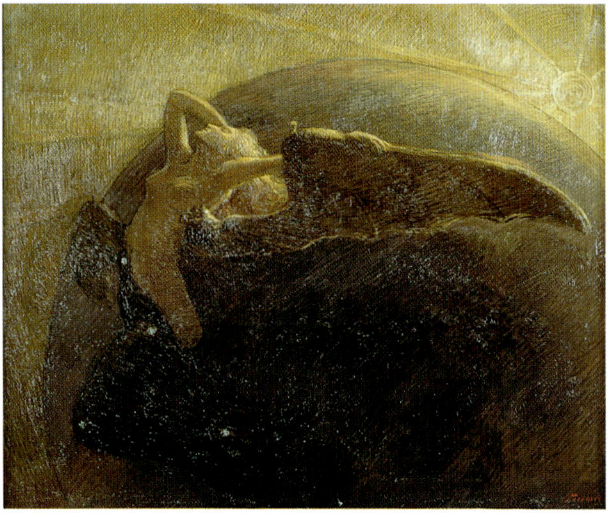

► Gaetano Previati, *Le Jour réveille la Nuit*, 1898-1905
Trieste, Museo Revoltella

À la Renaissance, en particulier dans les milieux influencés par le néoplatonisme florentin, la Nuit retrouve ses attributs de mère primordiale et elle est associée à la figure de Léda.

La position de la déesse, la tête appuyée sur la main, souligne la parenté de la Nuit avec le tempérament mélancolique.

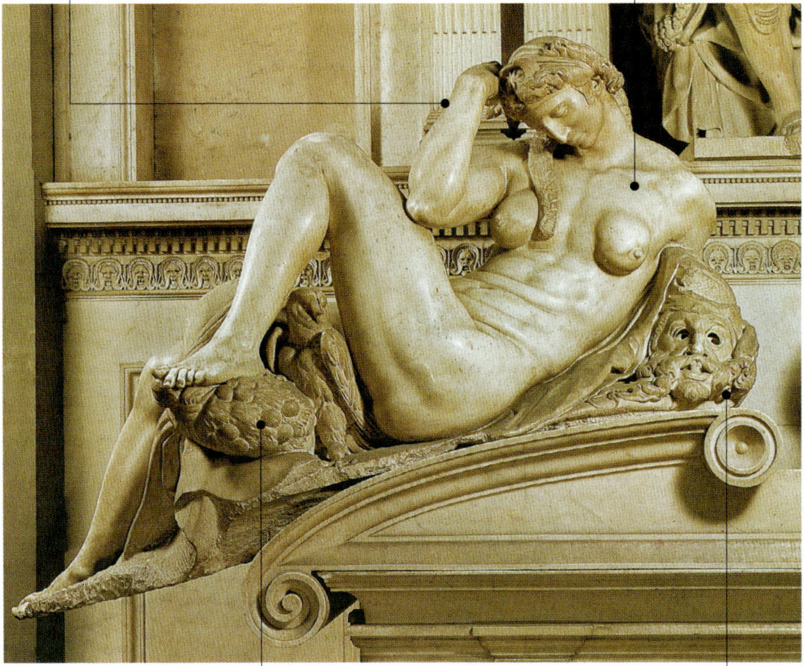

Selon les doctrines orphiques et pythagoriciennes, Léda et la Nuit sont l'incarnation de la conception double de la mort selon laquelle joie et douleur coïncident.

La chouette et les fleurs de pavot sont des symboles de la Mort et du Sommeil, les deux enfants jumeaux de la Nuit.

▲ Michel-Ange,
La Nuit, 1520-1534
Florence, église San Lorenzo, Nouvelle Sacristie

La ville en flammes à l'arrière-plan et l'atmosphère générale du tableau sont tirées d'une célèbre gravure de Marcantonio Raimondi.

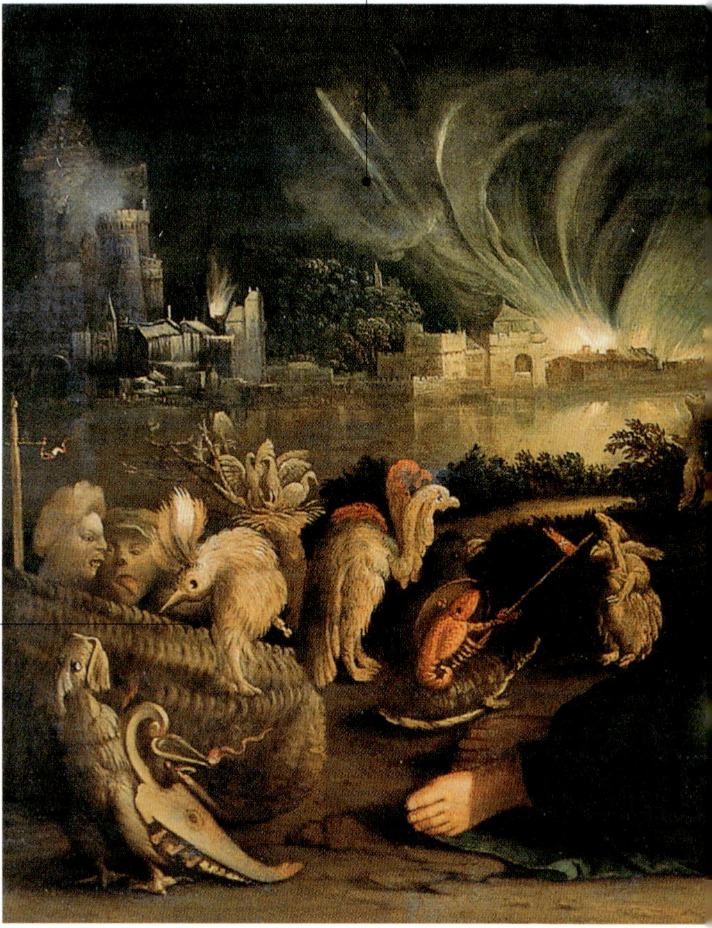

*Les créatures monstrueuses, personnifications des cauchemars nocturnes, sont inspirées de l'*Histoire véritable *de Lucien de Samosate.*

▲ Battista Dossi,
La Nuit (ou *Le Rêve*), 1544
Dresde, Gemäldegalerie

Le rameau fleuri que tient le Sommeil a été trempé dans les eaux du Léthé, l'un des quatre fleuves des enfers, aux propriétés hypnotiques.

Le Sommeil, fils de la Nuit et gardien de son repos, est en train d'endormir sa mère. Cette représentation est tirée d'un passage de La Thébaïde *de Stace.*

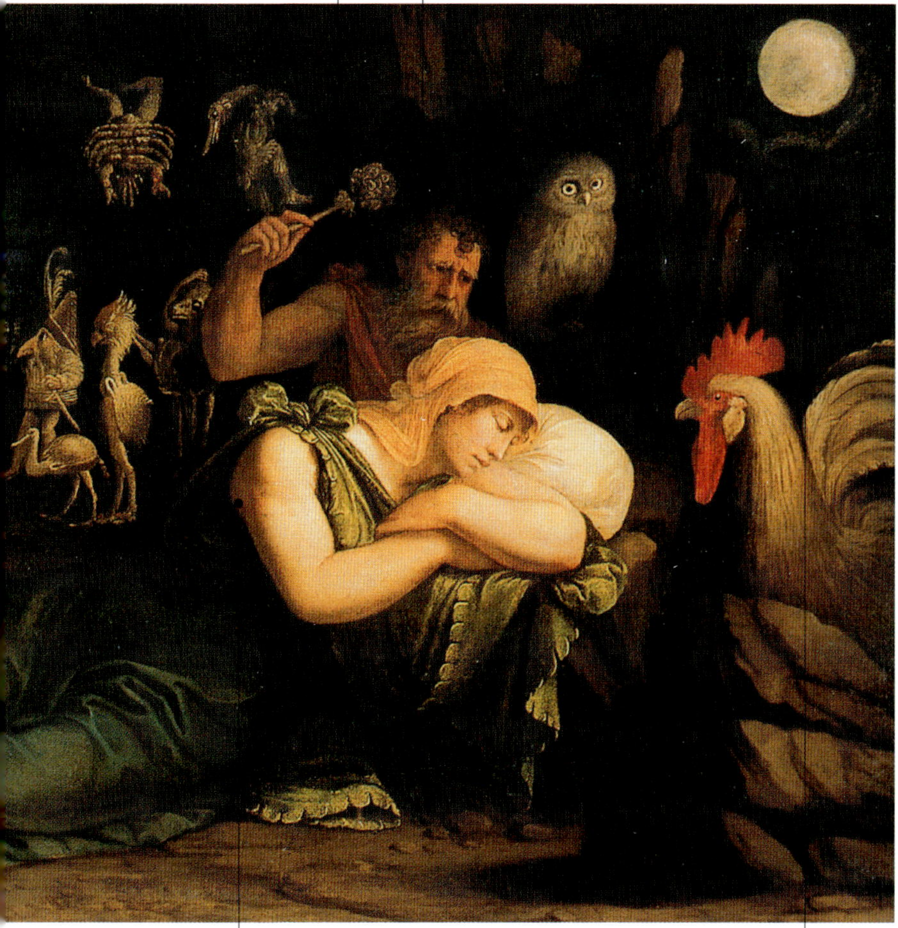

La scène s'inspire du motif de la « maison du Sommeil » dont parle Ovide dans Les Métamorphoses.

Pendant le jour, la Nuit se repose dans une caverne située à l'extrême occident, où elle est veillée par des animaux et des divinités qui composent sa suite : le coq, le hibou, la Lune et le Sommeil.

Les fleurs de pavot, aux puissantes propriétés soporifiques, sont un des attributs de la déesse.

La Lune est une des filles de la Nuit.

La chauve-souris et le hibou sont des animaux consacrés à la Nuit.

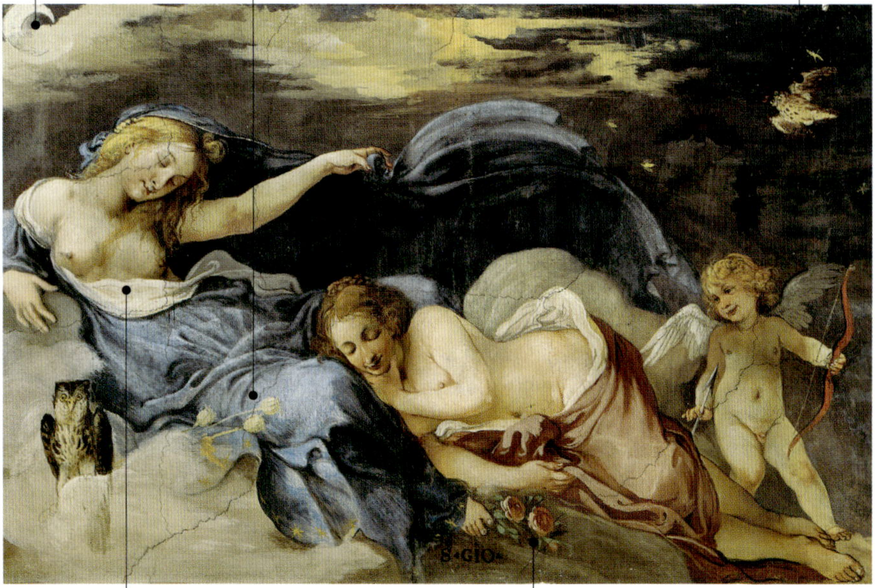

Cette femme à la poitrine découverte incarne la Nuit, qui enveloppe de son manteau l'Aurore endormie.

On reconnaît l'Aurore aux roses posées près de sa main.

▲ Giovanni Mannozzi,
La Nuit avec l'Aurore et un petit amour, 1635
Florence, Museo Bardini

La nuit est représentée comme une puissance protectrice, et la noirceur de son manteau couvrant le ciel fait ressortir la lumière salvatrice émanant de l'Enfant Jésus et des puissances célestes.

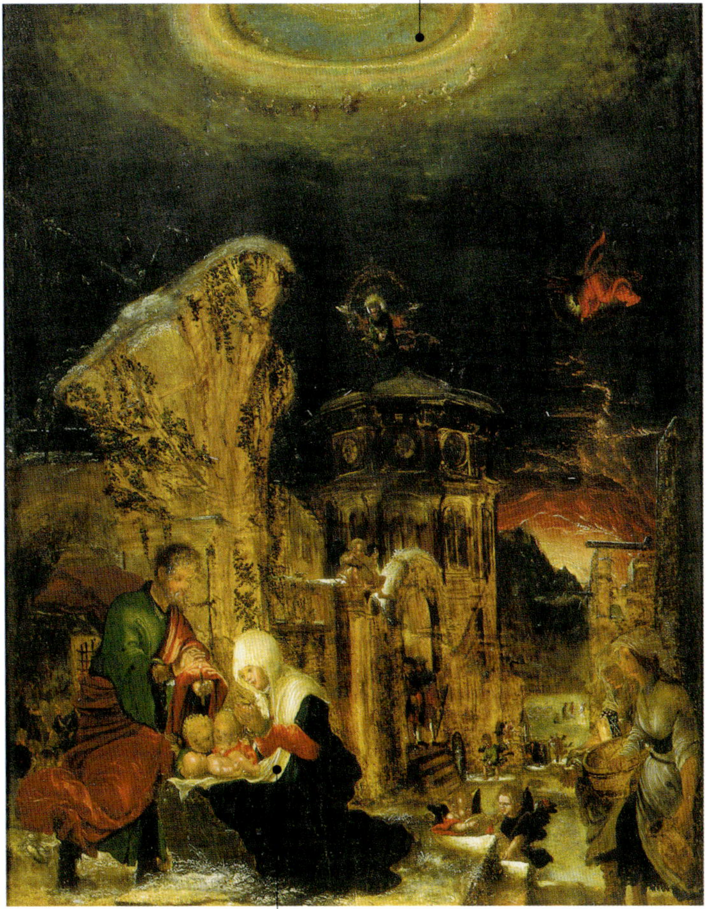

L'artiste présente l'obscurité nocturne comme un moment propice au recueillement et à la célébration de la gloire du Seigneur.

▲ Albrecht Altdorfer, *La Nuit sainte*, 1520
Vienne, Kunsthistorisches Museum

Représentation : sous les traits de douze jeunes filles faisant la ronde autour du char du Soleil ou dansant à la suite de l'Aurore.

Les heures

Étymologie du nom
Du grec *horai*; en latin, *horae*.

Origine du symbole
Elles remontent au culte des saisons selon l'antique tripartition de l'année.

Caractéristiques
Elles désignent les divisions du jour, scandent les activités humaines et personnifient des forces cosmiques. En raison de leurs fonctions ordonnatrices, Hésiode les a identifiées avec la Bienveillance (Eunomia), la Justice (Diké) et la Paix (Eiréné).

Divinités et symboles en relation
Zeus (Jupiter), Thémis, Hélios (Soleil), Phébus (Apollon), Éos (Aurore), Aphrodite (Vénus), Héra (Junon), Perséphone (Proserpine); les saisons.

Selon une antique tripartition de l'année, les Heures représentent le printemps, l'été et l'hiver. Dans la Grèce classique, elles sont identifiées avec Thallo (la floraison), Auxo (la croissance) et Karpo (la maturité du fruit), et affectées, avec les Grâces, à la suite d'Aphrodite et d'Héra. La danse des Heures, comme celle de la vie, reflète la conception cyclique du temps et symbolise la renaissance périodique de la nature. Traditionnellement, les Heures sont représentées comme douze jeunes filles (six à gauche et six à droite) de la suite d'Hélios et d'Apollon, et elles ont pour tâche d'atteler les chevaux du char solaire. Dans l'iconographie chrétienne, leur disposition reprend celle des anges (séraphins rouges et chérubins bleus) qui entourent la mandorle divine. Pour les gnostiques, aux douze heures journalières, qui tournent autour du Christ-Soleil, correspondent les douze apôtres. Selon les conceptions de la Renaissance, les quatre subdivisions principales du jour sont une représentation allégorique du règne naturel et, de ce fait, elles sont situées dans une zone intermédiaire entre le monde souterrain et les sphères célestes. Cette position médiane reflète la fonction primordiale que leur assigne Michel-Ange : celle de témoigner de la puissance destructrice du temps dans le monde sublunaire.

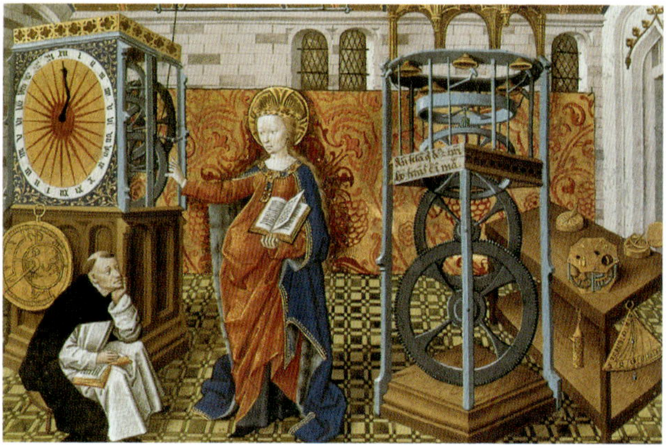

► *La Vierge Marie et un moine horloger*, miniature d'un livre d'heures, XVe siècle Bruxelles, Bibliothèque royale Albert Ier

Les six jeunes filles personnifient les différentes activités quotidiennes qui se succèdent du réveil au sommeil.

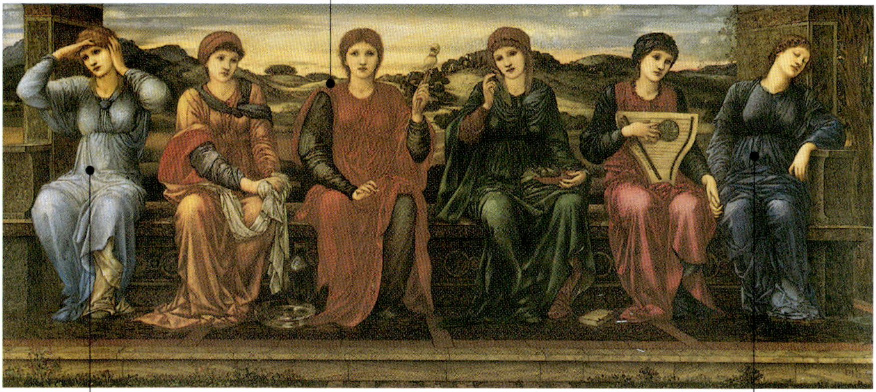

La dernière jeune fille est plongée dans le sommeil, la main tenue par sa sœur préposée aux activités vespérales que sont la musique et les distractions.

La première Heure du matin est en train de se réveiller, donnant ainsi le départ aux diverses occupations qui rythment la journée.

▲ Edward Burne-Jones,
Les Heures, 1870-1882
Sheffield, Sheffield City Art Galleries

La tête à la forme allongée représente le Sommeil, qui brouille et fausse les mécanismes de la mémoire.

La montre mécanique et les fourmis industrieuses sont des symboles de la mémoire active, fonctionnant parfaitement.

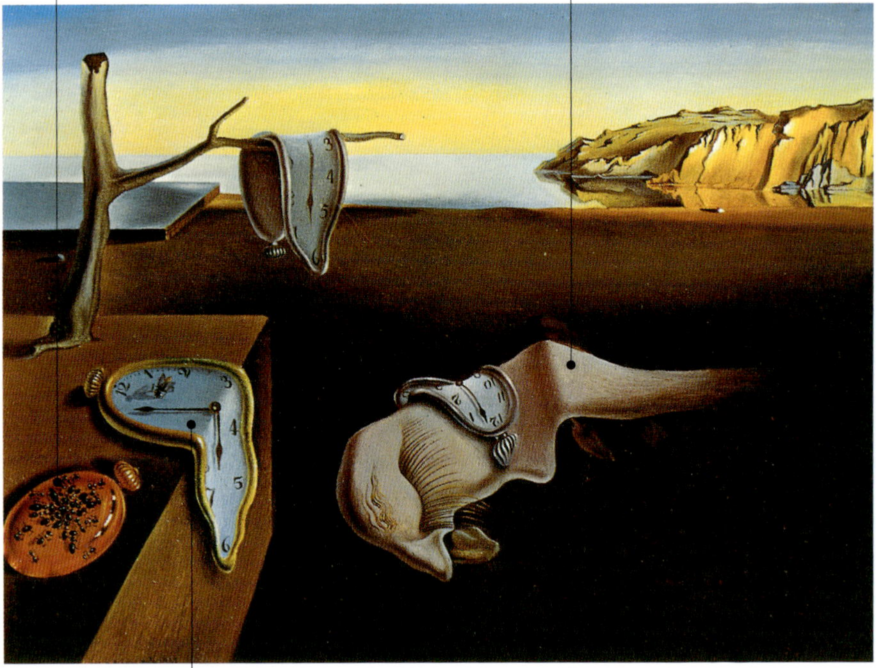

Les montres molles évoquent les imprécisions, altérations et dysfonctionnements du système mnémonique, qui se produisent surtout pendant le sommeil.

▲ Salvador Dali,
La Persistance de la mémoire, 1931
New York, Museum of Modern Art

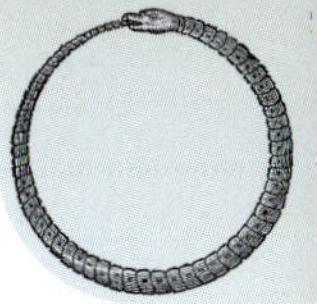

Représentation : sous une forme circulaire comme la danse ou ramifiée comme l'arbre, ou bien par les trois Parques qui personnifient le destin humain.

La vie

Tout symbole lié au renouvellement périodique de la nature et à la naissance des éléments (matériels et spirituels) peut se rapporter à la vie. L'eau, la fontaine, l'œuf, l'arbre, la danse et la roue en sont les représentations les plus importantes.
Le christianisme remplace l'idée cyclique de l'existence par une conception téléologique des processus vitaux (humains et cosmiques), leur assignant pour fin le salut ou la damnation éternelle. Dans la tradition classique, le destin et la longueur de la vie étaient réglés par les Parques, représentées sous les traits de trois femmes en train de filer. Le motif de la « danse de la vie » – étroitement lié aux rituels cosmologiques qui répètent, en les mimant, les moments fondamentaux de la création du monde – revient fréquemment dans l'iconographie occidentale, de l'Antiquité à nos jours. En sont des exemples la danse des jeunes filles de l'*Ara pacis* à Rome, *La Danse des paysans* de Pieter Bruegel l'Ancien, *Les Grâces* ainsi que *Vénus et Mars* de Canova, et *La Danse* de Matisse. Le rythme éternel, sans début ni fin, qui caractérise les processus vitaux dans le symbolisme antique et classique, est repris au Moyen Âge dans l'image de la danse macabre.

Étymologie du nom
Du latin *vita*.

Origine du symbole
Il découle du renouvellement cyclique de la nature suivant les phases alternées de la naissance, de la mort et de la renaissance.

Caractéristiques
Elle représente le principe cosmique de la génération et de l'évolution perpétuelles, et elle désigne la période comprise entre la naissance et la mort.

Divinités et symboles en relation
La Terre Mère, la Nuit, Éros-Phanès, les Moires (les Parques), Jésus-Christ; les saisons, la roue, la danse, l'arbre, la fontaine, l'œuf, la mort.

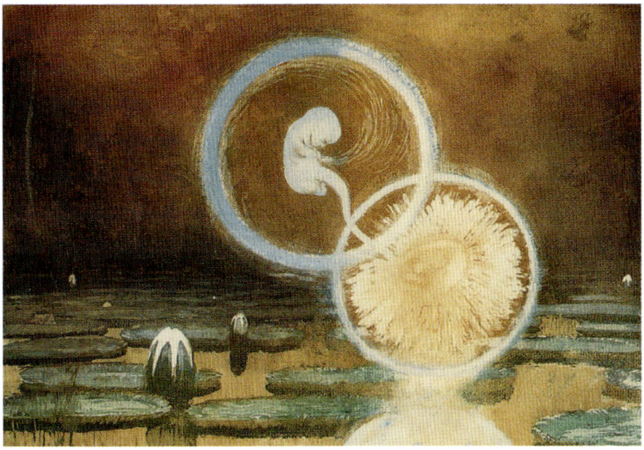

◄ Frantisek Kupka, *Le Principe de la vie* (détail), 1900-1903 Paris, Centre Georges-Pompidou, Musée national d'art moderne

Janus Bifrons représente les deux grandes divisions du temps : le passé et la vieillesse, l'avenir et la jeunesse.

Précédé de l'Aurore et escorté des Heures, Apollon est porté en triomphe sur le char du Soleil.

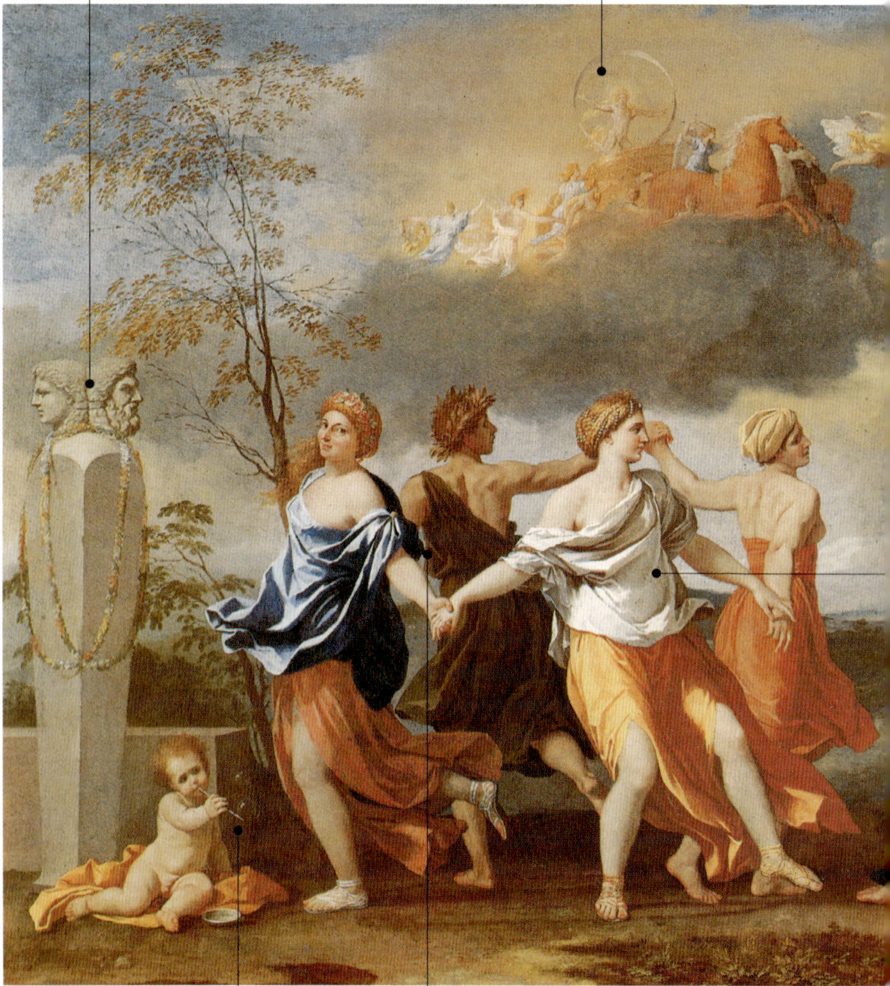

Les bulles de savon symbolisent la fugacité de l'existence terrestre.

Le jeune homme et les jeunes filles ont été interprétés comme des personnifications des quatre saisons.

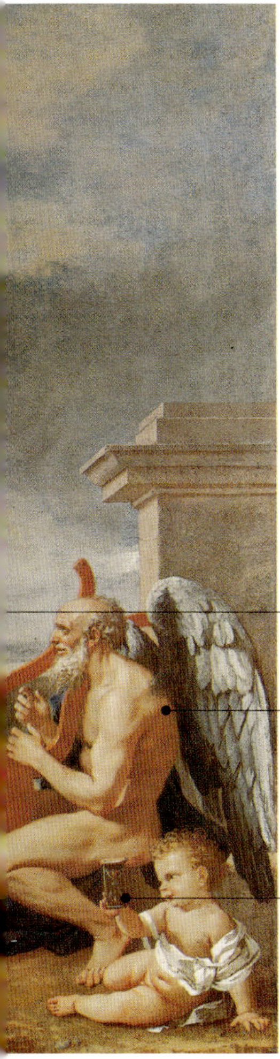

La ronde illustre la conception circulaire du temps cosmique, scandé par l'alternance perpétuelle des saisons.

Au son de sa cithare, le Temps marque le rythme de la danse et de l'existence.

Le sablier est un attribut classique du Temps et il symbolise l'inexorabilité de son cours.

◄ Nicolas Poussin,
La Danse de la vie humaine,
1638-1640
Londres, Wallace Collection

Dans la tradition classique, la longueur de la vie humaine était mesurée par les Moires, ou Parques: Clotho filait le fil de la vie, Lachésis le déroulait et Atropos le coupait.

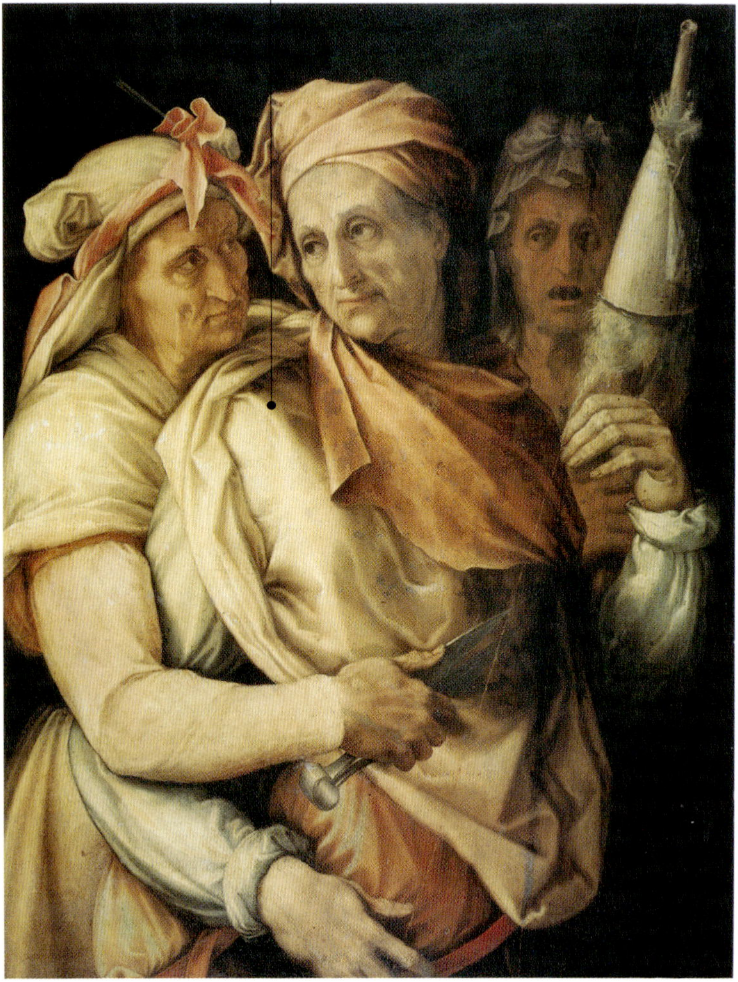

▲ Francesco Salviati,
Les Trois Parques, vers 1545
Florence, palais Pitti, Galleria Palatina

Ce tableau a été conçu comme un exorcisme pour éloigner le spectre de Carles Casagemas, ami de Picasso qui s'est suicidé en février 1901.

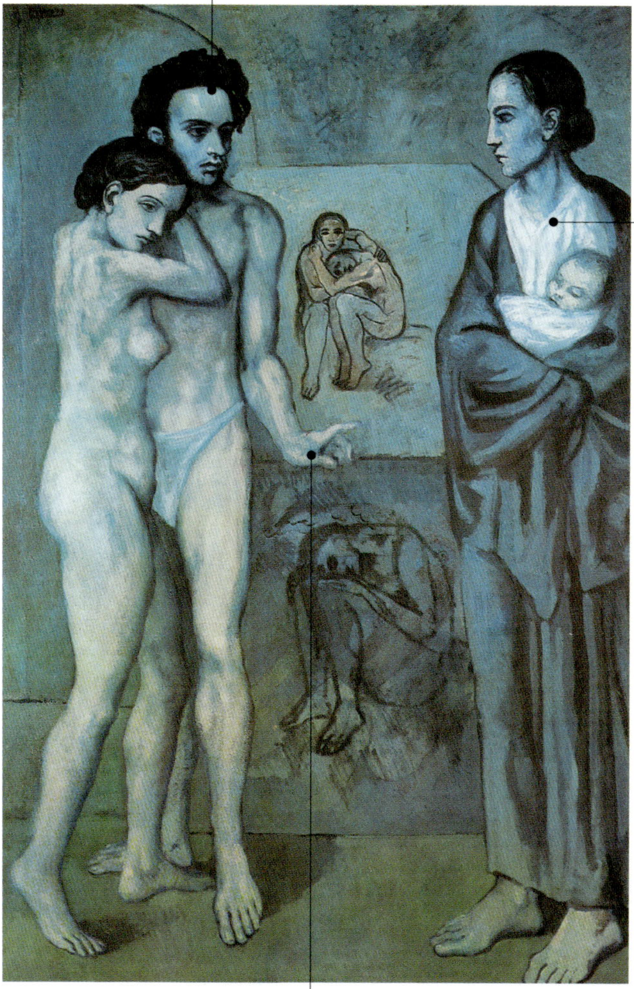

Cette figure énigmatique représente les difficultés à surmonter pour atteindre au bonheur.

L'index tendu symbolise le pouvoir créateur de l'art, le plus puissant antidote contre la mort.

▲ Pablo Picasso,
La Vie, 1903
Cleveland, Museum of Art

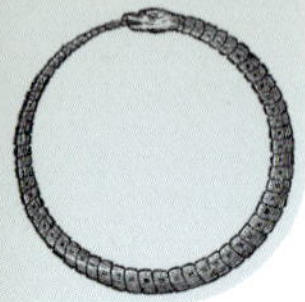

Représentation : sous l'aspect d'un squelette portant une faux et un sablier ou en train d'embrasser une jeune fille ; elle peut être aussi représentée par un cavalier solitaire ou une ombre.

La mort

Étymologie du nom
Du latin *mors*.

Origine du symbole
Dans la mythologie grecque, elle est fille de la Nuit primordiale.

Caractéristiques
Elle représente une étape fondamentale dans l'élévation spirituelle.

Traditions religieuses et philosophiques
Les mystères dionysiaques, l'orphisme, la kabbale, le christianisme, l'alchimie.

Divinités et symboles en relation
La Terre Mère, la Nuit, Thanatos, Éros-Phanès, Hypnos, les Moires (les Parques), le Temps, Cronos (Saturne), Dionysos (Bacchus), Hadès (Pluton), Perséphone (Proserpine), Phébus (Apollon), Artémis (Diane), Athéna (Minerve), Aphrodite (Vénus), Arès (Mars), Orphée ; l'hiver, la vie.

La mort représente la fin de tout principe vital et le terme inéluctable de la destinée humaine. Comme tous les archétypes majeurs, elle est un symbole ambivalent et elle se prête à une multiplicité de représentations : fille de la Nuit et sœur du Sommeil, la Mort a aussi la capacité de régénérer.

Dans les traditions mystagogiques, sa double fonction est associée aux rites d'initiation et de passage : « Mourir signifiait être aimé d'un dieu et participer par son entremise à la béatitude éternelle » (Edgar Wind). Pour le christianisme, c'est un principe dynamique fondamental, sans lequel la vie éternelle et la résurrection ne seraient pas possibles.

Une des images les plus célèbres de la mort est celle de la *mors osculi* (« mort du baiser »), provoquée par le souffle de Dieu. Cette mort extatique, comparée par les mystiques et les exégètes bibliques aux jouissances de l'amour, a été représentée sous son aspect mythologique par le motif des amours divines, comme celles de Diane pour Endymion, de Jupiter pour Ganymède et de Mars pour Rhéa Silvia.

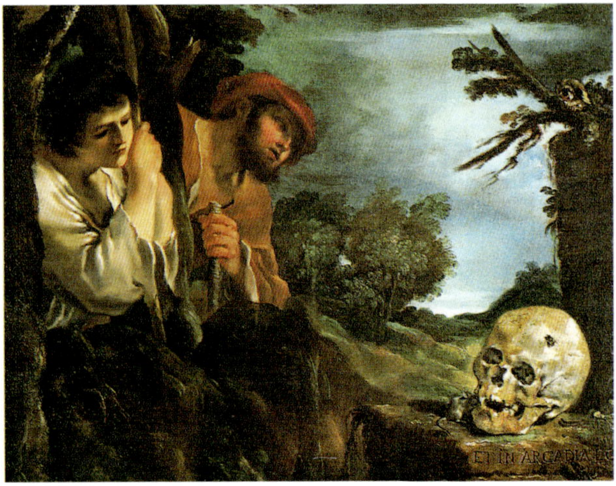

► Le Guerchin,
Et in Arcadia ego, 1618
Rome, palais Barberini,
Galleria Nazionale
d'Arte Antica

La Mort, qui tient un sablier, indique au cavalier l'approche de son heure.

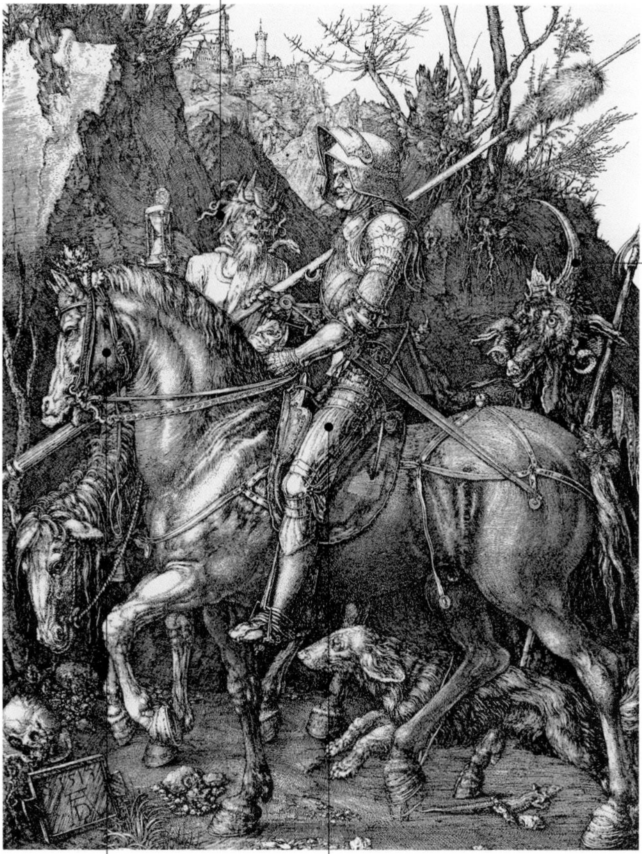

Le cheval est un symbole à la nature double: il présente à la fois un aspect solaire et uranien, associé au ciel et à l'énergie vitale, et un aspect souterrain et mortifère, lié à la lune et à l'eau.

Le motif du cavalier solitaire évoque le thème du voyage aux enfers.

Le monstre équin incarne le cauchemar nocturne. Le suffixe « mar » du français « cauchemar » et de l'anglais « nightmare » a la même racine que le mot « mort ».

▲ Albrecht Dürer,
Le Cavalier, la Mort et le Diable,
gravure, 1513

La faux est l'un des principaux attributs de la Mort, représentée sous l'aspect d'un squelette ricanant qui se moque de la fragilité humaine.

Dans le folklore anglo-saxon et allemand, la Mort a pour monture un cheval.

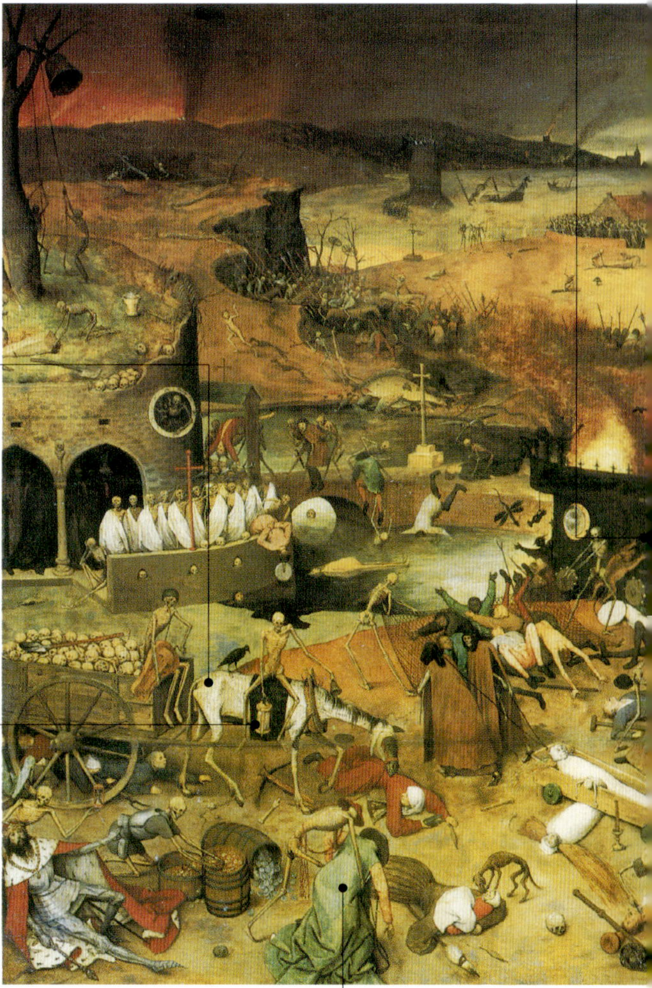

Le sablier est associé à l'écoulement du temps et des saisons ainsi qu'à la fugacité de l'existence.

Les figures du cardinal, du paysan et de l'empereur appartiennent à l'iconographie de la danse macabre.

Plusieurs types de mort sont évoqués ici, qu'il s'agisse de mort violente, comme les exécutions publiques, ou de mort accidentelle, comme la noyade.

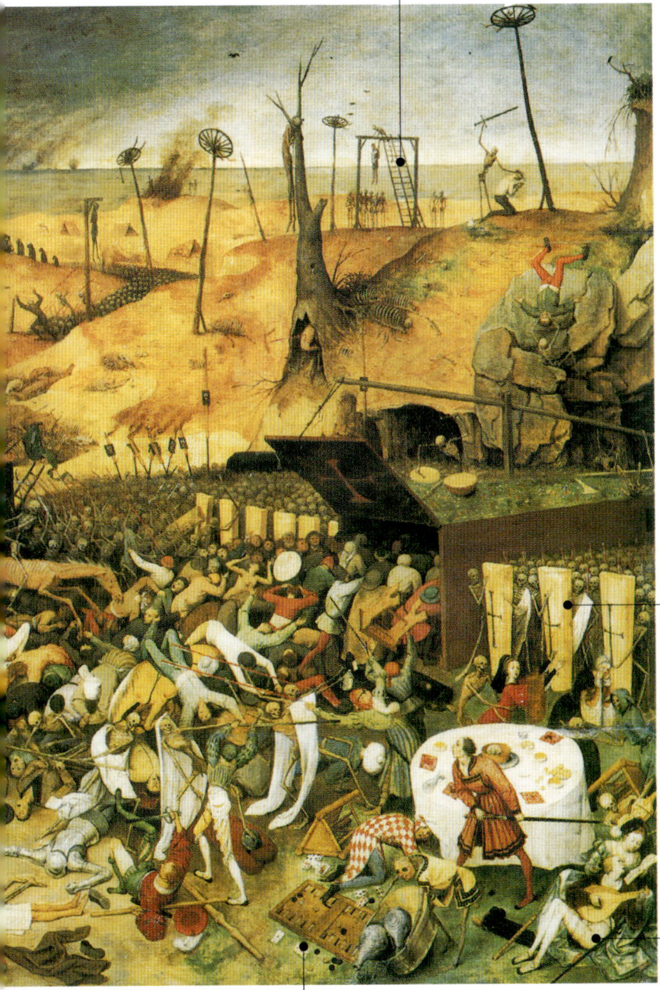

Les troupes de squelettes s'avancent en rangs serrés contre les vivants.

Le couple amoureux occupé à jouer de la musique et à chanter semble ne pas avoir conscience du destin qui le menace.

Le damier renversé, symbole des jeux de hasard, est un motif récurrent dans les images allégoriques de la destinée humaine.

▲ Pieter Bruegel l'Ancien,
Le Triomphe de la Mort, vers 1562
Madrid, Museo del Prado

Les squelettes parcourent en dansant forêts et villages, semant la terreur parmi les hommes.

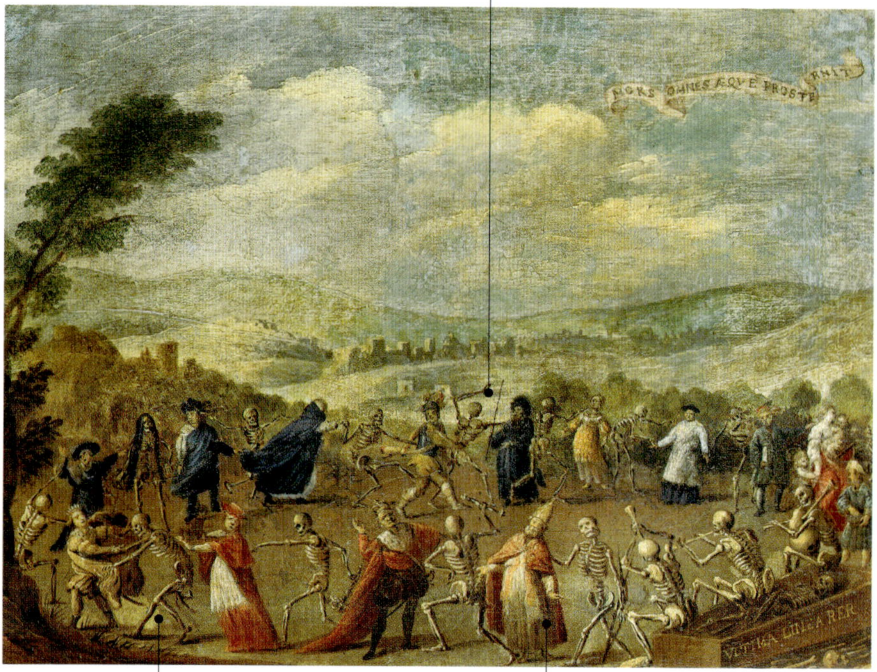

Le rythme circulaire, qui caractérise les processus vitaux dans le symbolisme antique, anime aussi l'image terrifiante de la danse macabre.

La mort représente un principe d'indifférenciation et d'égalité sociale: elle frappe, sans distinction d'âge ni de classe, papes, empereurs, bourgeois, paysans, nobles, religieux.

▲ Anonyme,
Danse macabre, XVIIe siècle
Milan, Pinacoteca dell' Arcivescovado

La mort est symbolisée ici par le motif du baiser qu'échangent un squelette et une jeune fille.

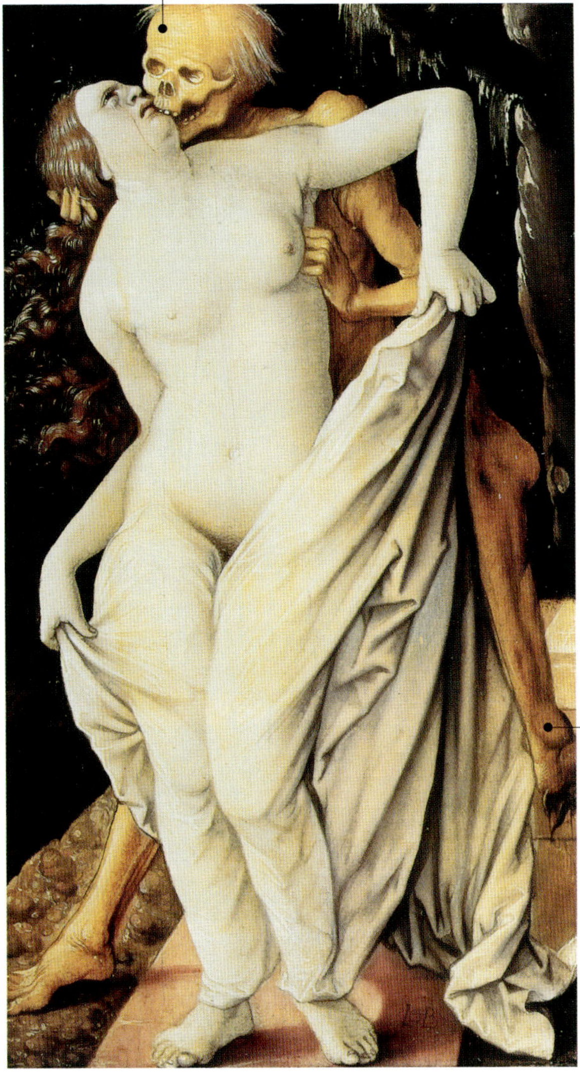

Le pied de bouc est un attribut traditionnel de la Mort.

▲ Hans Baldung Grien, *La Jeune Fille et la Mort*, 1517 Bâle, Kunstmuseum

Le portrait idéalisé de Simonetta Vespucci en Proserpine, reine des enfers, reprend l'iconographie des mystères païens liés au culte de l'au-delà.

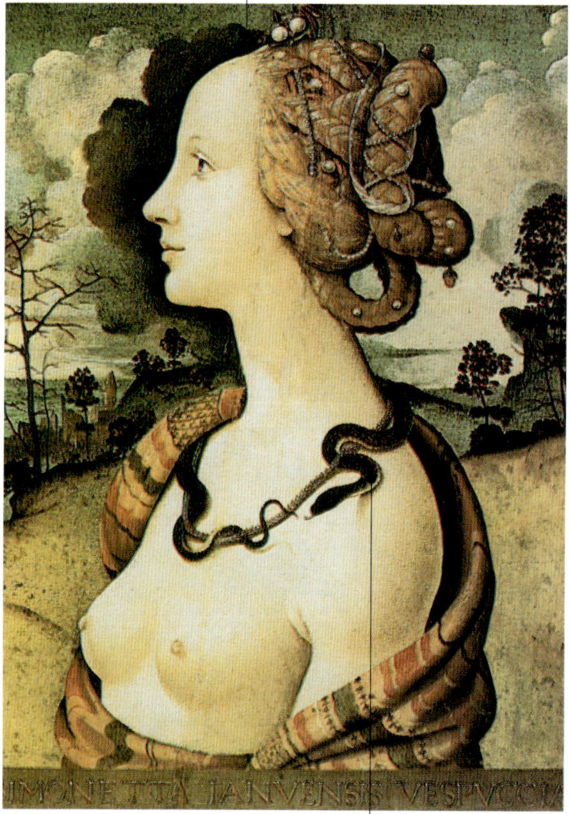

Le serpent est une allusion à l'espérance en la résurrection de la jeune femme, morte précocement de phtisie à l'âge de vingt-trois ans.

▲ Piero di Cosimo,
Portrait de Simonetta Vespucci, vers 1520
Chantilly, musée Condé

La lune, personnifiée par la déesse Diane, est l'un des nombreux visages de la mort : sa face spectrale était considérée comme la porte d'entrée du royaume des morts.

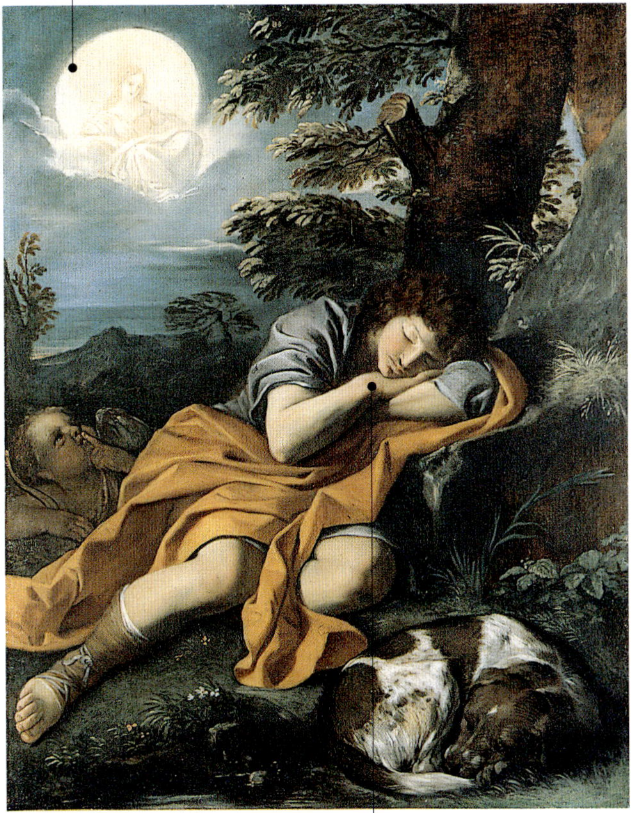

Le sommeil éternel d'Endymion reprend le motif de la mort extatique, comparée par les mystiques aux jouissances de l'amour.

▲ Pier Francesco Mola,
Le Sommeil d'Endymion, vers 1660
Rome, Pinacoteca Capitolina

Signification : ils représentent les différentes phases de l'évolution de la civilisation humaine telles que les ont conçues la mythologie et la religion.

Les âges du monde

Origine du symbole
Les âges du monde sont liés au mythe du règne de Saturne et à l'image d'une époque heureuse où il n'y avait ni caducité ni mort. Avec le christianisme, ce mythe se confond avec l'image du jardin d'Éden (le Paradis perdu), symbole de la condition humaine avant le péché originel.

Divinités et symboles en relation
Héphaïstos (Vulcain), Dionysos (Bacchus), Prométhée, Dieu le Père, Jésus-Christ, le Saint-Esprit ; le temps, les saisons, la vie, la mort, l'Atlantide, le jardin d'Éden, les âges de l'homme.

Selon la tradition classique, codifiée par Hésiode, l'histoire de l'humanité se divise en quatre grands âges, dont chacun correspond à un métal. Dans la *Théogonie*, les différents âges sont ordonnés selon une chronologie qui, de la perfection initiale (l'âge d'or), conduit progressivement (par les âges d'argent et d'airain) à un état de décadence et de malheur (l'âge de fer). Cette division hiérarchique reprend la quadripartition cosmique des points cardinaux, des saisons et des âges de l'homme (enfance, jeunesse, maturité, vieillesse).

À côté de cette doctrine d'inspiration religieuse, les philosophes naturalistes, d'Épicure à Lucrèce, ont élaboré une autre conception de la civilisation, dont le développement ne serait plus dominé par la présence divine mais par l'évolution naturelle de l'espèce humaine à la suite de la découverte du feu. À la Renaissance, les cycles picturaux de Piero di Cosimo et les illustrations des traités de Vitruve et Filarète se fondent sur cette conception.

Selon les mystiques chrétiens, le temps historique se divise en six âges : les cinq premiers, d'Adam à la naissance de Jésus-Christ, correspondent au règne de Lucifer, et le sixième, illuminé par la grâce divine, correspond au règne du salut éternel. Ces deux lectures de l'histoire de l'humanité associent au progrès le sacrifice, représenté par le châtiment de Prométhée et par la crucifixion de Jésus-Christ.

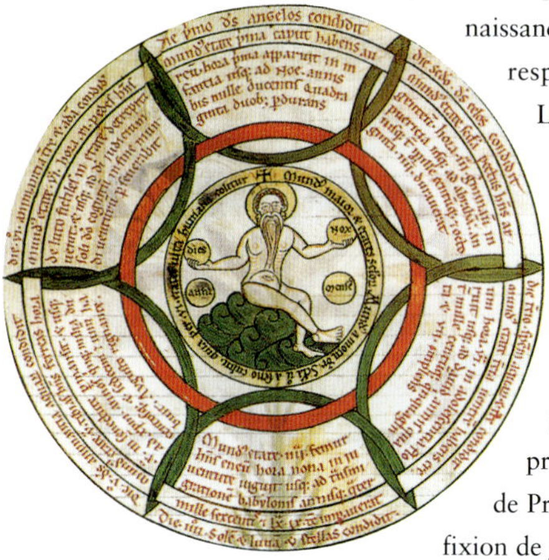

► *Le Temps cosmique entouré par les six âges du monde*, illustration du *Liber floridus* de Lambert de Saint-Omer, vers 1120
Wolfenbüttel, Herzog August Bibliothek

Saturne, seigneur de l'âge d'or, est représenté la tête couverte, toujours muni d'une faux ou d'une béquille.

Les fleurs et d'autres délices de la terre témoignent de l'abondance des récoltes et de la fertilité de la nature pendant le règne de Saturne.

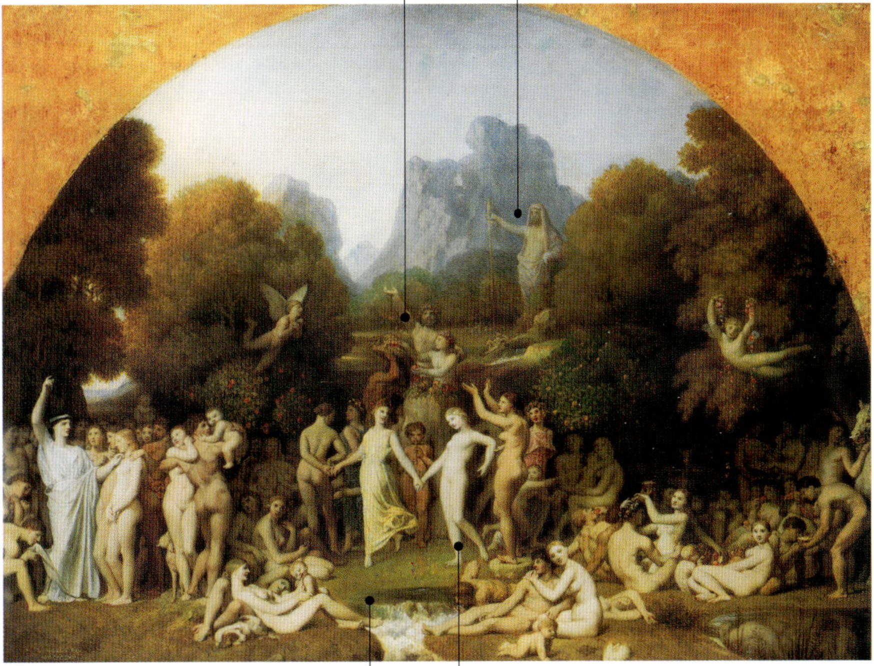

Le ruisseau représente la source de la vie. Ses eaux miraculeuses apportent aux hommes la jeunesse éternelle.

La ronde des jeunes filles, qui dansent au son de la flûte de Pan, symbolise la succession des saisons et le cours cyclique de la vie.

▲ Jean-Auguste-Dominique Ingres,
L'Âge d'or, 1862
Cambridge (Massachusetts), Fogg Art Museum

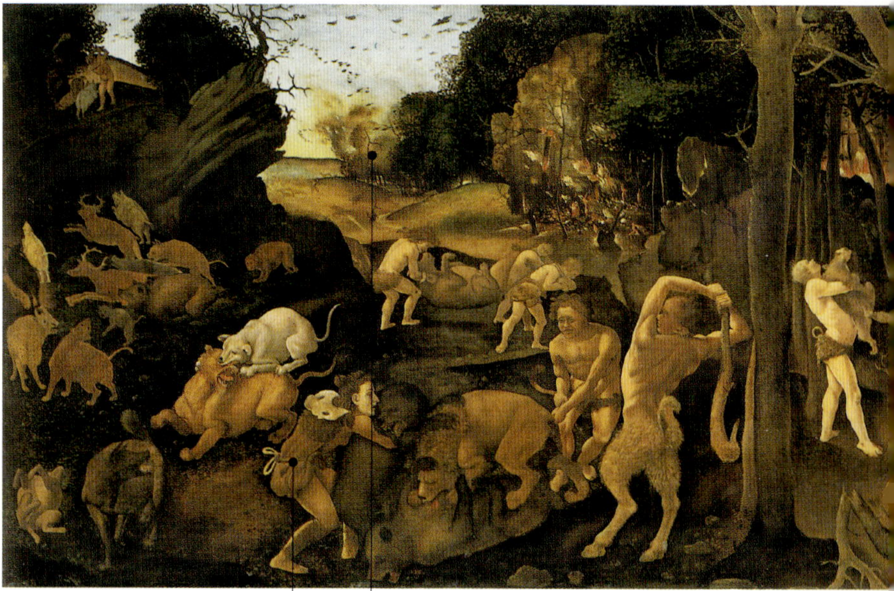

Il n'y a aucune différence de psychologie ou de comportement entre les bêtes sauvages, les figures légendaires des satyres et centaures et l'homme primitif.

Le feu, dont l'emploi n'est pas encore maîtrisé par les connaissances techniques, répand la destruction dans les champs et les bois.

La truie à tête de femme et la chèvre aux traits masculins résultent des accouplements entre humains et animaux pendant l'âge de pierre.

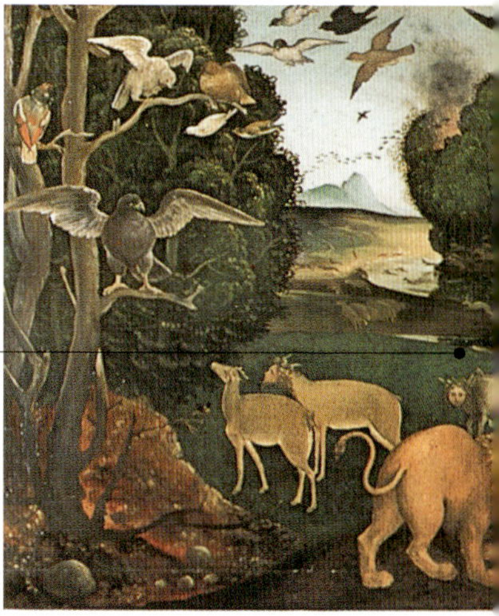

▲ Piero di Cosimo,
Chasse primitive, vers 1500
New York, Metropolitan Museum of Art

► Piero di Cosimo,
Incendie dans une forêt, vers 1500
Oxford, Ashmolean Museum

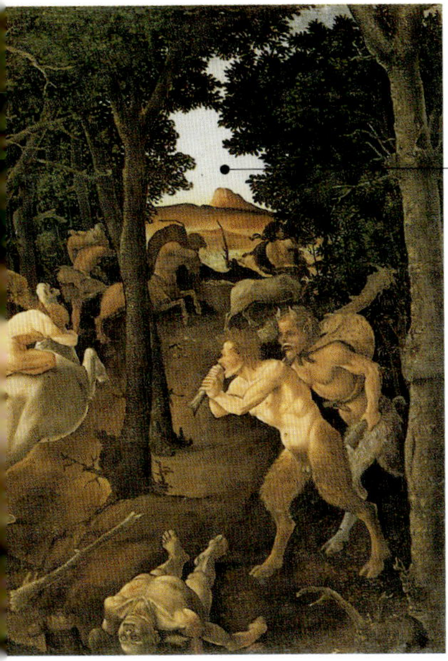

La scène de ce tableau se déroule à l'âge de pierre, époque où n'avaient pas encore été découvertes les propriétés énergétiques du feu, notamment pour forger les métaux.

La présence du berger et de la cabane en bois indique que l'on est passé de l'âge de pierre à l'âge de fer, caractérisé par la capacité de maîtriser les incendies spontanés et par l'introduction de l'agriculture.

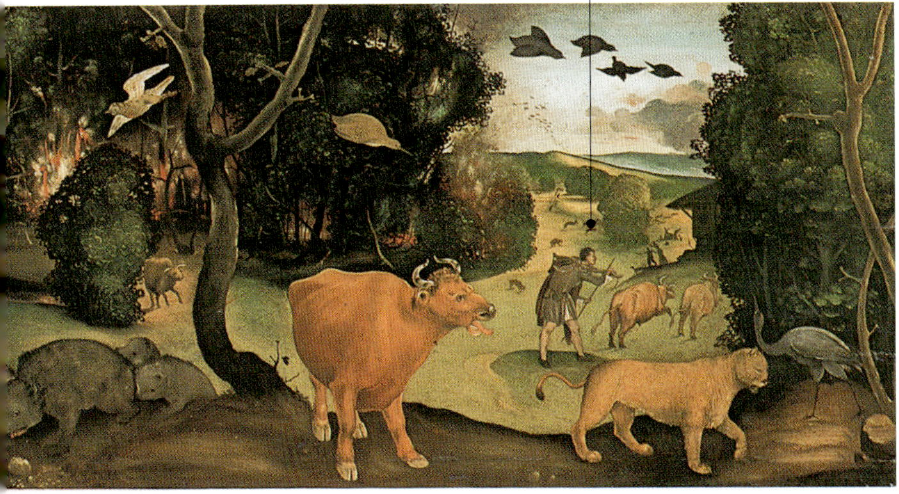

Représentation: des êtres tricéphales ou des hommes et des femmes d'âge divers, ayant souvent des attitudes amoureuses les uns avec les autres.

Les âges de l'homme

À la Renaissance se diffusa un motif pictural destiné à connaître un grand succès dans les milieux intellectuels de l'époque: la représentation des différents âges de la vie dans des scènes allégoriques ou dans des portraits triples. Ce motif iconographique, étroitement lié au thème des saisons et des éléments, a une finalité pédagogique et morale, et il prend place dans la formation intellectuelle complexe dispensée aux princes de l'époque et aux membres de leur cour. Ce thème est souvent traité en représentant des couples d'amants dans un paysage. Cette manière de figurer les saisons de la vie humaine remonte à un très ancien modèle de tripartition, celle de l'énigme d'Œdipe, qui consistait en une énumération cryptée des différents âges de l'homme, enfance, jeunesse et vieillesse. Les âges de l'homme ont été associés aux âges du monde et codifiés par les mystiques chrétiens au cours du Moyen Âge: l'âge du Père est caractérisé par la crainte de Dieu et correspond à l'Ancien Testament, l'âge du Fils coïncide avec l'époque de la sagesse et de la fondation de l'Église, et l'âge du Saint-Esprit correspond au règne de la joie et de la liberté.

Origine du symbole
Les âges de l'homme sont liés au cycle des saisons, à la mort et à la renaissance de la nature, ainsi qu'au caractère inéluctable du destin de l'homme.

Caractéristiques
Ils symbolisent la conquête de l'équilibre spirituel au fil des années.

Divinités et symboles en relation
Le temps, les saisons, les éléments, la vie, la mort, les âges du monde, la vanité.

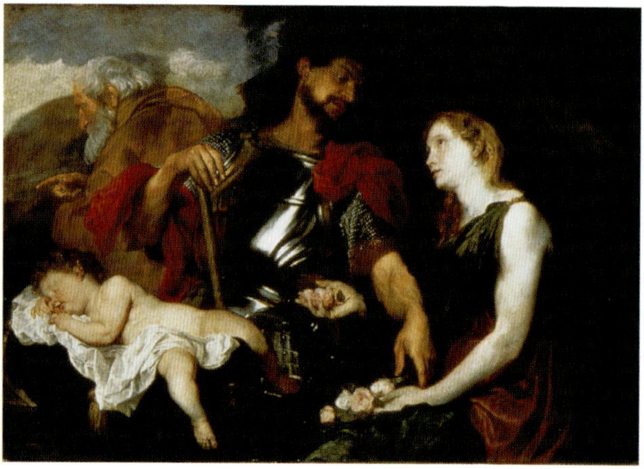

► Anton Van Dyck, *Les Âges de l'homme*, 1625-1627
Vicence, palais Chiericati, Musei Civici

Le vieillard solitaire tient dans ses mains deux crânes, souvenir du temps passé et annonce du destin qui l'attend.

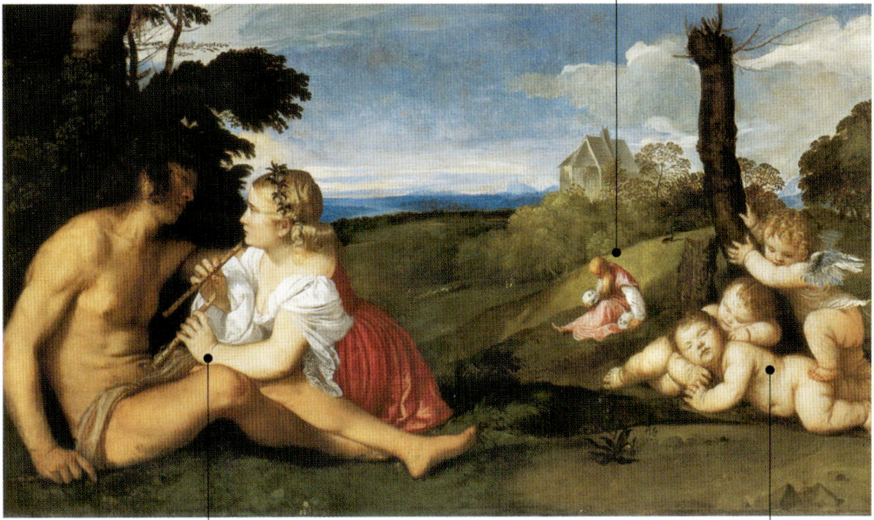

La jeunesse est symbolisée par un couple d'amants heureux. Ce tableau a été interprété aussi bien comme une allégorie des trois âges de l'homme que comme une illustration du mythe de Daphnis et Chloé.

Le couple de bambins endormis sous le regard protecteur de Cupidon représente l'enfance et l'âge de l'innocence.

▲ Titien,
Les Trois Âges de l'homme, vers 1512
Édimbourg, National Gallery of Scotland

L'homme de dos représente la vieillesse.

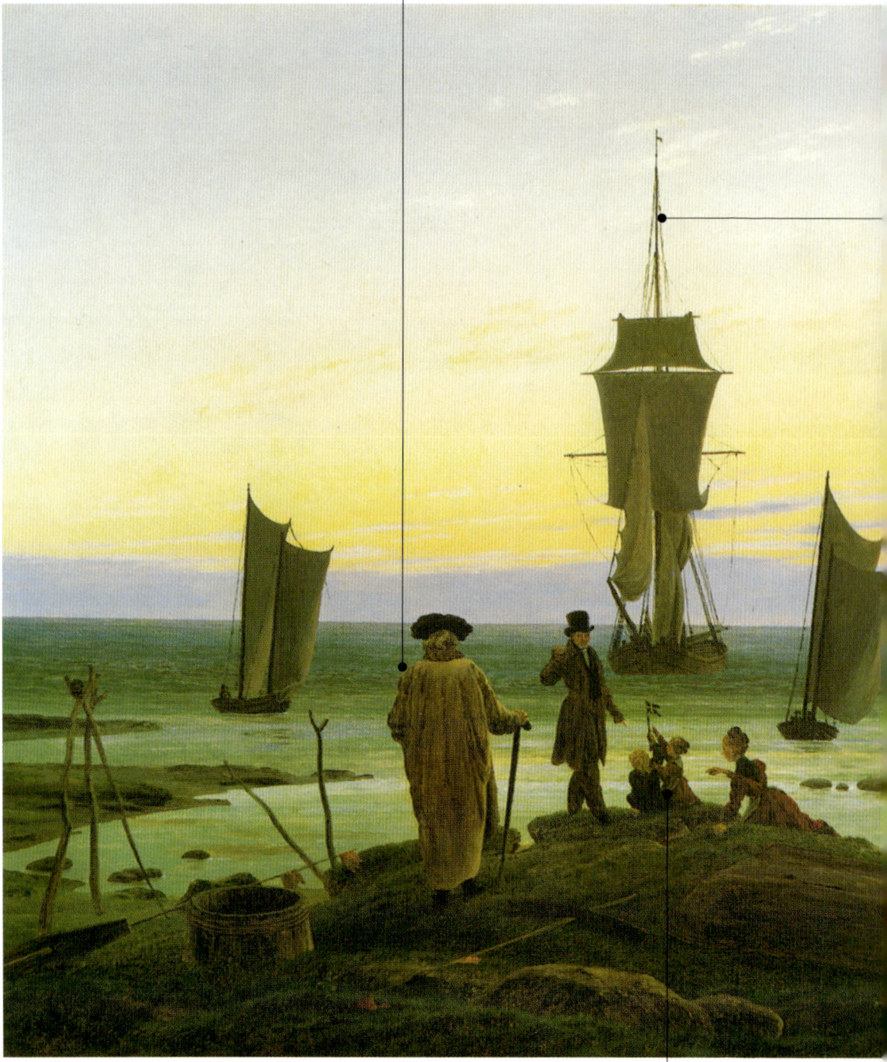

L'âge de l'enfance est situé au centre de la composition comme un symbole de joie, de bonheur et d'espérance.

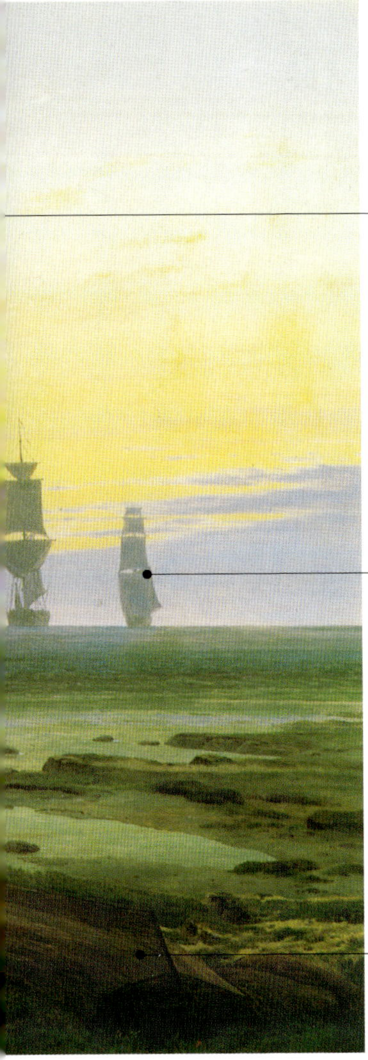

Le navire déploie sa voilure pour protéger les enfants qui jouent sur le rivage, comme en une sorte de vœu pour que se réalisent les infinies potentialités qu'offre la vie.

Les bateaux s'éloignant à l'horizon symbolisent le voyage vers l'au-delà.

La silhouette de la barque renversée évoque la forme d'un cercueil. La proue dirigée vers l'homme âgé est probablement une allusion à la mort imminente du vieillard.

◄ Caspar David Friedrich,
Les Âges de l'homme, vers 1835
Leipzig, Museum der Bildenden Künste

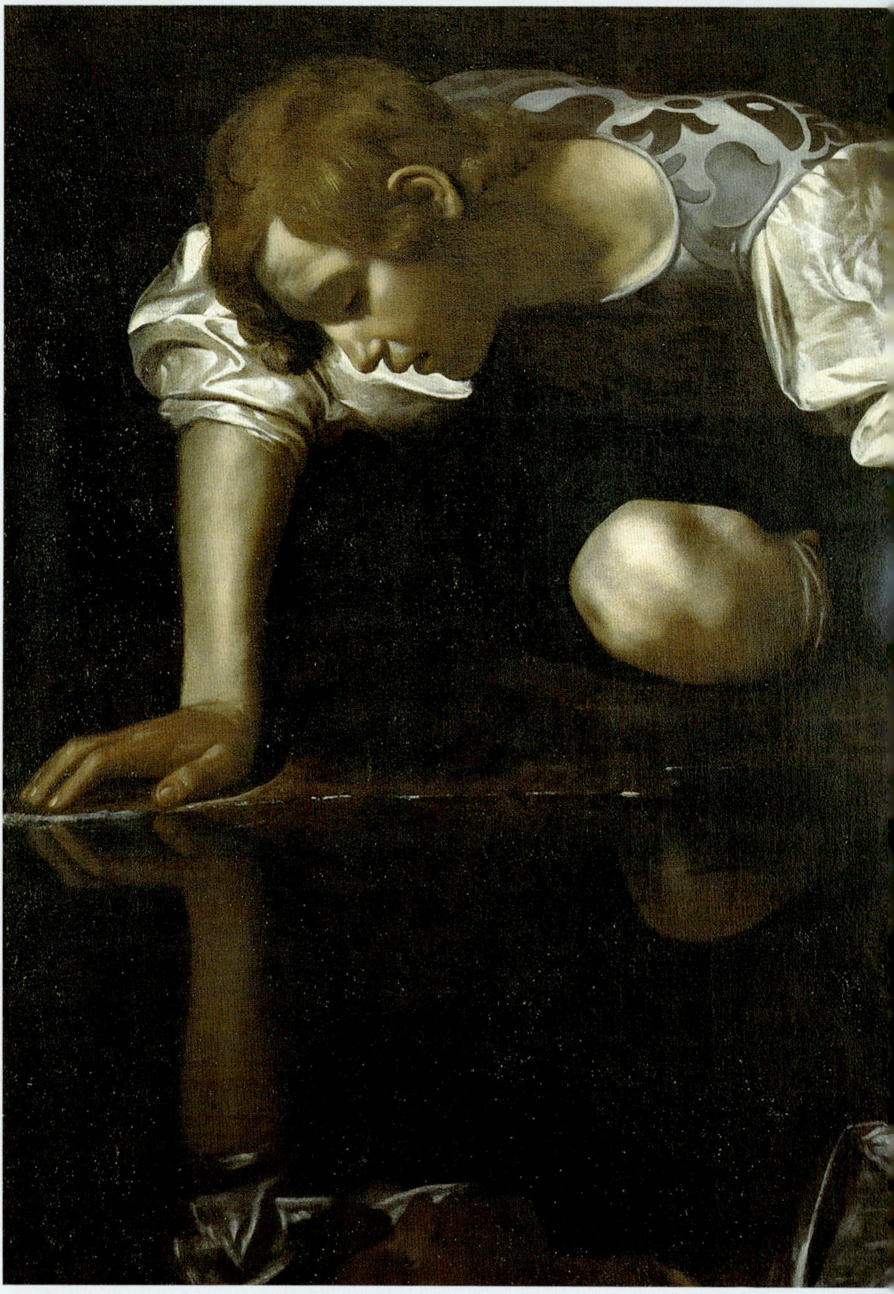

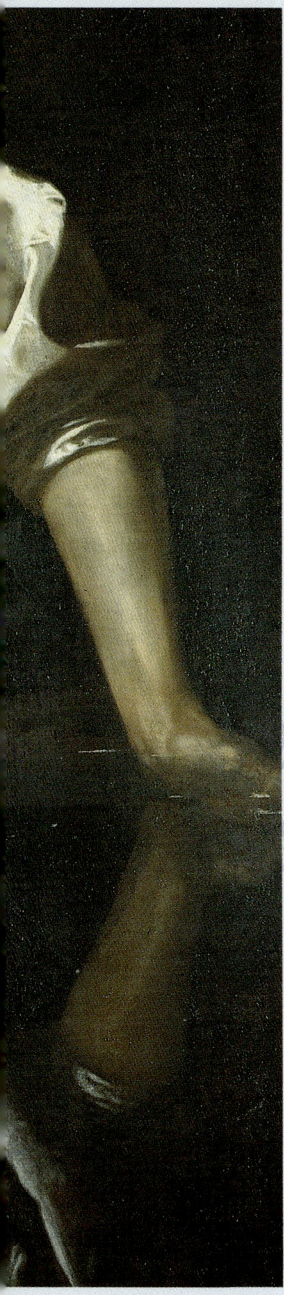

L'HOMME

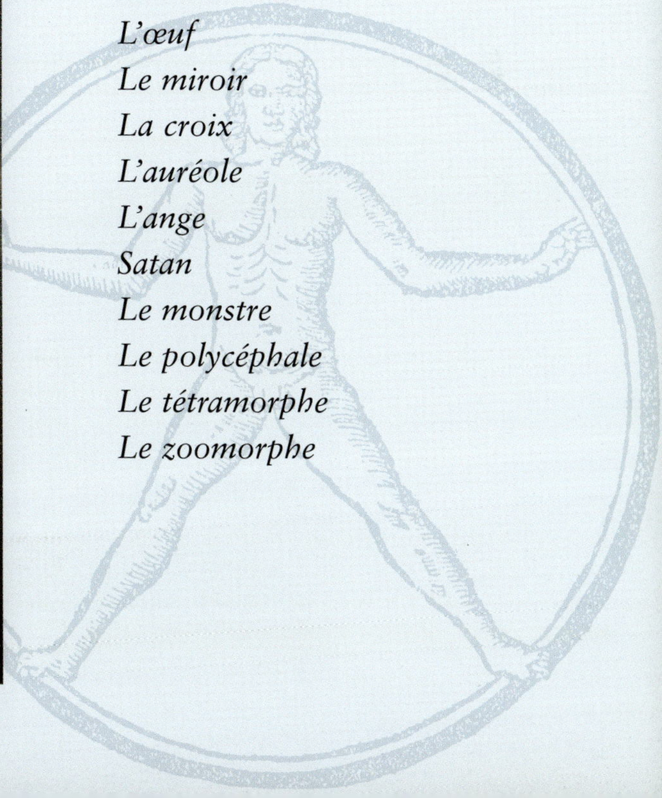

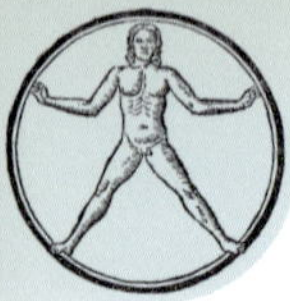

Représentation: une figure humaine dotée de deux têtes (l'une masculine, l'autre féminine), de quatre jambes et des organes génitaux des deux sexes.

L'androgyne

Étymologie du nom
Du grec *andros*, « homme », et *gunê*, « femme ».

Origine du symbole
Il représente l'union harmonieuse des principes masculin et féminin, en accord avec la conception ésotérique de la divinité comme synthèse de toutes les contradictions du monde phénoménal (l'Un, l'Être, le Tout).

Caractéristiques
Il est toujours accompagné d'attributs opposés, comme le soleil et la lune, l'eau et le feu, l'or et l'argent; il est porteur de la connaissance initiatique et de l'amour universel.

Traditions religieuses et philosophiques
L'orphisme, le gnosticisme, l'hermétisme, la kabbale, l'alchimie, la psychologie analytique jungienne.

Divinités et symboles en relation
Le Soleil, la Lune; l'œuf, la pierre philosophale; Adam, Ève.

L'androgyne représente l'unité originelle des principes masculin et féminin ainsi que la condition de l'humanité avant le châtiment divin: toutes les formes diverses du réel sont dans cet état de perfection, qui coïncide avec la nature même de Dieu (Yahvé, Zeus, Éros, Shiva et de nombreuses autres divinités cosmologiques sont conçues comme androgynes). Le mythe de l'androgyne se retrouve aussi bien dans la philosophie grecque (Platon, *Le Banquet*) que dans la Bible (la Genèse) avec l'image du couple adamique avant qu'Ève ne soit séparée de la côte d'Adam. Dans la mythologie classique, l'androgyne prend l'aspect d'Hermaphrodite, hybride divin né des amours d'Hermès et d'Aphrodite. À la Renaissance, en raison de ses caractéristiques propres de puissance et de savoir universel (dans toutes les traditions ésotériques, la plus haute forme de conscience est la conjonction des opposés dans l'unité originaire), l'androgyne a été pris pour emblème par de nombreux princes et empereurs. Parmi les représentations artistiques, citons le *Portrait de François I*er, conservé à la Bibliothèque nationale de France. Le symbolisme de l'androgyne est aussi présent dans des œuvres de Léonard de Vinci (*La Joconde*, *Étude pour Bacchus*). Marcel Duchamp explicite ce motif ésotérique en ajoutant moustache et barbiche à la Joconde (1919). Et l'image de l'androgyne revient souvent dans le surréalisme et dans l'œuvre de Marc Chagall.

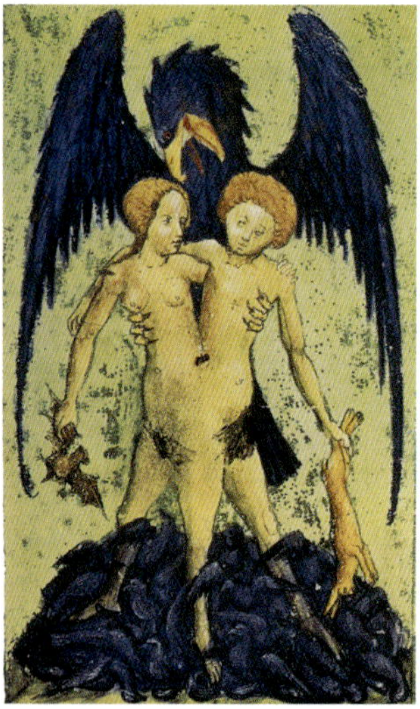

L'androgyne est une allégorie de la psyché humaine dans sa totalité, composée d'une anima *(le principe féminin, la Lune) et d'un* animus *(l'élément masculin, le Soleil).*

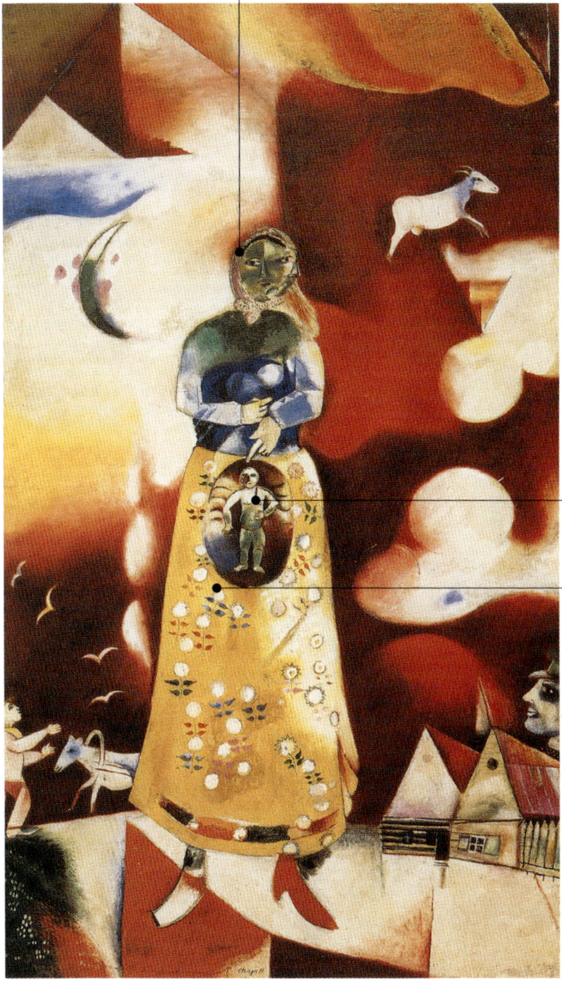

L'enfant en gestation peut être considéré comme un symbole de l'amour cosmique que fait naître la concordia oppositorum.

Cette image de la maternité est inspirée de la représentation de la Mère de Dieu dans les icônes russes.

◄ *L'Androgyne*, miniature de l'*Aura consurgens*, fin du XIVᵉ – début du XVᵉ siècle Zurich, Zentralbibliothek

▲ Marc Chagall, *Donna incinta (Maternità)*, 1913 Amsterdam, Stedeljik Museum

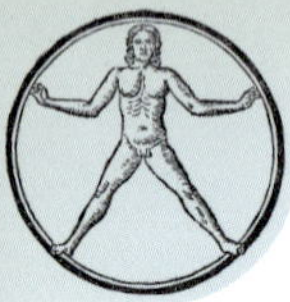

Représentation : un homme debout, les bras écartés, inscrit dans un cercle ou dans un carré ; il est parfois entouré de la roue du zodiaque.

Le microcosme

Étymologie du nom
Du grec *mikros*, « petit », et *kosmos*, « univers ».

Caractéristiques
Il symbolise la correspondance entre les différents degrés du cosmos, et il représente les potentialités cognitives de l'homme et l'immortalité de l'âme en tant que faculté intellectuelle.

Traditions religieuses et philosophiques
Le pythagorisme, le platonisme, le gnosticisme, la kabbale, l'hermétisme, l'alchimie, la magie naturelle.

Divinités et symboles en relation
Le macrocosme, les saisons, les éléments, les tempéraments, les vertus, le pentagramme.

L'image du microcosme provient des doctrines mystiques et ésotériques sur la correspondance entre le corps humain et l'univers. C'est sur ces doctrines que s'est appuyée la médecine de l'Antiquité, qui assignait à chaque partie du corps un signe zodiacal et soignait les maladies en consultant les astres et en étudiant leurs influences sur le monde terrestre (tempéraments humains, animaux, plantes et éléments). On trouve aussi cette conception dans la Bible, qui dit que l'homme est « à l'image et ressemblance de Dieu » et qu'il est le « couronnement » ou la « mesure » de la création. Ce symbole a une fonction cognitive très importante puisque l'analyse du corps et l'étude de l'âme permettent de comprendre tout ce qui existe dans la nature, jusqu'à Dieu. Il va nourrir le « Miroir du Monde » et une large part de la scolastique au Moyen Âge. La magie et l'alchimie de la Renaissance se fondent aussi sur ce système complexe de correspondances.

Après avoir inspiré la structure des églises romanes, la doctrine de l'homme microcosme – reprise à la Renaissance grâce aux traductions des textes hermétiques par Marsile Ficin et à la diffusion de la théorie des proportions de Vitruve – a profondément influencé les théories architecturales de Leon Battista Alberti et de Francesco di Giorgio Martini, ainsi que les œuvres picturales de Léonard de Vinci et d'Albrecht Dürer, puis de William Blake.

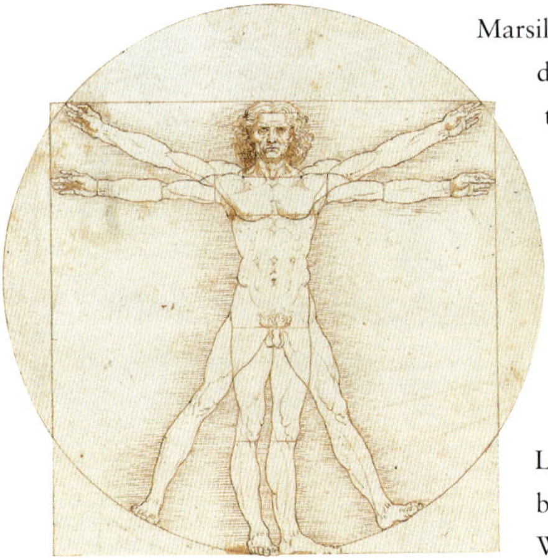

► Léonard de Vinci, *Les Proportions de l'homme selon le schéma vitruvien* (détail), vers 1500 Venise, Gallerie dell'Accademia

La roue du zodiaque scande les rythmes de l'existence humaine.

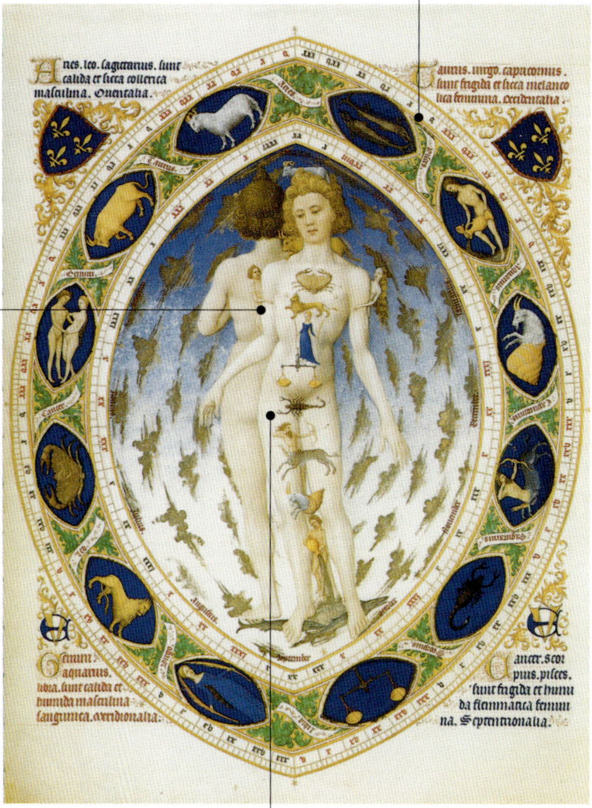

L'homme et la femme en miniature représentent les deux principes psychiques fondamentaux.

La position des signes zodiacaux sur le corps illustre les principes de la médecine astrologique, qui faisait correspondre humeurs, maladies et remèdes avec les influences des corps célestes.

▲ Frères de Limbourg, *L'Homme anatomique*, miniature des *Très Riches Heures du duc de Berry*, vers 1416
Chantilly, musée Condé

Dieu le Père est le Souverain Bien, le principe d'amour qui a donné naissance au cosmos.

La figure du Fils reprend celle de l'Adam cosmique qui embrasse l'univers.

Le cercle de feu rougeoyant symbolise l'amour divin, tandis que le cercle de couleur bleue représente le feu sombre du Jugement dernier.

L'homme est placé au centre du cosmos comme « mesure » de la création.

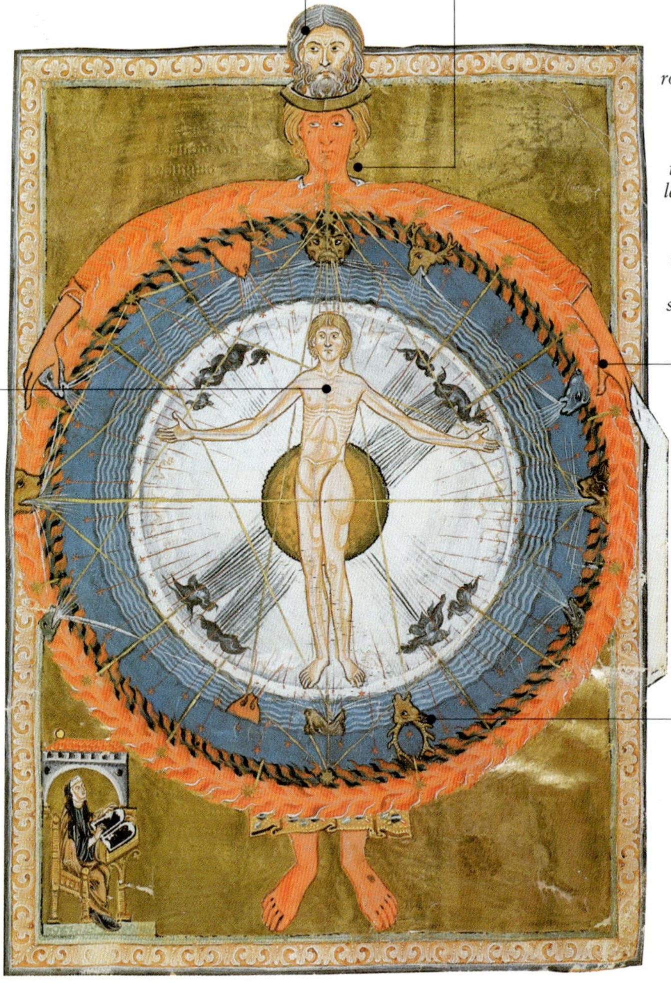

Les douze têtes d'animaux symbolisent les vertus, que le souffle divin fait pénétrer dans l'esprit humain.

▲ *L'Homme dans le plan de la création divine*, miniature du *Liber divinorum operum* de Hildegarde de Bingen, vers 1230
Lucques, Biblioteca Governativa

Le Christ ressuscité est l'emblème de la synthèse des quatre éléments cosmiques, représentés par l'auréole de lumière qui nimbe son visage et par le linceul qui enveloppe son corps.

La lumière exprime la conjonction des éléments dans la totalité originaire et le passage à une dimension existentielle transcendant la réalité sensible.

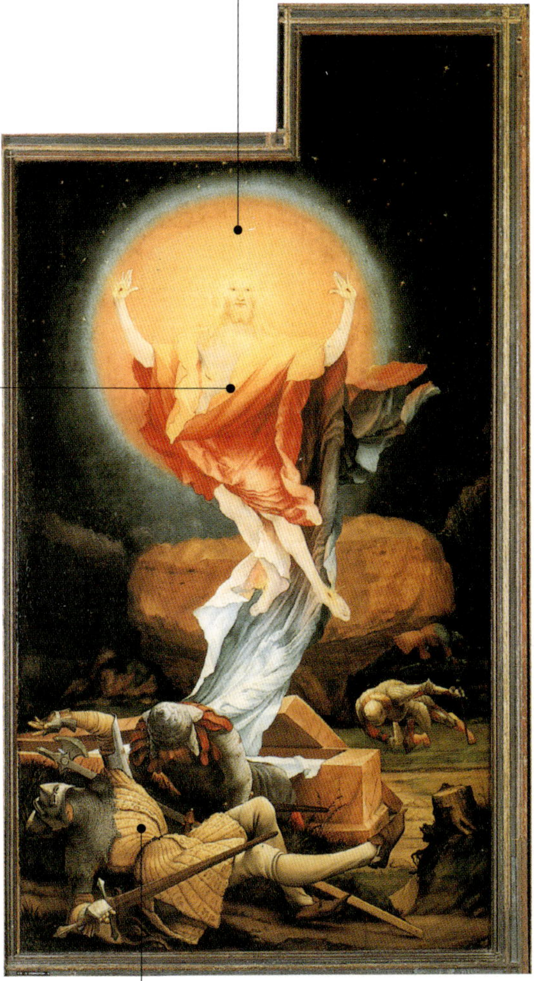

La puissance de la résurrection aveugle et renverse à terre les soldats qui gardent le tombeau.

▲ Matthias Grünewald, *La Résurrection*, panneau latéral droit du *Retable d'Issenheim*, 1515-1516 Colmar, musée d'Unterlinden

Les cornes des animaux sont disposées de manière à former une couronne, attribut impérial.

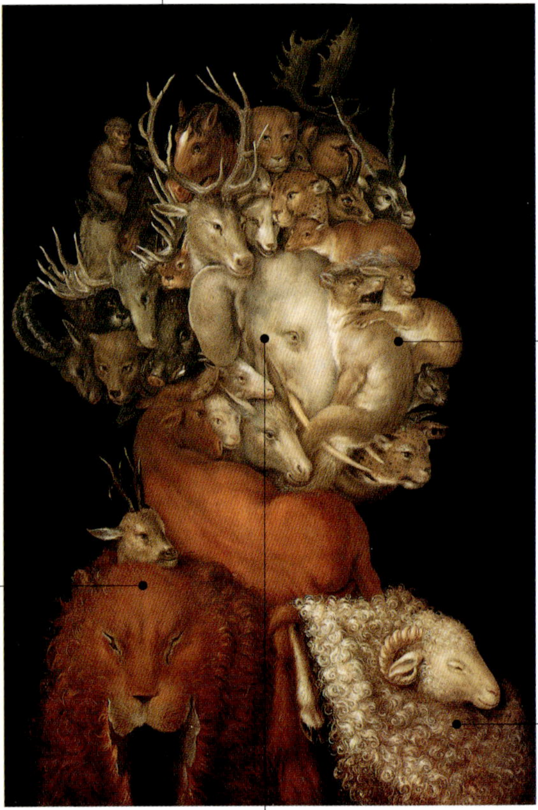

Le loup, animal à la vue perçante, constitue l'œil de la figure.

Le lion symbolise la force et la vertu acquises par l'effort.

Le bélier est l'emblème de l'ordre de la Toison d'or et il représente la gloire.

L'éléphant est disposé de manière à constituer la joue, siège de la honte selon une tradition rapportée par Pline l'Ancien dans son Histoire naturelle.

▲ Giuseppe Arcimboldo,
La Terre, 1570
Collection particulière

Rodolphe II de Habsbourg est figuré en Vertumne, le dieu du changement des saisons. Le tableau illustre la fonction ici assignée à l'empereur, celle de représenter la synthèse du créé et d'être l'emblème de l'homme microcosme.

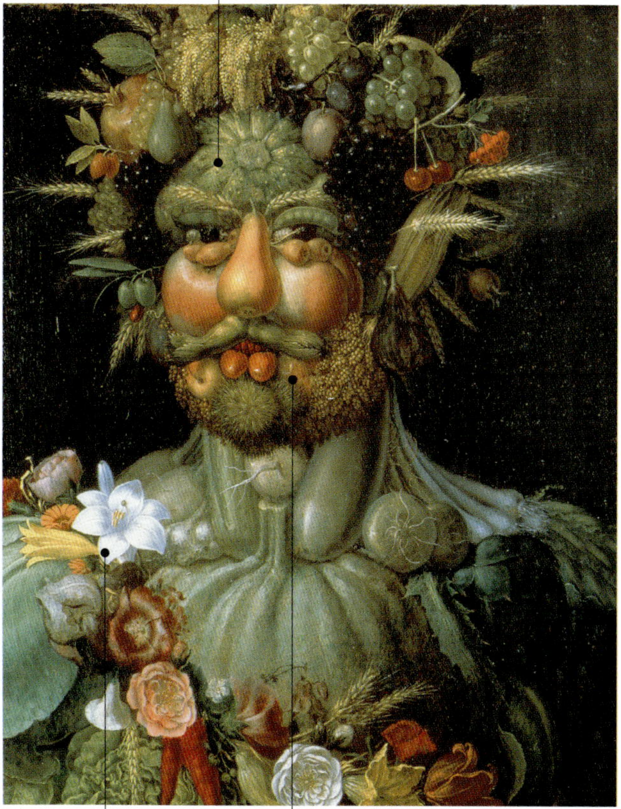

Le portrait du souverain est constitué par la disposition anthropomorphe de fruits des quatre saisons.

L'identification du corps humain avec la terre ou un jardin fleuri résulte de la proximité de la racine du mot latin homo *(« homme ») avec celle du mot* humus *(« terre »).*

▲ Giuseppe Arcimboldo, *L'Empereur Rodolphe II de Habsbourg en Vertumne*, 1590-1591
Balsta, Skoklosters Slott

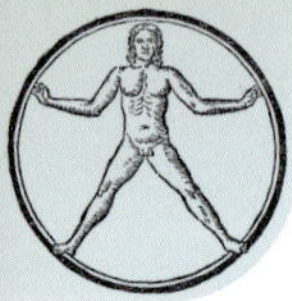

Représentation : en empereur romain, sous les traits du Bon Pasteur, en juge siégeant sur un trône, ou en guerrier luttant contre le démon.

Jésus-Christ

Dans l'image de Jésus-Christ se combinent de façon unitaire de nombreux symboles cosmogoniques provenant d'époques antérieures et de traditions ésotériques d'origine très ancienne. Sa venue sur la terre coïncide avec l'inauguration d'un nouvel ordre spirituel, qu'illustrent l'hommage des Rois mages à l'Enfant divin et le motif du baptême. Comme Chronocrator, il est le maître du temps cosmique et humain, et il occupe la place traditionnellement assignée au soleil. Comme principe téléologique, il représente le sens de tous les événements passés et futurs, et il s'identifie avec le Souverain Bien platonicien. Comme Pantocrator, il est le principe ordonnateur du réel, la synthèse des éléments cosmiques et des coordonnées spatiales, l'unité originaire de toutes les créatures vivantes. Comme Rédempteur, il est le symbole du rachat du péché originel, du triomphe de la vie sur la mort et du salut éternel. Sur le plan artistique, on passe d'une représentation aniconique de Jésus-Christ (par ses seuls emblèmes : monogramme, poisson, agneau, tétramorphe) à une figuration de caractère réaliste ou visionnaire.

Étymologie du nom
Du grec *khristos*, « oint ».

Caractéristiques
Il est le principe ordonnateur de tous les symboles cosmiques et la synthèse de toutes les vertus morales.

Traditions religieuses et philosophiques
Le christianisme, l'alchimie.

Divinités et symboles en relation
Le Soleil, le Temps, la Trinité, Dieu le Père, le Christo-Lapis (la Pierre) alchimique, l'Antéchrist, Satan ; le ciel, la terre, le feu, l'air, l'homme, le microcosme, la couronne, le sceptre, le trône, le globe du monde, la mandorle, l'auréole, le livre, la trompette, la montagne, la croix, l'échelle, le poisson, l'agneau, le pélican, le phénix, le lys, le tétramorphe, les évangélistes, l'ange.

Fêtes et dévotions
Le 25 décembre, la Nativité ; le 6 janvier, l'Épiphanie ; le vendredi saint, la Passion ; le dimanche de Pâques, la Résurrection.

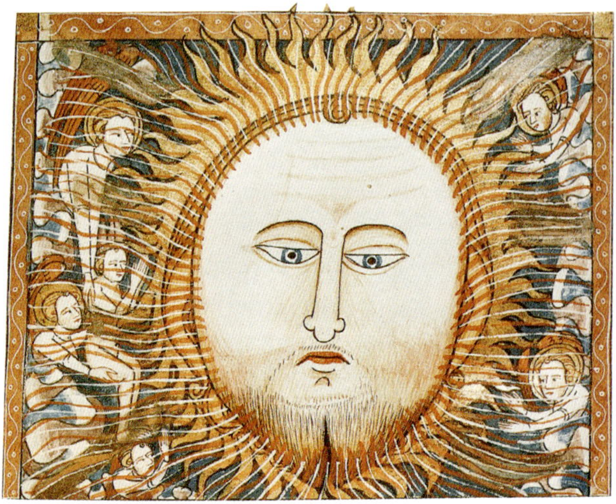

La ronde des anges représente la danse de la vie, symbole de fécondité et de régénération spirituelle.

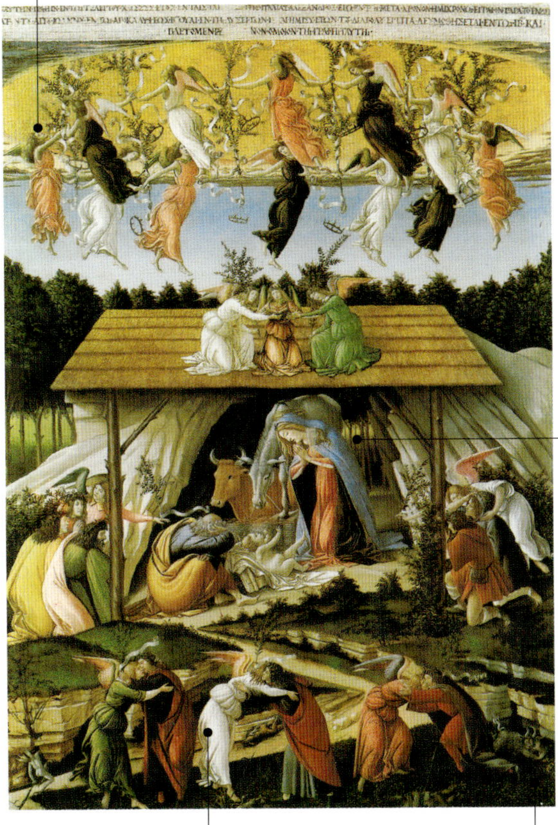

Le motif de la caverne est étroitement lié à la mission terrestre de Jésus-Christ, le Sauveur des âmes des justes.

Le rameau d'olivier et l'accolade des anges symbolisent la paix universelle, qui se répandra sur la terre après la venue du Sauveur.

À la vue du Rédempteur, les démons s'enfuient de la surface de la terre pour se réfugier dans l'obscurité des enfers.

◄ James Le Palmer,
Omne Bonum (détail), vers 1360-1375
Londres, British Library

▲ Sandro Botticelli,
Nativité mystique, 1501
Londres, National Gallery

La hampe du baldaquin en forme de corne d'abondance fait allusion à la fonction génératrice de la Vierge Marie.

Saint Paul brandit l'épée pour chasser les hérétiques.

Le personnage vêtu à l'orientale qui tourne le dos pour s'éloigner symbolise le refus de recevoir la grâce divine par le baptême.

Cette femme sans pieds se tenant au-dessus du sol a été interprétée comme un symbole de la Justice et de la Vérité. À l'instar de la figure agenouillée, elle est aussi une allégorie des vertus théologales.

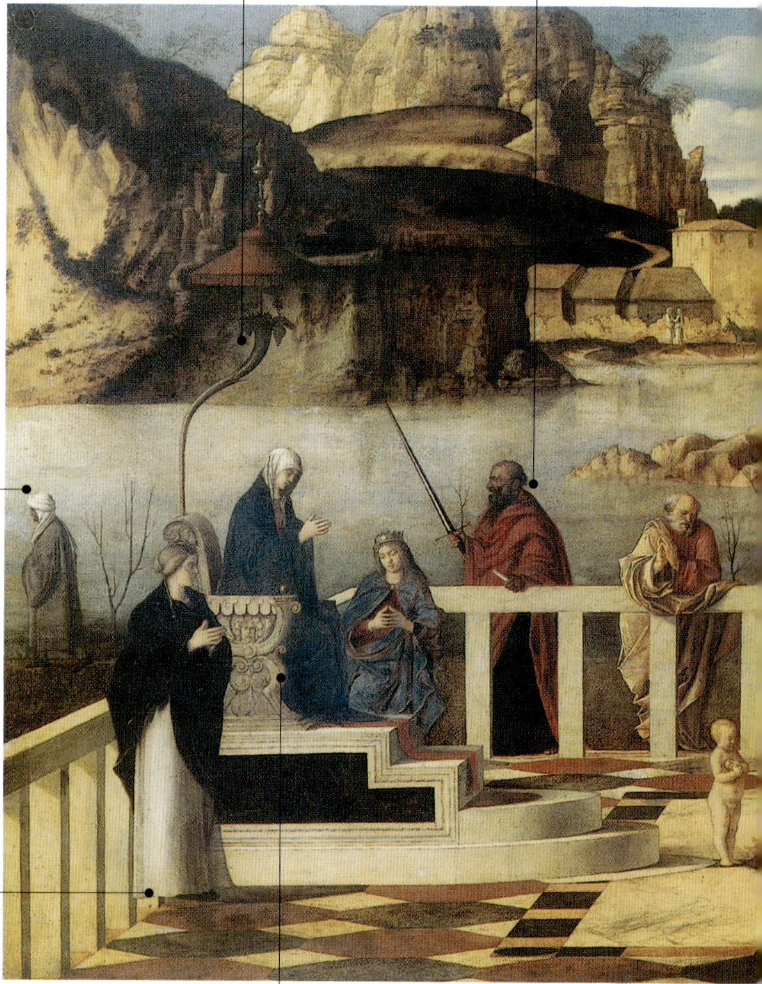

Le décor sculpté représenterait le mythe de Marsyas, dont le supplice a été interprété comme un parallèle de la Passion de Jésus-Christ.

▲ Giovanni Bellini,
Allégorie sacrée, vers 1500-1505
Florence, Galleria degli Uffizi

L'arbre de la connaissance est source de vie et de sagesse.

L'homme aux mains jointes en signe de prière peut représenter l'espérance de la résurrection du corps après la mort. Ce tableau a été interprété aussi comme une allégorie du mystère de l'incarnation du Verbe.

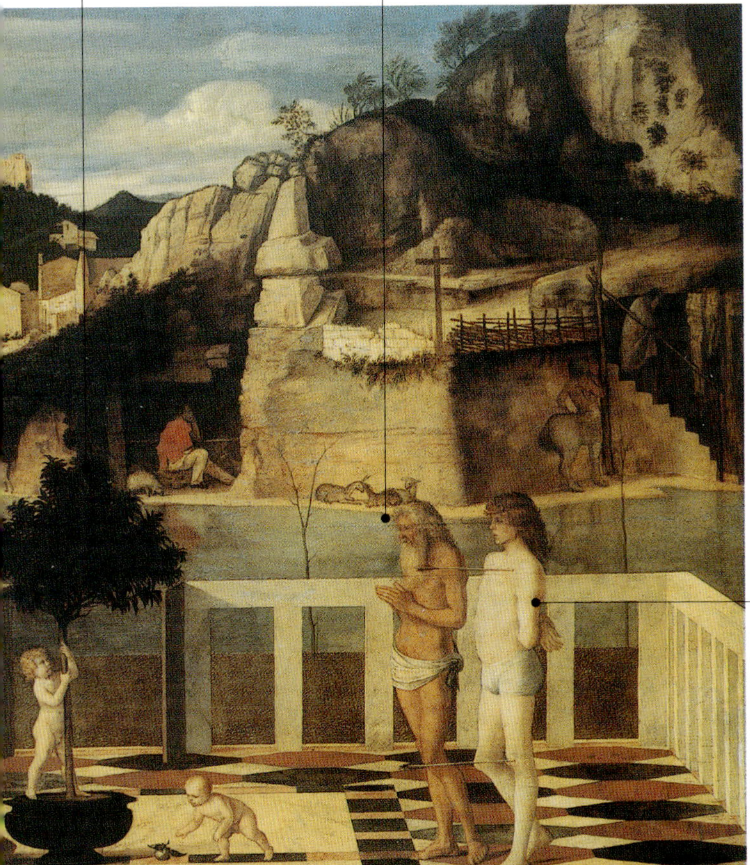

Le jeune homme percé de flèches est saint Sébastien.

Le garçonnet assis sur le coussin représenterait l'Enfant Jésus recevant des anges les fruits de l'arbre de la connaissance.

L'arbre vigoureux et luxuriant représente la vie que régénère la venue de Jésus-Christ.

La colombe est le symbole du Saint-Esprit.

Jésus-Christ, situé sur l'axe médian de la composition, incarne le centre du monde.

L'arbre sec figure le destin de ceux qui refusent le baptême.

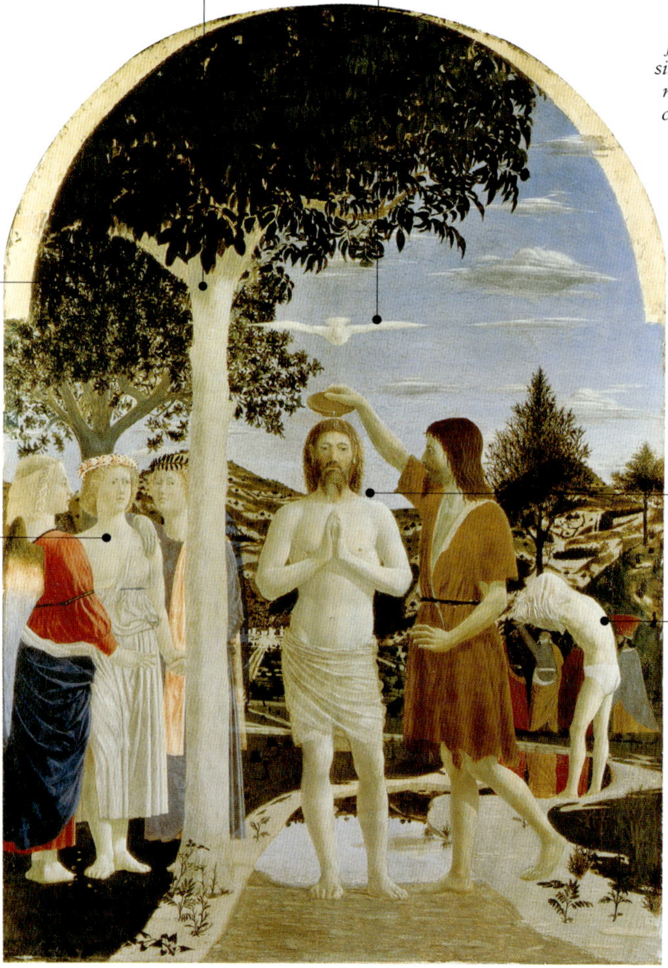

Ce trio d'anges est le symbole de la Trinité.

Le geste de retirer ses vêtements indique le choix d'abandonner sa vie antérieure pour accéder à une nouvelle existence.

▲ Piero della Francesca,
Le Baptême du Christ, vers 1440-1450
Londres, National Gallery

Le lys est un symbole de la miséricorde.

Le trône céleste indique la fonction de juge universel exercée par Jésus-Christ. L'arc-en-ciel est un symbole de l'alliance entre Dieu et l'homme.

L'épée incandescente représente la justice divine.

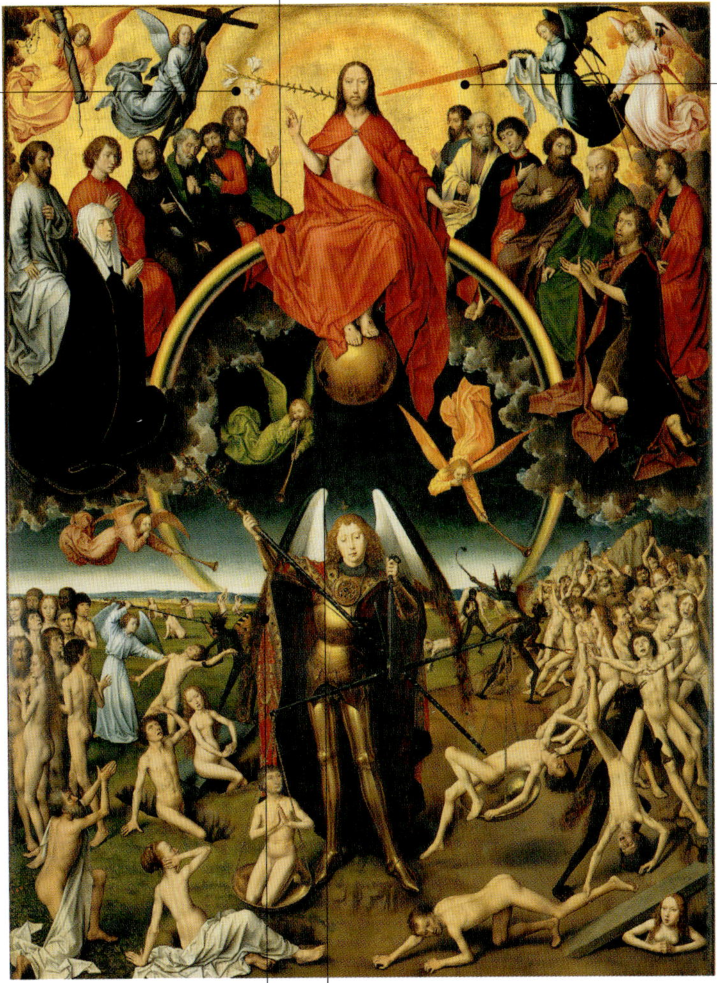

L'archange Michel est le chef des milices angéliques qui luttent contre les démons. Quelques exégèses bibliques l'identifient avec Jésus-Christ.

Le globe du monde est soumis à la volonté de Jésus-Christ.

▲ Hans Memling, *Le Jugement dernier*, panneau central du *Triptyque du Jugement dernier*, 1466-1473 Gdańsk, Muzeum Narodowe

La main est représentée dans le geste de souffleter Jésus-Christ.

Le pélican est un symbole du sacrifice de Jésus-Christ pour la rédemption du genre humain : il se blesse lui-même pour permettre à ses petits de se désaltérer de son sang.

Les fouets et les verges sont les instruments de la flagellation.

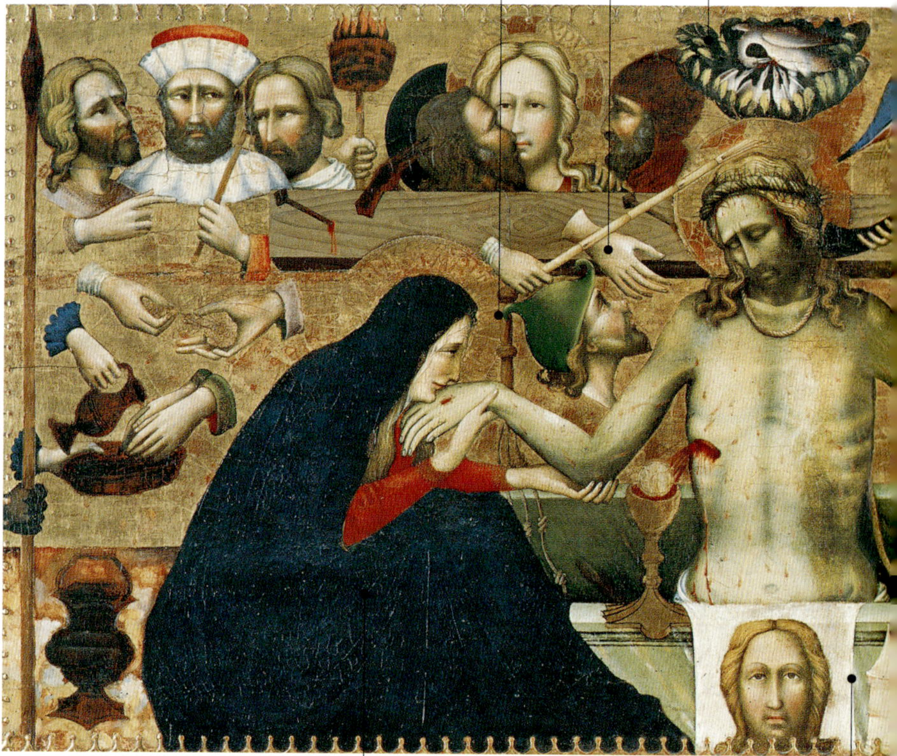

La Vierge Marie est représentée dans l'attitude de la Pietà.

Sur le voile de Véronique est imprimé le visage du Christ, « image » de la nature divine de Jésus.

▲ Maître de la Madone Strauss,
Imago Pietatis avec la Vierge Marie et Marie-Madeleine, vers 1400
Florence, Galleria dell'Accademia

À la colonne de la flagellation pend encore la corde avec laquelle Jésus-Christ y a été attaché. Le tableau représente les instruments de la Passion, appelés arma Christi.

La touffe de cheveux est celle qui a été arrachée à Jésus-Christ lors de la montée au calvaire.

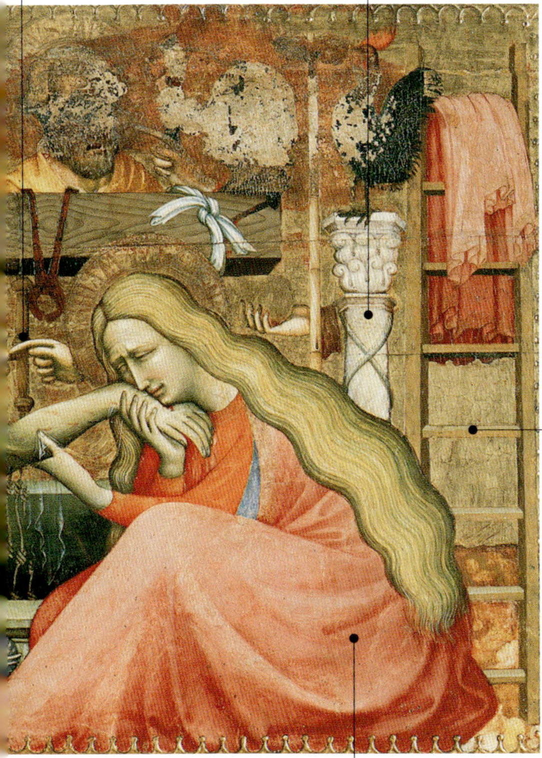

L'échelle de la déposition de croix représente le moyen de monter au Paradis.

Aux pieds de Marie-Madeleine sont posés ses vases d'onguents médicamenteux.

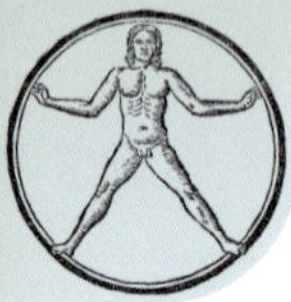

Représentation : sous les traits d'une jeune fille baignée de la lumière solaire, les pieds posés sur un croissant de lune, et la tête ceinte d'une couronne d'étoiles.

La Vierge Marie

Caractéristiques
Elle est l'expression majeure de l'amour et de l'harmonie universels (*Tota pulchra*), la Mère et Épouse mystique du Seigneur, l'incarnation de la grâce divine, la reine de l'Apocalypse. Elle est le principe quaternaire qui complète la Trinité, symbole du total accomplissement de la volonté divine.

Traditions religieuses et philosophiques
Le catholicisme, l'orthodoxie, l'alchimie ; les fidèles d'amour.

Divinités et symboles en relation
Ishtar, Isis, Artémis (Diane), Séléné, la Lune, Jésus-Christ ; l'Église, la grâce, la lumière de Dieu, le lait alchimique de la Vierge, le puits, la fontaine, la tour, le jardin, le rosier, le mois de mai.

Fêtes et dévotions
Le 15 août, l'Assomption de la Vierge Marie ; le 8 décembre, l'Immaculée Conception.

L'iconographie de la Vierge Marie reprend quelques caractéristiques des principales « déesses blanches » de l'Antiquité : l'égyptienne Isis et la grecque Artémis, expressions du principe féminin et lunaire qui gouverne l'univers avec le Soleil. Cette correspondance se retrouve surtout dans le culte oriental des Vierges noires, images votives qui s'étaient superposées à la figure de la Diane Polymaste d'Éphèse et à celle d'Hécate Trivia, la terrible reine des enfers.

Au Moyen Âge, le symbolisme de la « lumière de Dieu », lié à la nature divine de Marie, est souligné par l'appellation d'« étoile du matin », traditionnellement associée à la déesse Vénus.

Dans l'iconographie occidentale, la Vierge Marie est habituellement représentée comme la « nouvelle Ève », illuminée par la grâce divine et capable de résister au diable tentateur, représenté sous forme de serpent : c'est cette conception que Caravage illustre dans sa célèbre *Madone des palefreniers*. À partir de la Contre-Réforme, l'iconographie de la Vierge subit une profonde transformation pour tenter de s'opposer aux « hérésies » luthérienne et calviniste, qui nient le rôle de Marie comme médiatrice de la grâce divine. La dispute sur les dogmes fondamentaux de la religion catholique amènera le motif de l'Immaculée Conception à jouer un rôle central dans les représentations artistiques.

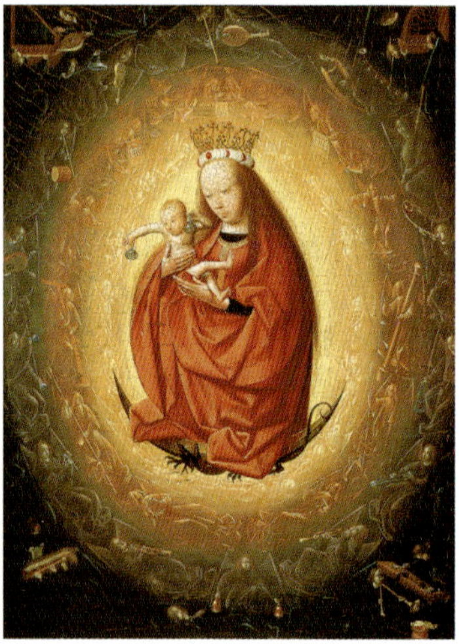

*La porte du Paradis, la tour, l'*hortus conclusus *et la cité de Dieu font référence à la fonction de la Vierge Marie comme rédemptrice des péchés de l'homme.*

Le rosier est un symbole de la grâce et de l'amour divins, et il est directement lié à l'objet cultuel et liturgique du rosaire.

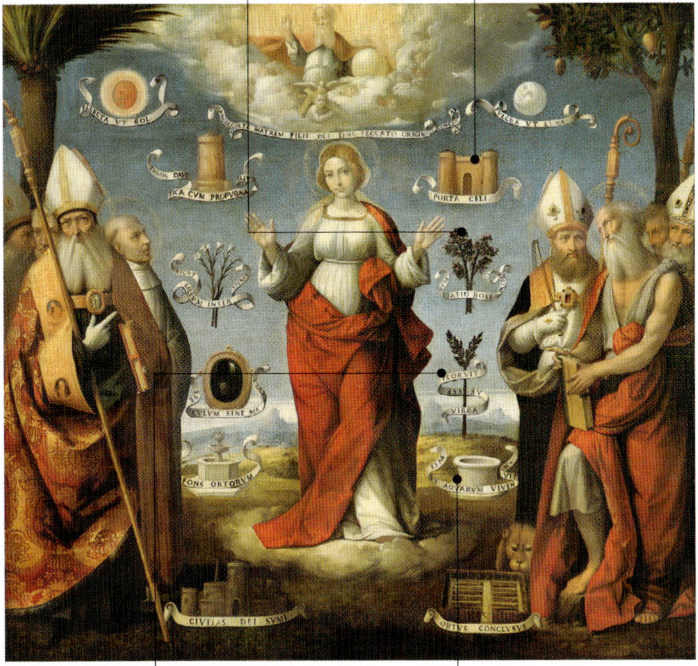

Le rameau d'olivier symbolise la paix et l'espérance. Le tableau représente les arma Virginis, *énumérés dans les litanies d'invocation à Marie.*

L'eau de la vie et la fontaine du Paradis illustrent la fonction génératrice et vivifiante de la Vierge Marie.

◄ Geertgen tot Sint Jans,
La Vierge Marie en gloire, vers 1480
Rotterdam, Museum Boymans-Van Beuningen

▲ Benvenuto Tisi, dit Il Garofalo,
L'Immaculée Conception entre les docteurs de l'Église,
première moitié du XVIe siècle
Milan, Pinacoteca di Brera

La caverne représente l'utérus maternel, le lieu de la renaissance et le passage vers l'au-delà. Le rocher est étroitement lié à la mission de Jésus-Christ sur la terre, source et breuvage purificateurs pour l'âme.

La Vierge Marie est ici représentée dans sa fonction protectrice de mère et de nourricière.

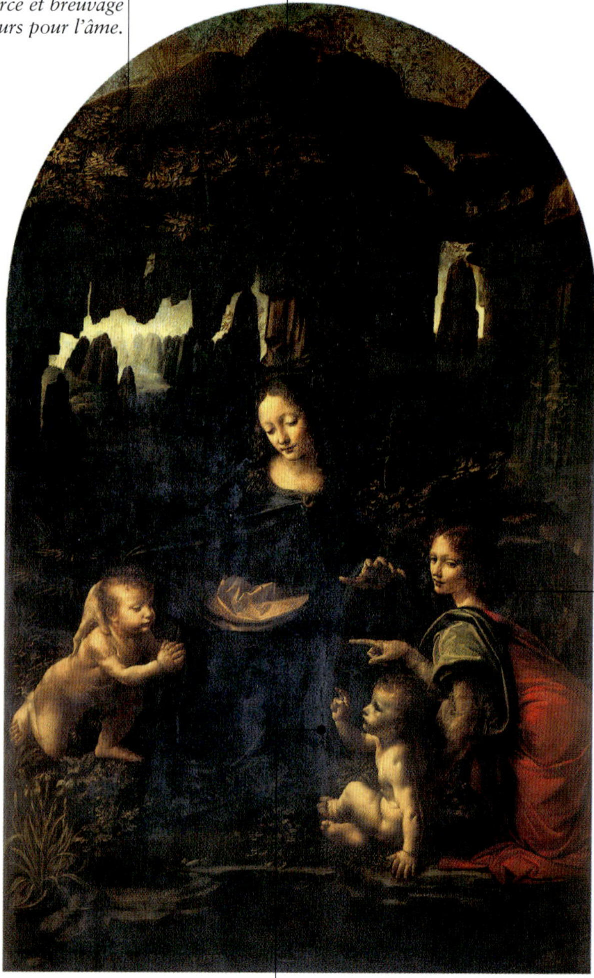

L'ange désigne du doigt l'enfant Jean-Baptiste, messager de la Rédemption, laquelle s'accomplira par le baptême et le sacrifice de Jésus-Christ.

Le doigt levé indique la dimension transcendante et supraterrestre à laquelle Jésus-Christ est voué.

▲ Léonard de Vinci,
La Vierge aux rochers, 1483-1486
Paris, musée du Louvre

La colombe est le symbole de la grâce divine dispensée sur la terre par l'amour de la Vierge.

Marie est représentée en « nouvelle Ève », triomphant du démon tentateur.

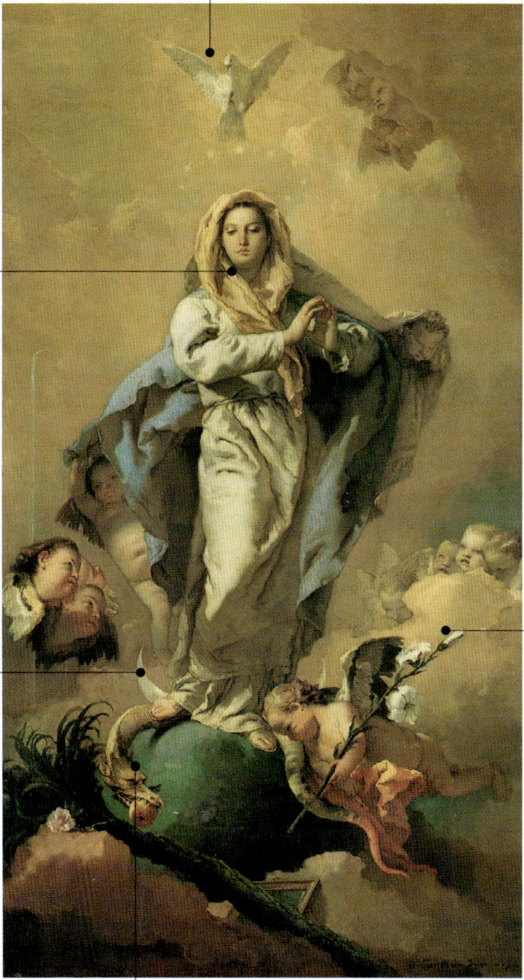

Le lys est le symbole de la pureté et l'emblème de l'Immaculée Conception.

La lune, attribut ancien d'Isis et de la chaste Diane, est reprise dans l'iconographie de Marie. Selon la cosmologie chrétienne, la Vierge-Lune assiste le Christ-Soleil dans le gouvernement de l'univers.

Le serpent est le symbole du mal.

▲ Giambattista Tiepolo, *L'Immaculée Conception*, 1767-1769 Madrid, Museo del Prado

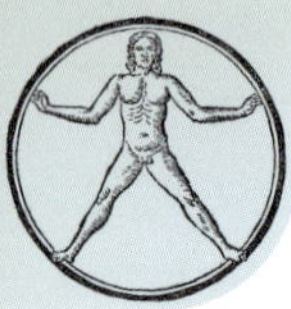

Représentation : les figures distinctes du Père, du Fils et du Saint-Esprit, ou bien un triangle dont une pointe est tournée vers le haut et au centre duquel peut se trouver l'œil de Dieu.

La Trinité

C'est le dogme chrétien de la co-présence de Dieu (un et trine) dans les personnes du Père (puissance), du Fils (intelligence) et du Saint-Esprit (amour). Dans l'exégèse néoplatonicienne, Orphée, Platon et Zoroastre sont considérés comme des prophètes païens de la Trinité, cependant que le dieu égyptien Sérapis (assimilé au dieu grec Pluton) en est une préfiguration : ses têtes animales (le loup, le lion et le chien, qui symbolisaient les trois parties du temps) sont interprétées comme une représentation imparfaite du mystère trinitaire. La Renaissance italienne reprend cette conception polymorphe de la divinité à Proclus, selon qui elle constitue un stade « préliminaire » de la manifestation de l'unité divine. Au Moyen Âge, la Trinité peut être représentée par trois personnes assises l'une à côté de l'autre, par une figure à trois visages siégeant sur un trône, par trois cercles sécants, par un trèfle à trois feuilles, par un groupe de trois anges de même taille ou par une croix en forme de tau. À partir du Xe siècle, lorsqu'est interdite la figuration anthropomorphe du Saint-Esprit, la colombe commence à apparaître dans la représentation de la triade divine. La Contre-Réforme interdit aussi (en 1628) l'ancienne figuration tricéphale de la Trinité, dont de nombreux exemples subsistent dans la sculpture médiévale. La Sainte Famille et les Trois Marie sont aussi considérées comme des images de la Trinité.

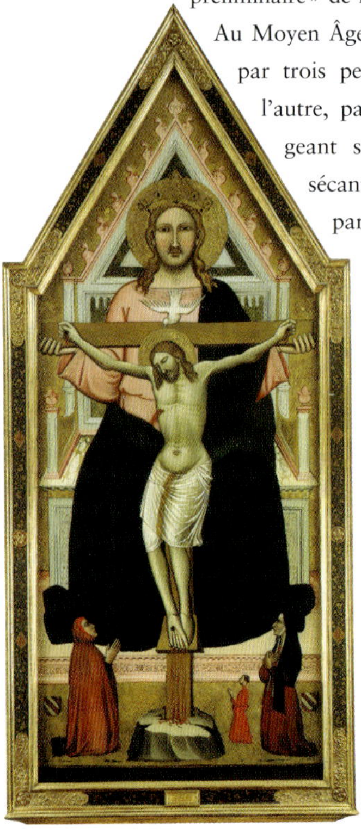

Étymologie du nom
Du latin *trinitas*, dérivé de l'adjectif *trinus*, « triple, trois en un ».

Origine du symbole
Le dogme de la Trinité fut proclamé en 325 par le concile de Nicée.

Caractéristiques
Elle représente l'achèvement de l'Unité divine dans les trois personnes du Père, du Fils et du Saint-Esprit.

Traditions religieuses et philosophiques
Le christianisme.

Divinités et symboles en relation
Artémis (Diane), Hécate Trivia, Hadès (Pluton), Cerbère, Orphée, Sérapis ; Dieu le Père, Jésus-Christ, le Saint-Esprit, la Vierge Marie ; la colombe, le chiffre trois, le triangle équilatéral avec un sommet tourné vers le haut, trois cercles sécants, la croix en forme de tau, le trèfle à trois feuilles.

Fêtes et dévotions
La fête de la Trinité est fixée au premier dimanche après la Pentecôte.

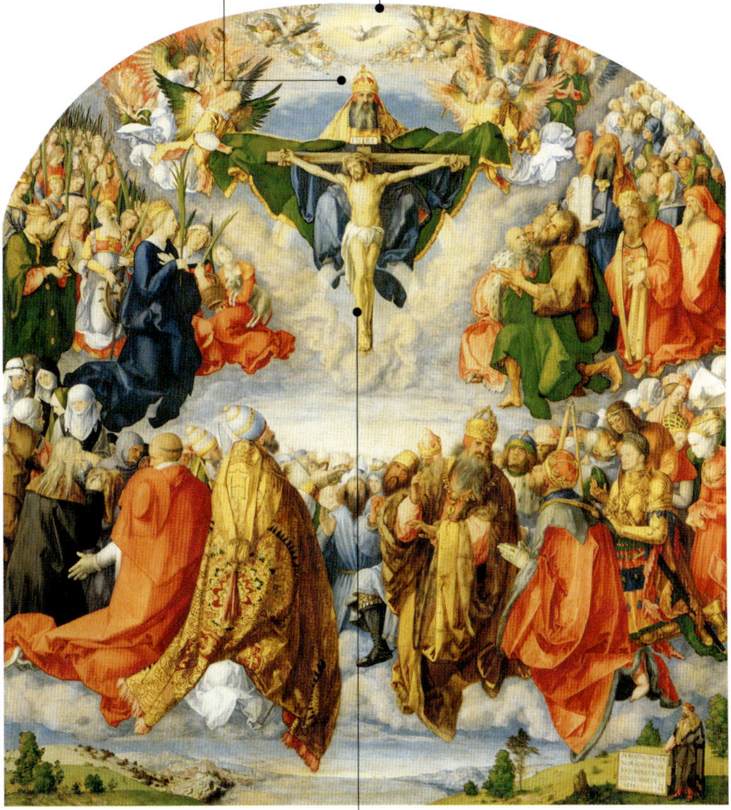

◄ Niccolò di Pietro Gerini,
La Trinité, fin du XIVe – début du XVe siècle
Rome, Musei Capitolini

▲ Albrecht Dürer,
L'Adoration de la Sainte Trinité
(*Retable de la Toussaint*), 1511
Vienne, Kunsthistorisches Museum

La croix en forme de tau est l'un des symboles de la Trinité et de la grâce divine.

La représentation spéculaire de Jésus-Christ, à la fois comme Dieu le Père et comme Fils, illustre le dogme de l'incarnation du Verbe.

La division de l'espace du tableau en trois bandes superposées – l'enfer, la terre et le ciel – est directement liée au symbolisme trinitaire.

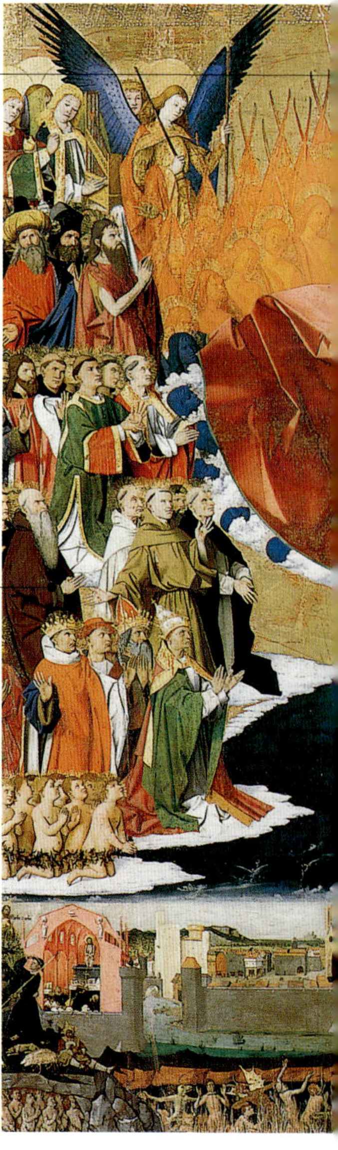

► Enguerrand Quarton,
Le Couronnement de la Vierge Marie, 1453-1454
Villeneuve-lès-Avignon, Musée municipal

La Vierge Marie représente le principe quaternaire qui complète le dogme de la Trinité.

Des chérubins et des séraphins entourent le corps de la Vierge Marie transporté au ciel sur un nuage.

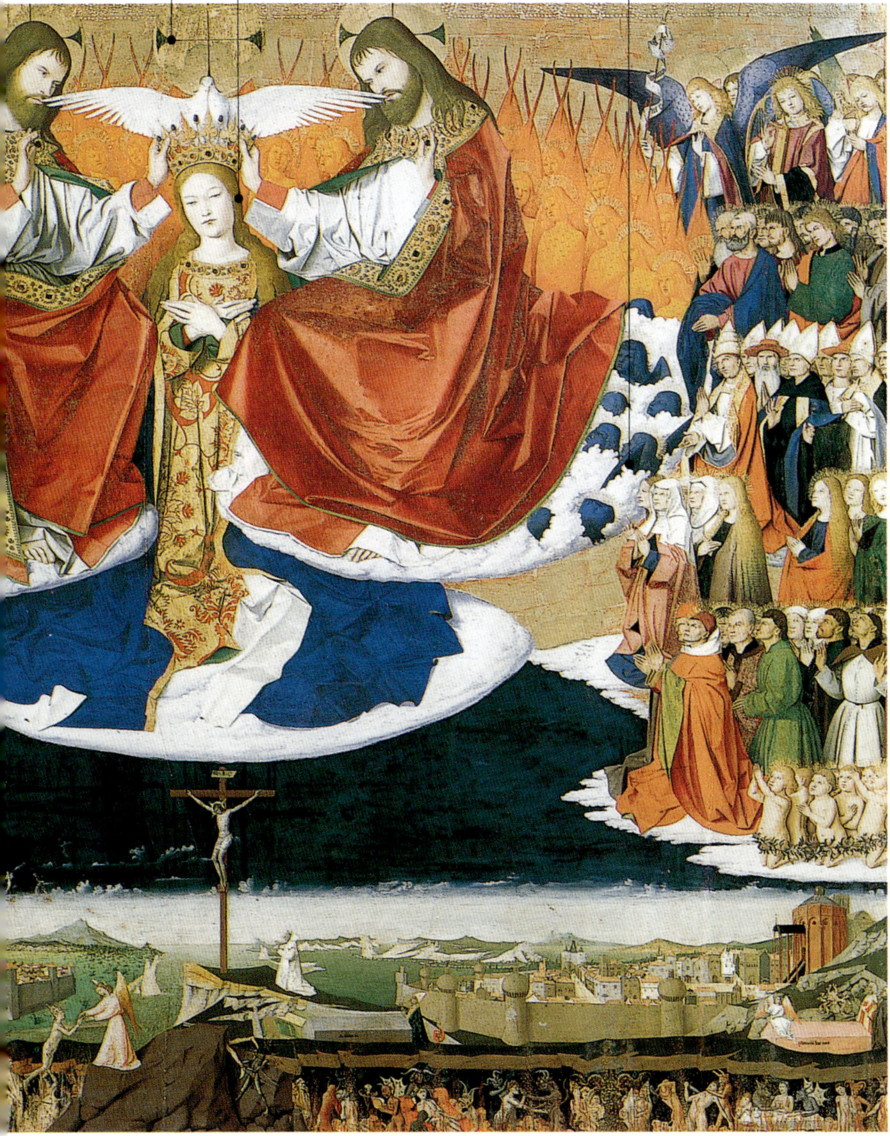

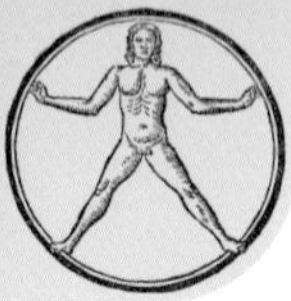

Représentation : en train d'offrir à Adam le fruit défendu, elle est toujours accompagnée du serpent tentateur.

Ève

Étymologie du nom
De l'hébreu *hawwà*, « mère de tous les vivants ».

Origine du symbole
Il provient du mythe de la création de la femme à partir de la côte d'Adam racontée dans la Bible (Genèse).

Caractéristiques
Elle est le symbole du péché et de la transgression du précepte divin, mais elle peut représenter (dans la kabbale et l'ésotérisme) le désir de connaissance et le libre arbitre de l'homme.

Traditions religieuses et philosophiques
Le judaïsme, le christianisme, la kabbale.

Divinités et symboles en relation
Ishtar, Isis, Artémis (Diane), Cybèle, Adam, Dieu le Père, Satan ; la lune, l'androgyne, le serpent, le dragon, l'arbre de la connaissance, l'arbre du bien et du mal, la chair, la matière, l'affectivité, l'amour.

La mère de l'humanité représente l'aspect féminin de l'androgyne préadamique. Avec le mythe de la naissance d'Ève tirée d'une côte d'Adam, la tradition biblique consacre la séparation (physique, psychique et spirituelle) des deux plus importants principes cosmogoniques. Dans la Genèse, Ève est décrite comme l'élément actif et dominant du couple primitif. Sa soif de connaissance exprime un amour totalisant pour la vie et ses manifestations : manger le fruit défendu signifie embrasser l'existence dans tous ses aspects, participer du bien comme du mal. Cette caractérisation positive d'Ève est reprise dans les traités alchimiques de la Renaissance et dans la littérature biblique et kabbalistique, où elle incarne la première expression de la sagesse.
Comme symbole de l'énergie fécondante de l'univers, elle est rapprochée des images orientales (Inde) de la déesse-serpent qui se trouve à la base de la colonne vertébrale (*kundalini*). Dans l'iconographie de la fin du Moyen Âge, le motif d'« Ève-serpent », désormais chargé de valeurs tout à fait négatives, se retrouve fréquemment dans des tableaux et des miniatures : dans les œuvres visionnaires de Bosch et de Van der Goes, la physionomie de la femme est souvent transformée en celle du reptile, son véritable alter ego psychique.

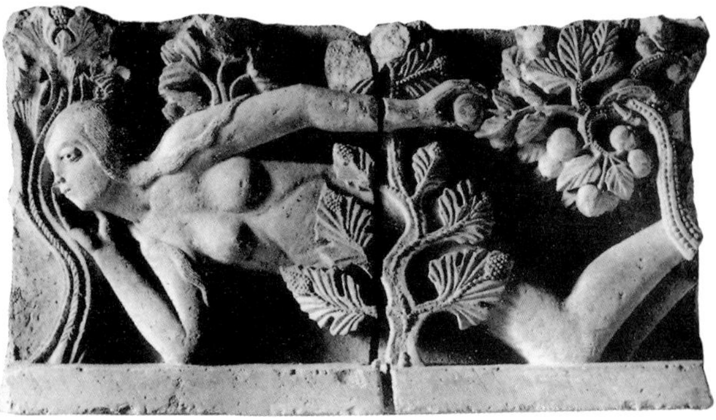

Les cornes sont un héritage du culte lunaire antique d'Isis. Dans l'exégèse chrétienne, elles prennent une acception négative et deviennent un attribut du démon.

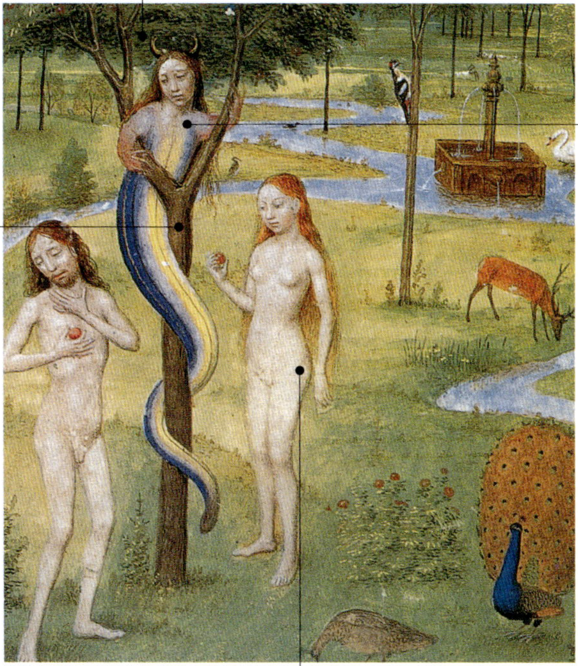

Emblème du péché originel, Ève prête ses traits au serpent tentateur.

L'arbre du bien et du mal est représenté ici sous sa forme typique de fourche. Le Y, symbole du choix entre la voie du bien et celle du péché, représente les chemins ouverts aux âmes après la mort.

Adam et Ève sont représentés en train de manger le fruit défendu.

◄ Gislebert,
Ève dans le jardin d'Éden, vers 1130
Autun, musée Rolin

▲ École française,
Le Péché originel, miniature des *Horae Beatae Mariae Virginis*, XVe siècle
Naples, Biblioteca Nazionale

La charmeuse de serpents exprime la fonction cognitive d'Ève, qui abandonne l'état d'inconscience édénique pour embrasser la vie dans ses multiples manifestations.

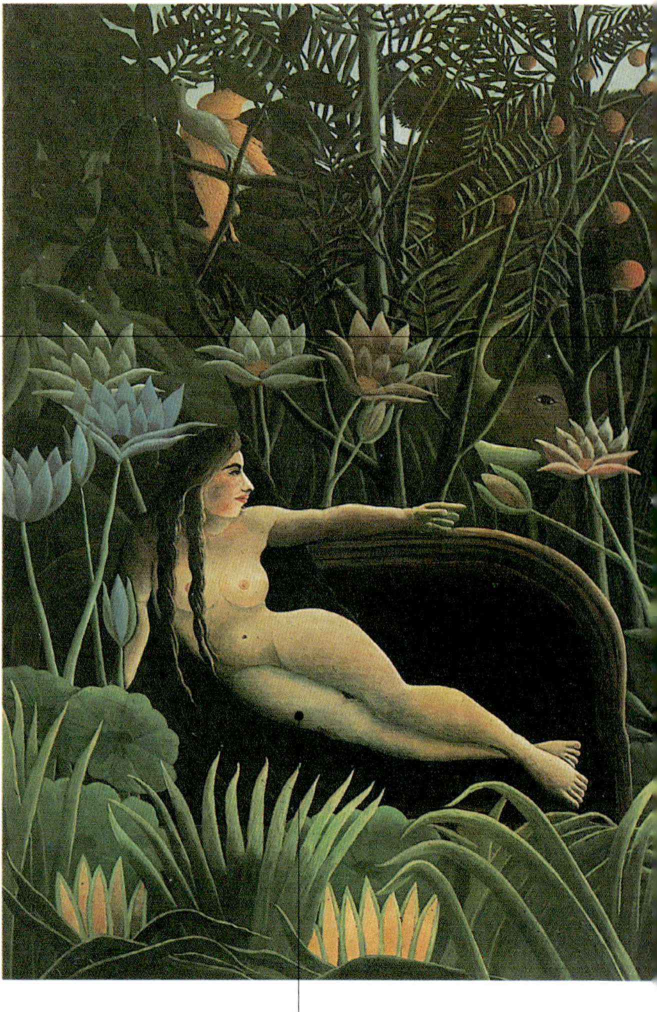

▲ Henri Rousseau,
La Charmeuse de serpents, 1907
Paris, musée d'Orsay

Immergée dans la nature, Ève est représentée comme la mère de tous les vivants.

La lune est l'un des attributs d'Ève, associée au culte des eaux comme la déesse égyptienne Isis.

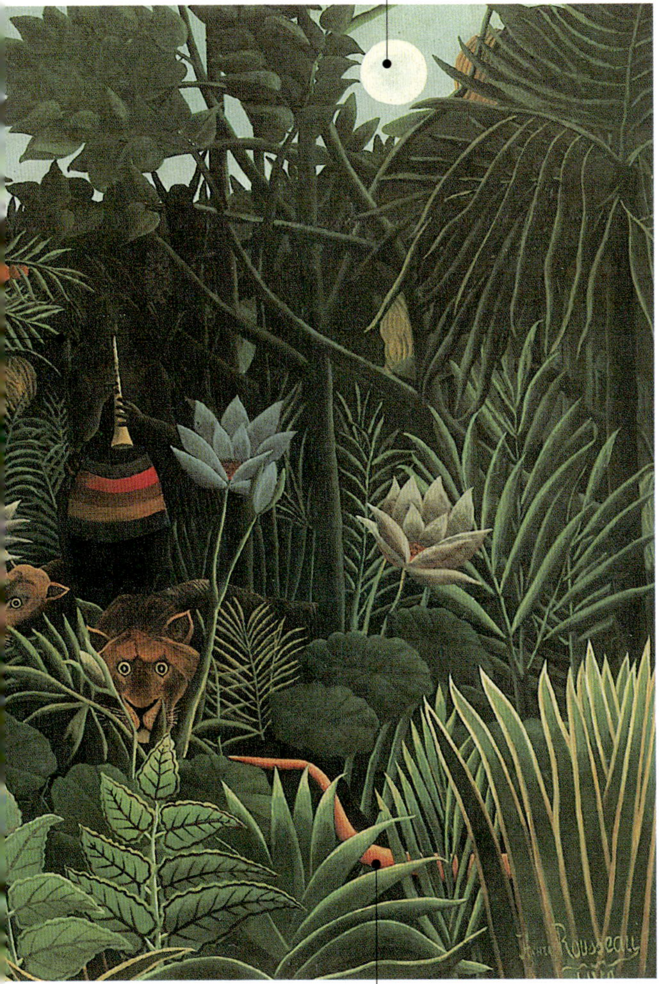

Le serpent représente, davantage que le diable tentateur, les puissances régénératrices de la nature, liées au monde aquatique et souterrain.

Représentation : en train d'allaiter un enfant, immergée dans la nature ou entourée d'attributs symbolisant la fécondité.

La mère

Étymologie du nom
Du latin *mater*, « mère », « matrice ».

Caractéristiques
Elle est le symbole de la fécondité universelle et de l'accueil bienveillant. L'utérus de la femme est considéré comme la matrice de la vie, et le liquide amniotique, comme sa lymphe.

Traditions religieuses et philosophiques
Le judaïsme, le christianisme, la kabbale, l'hermétisme, l'alchimie.

Divinités et symboles en relation
La Terre Mère, Ishtar, Isis, Gaïa, Rhéa, Déméter (Cérès), Héra (Junon), Artémis (Diane), Séléné, Éros, Ève, la Lune ; la Vierge Marie, l'Église, sainte Anne ; le vase, l'œuf, l'athanor, le coquillage, la caverne, la vie, l'eau, la nuit, la mort, la sagesse, le triangle renversé, la génisse, le jardin.

Réceptacle et matrice de la vie, la figure de la mère se rattache symboliquement à l'eau et à la terre, les principes de la germination universelle. Comme pour tous les archétypes principaux, son symbolisme est double, expression du processus cyclique de la nature (naissance, mort, renaissance). Dans les cultures préhistoriques, le *regressus ad uterum*, le retour au ventre maternel, symbolisait aussi bien la mort que la première étape de la résurrection. De nombreux rituels funèbres et initiatiques y recouraient pour assurer à l'âme du défunt la voie de la renaissance.

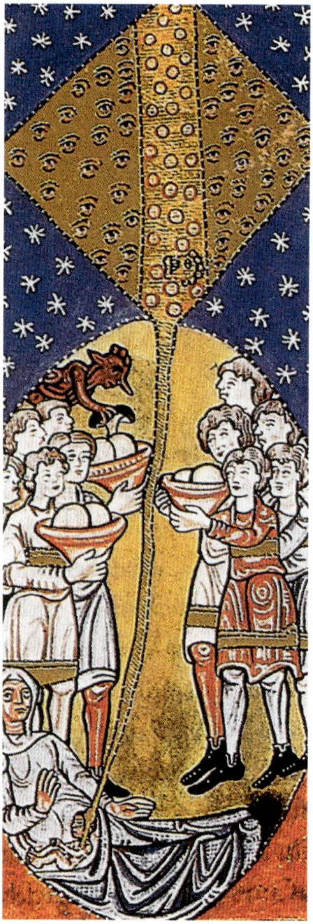

► Miniature du *Liber scivias* de Hildegarde de Bingen, vers 1165
Autrefois conservé à Wiesbaden, Hessisches Landesbibliothek

D'une façon générale, tous les symboles qui signifient accueil ou protection peuvent se rapporter à la mère, comme les rites relatifs à la fertilité de la terre et les divinités cosmiques qui en sont la personnification. Le triangle dont une pointe est tournée vers le bas est l'image du pouvoir générateur de la femme : une synthèse visuelle et conceptuelle de sa fonction de matrice de la vie. Dans le domaine artistique, la Grande Mère se présente comme une divinité acéphale étendue sur le dos, ses attributs sexuels bien en vue.

L'éclair est le symbole du feu, et la fontaine, celui de l'eau.

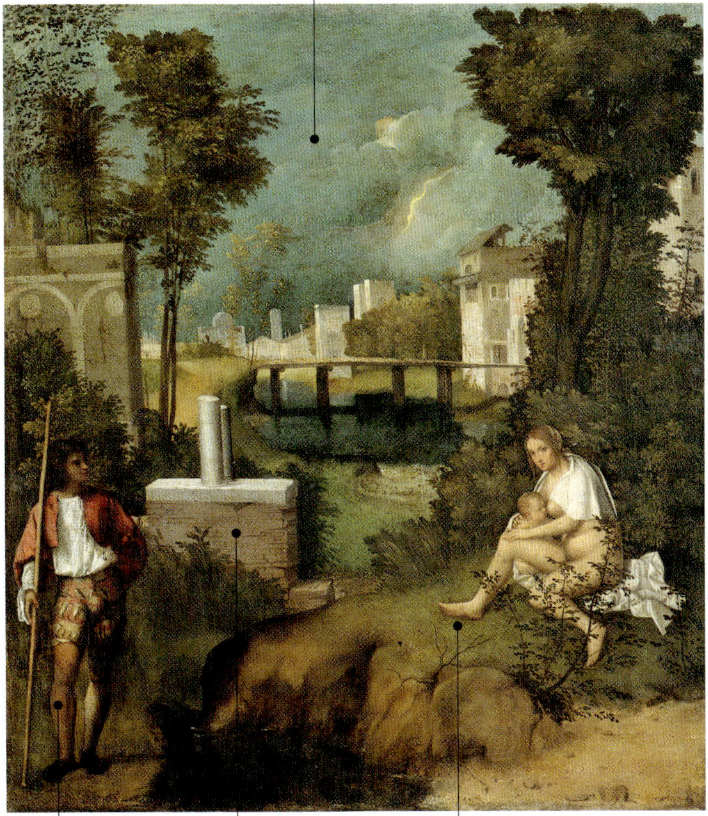

L'homme représente le principe masculin et uranien qui féconde la terre. De cette union naîtra la vie (l'enfant).

Les colonnes tronquées du temple de Salomon font référence à l'expulsion d'Adam et Ève hors de l'Éden et au caractère inéluctable de la mort.

La mère symbolise la fonction nourricière de la nature et le lien de la femme avec la terre. Du point de vue hermétique, la Mère-Sophia est le symbole du rachat de l'impureté et de la mort de l'homme.

▲ Giorgione,
La Tempête, vers 1506
Venise, Gallerie dell'Accademia

L'interprétation qui voit dans ce tableau une allégorie de l'Immaculée Conception se fonde sur le rapprochement iconographique du long cou de la Vierge Marie et de la haute et fine colonne.

Le vase en forme d'œuf représente le creuset au sein duquel la matière est transformée en « or ».

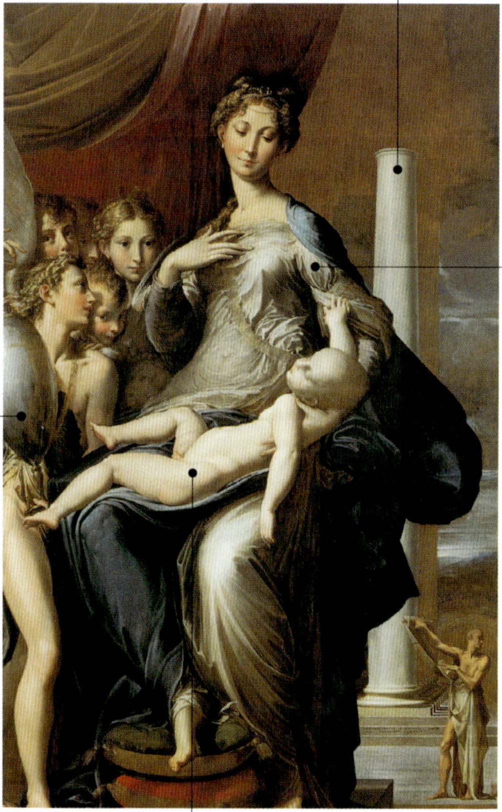

La forme du corps de la Vierge Marie évoque celle d'un athanor, matrice de l'œuvre alchimique.

L'Enfant Jésus endormi est le Christo-Lapis (la Pierre), figure centrale de l'alchimie chrétienne.

▲ Le Parmesan,
La Vierge Marie au long cou, 1535-1540
Florence, Galleria degli Uffizi

La couronne de myrte et les pétales de rose sont des symboles de l'amour, principe moteur de l'univers et de la transmutation alchimique.

Le coquillage est un très ancien attribut de Vénus, ici représentée comme le réceptacle de l'eau mercurielle (la miction irrévérencieuse de Cupidon), qui amorce la transformation alchimique de la matière.

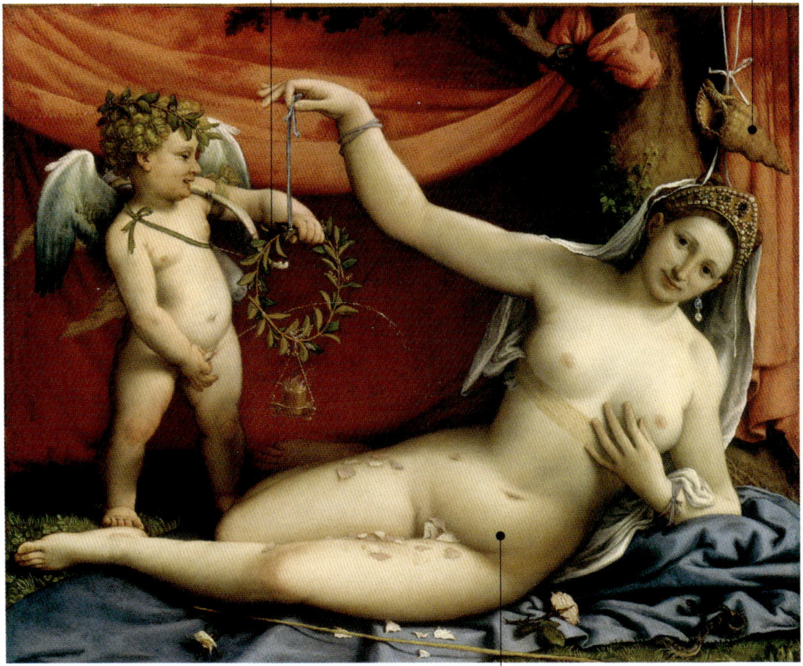

Le ventre de la déesse, symbole de l'érotisme féminin et de la fonction génératrice de la mère, est sur le plan hermétique une allusion à l'athanor au sein duquel s'accomplit la gestation de la pierre philosophale.

▲ Lorenzo Lotto,
Vénus et Cupidon, 1530
New York, Metropolitan Museum of Art

Léda, dont le nom signifie «femme», est la Grande Mère qui donne naissance à l'œuf cosmique, ici représenté par les deux couples de jumeaux.

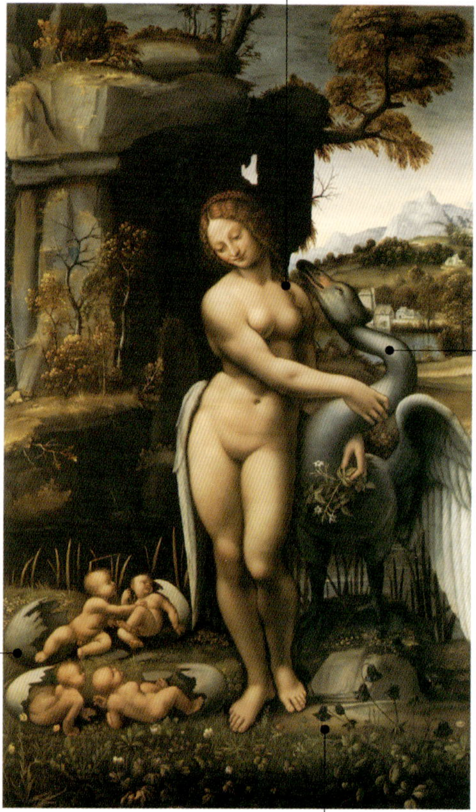

Le cygne est le principe fécondant sous l'apparence duquel Zeus se dissimule.

Les deux paires de jumeaux de Léda, Castor et Pollux (symboles de concorde) et Hélène et Clytemnestre (symboles de discorde), représentent le principe néoplatonicien de la discordia concors.

Ce tableau a été interprété comme une allégorie de la création musicale, fondée sur la doctrine orphico-pythagoricienne de l'harmonie des contraires.

▲ Léonard de Vinci (copie d'après),
Léda, 1505-1507
Florence, Galleria degli Uffizi

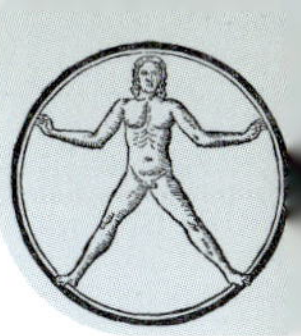

Représentation: sous de multiples formes; comme œuf cosmique, comme utérus et matrice, comme vase alchimique et comme symbole de la perfection divine.

L'œuf

L'archétype de l'ovale est répandu dans l'histoire de l'humanité dès les âges les plus reculés, tissant un réseau de correspondances entre civilisations et cultures apparemment très éloignées les unes des autres. La plupart des mythes cosmogoniques imaginent l'univers sous forme d'œuf ou comme tirant son origine d'un œuf. Celui-ci représente la cellule primordiale qui contient en germe la multiplicité des êtres et il est l'image de la totalité originaire antérieure à toute différenciation. Symbole de la vie en formation, de la fertilité et de la perfection, l'œuf recèle une multiplicité de significations et il renvoie aux principales images archétypales liées aux mythes de la scission génératrice. À travers le symbolisme de l'œuf, l'art, la philosophie et la religion ont approché le mystère ineffable de la vie et de ses différentes manifestations. Des idoles « ovoïdes » sont répandues dans l'iconographie occidentale et orientale, du mandala tibétain au yin et yang chinois et jusqu'à la mandorle du mysticisme chrétien, expression de la nature divine de Jésus-Christ et symbole de résurrection. Dans les églises médiévales, l'œuf représente l'instrument de l'illumination intérieure: c'est pourquoi il est montré dans une position élevée et visible de tous les fidèles. L'expression « œuf alchimique », ou « œuf philosophique », résulte de la forme du récipient où « couve » l'œuvre alchimique. Comme matrice de la création, l'athanor remplit la même fonction germinative et nourricière que l'utérus féminin: la gestation de la pierre philosophale doit en effet reproduire la gestation biologique.

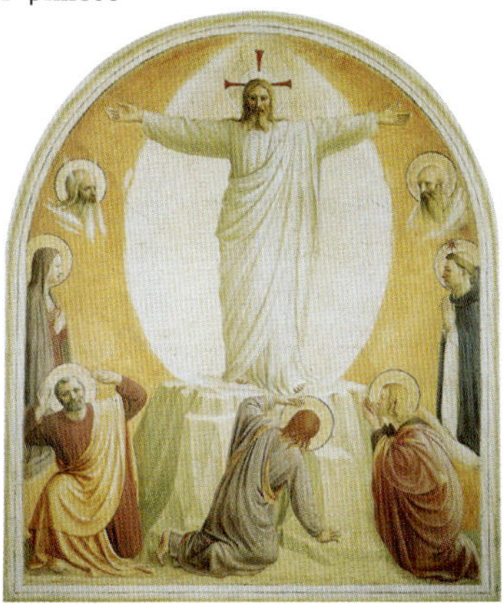

Étymologie du nom
Du latin *ovum*, de la racine indo-européenne *awi*, « oiseau ».

Caractéristiques
Il est le symbole de la vie en gestation et de la connaissance parfaite; il représente le cosmos et le principe fécondant qui l'a engendré (Éros-Phanès).

Traditions religieuses et philosophiques
L'orphisme, le pythagorisme, le néoplatonisme, le judaïsme, le christianisme, la kabbale, l'hermétisme, l'alchimie.

Divinités et symboles en relation
La Terre Mère, Éros-Phanès, Léda; Dieu le Père; le cosmos, le vase, l'athanor, l'utérus, la vie, la nuit, l'eau, la mort, la lune, l'androgyne, la pierre philosophale (*rebis*), l'aigle, le phénix, la lumière de Dieu, la mandorle, l'auréole.

◄ Fra Angelico, *La Transfiguration de Jésus-Christ*, vers 1441 Florence, couvent San Marco

Le cercle de flammes, qui contient l'astre du soleil, relie le symbolisme de l'œuf à l'épiphanie de la lumière divine, ordonnatrice du cosmos et dispensatrice de connaissance.

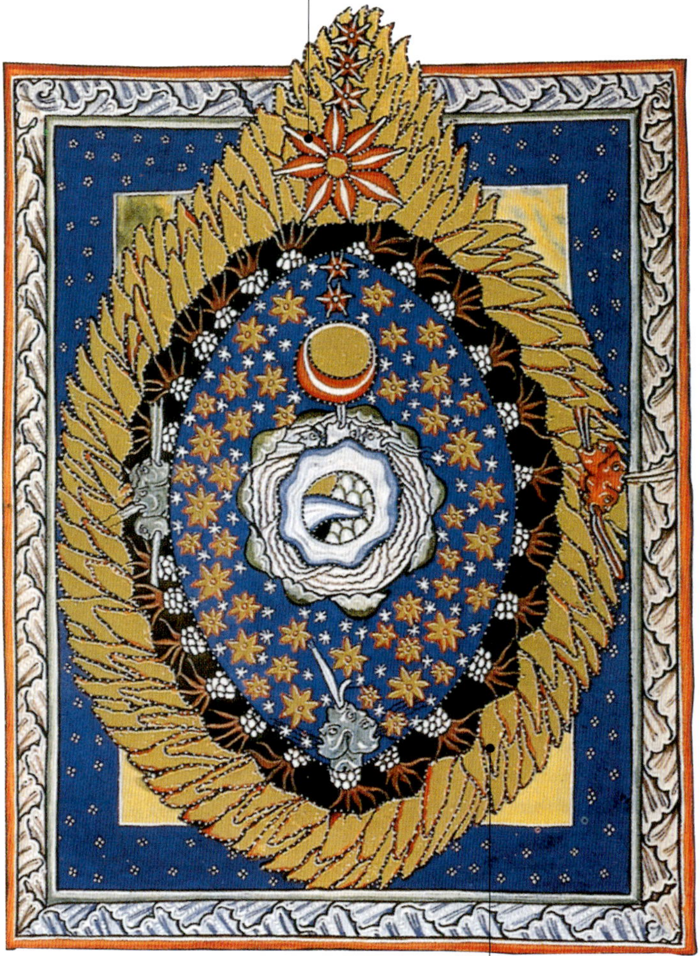

La coquille, à l'extérieur de l'œuf, correspond à l'air ; le blanc, ou pellicule interne, à l'élément de l'eau ; et le jaune central, à la terre.

▲ *L'Œuf cosmique*,
miniature du *Liber scivias* de Hildegarde de Bingen, vers 1165
Autrefois conservé à Wiesbaden, Hessisches Landesbibliothek

La coquille illustre la nature génératrice de la Vierge Marie et son lien avec la mer et les eaux.

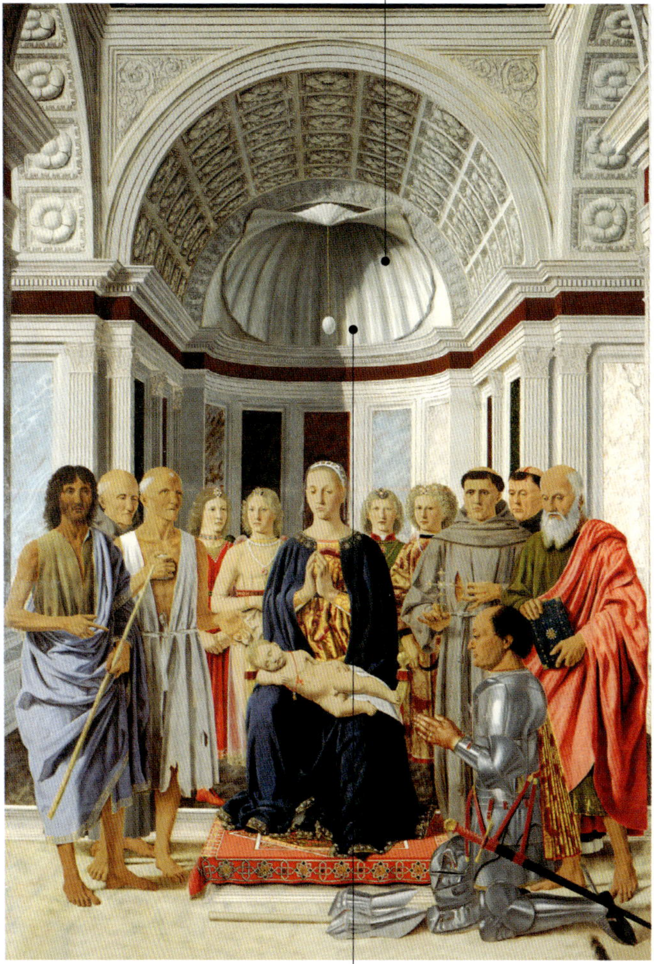

L'œuf d'autruche, emblème de la perfection divine, est placé dans une position légèrement décalée par rapport à l'axe médian de la composition, comme symbole de la supériorité de la Foi par rapport à la Raison.

▲ Piero della Francesca, *La Vierge Marie avec l'Enfant Jésus, des saints, des anges et le duc Federico da Montefeltro*, vers 1475
Milan, Pinacoteca di Brera

Le globe du monde est formé des trois règnes de la nature : animal (couleur orange), végétal (bleu) et minéral (gris).

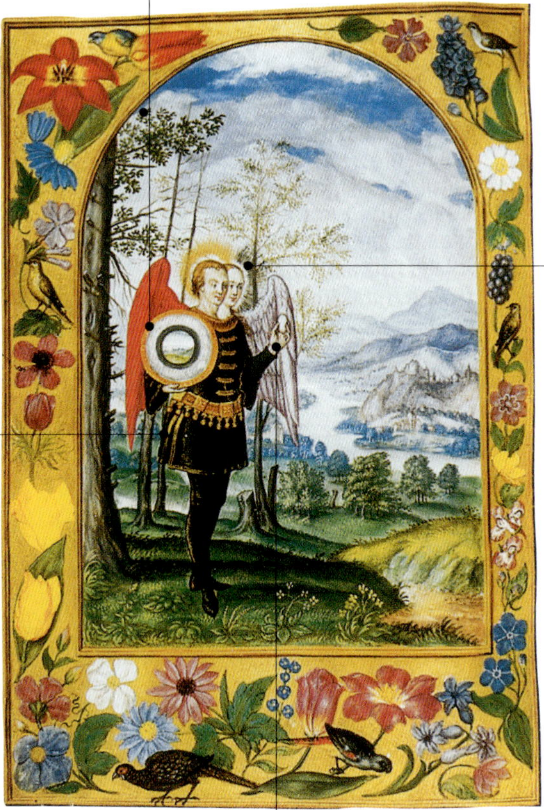

*Le couple androgyne (*rebis*) symbolise la domination de l'alchimiste sur le commencement (œuf) et la fin (univers) de la création.*

Le vêtement noir fait allusion à la première phase de l'œuvre alchimique : la nigredo, *ou putréfaction de la matière. Les brandebourgs d'or et la ceinture rouge représentent la* rubedo.

L'œuf doré est le symbole de la totalité originaire antérieure aux différenciations phénoméniques. C'est de lui que naîtra le lapis, *sorte de « poussin » alchimique, symbole de la pierre philosophale et de l'origine du monde.*

▲ *L'Œuf philosophique*,
miniature de *Splendor solis* de Salomon Trismosin, XVIe siècle
Londres, British Library

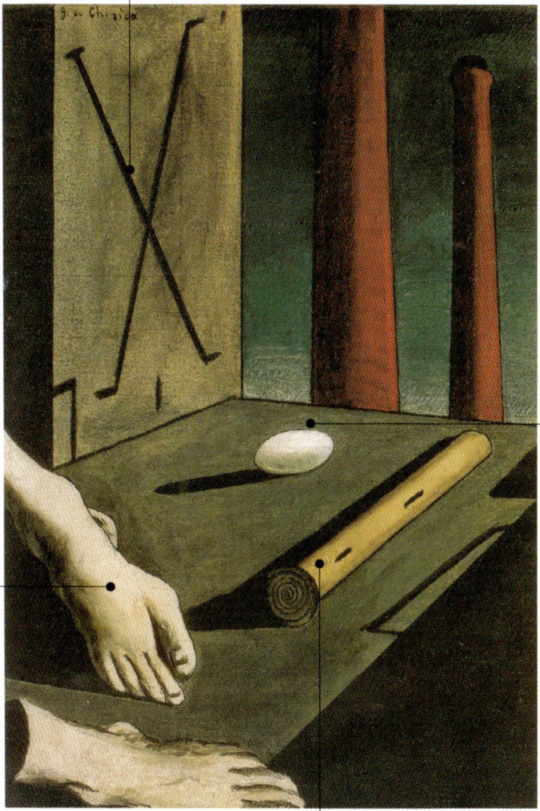

Le X représente l'inconnu et l'énigme de l'existence.

L'œuf est un symbole de la vie.

Les pieds font référence à la figure de Zarathoustra, qui « fait tourner le monde sur des pas de danse ».

Le rouleau contiendrait des indications secrètes sur le destin de l'homme.

▲ Giorgio De Chirico, *Composition métaphysique*, 1914
New York, Metropolitan Museum of Art

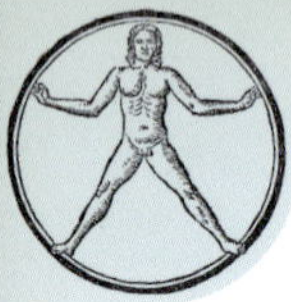

Signification: il peut représenter la connaissance intérieure ou réflexive, la beauté, la vertu de la prudence ou le vice de la vanité.

Le miroir

Parmi les objets chargés d'une grande valeur symbolique, le miroir occupe une position privilégiée. Son ambivalence et la multiplicité des significations qu'il recèle se reflètent dans la très riche iconographie qui a tenté de le représenter depuis le Moyen Âge jusqu'à nos jours.

Le miroir revêt une double signification aussi bien sur le plan moral que du point de vue de la connaissance. La première signification, de nature généralement négative, est présente dans le mythe de Narcisse et dans les allégories des péchés de luxure, de vanité et d'orgueil. Le miroir revêt au contraire une acception positive comme symbole de la vertu de prudence et de la connaissance intérieure (Marie-Madeleine pénitente) ou initiatique (miroir magique). L'étymologie reflète cette double interprétation: le mot italien *specchio* vient du latin *speculum* et met en évidence sa fonction de connaissance, qui « spécule » sur l'image de la réalité; le terme français « miroir » met l'accent sur le sens contemplatif de « mirer » (regarder attentivement), qui sous-entend l'observation complaisante de soi-même. Au début du XVIe siècle, cet instrument d'étude et d'analyse acquiert une importance capitale dans les corporations de peintres, qui veulent affirmer la supériorité de leur art par rapport à la sculpture. Grâce à la surface réfléchissante des miroirs, les peintres sont en mesure de donner une vision « en relief » des objets ou des corps, en présentant ceux-ci au spectateur sous tous leurs angles.

Étymologie du nom
Le mot français vient de « mirer », du latin *mirare*, « regarder attentivement ».
Le mot italien *specchio* vient du latin *specere*, « regarder », « observer », « spéculer ».

Origine du symbole
Il provient du mythe grec de Narcisse. À la Renaissance, il devient une image allégorique de la peinture.

Caractéristiques
Sur sa surface se matérialise l'image de l'âme, le moi intérieur et caché de l'homme.

Divinités et symboles en relation
Narcisse, Aphrodite (Vénus), Marie-Madeleine, Satan; la beauté, la mort, l'orgueil, la vanité, la luxure, la prudence, la science, la connaissance réflexive, l'inconscient.

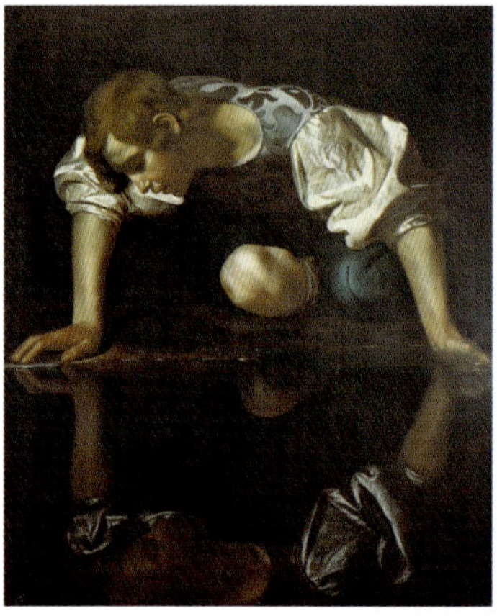

► Le Caravage, *Narcisse*, vers 1599-1600
Rome, Galleria Nazionale di Arte Antica, palais Corsini

Quand il est un accessoire de la déesse de l'amour, le miroir se transforme en un puissant instrument de séduction.

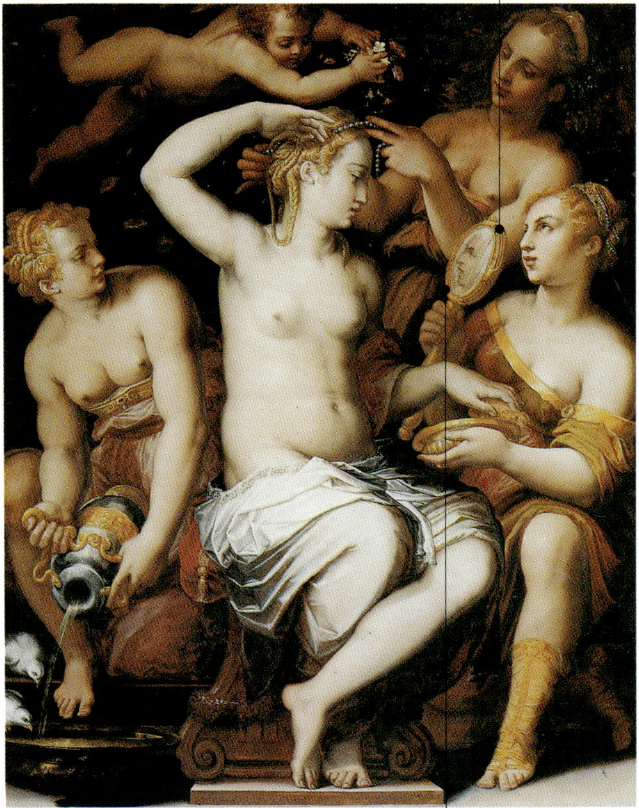

Le miroir est le moyen grâce auquel l'homme peut contempler la dimension du divin : la vision directe de la divinité est en effet interdite aux mortels, sous peine d'aveuglement ou de mort.

▲ Giorgio Vasari,
La Toilette de Vénus, vers 1558
Stuttgart, Staatsgalerie

Le sablier symbolise l'écoulement inexorable du temps.

Dans le miroir se reflète l'image de la Mort, qui dévoile impitoyablement la fragilité et le caractère éphémère de la beauté.

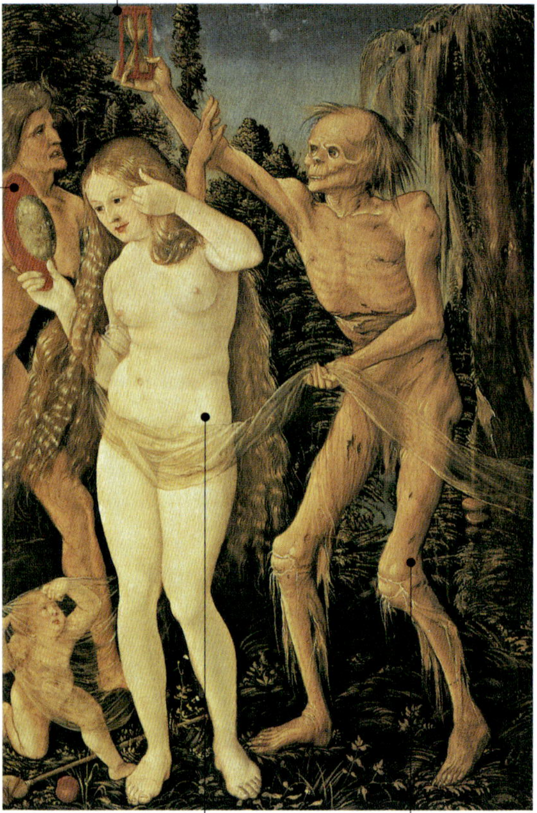

La jeune fille contemple sa jeunesse sans voir en celle-ci un bien éphémère et fugitif.

La figure de la Mort est liée au thème de la vanité et de la fugacité des plaisirs terrestres.

▲ Hans Baldung Grien,
Les Trois Âges et la Mort, vers 1509-1510
Vienne, Kunsthistorisches Museum

La lueur tremblante et la fumée de la chandelle illustrent le thème de la vanité.

Marie-Madeleine donne l'exemple du bon usage du miroir. La jeune femme, capable de voir au-delà de la surface, découvre dans la profondeur du miroir la vanité des séductions charnelles.

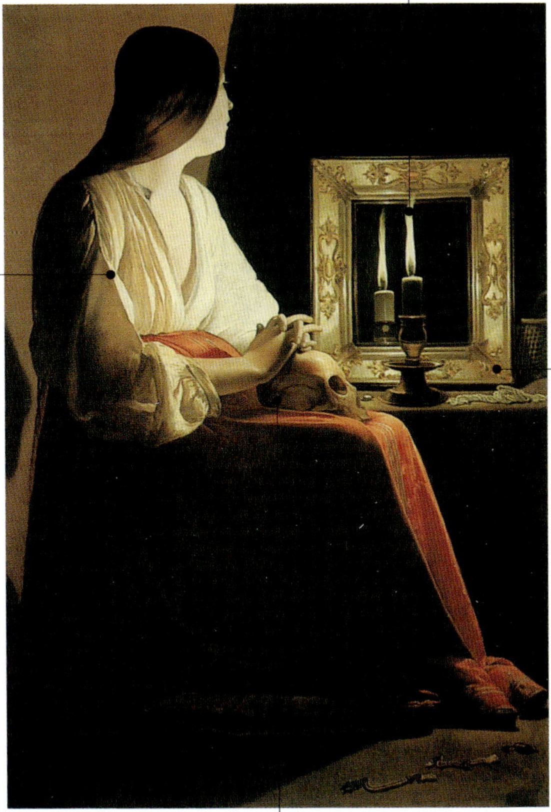

Le « miroir de l'âme » est l'instrument de la connaissance intérieure. Le premier pas dans la voie de la vertu consiste en effet à « regarder en soi ».

Le crâne est le symbole de la finitude de la vie.

▲ Georges de La Tour,
Marie-Madeleine pénitente, vers 1640
Washington, National Gallery of Art

La présence du peintre au travail aide à comprendre la signification réelle du tableau : il s'agit d'une savante allégorie de la peinture entendue comme une création spéculaire par rapport à la nature.

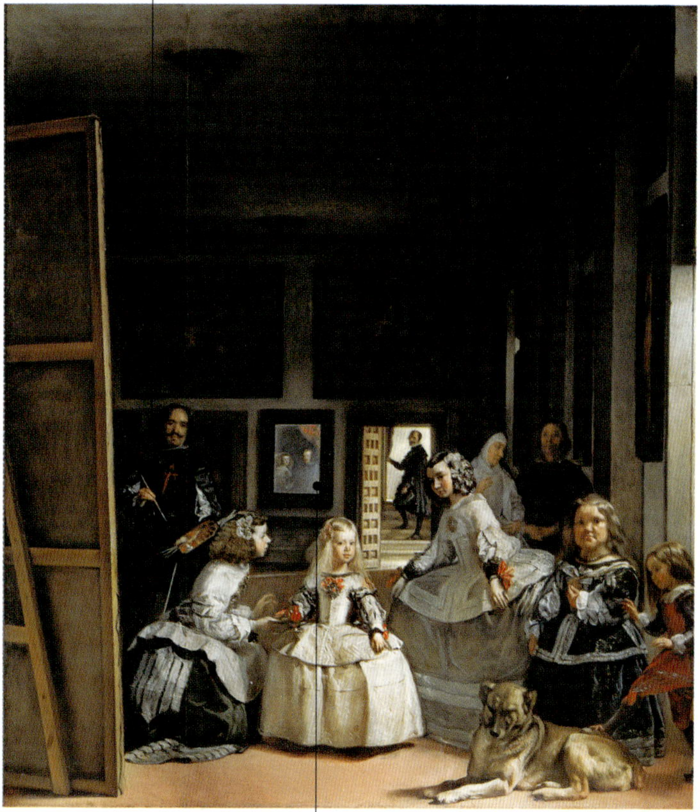

Le miroir révèle le « hors-champ » de la représentation : sa surface reflète le roi et la reine d'Espagne, qui sont le sujet de la grande toile que l'on voit de dos au premier plan à gauche.

▲ Diego Vélasquez,
Les Ménines, 1656
Madrid, Museo del Prado

La dame de Shalott, personnage éponyme d'un roman d'Alfred Tennyson, ne pouvait voir ceux qui s'approchaient de son château qu'à travers un miroir magique.

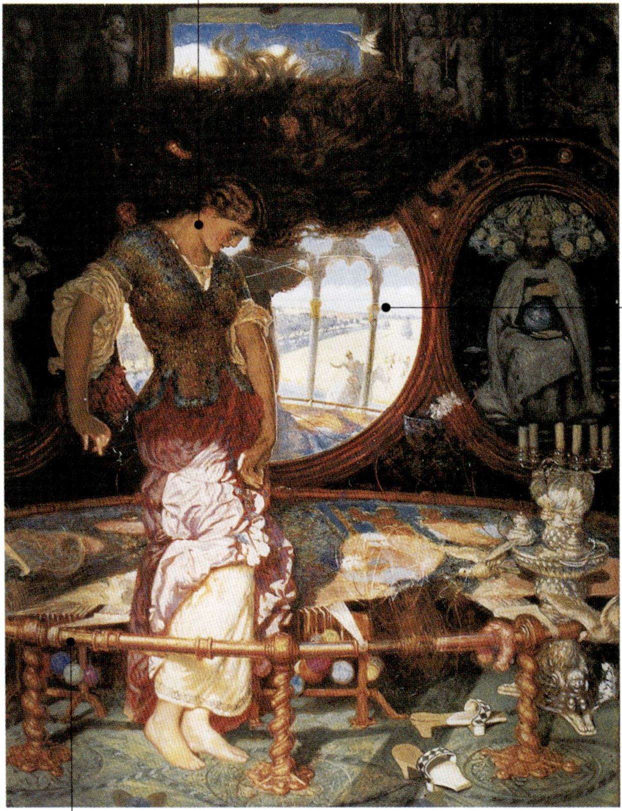

Du point de vue de la connaissance, le miroir est une sorte de diaphragme entre le monde des idées et la réalité sensible, celle-ci étant le pâle reflet évanescent de celui-là.

Le cercle magique retient la jeune femme prisonnière dans l'espace où agit le charme enchanteur.

▲ William Holman Hunt, *The Lady of Shalott*, 1886-1905 Manchester, City Art Gallery

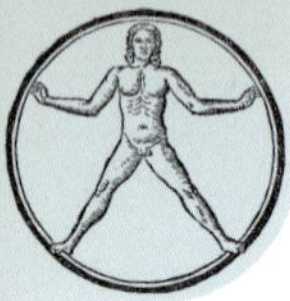

Signification : en tant qu'image de la totalité cosmique, elle est l'attribut primordial de Jésus-Christ, le médiateur universel.

La croix

Étymologie du nom
Du latin *crux*, « tourment », « torture ».

Caractéristiques
Elle représente l'axe du monde, l'agent de médiation entre le principe masculin uranien (le ciel) et le principe féminin chtonien (la terre).

Traditions religieuses et philosophiques
Le judaïsme, la kabbale, le christianisme, l'hermétisme, l'alchimie.

Divinités et symboles en relation
Jésus-Christ ; l'axe du monde, l'*omphalos*, l'arbre de la vie, l'arbre philosophique, l'échelle du Paradis, le pont, la montagne, la flèche, l'androgyne, l'homme microcosme, la pierre philosophale (*rebis*), le temple, le carrefour, les points cardinaux, les éléments, le ciel, la terre, le cercle, le carré.

La croix représente l'axe du monde et le point d'intersection entre les figures fondamentales du cercle (le ciel) et du carré (la terre). Elle est au centre mystique du cosmos et elle constitue le pont ou l'échelle par où les âmes montent vers Dieu. Dans sa signification cosmogonique, elle est liée à l'arbre de la vie et elle symbolise l'union des contraires. Elle a une fonction ordonnatrice de « synthèse » et de « mesure », exprimant un symbolisme complexe sur les plans spatial (les bras correspondent aux quatre points cardinaux ainsi qu'aux quatre éléments et à leurs caractéristiques), temporel (le tronc fait référence au mouvement rotatif de l'axe du monde) et existentiel (elle représente la synthèse des natures animale et spirituelle de l'homme). Dans la figure du Sauveur, on distingue la croix de la Passion et la croix de la Résurrection. Cette distinction reflète la nature des deux éléments qui composent la croix : le montant vertical est l'emblème de Dieu, de la spiritualité et du salut éternel, tandis que les bras horizontaux symbolisent la dimension animale et terrestre ainsi que la douleur et la négativité.

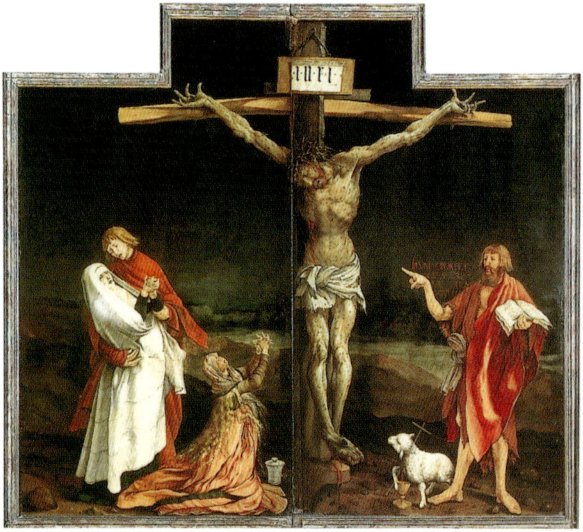

► Matthias Grünewald, *La Crucifixion*, panneau central du *Retable d'Issenheim*, 1515-1516
Colmar, musée d'Unterlinden

La présence du Paradis au sommet de la composition met en évidence l'une des fonctions de la croix : elle est un moyen de monter au ciel.

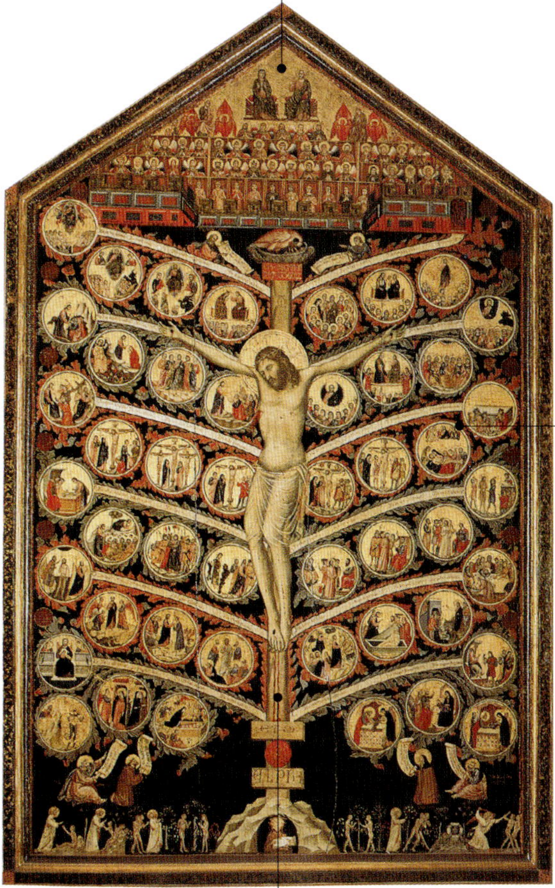

Dans les médaillons sont figurées les étapes fondamentales de la vie de Jésus-Christ.

L'arbre de la vie et de la mort est le symbole du trajet initiatique qui conduit à l'élévation spirituelle, représentée par le sacrifice de Jésus-Christ.

▲ Pacino di Bonaguida,
L'Arbre de la vie, vers 1300-1310
Florence, Galleria dell'Accademia

Jérusalem est représentée sous l'aspect d'une ville médiévale fortifiée.

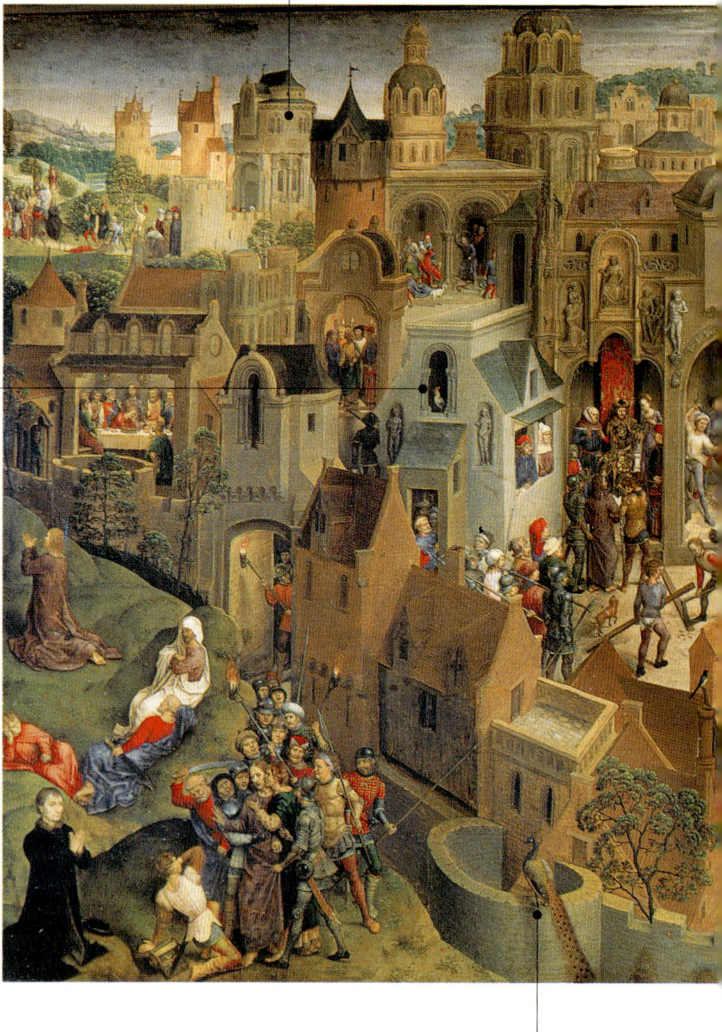

Le coq, emblème de Jésus-Christ, est placé entre Adam et Ève, personnifications de la faiblesse humaine.

Le paon est un symbole de renaissance et de rédemption.

Le mont du Calvaire domine la partie supérieure de la scène et il représente le but où conduit le déroulement du récit de la Passion.

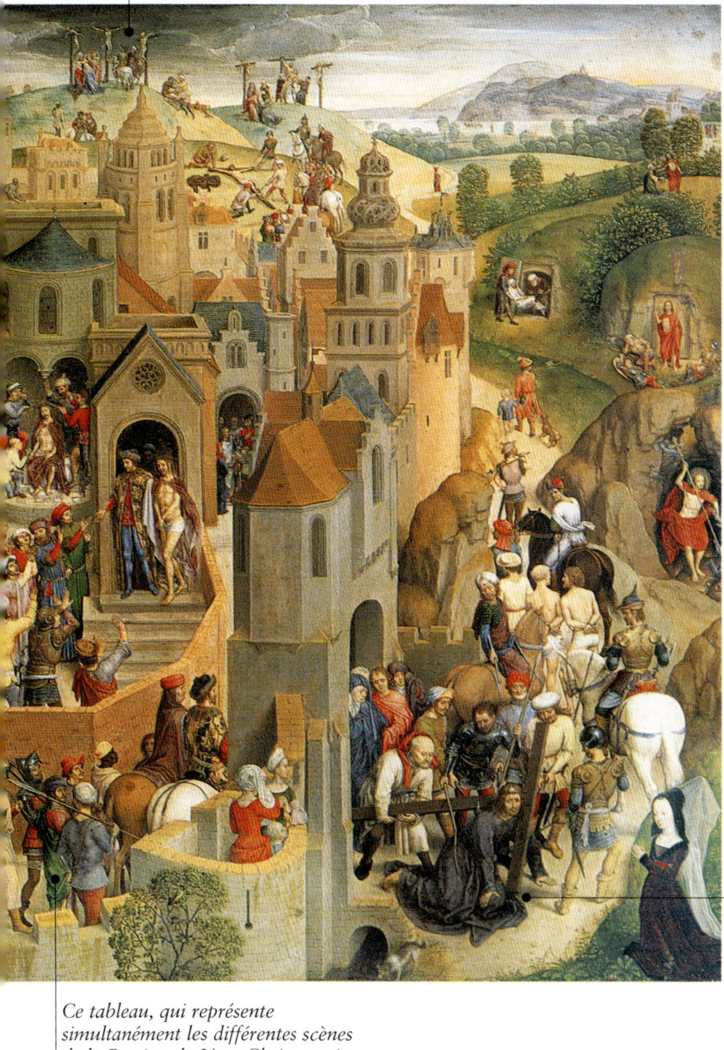

Jésus-Christ, tombé à genoux sous le poids de la croix, regarde le spectateur.

Ce tableau, qui représente simultanément les différentes scènes de la Passion de Jésus-Christ, avait pour but d'accompagner le fidèle dans un voyage imaginaire à la découverte des lieux saints de Jérusalem.

▲ Hans Memling,
La Passion de Jésus-Christ, 1470-1471
Turin, Galleria Sabauda

Représentation: une source lumineuse, diversement colorée, qui entoure le corps ou la tête des êtres supérieurs.

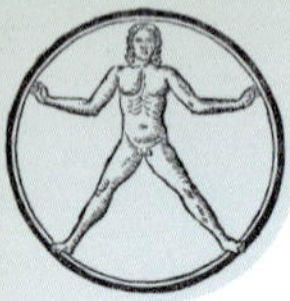

L'auréole

Étymologie du nom
Du latin *aureola*, « couronne d'or ».

Origine du symbole
Il provient de l'iconographie des rois solaires indo-iraniens, adoptée ensuite par les empereurs byzantins, puis utilisée pour les figures principales du christianisme.

Caractéristiques
Dans la religion chrétienne, elle est un signe caractéristique de la divinité.
On distingue le nimbe et l'aura, le premier entourant la tête de l'être divin, et la seconde, le corps.

Divinités et symboles en relation
Zeus (Jupiter), Phébus (Apollon), Dieu le Père, Jésus-Christ, la Vierge Marie, les anges; l'aura, le soleil, la roue, l'œuf aurique, la mandorle mystique, la couronne, l'ombre, le feu, le cercle, le carré, le ciel, la terre.

Elle représente sous une forme matérielle et sensible le caractère sacré (l'aura) de l'être humain. Elle est figurée comme un cercle de lumière qui entoure les êtres d'une profonde spiritualité (comme les anges, les bienheureux et les saints), afin de mettre hautement en valeur ce que l'homme a de plus noble: la tête, siège de l'intelligence, moyen de l'élévation spirituelle. Selon l'exégèse chrétienne, la communion extatique avec le divin et la réception de la grâce se produisaient dans cette partie singulière de l'âme appelée *mens*, « esprit ».

L'auréole peut prendre des aspects divers. De forme sphérique ou ovoïde, on la retrouve dans les images de la mandorle et de l'œuf de lumière de la mystique chrétienne. De forme quadrangulaire, elle représente la dimension du sacré chez des personnes encore en vie. Comme image de la totalité cosmique et comme manifestation de l'identité spirituelle entre l'âme du monde et l'âme de l'homme, elle est constituée de toutes les couleurs de l'arc-en-ciel. Comme symbole de l'âme immortelle, elle est associée aussi à l'ombre et au souffle vital. Dans l'Antiquité, étaient représentés avec la tête nimbée de lumière les divinités solaires, comme Jupiter et Apollon, ainsi que les grands empereurs romains et byzantins.

La tête de Jésus-Christ est entourée d'une auréole crucifère, symbole de la Trinité, du sacrifice et de la vie éternelle.

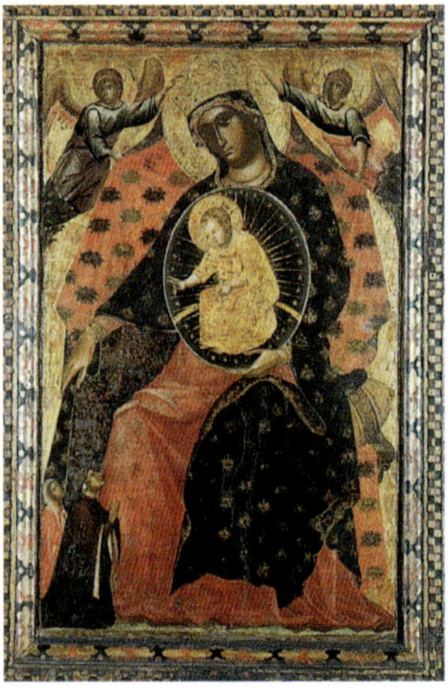

► Paolo Veneziano, *La Vierge et l'Enfant avec deux commanditaires*, vers 1325
Venise, Gallerie dell'Accademia

La Vierge Marie et l'Enfant Jésus sont entourés d'un halo lumineux, signe distinctif de leur nature divine.

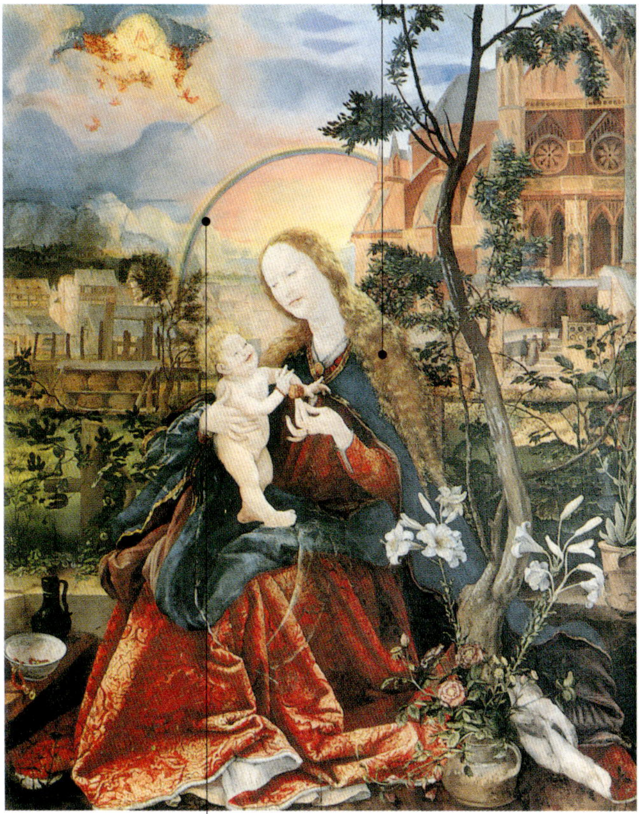

Le symbole de l'auréole est étroitement lié à celui du soleil, auquel il emprunte le motif de la roue à rayons lumineux. Dans l'iconographie occidentale, l'auréole est souvent représentée sous la forme d'un cercle doré.

▲ Matthias Grünewald,
La Vierge et l'Enfant dans un paysage, 1508-1512
Stuppach, église paroissiale

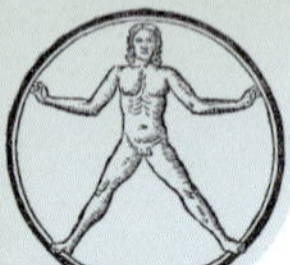

Représentation : c'est un être ailé à l'identité sexuelle indistincte. Il est représenté en train de punir les réprouvés et de chasser les démons, ou comme une puissance protectrice et consolatrice.

L'ange

Étymologie du nom
Du grec *angelos*, « messager ».

Origine du symbole
Il provient des Victoires et des Génies ailés de l'époque gréco-romaine.

Caractéristiques
Il est le symbole d'une existence supérieure à la condition humaine, et il remplit la fonction de messager de Dieu. Il peut être aussi bien une figure protectrice qu'une puissance vengeresse.

Traditions religieuses et philosophiques
Le judaïsme, le gnosticisme, le christianisme.

Divinités et symboles en relation
Dieu le Père, Jésus-Christ, Lucifer, Satan, les évangélistes, les éons ; le tétramorphe, la trompette, l'épée, le lys, l'auréole, le phénix, le cygne, l'aigle, la lumière, la flamme.

Fêtes et dévotions
Lundi de l'Ange (lundi de Pâques) ; les archanges, le 29 septembre ; les anges gardiens, le 2 octobre.

L'ange chrétien est une synthèse anthropomorphe des animaux sacrés vénérés dans les religions orientales (l'aigle, le cygne et le phénix, symboles de pureté et de spiritualité, de puissance et d'acuité intellectuelle) et du *kerubin* hébraïque, enveloppé d'ailes flamboyantes de couleur rouge vif. Dans l'iconographie angélique, on retrouve toutes ces caractéristiques généalogiques : la blancheur et la pureté du cygne, la force impétueuse et la vision pénétrante de l'aigle (ou phénix solaire).
Les anges se divisent en chérubins, séraphins, archanges et anges rebelles. Denys l'Aréopagite classe les milices angéliques en groupes hiérarchisés (sept ordres, neuf chœurs, trois triades) et il assigne à chacun d'eux des tâches précises dans les cieux.
Comme motif iconographique, la figure de l'ange ailé fait son apparition au IVe siècle. Auparavant, il était représenté comme un éphèbe vêtu d'une simple tunique. Dans l'art byzantin, les anges portent un étendard, un bâton d'or et un globe, symboles de la puissance universelle de Dieu. En outre, leur tête est généralement entourée d'une auréole dorée ou de couleur bleue. À partir du XIIe siècle s'affirme la tendance à représenter les anges uniquement par une tête ornée d'ailes pour souligner leur caractère spirituel et incorporel. Ce modèle iconographique connaîtra un succès extraordinaire à l'époque baroque et il sera à l'origine des jeunes enfants ailés qui peuplent le ciel et les nuées. Les images votives des anges gardiens sont un motif récurrent dans l'art chrétien.

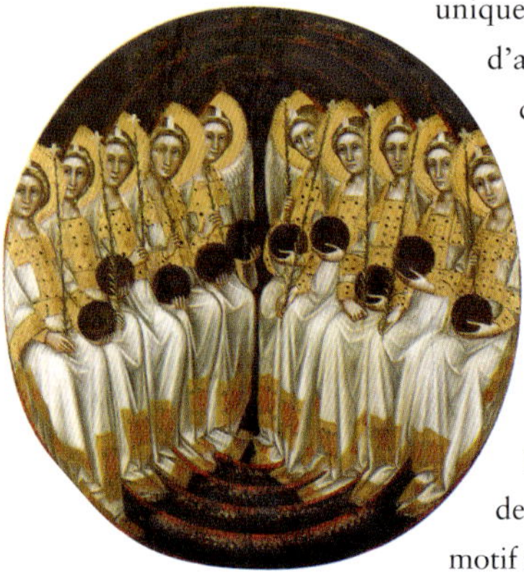

Le rameau d'olivier symbolise la paix universelle, qui se répandra sur la terre après la venue du Sauveur.

L'archange Gabriel a la tâche d'annoncer la naissance de Jean-Baptiste et de Jésus-Christ.

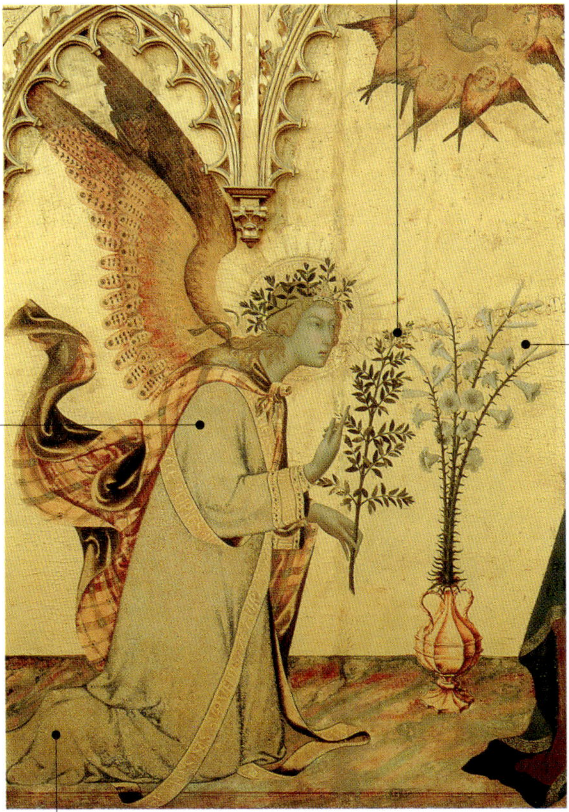

Le lys devient un attribut de l'archange au Moyen Âge. Symbole de pureté et de chasteté, il est associé à l'astre lunaire, sur lequel Gabriel exerce sa domination.

La couleur dorée du vêtement illustre le nom de « messager de la lumière » donné à Gabriel.

◄ Guariento di Arpo,
Anges tenant un globe et un lys (détail),
milieu du XIIIe siècle
Padoue, Museo Civico

▲ Simone Martini,
L'Archange Gabriel, détail de *L'Annonciation*, 1333
Florence, Galleria degli Uffizi

L'épée est le principal attribut de l'archange. Celui-ci s'en sert dans le combat contre les démons (Apocalypse) et pour chasser les anges rebelles (Livre d'Hénoch).

La cuirasse resplendissante apparaît à partir du XIVe siècle. Auparavant, Michel était représenté en habits militaires de type byzantin.

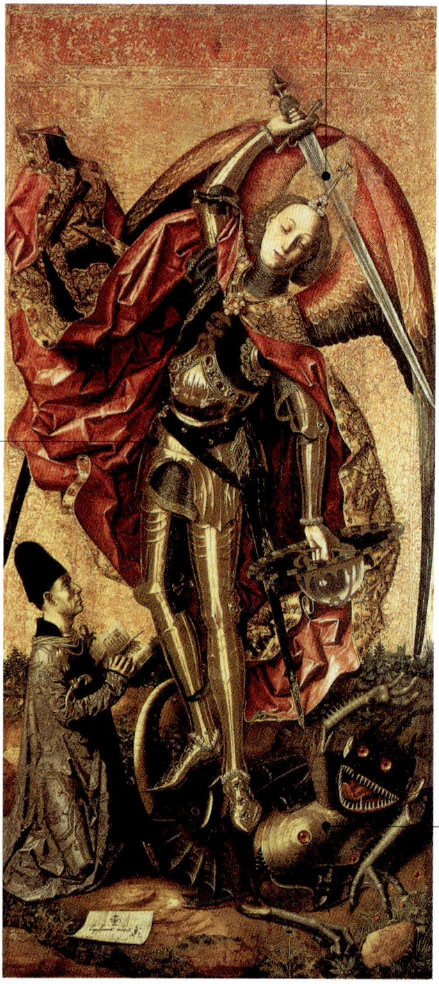

Le dragon représente le démon apocalyptique Azazel, défait par la puissance divine.

▲ Bartolomé de Cardenas, dit Bermejo,
Saint Michel triomphe du diable, vers 1468
Londres, National Gallery

Raphaël est la personnification de l'ange gardien. Il est le protecteur des voyageurs et il remplit aussi la fonction de guérisseur et de psychopompe, guide des âmes des défunts.

La boîte représente l'encensoir, attribut de Raphaël en tant qu'archange de la Révélation.

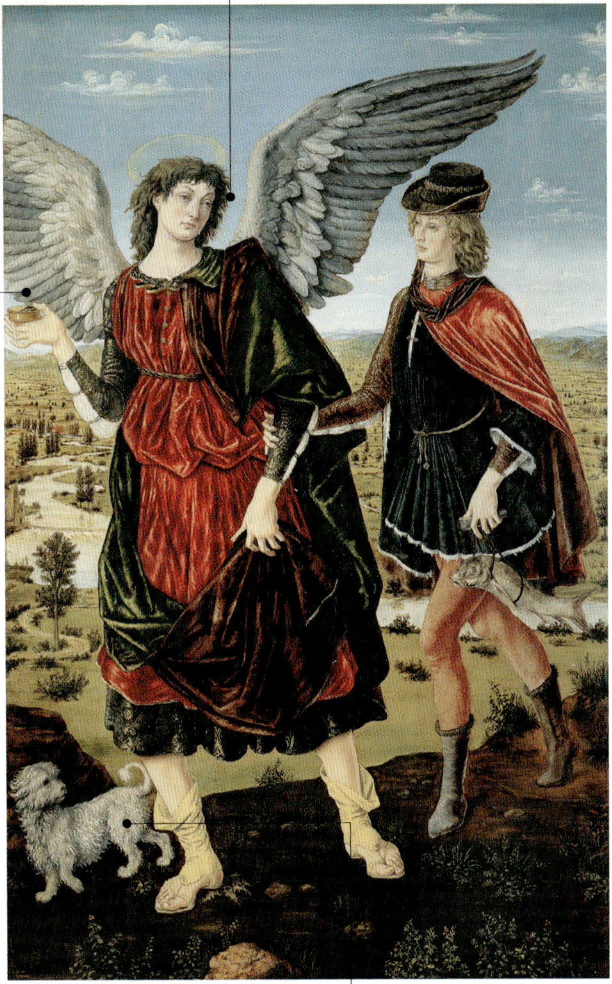

Le chien fait référence au rôle de psychopompe que remplit Raphaël. L'exégèse catholique interprète la légende de Tobie comme un voyage initiatique de l'âme, aveuglée par le démon et sauvée par l'intervention divine.

▲ Piero del Pollaiolo,
Tobie et l'archange Raphaël, vers 1466-1467
Turin, Galleria Sabauda

Les anges musiciens et chanteurs sont des symboles de l'harmonie des sphères célestes, considérées, à partir de Pythagore, comme des structures numériques complexes gouvernées par des rapports musicaux.

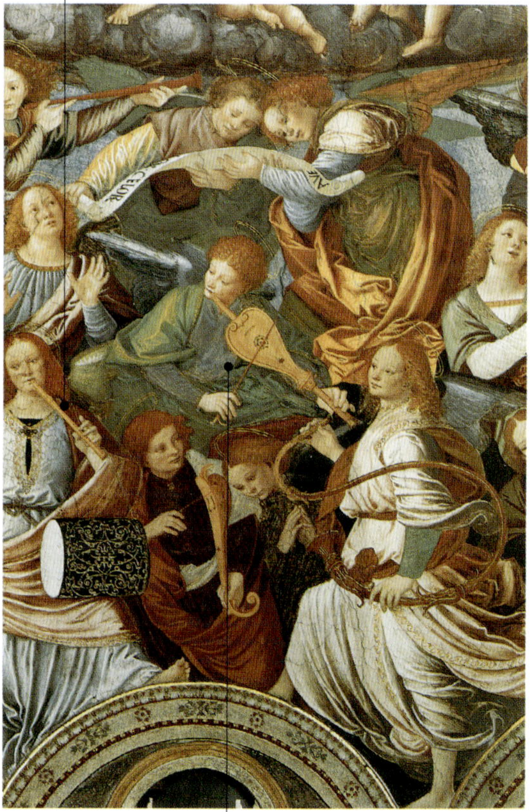

Des instruments de pure invention (comme cet hybride de viole et de flûte à bec) servent à souligner le caractère surnaturel et spirituel de la musique des anges.

▲ Gaudenzio Ferrari,
Concert angélique (détail), 1534-1536
Saronno, sanctuaire de la Madonna dei Miracoli

Le rabbin avec les rouleaux du Livre de la Loi s'enfuit de la scène pour mettre en sécurité le patrimoine religieux et culturel de son peuple.

L'ange déchu incarne la tragédie de la guerre et de la persécution subie par les Juifs.

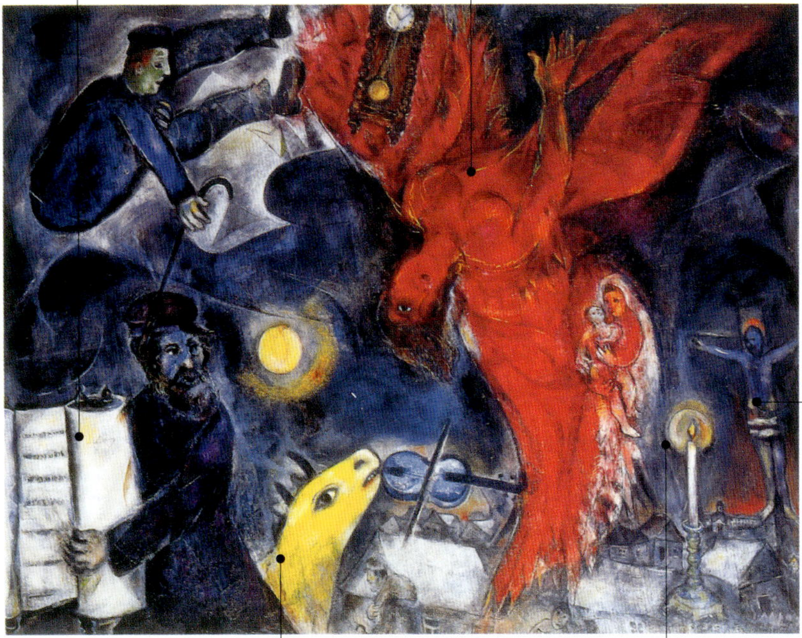

La bougie représente la faible lueur de l'espérance dans les ténèbres de l'obscurantisme.

Le crucifix est un symbole des souffrances infligées aux Juifs.

La vache est une allusion à la maternité et à la fonction nourricière de la nature.

▲ Marc Chagall,
La Chute de l'ange, 1922-1933-1947
Bâle, Kunstmuseum

Représentation : un être repoussant en train de dévorer les damnés ou de tenter les hommes sous des apparences diverses.

Satan

Étymologie du nom
De l'hébreu *satan*, « entraver », « contrecarrer, contrarier ».

Caractéristiques
Il est le principal adversaire de Dieu et le symbole du mal suprême opposé au Bien divin ; il est le chef des armées des anges rebelles.

Traditions religieuses et philosophiques
Le judaïsme, le christianisme, l'islam, le gnosticisme, le manichéisme, le zoroastrisme.

Divinités et symboles en relation
Pan, Dieu le Père, Jésus-Christ, Lucifer, Léviathan, Belzébuth, l'Antéchrist, le diable, Ève, la Vierge Marie ; le dragon, le serpent tentateur, le bouc, le mal.

Les images du démon subissent d'importantes transformations au cours de l'histoire de la chrétienté : dans l'art paléochrétien, conformément à la lettre de la Genèse, il est représenté sous la forme d'un serpent ; au Moyen Âge, à la suite de l'identification opérée par les Pères de l'Église entre Satan et Lucifer, il est figuré comme un monstre terrifiant à trois têtes. À partir du Xe siècle, il se présente avec les ailes brisées, héritage de la chute du haut du ciel, et avec des cornes sur la tête, symboles du paganisme vaincu. Les ailes de chauve-souris, qui illustrent la perte de la vertu angélique, datent des invasions mongoles, qui introduisent dans l'Europe du XIIIe siècle des motifs iconographiques d'inspiration orientale. Pan est aussi à l'origine de certaines caractéristiques du démon, comme le corps velu, les sabots et les cornes de bouc.

L'iconographie de Satan est fixée entre les XIIIe et XIVe siècles par des artistes comme Andrea Orcagna, Fra Angelico, Taddeo di Bartolo, Giotto et Jacopo di Paolo, qui tirent leurs images de la vaste littérature apocalyptique, y compris de textes apocryphes. *La Divine Comédie* de Dante est une autre source très importante pour la représentation du diable, figuré comme un monstre tricéphale dans l'abîme des enfers. Les principaux émissaires de Satan sont Lucifer (« porteur de lumière »), Belzébuth (« seigneur des mouches »), le serpent Léviathan (« celui qui s'enroule en anneaux »), Gog, Magog et l'Antéchrist (le faux Messie).

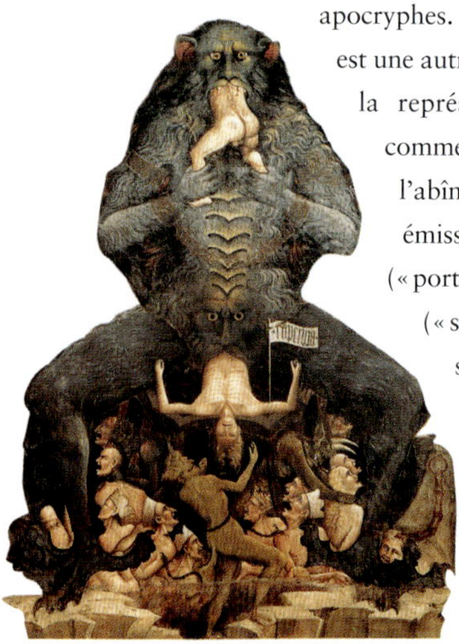

► Giovanni da Modena, *Le diable dévore les damnés*, détail des *Peines de l'enfer*, vers 1410
Bologne, basilique San Petronio

Satan est représenté de manière inhabituelle: la peau de son corps est bleue. Au haut Moyen Âge, le diable et les démons étaient généralement figurés avec d'autres couleurs sombres, comme le noir, le marron, le rouge ou le vert.

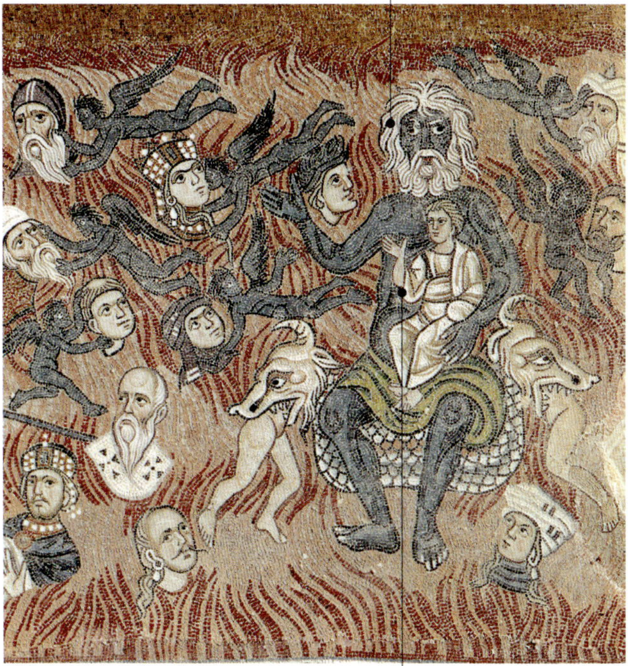

L'Antéchrist est le faux Messie qui apparaîtra sur la terre avant le Jugement dernier. Selon certaines interprétations, il est le fils du démon, et on le représente comme une bête monstrueuse; selon d'autres, c'est un homme de chair et d'os.

▲ École byzantine,
Satan tient l'Antéchrist dans ses bras,
détail du *Jugement dernier*, XIIIe siècle
Torcello, cathédrale

Les oreilles d'âne soulignent la nature mauvaise et cruelle du démon, et elles sont un attribut de Lucifer et de l'Antéchrist.

Les cornes proviennent de la représentation du dieu celtique Cernunnos, et elles sont un symbole de la défaite infligée au paganisme par l'Église.

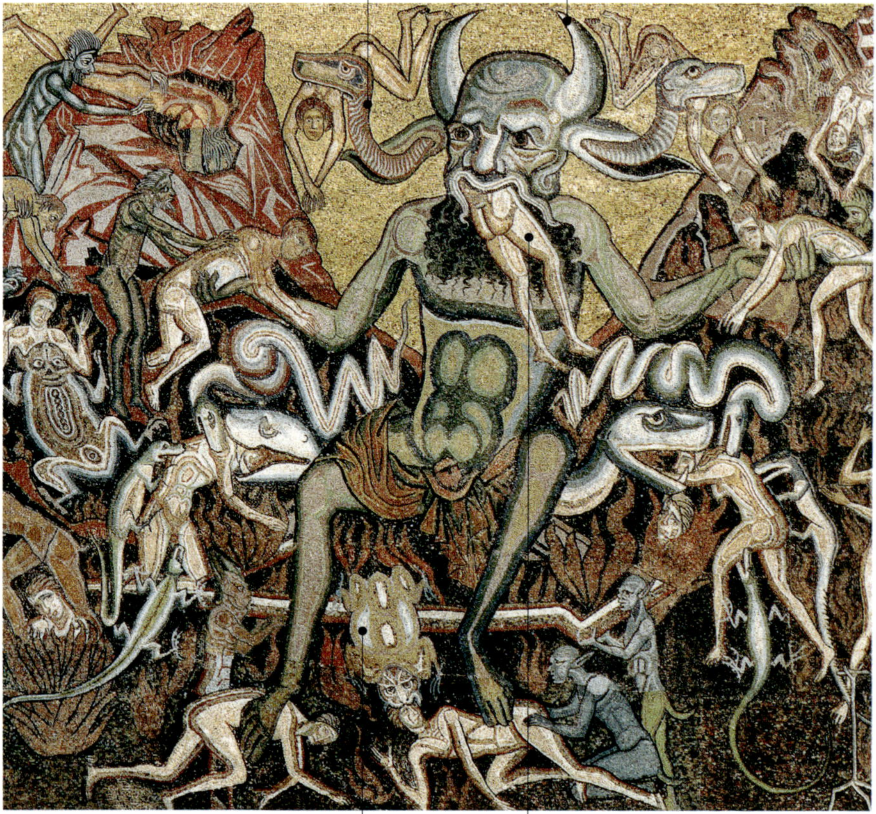

Les animaux qui dévorent les damnés sont utilisés pour souligner la nature insatiable de Satan.

Satan est souvent représenté en train d'avaler les damnés. Le motif infernal de la « bouche dévorante » reflète une conception antique de la divinité comme principe à la fois créateur et destructeur.

▲ Coppo di Marcovaldo (attribué à l'école de), *Le Jugement dernier* (détail), XIIIe siècle
Florence, baptistère de San Giovanni

Le dragon Léviathan, le monstre biblique décrit dans le Livre de Job, incarne le pouvoir destructeur du Mal.

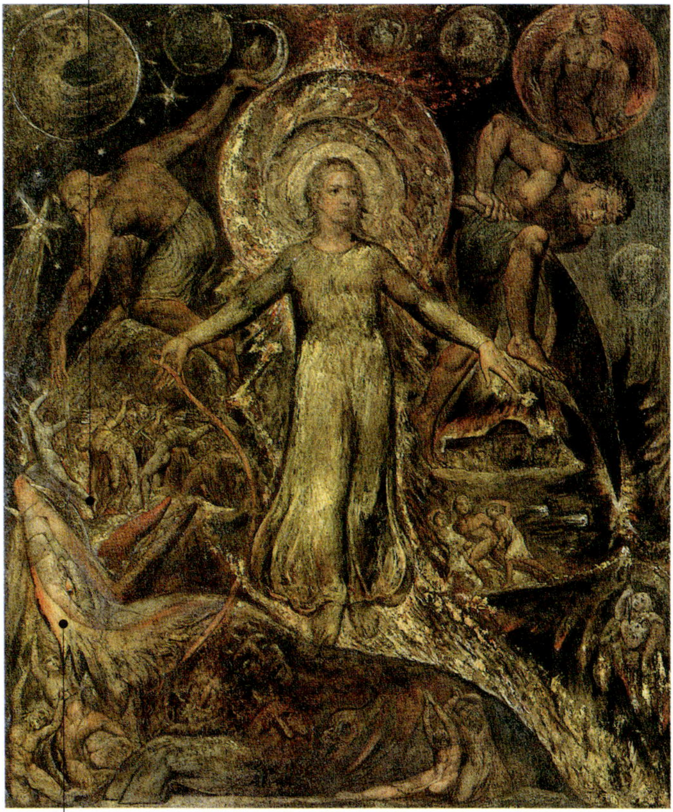

Le Léviathan exerce également sa fonction dévoratrice à l'encontre des astres, qu'il engloutira le jour de l'Apocalypse. Il peut être aussi représenté sous l'aspect d'une grande baleine ou d'un crocodile.

▲ William Blake,
Le Léviathan, vers 1805-1809
Londres, Tate Gallery

Représentation : en train de détruire villes et cultures, de mettre en pièces des princesses ou de périr par l'épée d'un héros.

Le monstre

Le monstre est la personnification des forces cosmiques, sociales ou spirituelles pas encore bridées par un ordre rationnel. Dans la Grèce antique, les puissances destructrices de l'ordre sont représentées par des images de créatures hybrides et cruelles, comme Cerbère, l'hydre de Lerne, les Gorgones, les harpies ou les sirènes. Les Érinyes, ou Furies, incarnent au contraire une altération de l'ordre psychique.

Comme de nombreux symboles archétypaux, le monstre présente aussi une multiplicité d'aspects et donne lieu à différentes interprétations. En tant que « gardien d'un trésor » (les pommes du jardin des Hespérides, la Toison d'or), il est considéré comme un signe de la présence du sacré et du divin. Méduse elle-même, au regard pétrifiant, est la gardienne des mystères orphiques liés au culte lunaire. Dans les traditions ésotériques, « tuer le monstre » signifie libérer l'âme des obstacles psychiques qui l'empêchent de s'élever vers un ordre spirituel supérieur.

La littérature courtoise et la peinture de la Renaissance reprennent en partie le thème du monstre avec sa valeur initiatique et cognitive en transformant la lutte entre le chevalier et le dragon en un processus par lequel l'âme se libère des chaînes du corps ou bien en une allégorie politique contre la tyrannie.

Dans le christianisme, le Lucifer difforme personnifie l'idée de mal cosmique, et la dimension du monstrueux coïncide avec les tentations démoniaques, motif iconographique très répandu surtout dans les aires germanique et flamande (voir les cycles picturaux de Bosch et de Grünewald sur les tentations de saint Antoine).

Étymologie du nom
Du latin *monstrum*, « signe des dieux », « prodige ».

Origine du symbole
Il résulte du mélange d'images provenant de l'Extrême-Orient, dont la signification symbolique originelle s'est perdue.

Caractéristiques
Il représente tout ce qu'il y a d'obscur, d'inconnu et de mystérieux dans l'univers naturel et dans l'esprit humain. Dans le Moyen Âge chrétien, la difformité devient la manifestation sensible du mal.

Divinités et symboles en relation
Les Titans, les Gorgones, le Sphinx, les Érinyes, ou Furies, le Minotaure, l'hydre de Lerne, le lion de Némée, les harpies, les sirènes, Cerbère, le Léviathan, Satan, Lucifer ; le dragon, le mal, le démon.

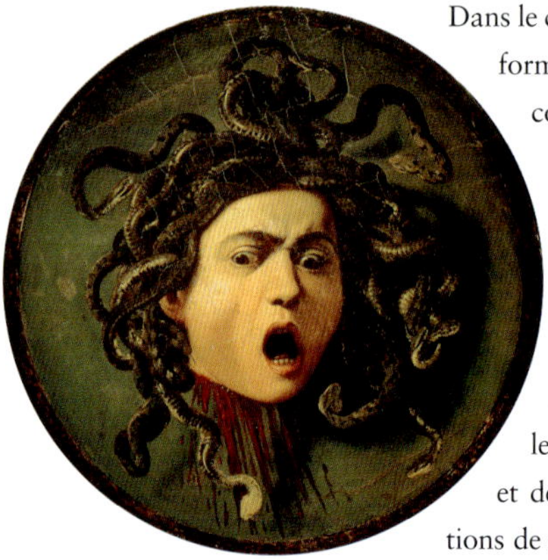

► Le Caravage, *Tête de Méduse*, 1597
Florence, Galleria degli Uffizi

Le dragon représente la prison de l'âme et les chaînes qui empêchent son élévation spirituelle. En tant que force cosmique, il unit la nature céleste du feu au principe aquatique et terrestre que symbolise le reptile, et il remplit une importante fonction génératrice et vitale.

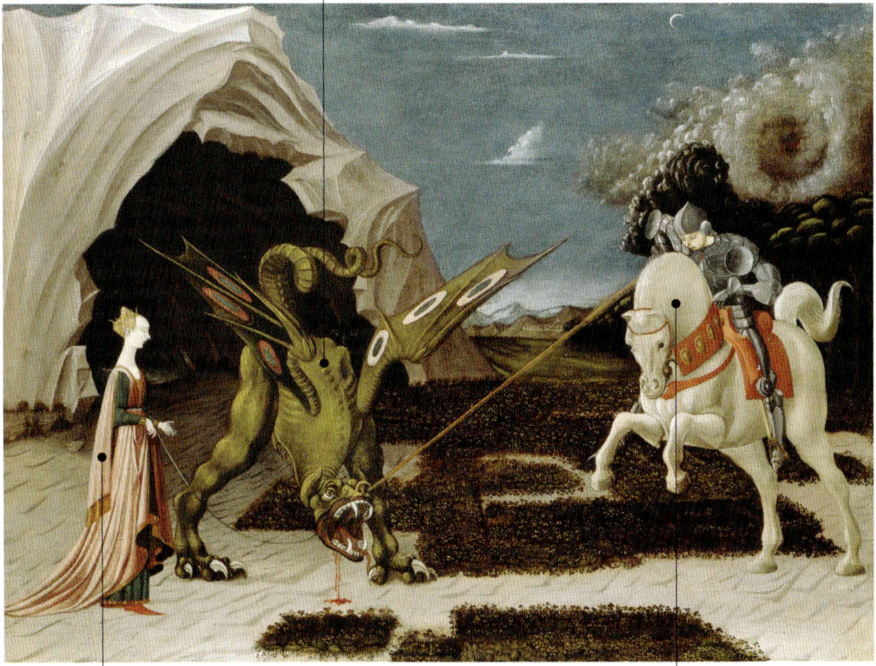

Le principe psychique féminin, l'anima, *tient en laisse les pulsions obscures et incontrôlables de l'inconscient. On a reconnu dans la princesse une personnification de l'Église, qui domine les puissances démoniaques.*

Saint Georges, le héros chevalier par antonomase, maîtrise le monstre et le tue d'un coup de sa lance.

▲ Paolo Uccello,
Saint Georges et le dragon, vers 1455
Londres, National Gallery

La jeune fille attachée au rocher est Andromède, victime sacrificielle et symbole d'une antique divinité lunaire domptée par le héros solaire Persée.

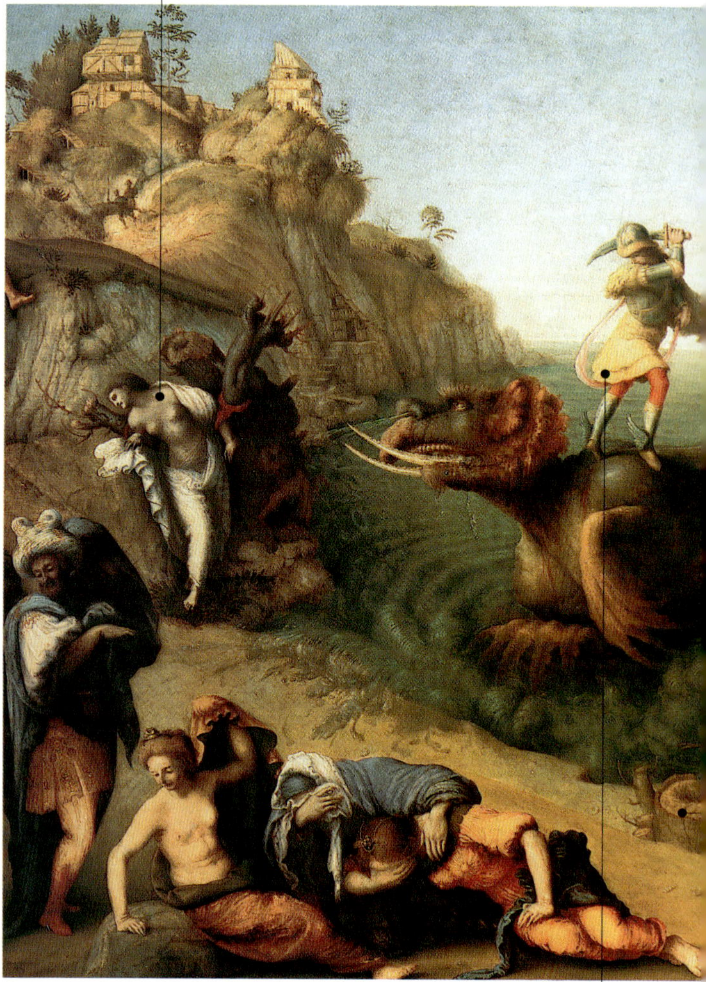

La figure de Persée pourrait être un portrait caché de Laurent le Magnifique.

▲ Piero di Cosimo,
Persée libère Andromède, vers 1513-1515
Florence, Galleria degli Uffizi

La branche de laurier est un symbole du triomphe de la vertu sur le vice et de la victoire des Médicis sur le « monstre » républicain.

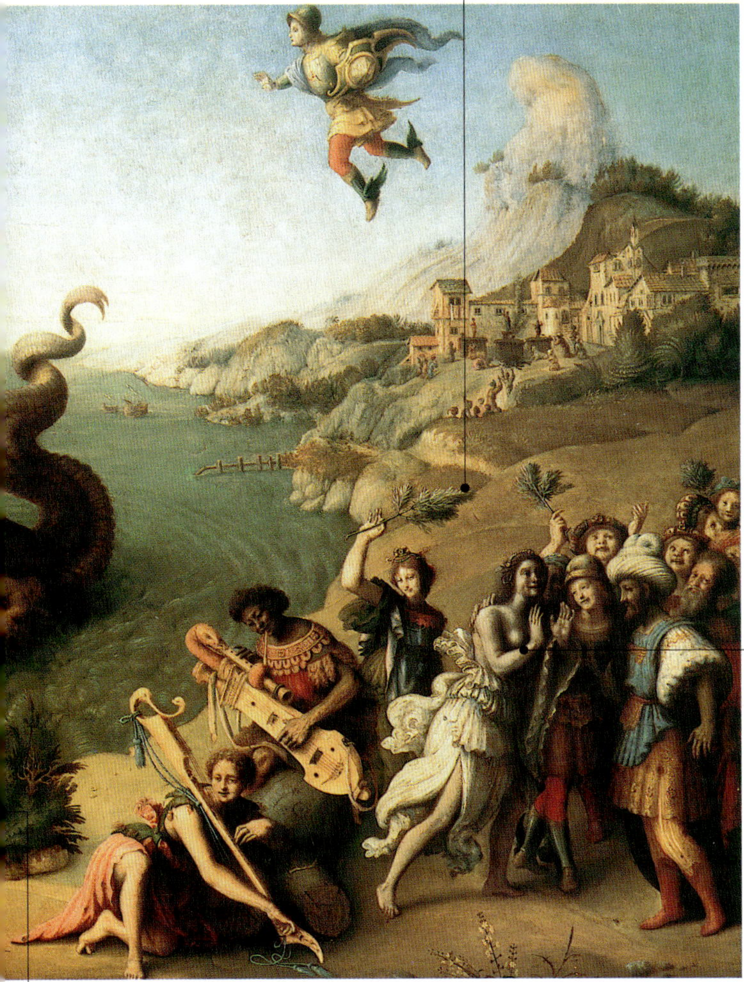

Sous l'aspect des héros mythiques se cachent quelques membres de la famille de Médicis. L'image représente une sorte de mascarade carnavalesque pour fêter le retour des Médicis à Florence en 1512.

Ce tronc aux multiples drageons placé au centre et au premier plan a été interprété comme la « souche des Médicis » : l'emblème de Laurent le Magnifique symbolise le retour de l'âge d'or sous le gouvernement de sa famille.

Saint Antoine abbé est assailli par une horde infernale.

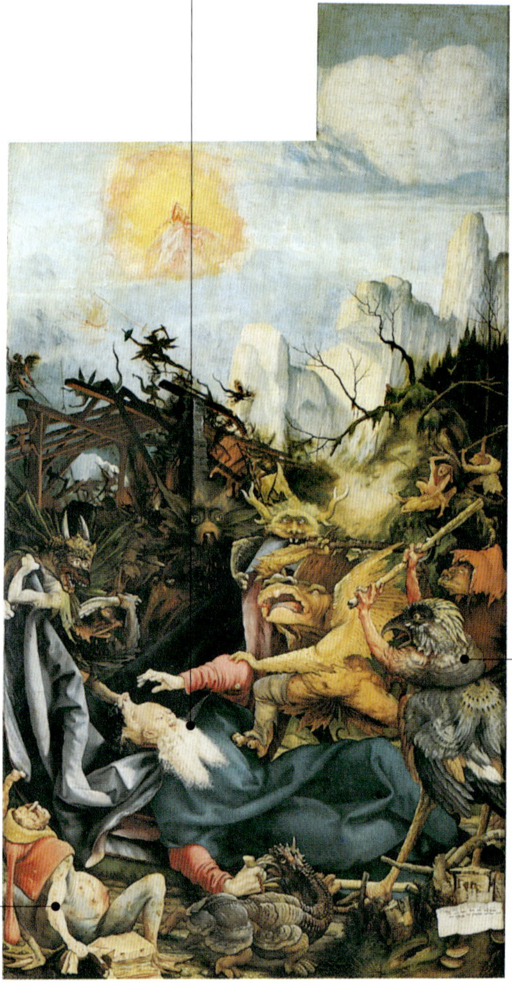

Les hybrides monstrueux (oiseaux aux pattes de griffon, dragons aux ailes de chauve-souris et démons cornus) incarnent les tentations du saint.

La présence des pustules sur le corps du diable témoigne des connaissances médicales de l'artiste.

▲ Matthias Grünewald,
Les Tentations de saint Antoine, panneau latéral externe du *Retable d'Issenheim*, 1515-1516
Colmar, musée d'Unterlinden

Cette machine infernale est une image allégorique du membre viril.

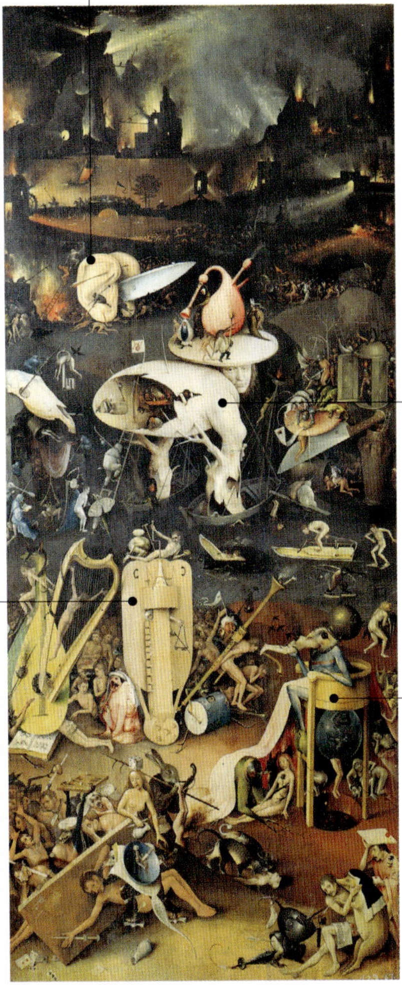

Ce monstre à tête humaine représente le destin de l'homme, condamné à vivre et mourir dans le péché à cause de ses sens.

Les instruments de musique sont des allusions aux tortures sadiques auxquelles sont soumis les damnés, qui ont péché par « surdité » à la loi divine.

Satan avale les damnés et les rejette sous forme d'excréments.

▲ Jérôme Bosch,
L'Enfer musical, panneau droit du
Triptyque du Jardin des délices, 1503-1504
Madrid, Museo del Prado

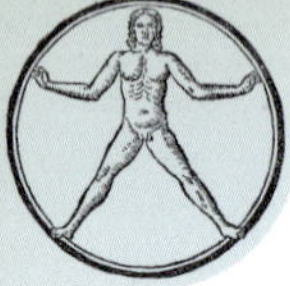

Représentation : un personnage humain à plusieurs têtes qui représente la dimension du merveilleux et du divin sur terre.

Le polycéphale

Étymologie du nom
Du grec *polus*, « nombreux », et *képhalê*, « tête ».

Origine du symbole
Il résulte de l'incompréhension de motifs iconographiques originaires de l'Inde et de l'Extrême-Orient. Dans le domaine classique, il est représenté par Hécate Trivia, la déesse à trois têtes qui garde les carrefours et les chemins que suivent les morts.

Caractéristiques
Il représente un état physique anormal ou hors de l'ordre naturel.

Divinités et symboles en relation
Hécate Trivia, Héraclès (Hercule), Janus, Jana, Perséphone (Proserpine), Déméter (Cérès) ; l'androgyne, le monstre, le carrefour, la bifurcation, le caducée d'Hermès psychopompe.

Le polycéphale est étroitement lié au symbole du monstre ; toutefois, à la différence de la plupart des créatures terrifiantes qui peuplent l'imaginaire occidental, il est revêtu d'une valeur positive dans son acception d'« être merveilleux ». Selon les caractéristiques cosmiques et spirituelles qu'ils représentent, les polycéphales se répartissent en bicéphales, tricéphales et quadricéphales.

Le bicéphale est la manifestation de la dualité et de la complémentarité des principes masculin et féminin. Les deux têtes expriment un symbolisme spatial (les directions de la droite et de la gauche), temporel (le passé et l'avenir) et spirituel (l'essence et la substance de l'univers). Dans l'iconographie occidentale, ce symbolisme est illustré par le motif de la bifurcation et du carrefour ou bien par des divinités bicéphales comme Janus, Diane-Jana et Déméter-Proserpine. Dans l'imaginaire chrétien, la figure de Jésus-Christ Bifrons symbolise l'union des pouvoirs spirituel et temporel.

Le tricéphale recèle un symbolisme plus complexe, étroitement lié au visage invisible de la divinité. Hécate Trivia, la maîtresse des enfers, est la plus grande des divinités tricéphales.

Le quadricéphale exprime aussi bien la quadripartition de l'année en saisons, se correspondant entre solstices et équinoxes, que la division de la surface de la terre selon les quatre points cardinaux.

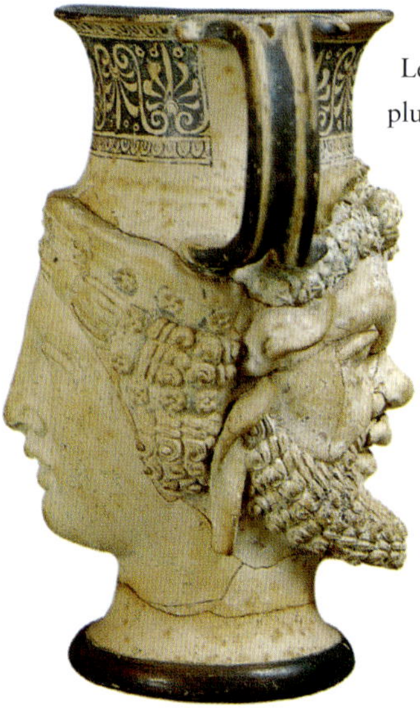

► *Kantharos avec deux visages de satyre et de ménade*, milieu du IVe siècle av. J.-C Rome, Museo Nazionale di Villa Giulia

Le loup est le gardien de la voie de « gauche », qui coïncide avec la réincarnation terrestre.

Les visages symbolisent les trois âges de la vie humaine et du temps : la jeunesse (le passé), la maturité (le présent) et la vieillesse (l'avenir). Ils ont été aussi interprétés comme une allégorie de la Prudence.

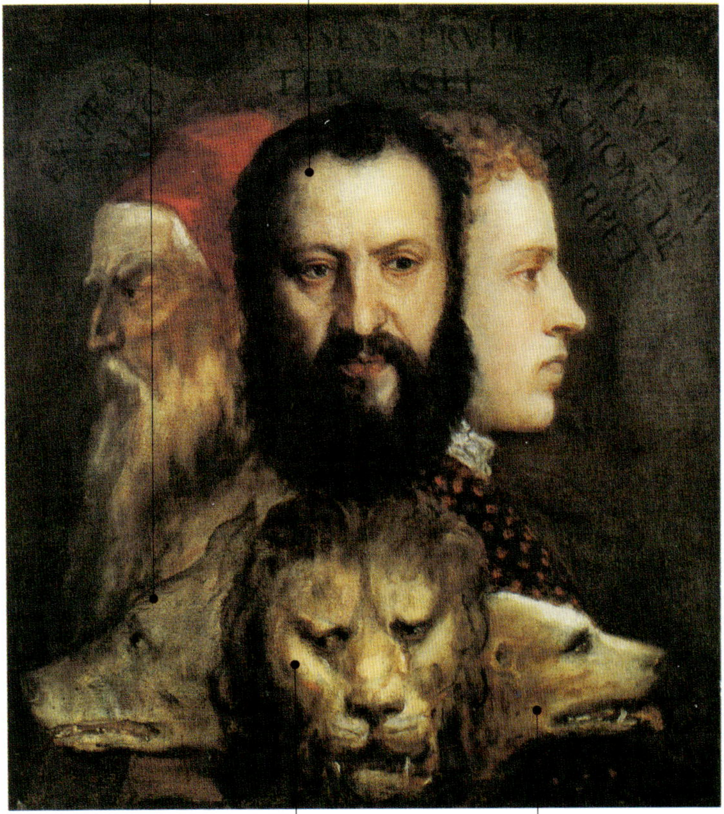

Le chien représente la voie des renaissances célestes.

Les animaux représentent les trois voies permises aux âmes après la mort : le lion symbolise la voie solaire de la sortie instantanée hors du temps et du monde.

▲ Titien,
Allégorie de la Prudence, 1566
Londres, National Gallery

Représentation: l'image du Sphinx ou les personnifications zoomorphes des quatre évangélistes.

Le tétramorphe

Étymologie du nom
Du grec *tétra*, « quatre », et *morphê*, « forme » : quadriforme.

Origine du symbole
Il provient de l'image antique des chérubins aux têtes zoomorphes et d'éléments iconographiques égyptiens et assyro-babyloniens.

Caractéristiques
Il représente de manière anthropomorphe la plus pure manifestation de l'idée d'ordre et d'universalité de Dieu. Il correspond à la position occupée par le soleil aux solstices et aux équinoxes entre 4480 et 2320 av. J.-C.

Traditions religieuses et philosophiques
Le judaïsme et le christianisme.

Divinités et symboles en relation
Jésus-Christ, les évangélistes; le sphinx, le lion, le paon, l'aigle, le bœuf, le taureau, les éléments, les points cardinaux, les solstices, les équinoxes, les saisons, les tempéraments.

Il représente la division quaternaire de la surface de la terre selon les points cardinaux et la quadripartition de la voûte céleste en constellations, celles du Taureau, du Lion, de l'Aigle-Scorpion et du Verseau (qui correspondent aux anciennes positions du Soleil lors des solstices et des équinoxes à l'époque babylonienne).

Le tétramorphe apparaît dans la torah judaïque, au cours du récit de la vision d'Ézéchiel, et dans l'Apocalypse de Jean, à travers les images des quatre évangélistes et de leurs attributs. Ce symbole provient des animaux sacrés vénérés dans les civilisations égyptienne et mésopotamienne: le lion (saint Marc), le paon royal, ensuite transformé en l'image de l'homme ailé (saint Matthieu), l'aigle (saint Jean), le bœuf (saint Luc) et le taureau ailé babylonien. Les traditions ésotériques associent à ces figures les quatre éléments cosmiques et des caractéristiques morales et philosophiques. L'aigle représente l'air, l'intelligence et l'action; le lion, le feu, la force et le mouvement; le bœuf, la terre, la résistance et le sacrifice; l'homme ailé, l'intuition de la vérité. Au tétramorphe ont été aussi associés les quatre tempéraments humains. On retrouve en Occident des traces évidentes de cette iconographie dans l'image du sphinx, dont le corps et l'énigme témoignent d'une conception tétramorphe du cosmos qui fait référence au cycle complet de la précession des équinoxes.

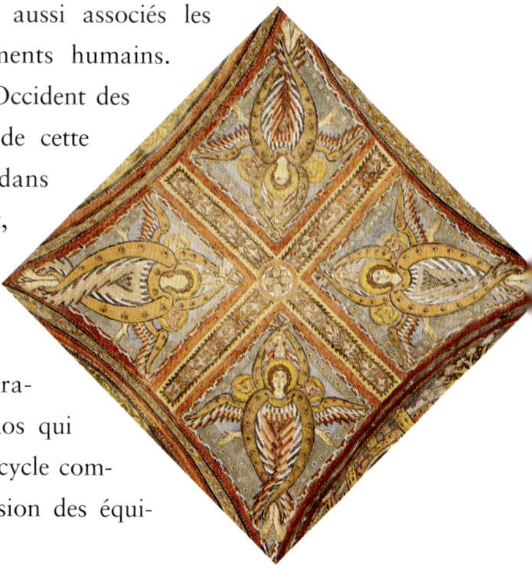

Les ailes du sphinx font référence à l'Aigle céleste, à la constellation du Scorpion et à l'équinoxe d'automne.

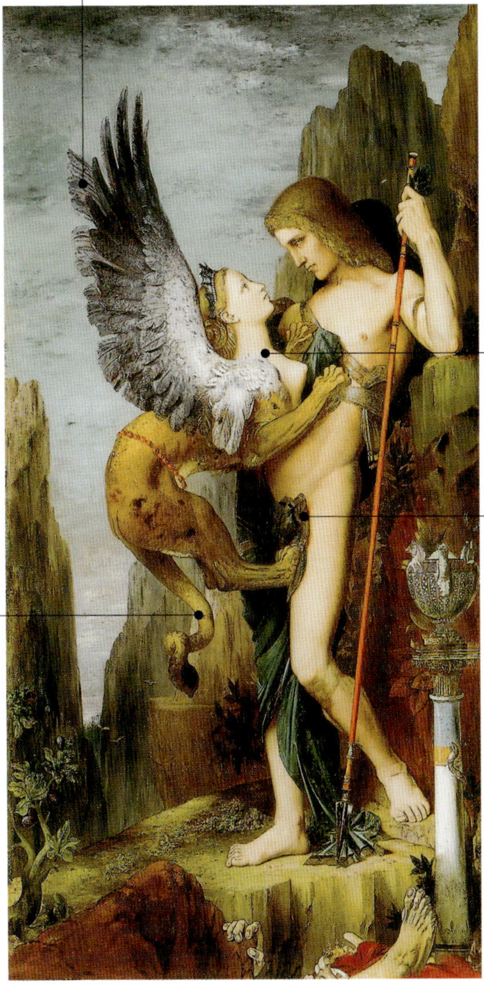

Le haut du corps et la tête du sphinx sont d'apparence humaine. L'homme occupe une place privilégiée dans le symbolisme du tétramorphe car il est considéré comme l'axe et le centre de toute la création.

Les membres postérieurs étaient anciennement représentés comme des pattes de taureau. L'année babylonienne commençait avec le solstice de printemps, qui correspond à l'entrée du soleil dans la constellation du Taureau.

La queue indique la position que le soleil occupait au solstice d'été dans la constellation du Lion il y a environ de trois mille à cinq mille ans.

◄ *Chérubins tétramorphes dans la vision d'Ézéchiel*, XIIIe siècle
Anagni, cathédrale, crypte

▲ Gustave Moreau,
Œdipe et le Sphinx, 1864
New York, Metropolitan Museum of Art

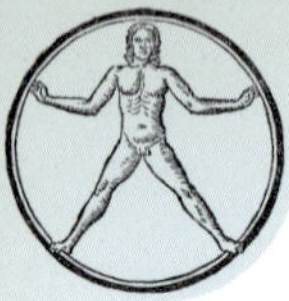

Représentation: une figure humaine dotée de membres ou parties du corps de nature animale.

Le zoomorphe

D'une manière générale, l'attribut animal est une manifestation du sacré et du divin, ou de l'élévation à une condition supérieure à l'existence terrestre. Cette qualité ne peut être acquise que par la mort (réelle ou initiatique). Les mythes d'Actéon transformé en cerf ou de Ganymède enlevé par Zeus sous forme d'aigle céleste se rattachent à cette tradition ésotérique très ancienne, qui plonge ses racines dans les cultes solaires assyro-babyloniens et égyptiens.

Le lion représente la plus haute manifestation des transmutations animales. Il est le symbole de la pleine manifestation de l'énergie cosmique et de la plus haute royauté terrestre. La tête d'aigle symbolise l'acuité intellectuelle, et la tête de taureau ou de bovin, la puissance lunaire qui gouverne les cycles de la féminité ou des eaux. À l'image du taureau ont été associés la terrifiante figure du Minotaure crétois, Dionysos et Zeus (dans le motif mythologique et iconographique de l'enlèvement d'Europe). Parmi les créatures zoomorphes les plus emblématiques, citons le dieu Pan, à l'aspect à la fois humain et caprin, gardien des mystères du culte dionysiaque. Dans l'iconographie chrétienne, les principaux êtres zoomorphes sont les quatre évangélistes. À partir du XIIIe siècle, se répandent dans l'iconographie occidentale certaines créatures hybrides étranges, grotesques caricatures symboles de la trace spirituelle laissée par l'âme de l'homme dans la nature.

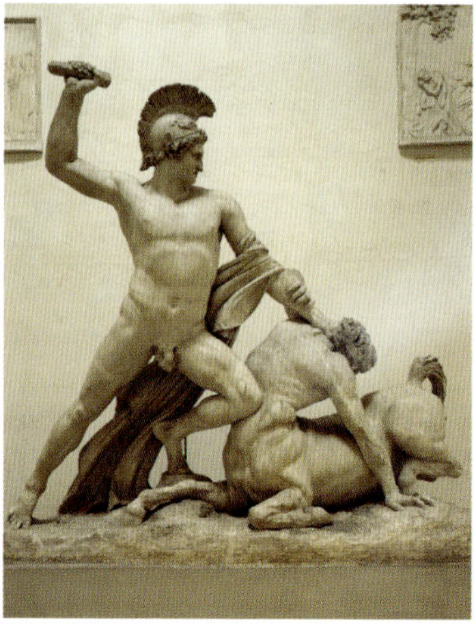

Étymologie du nom
Du grec *zôon*, « animal », et *morphê*, « forme ».

Origine du symbole
Il provient des antiques cultes solaires assyro-babyloniens et égyptiens, et il correspond à la position occupée par le soleil aux équinoxes et aux solstices il y a quelques milliers d'années.

Caractéristiques
Il symbolise le passage à une nouvelle dimension existentielle (la mort, l'élévation spirituelle) ou de simples changements d'ordre psychique.

Traditions religieuses et philosophiques
La mythologie grecque, l'orphisme, le christianisme.

Divinités et symboles en relation
Ganymède, Actéon, les sirènes, les harpies, le Sphinx, les centaures, le Minotaure, Pan, les silènes, les satyres, les évangélistes, saint Christophe; Satan, les démons, la mort.

Cette image de saint Christophe, passeur ou porteur de Jésus-Christ (l'âme), reprend celle du dieu égyptien à tête de chien, Anubis. C'est à cette origine que la fête du saint doit de tomber le 21 août, en pleine « canicule ».

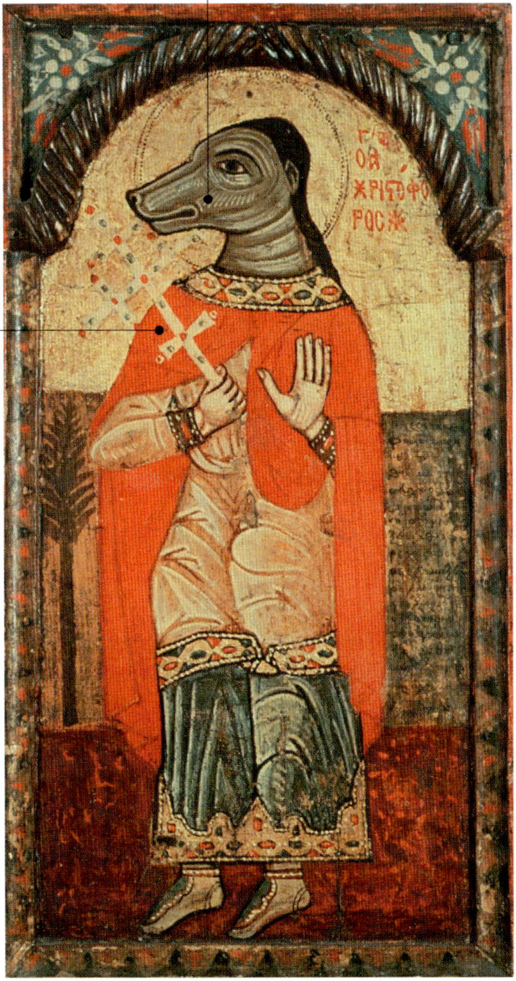

Comme psychopompe, saint Christophe a été aussi rapproché de Cerbère, le chien tricéphale gardien du royaume des morts, ainsi que de Mercure, et l'on trouve une trace de cette assimilation symbolique dans le crucifix du saint, qui renvoie au caducée du dieu grec.

◄ Antonio Canova,
Thésée combattant le centaure
Modello en plâtre, 1805
Possagno, Gipsoteca

▲ Anonyme,
Saint Christophe cynocéphale, 1685
Athènes, Musée byzantin

Le geste symbolique de la déesse illustre comment la sagesse passe de la sphère des mystères dionysiaques à la dimension rationnelle. À la Renaissance, le centaure était considéré comme un être emblématique de la luxure et de la cécité, et il était souvent rapproché de l'ignorance.

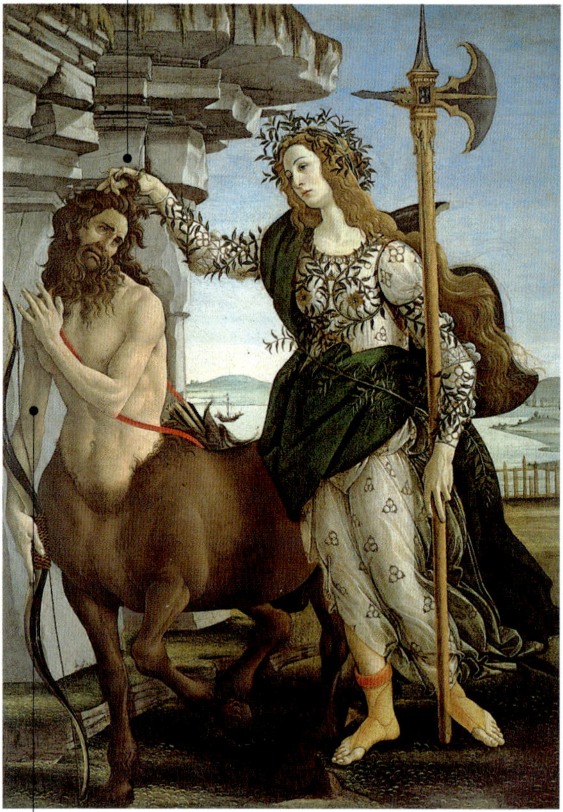

L'identification entre le centaure et les instincts charnels résulte de la fonction remplie par cette créature hybride dans les cultes dionysiaques. Le centaure Pholos était le gardien du « vase des mystères » (l'outre de vin), symbole de Dionysos.

▲ Sandro Botticelli,
Minerve et le centaure, vers 1485
Florence, Galleria degli Uffizi

Cette espèce de portrait-charge grotesque est le triple symbole de la naissance, de la mort et de la résurrection. Il est une matérialisation sensible des aspects démoniaques et spirituels du réel, y compris les âmes des ancêtres ou les chimères et visions des hommes.

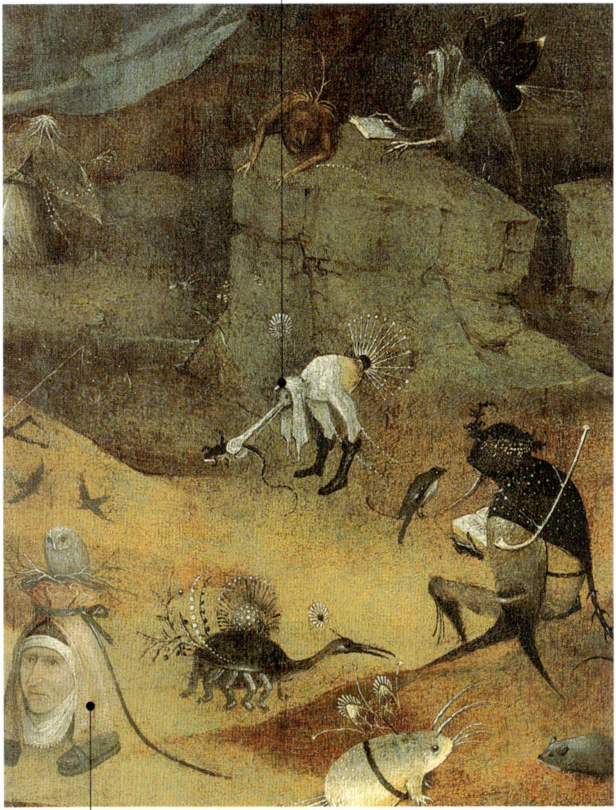

Ces caricatures burlesques, porte-bonheur répandus à la fin de l'Antiquité, ne conservaient un aspect humain que dans quelques membres ou parties de leur corps, comme les pieds ou le visage.

▲ Jérôme Bosch,
Triptyque des ermites
(détail du panneau gauche), vers 1505
Venise, palais des Doges

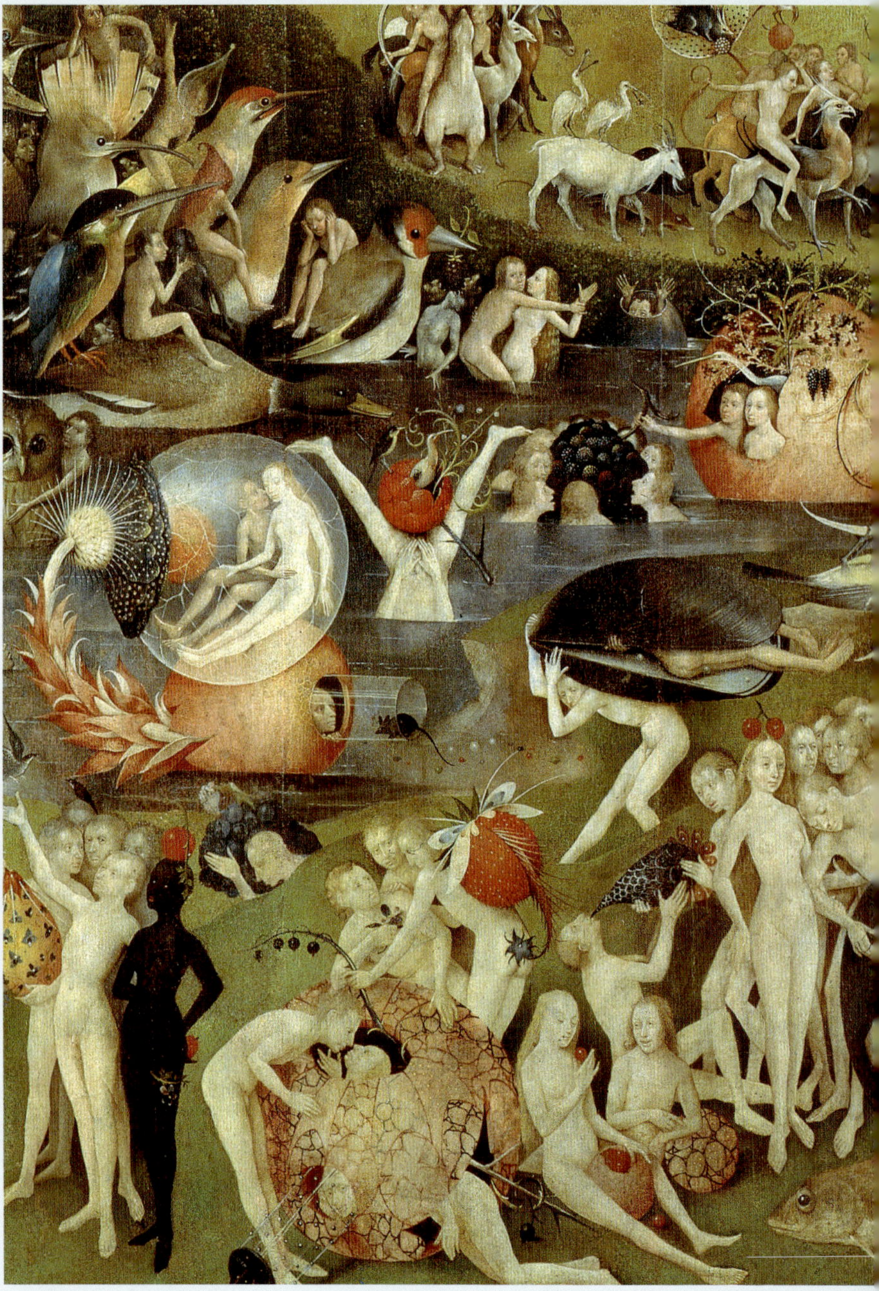

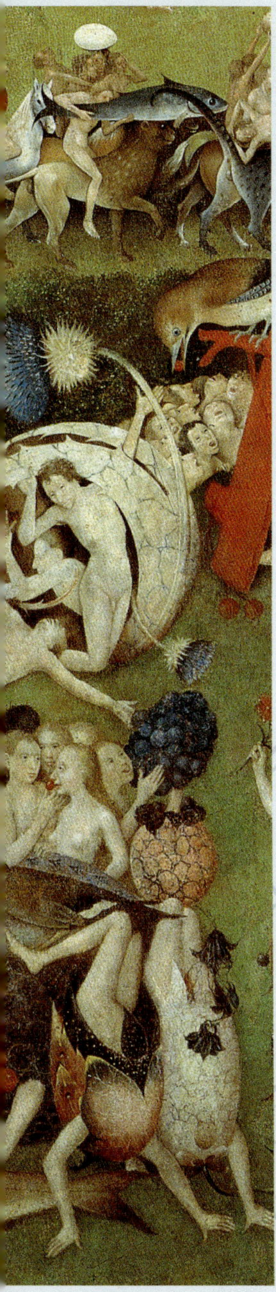

L'ESPACE

Le chaos
Le cosmos
Le ciel
La terre
Le soleil
La lune
Les éléments
L'au-delà
Le paradis
Le purgatoire
Les limbes
L'enfer
Le voyage
Le rêve
L'échelle
La montagne
La forêt
L'arbre
Le jardin
La fontaine
Le labyrinthe
La ville
La tour

Représentation: le désordre des forces naturelles et psychiques, les personnifications allégoriques de péchés capitaux ou les images de dieux païens antiques.

Le chaos

Étymologie du nom
Du grec *khaos*, « fente, fissure ».

Caractéristiques
Il représente l'indistinction et la confusion des éléments avant l'intervention d'un principe organisateur ainsi que le magma igné où sont précipités Lucifer et les anges rebelles. Sur le plan psychique, il correspond à l'état de l'homme après l'expulsion hors du paradis terrestre.

Traditions religieuses et philosophiques
Le platonisme, l'orphisme, l'hermétisme, le judaïsme, le christianisme, l'alchimie.

Divinités et symboles en relation
L'Érèbe, la Nuit, Démiurge, Éros-Phanès, Sophia, Dieu le Père, Satan, Lucifer; les ténèbres, le mal, l'enfer, le vide, le néant, les vices.

Le chaos représente la dimension cosmique, psychologique et artistique qui précède tout processus créateur. C'est un état dénué d'une quelconque organisation interne, sans fonction ni finalité, et qui doit être recomposé par un principe ordonnateur (Démiurge, Éros, Dieu le Père, Sophia) capable de le conformer à un dessein supérieur. Toutefois, comme matrice originaire, il est la potentialité d'où découle toute chose: l'Érèbe et la Nuit primitive d'où le monde est né.
Dans la philosophie hermétique, le chaos correspond à l'opposition des éléments au sein de la matière primitive, non encore sublimée par le processus alchimique. Cette masse informe, que l'artiste-alchimiste a pour tâche de porter à la perfection, résulte de la chute et de la punition d'Adam à la suite du péché originel. Dans la religion juive, le chaos est identifié avec le mal et avec le principe négatif (l'informe) opposé au cosmos. Dans le panthéon grec, les Titans, personnifications des forces primitives qui peuplent le monde avant l'instauration de l'ordre olympien, sont enfermés par Zeus dans une prison souterraine (le Tartare) pour limiter leur action destructrice.

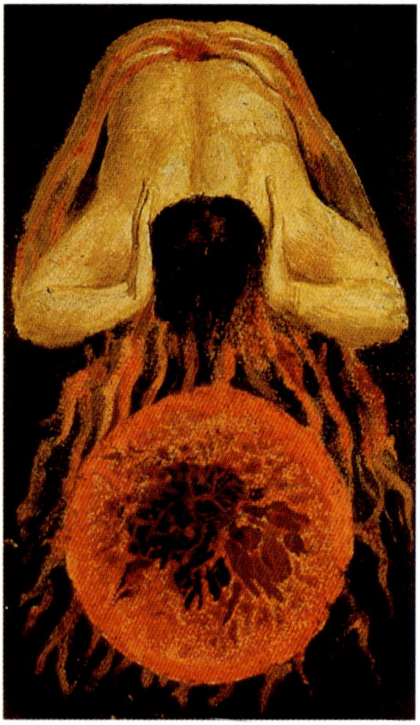

► William Blake, illustration du *Livre d'Urizen*, Lambeth, 1794

Fidèles à cette conception, les artistes chrétiens voient dans le chaos le lieu d'élection du démon et ils le peuplent d'êtres monstrueux, inspirés de divinités et de croyances antérieures au christianisme.

Le triangle de Dieu porte l'inscription « Bereschith », qui signifie « Au commencement ».

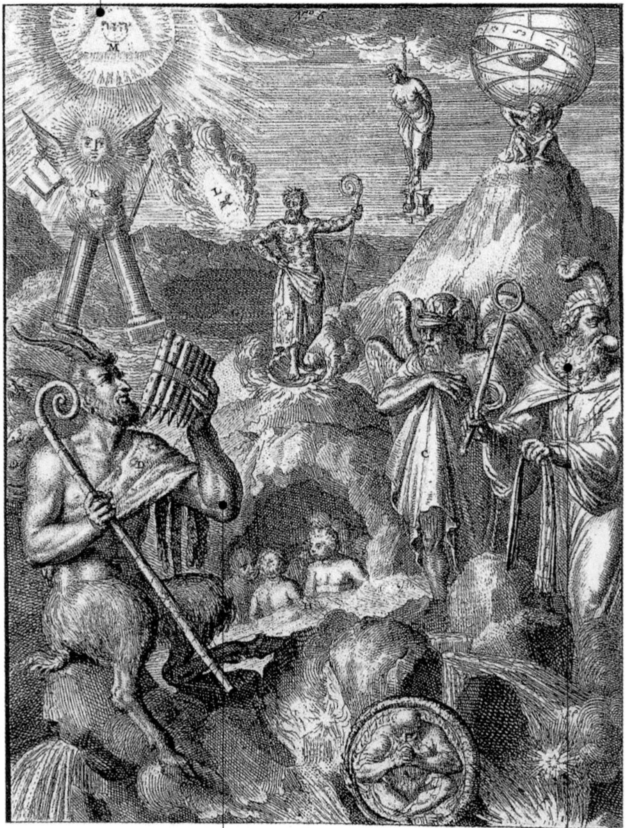

Pan et les autres divinités païennes symbolisent le chaos de la matière primitive.

Le dieu égyptien Kneph tient dans la bouche l'œuf cosmique, symbole du verbe créateur.

▲ De Hooghe, *Hiéroglyphes, ou Symboles des Anciens,* Amsterdam, 1744

Le diable dans le confessionnal représente les faux guides spirituels auxquels l'homme confie son âme.

Le monde à l'envers est l'emblème des fausses valeurs sur lesquelles se fonde la société de l'époque. À travers ce motif du folklore populaire, Bruegel dénonce le chaos moral et politique de son pays.

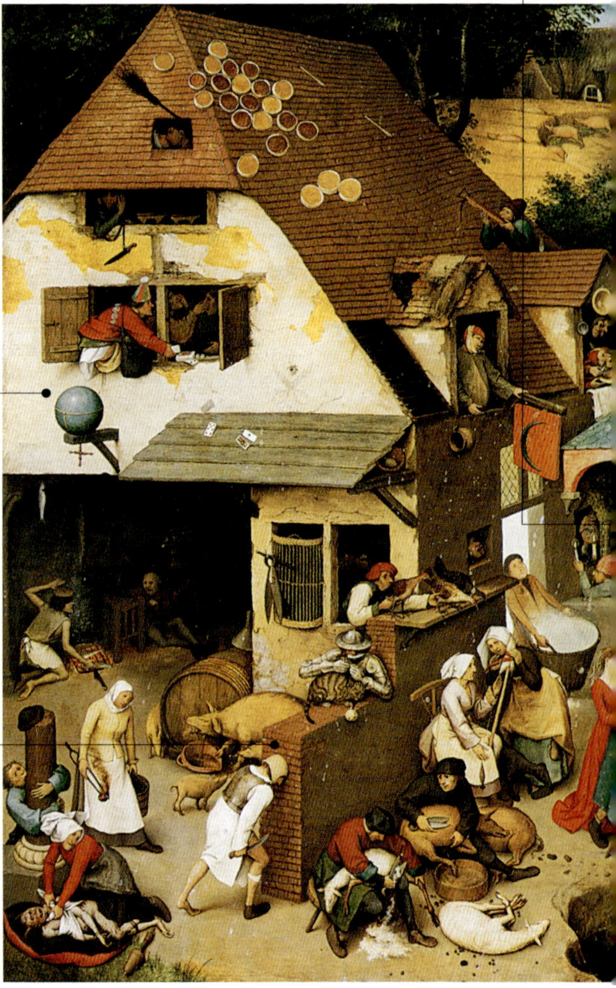

« Se cogner la tête contre les murs » est le sort des têtus.

► Pieter Bruegel l'Ancien, *Proverbes flamands*, 1559
Berlin, Staatliche Museen

« Donner des fleurs aux cochons » signifie ne pas savoir évaluer ce qui mérite récompense. Le tableau se fonde sur les Adages *d'Érasme.*

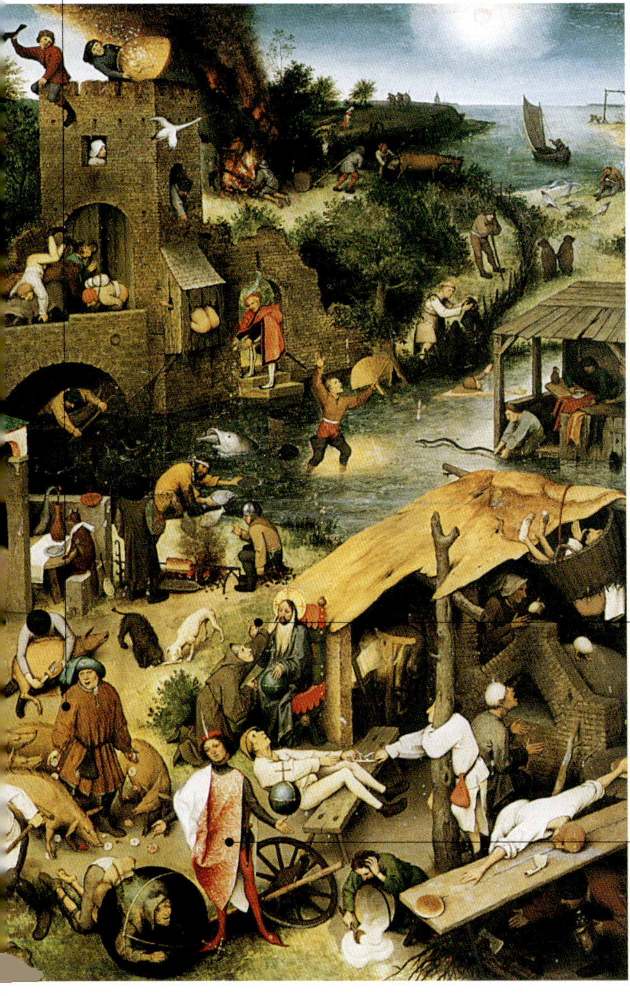

Même le clerc s'avilit en se livrant à des actes blasphématoires, comme mettre une fausse barbe au Rédempteur.

Le noble qui tient en équilibre le globe terrestre personnifie l'arbitraire avec lequel les puissants gouvernent le monde.

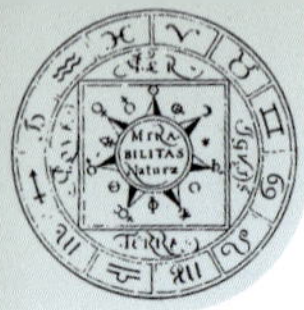

Signification: c'est un système hiérarchiquement ordonné par une divinité supérieure et divisé en partitions archétypales, comme les signes zodiacaux, les éléments et les points cardinaux.

Le cosmos

Il est le résultat de l'action ordonnatrice de Dieu sur les forces primitives. Dans les cosmogonies antiques, l'ordre du monde est conquis à travers la lutte cruelle entre divinités cosmiques opposées. La création commence par la séparation des éléments primordiaux: la lumière et les ténèbres, le soleil et la lune, les eaux et la terre. Dans certaines traditions, cette séparation formelle est opérée par un principe ordonnateur extérieur (le Démiurge platonicien, l'Éros-Phanès des orphiques, Dieu le Père); dans d'autres traditions, le cosmos se dégage du néant par une recomposition naturelle de la matière.

Dans la cosmologie chrétienne, en grande partie influencée par la pensée platonicienne, le monde est créé suivant un modèle spirituel précis: l'*unus mundus*, parfait et impérissable, et qui coïncide avec l'esprit même de Dieu. Pour les Pères de l'Église, l'univers est le miroir dans lequel se reflète l'Être suprême, qui se manifeste aux hommes et s'offre à leur connaissance (même si celle-ci est graduelle et imparfaite).

La philosophie de la nature de la Renaissance se fonde sur cette correspondance: puisque l'âme humaine est harmonieusement en accord avec l'âme du monde, l'homme peut saisir le sens de la structure de l'univers entier. C'est sur cet axiome que le néoplatonisme florentin fonde sa théorie de l'amour et sa conception de l'œuvre d'art comme une étape de l'élévation spirituelle vers Dieu.

Étymologie du nom
Du grec *kosmos*, « bon ordre ».

Caractéristiques
Il est l'ensemble ordonné de tout ce qui existe dans la nature et il coïncide avec l'univers entier. Il représente l'archétype de toute action créatrice et le symbole du sacré universel.

Traditions religieuses et philosophiques
Le platonisme, l'orphisme, l'hermétisme, le judaïsme, le christianisme, l'alchimie.

Divinités et symboles en relation
Éros-Phanès, Démiurge, Dieu le Père; le chaos, l'homme, microcosme, l'œuf, la vie, la mort, la lutte, le bien, le mal, Sophia, les vertus.

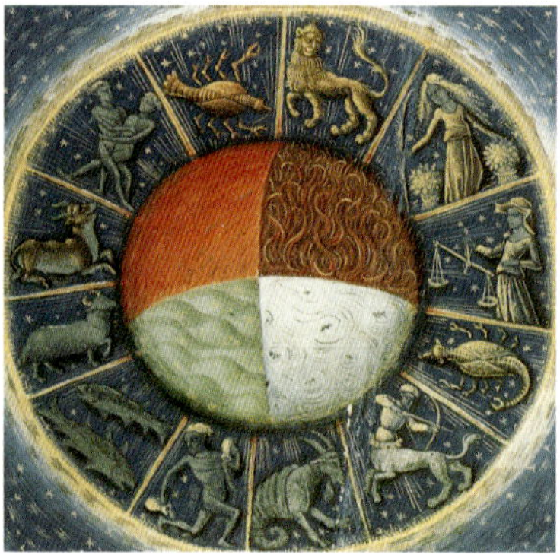

► *Les Quatre Éléments et les Signes zodiacaux* (détail), miniature du *De proprietatibus rerum* de Bartolomeo Anglico Paris, Bibliothèque nationale de France

Le sceptre pour gouverner et le foudre pour punir sont des attributs d'Éros-Phanès, qui maîtrise les forces naturelles en les organisant selon un principe supérieur.

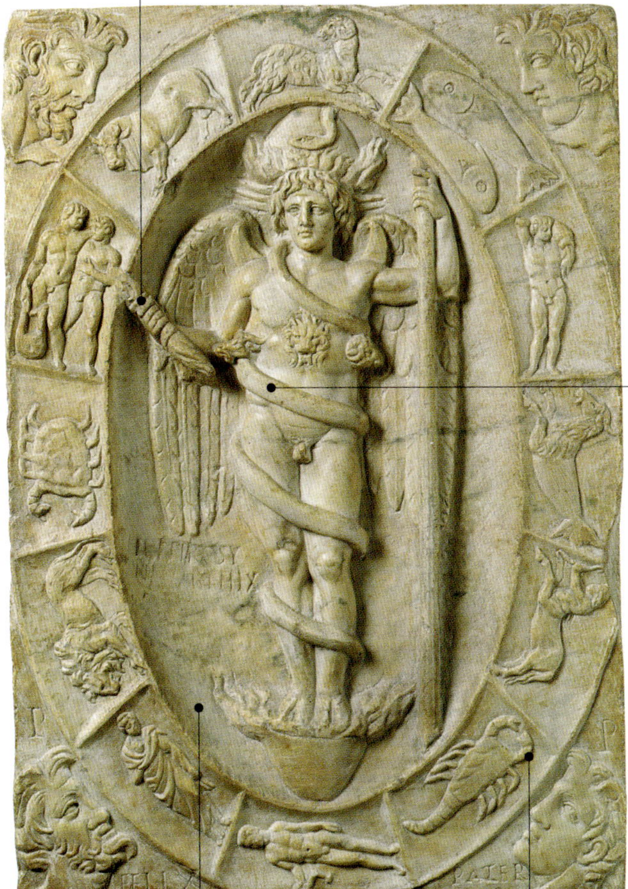

Les anneaux du serpent représentent les quatre saisons.

L'œuf cosmique est le noyau primordial du monde.

La roue du zodiaque indique la fonction ordonnatrice de Phanès, principe moteur de l'univers.

▲ *Phanès avec les signes du zodiaque,* bas-relief mithriaque, IIIe siècle av. J.-C. Modène, Galleria Estense

Dieu le Père est représenté en train de créer le soleil, la lune et le firmament.

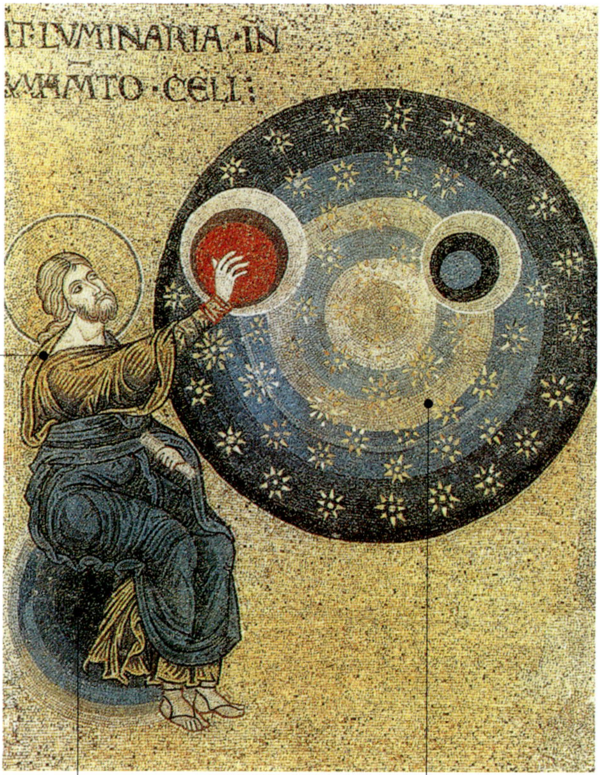

*L'*unus mundus *est le modèle immuable et parfait du cosmos.*

Le ciel chrétien est divisé en dix sphères, qui correspondent aux sept planètes, au firmament (la sphère des étoiles fixes), au Premier Mobile et à l'Empyrée.

▲ *La Création des astres*, mosaïque, 1172-1176
Monreale, cathédrale

Jupiter (accompagné de l'aigle) personnifie la transformation de la matière en un état gazeux (l'air).

Les signes du Bélier, du Taureau et des Gémeaux indiquent la période idéale (le printemps) pour accomplir l'œuvre alchimique.

La pierre philosophale est une allégorie de la cosmogenèse.

Neptune (accompagné de Cerbère) et Pluton (avec le cheval marin) symbolisent respectivement l'état solide et l'état liquide de la nature.

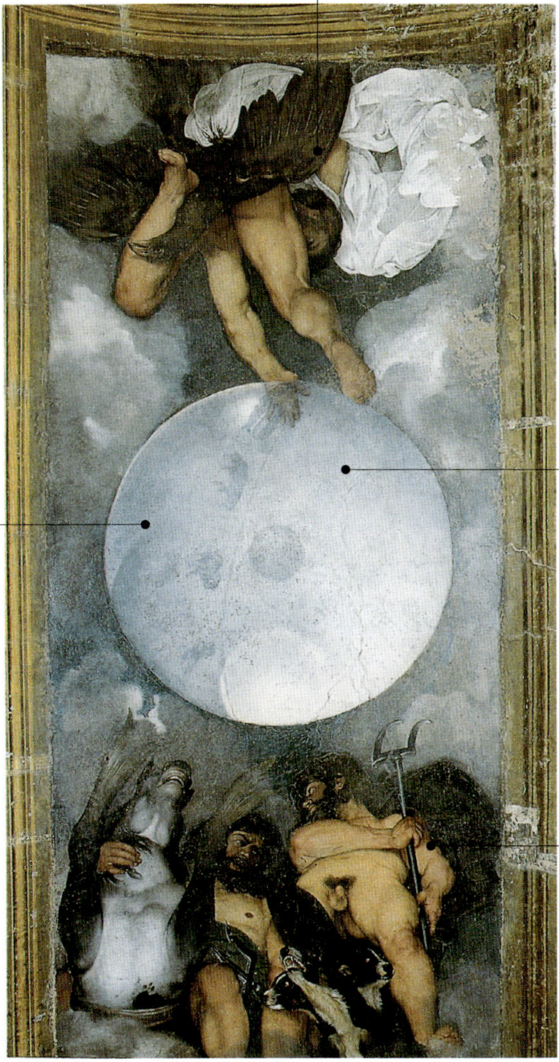

▲ Le Caravage, *Pluton, Neptune et Jupiter* (*Allégorie de la création alchimique*), vers 1597
Rome, Villa Ludovisi

La jeune fille ailée qui se tient dans une position instable sur le cheval représente l'adresse, qualité indispensable pour entreprendre tout processus de création.

Pégase, enfant de Neptune et de la gorgone Méduse, personnifie la synthèse du ciel et de la terre.

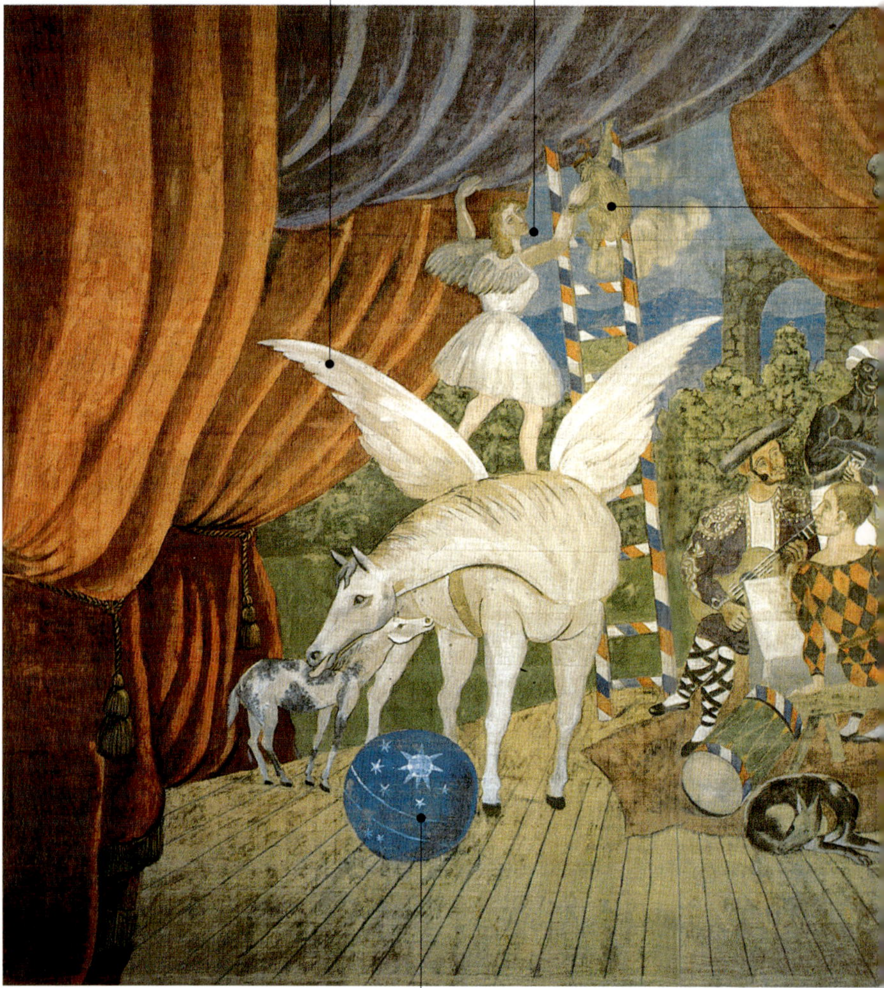

La boule étoilée est le symbole du cosmos.

Le singe représente aussi bien la dimension solaire et ordonnatrice de la création que son aspect démoniaque et souterrain.

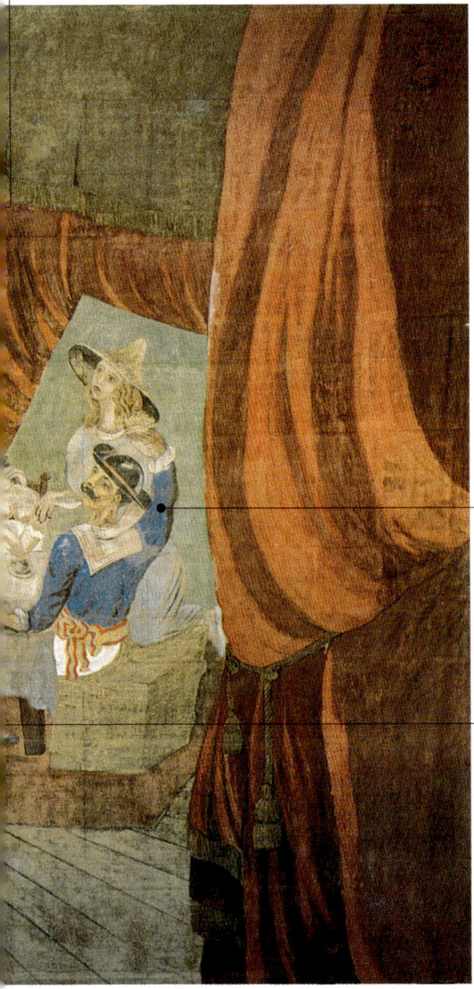

Sous les costumes élimés des saltimbanques se cachent les dieux ordonnateurs du cosmos.

Arlequin est une transfiguration pour le cirque du dieu Mercure.

◄ Pablo Picasso, rideau de scène pour le ballet *Parade*, 1917 Paris, Centre Georges-Pompidou, Musée national d'art moderne

Le ciel

Étymologie du nom
Du latin *caelum*.

Origine du symbole
Dans la mythologie grecque, il est identifié avec le dieu Uranus.

Caractéristiques
Il produit et nourrit tous les êtres vivants en fécondant la terre de ses humeurs aqueuses. Il représente la conscience, supérieure à la dimension sensuelle et terrestre.

Traditions religieuses et philosophiques
Le platonisme, l'hermétisme, le judaïsme, le christianisme, l'islam, l'alchimie.

Divinités et symboles en relation
Uranus, Gaïa, Démiurge, Dieu le Père ; le bien, l'homme microcosme, l'œuf cosmique, l'androgyne, le cercle, la terre, la cloche, la coupe renversée, le parasol, la colombe.

► *Le Firmament chrétien*, illustration de l'*Harmonia macrocosmica* d'Andreas Cellarius, Amsterdam, 1660

Représentation : sous les traits du dieu Uranus ou par les motifs des sphères concentriques, des cartes célestes et des constellations zodiacales.

Il représente l'ordre universel et le principe supérieur et actif opposé à la terre. Dans presque toutes les langues, il est de genre masculin, bien qu'en Égypte il ait été identifié avec la déesse Nut. Symbole d'une dimension lointaine et inaccessible à l'homme, le ciel correspond à la demeure des dieux ou il coïncide avec la divinité elle-même. Dans la mythologie, il est peuplé d'une multitude de divinités, qui communiquent avec la terre au moyen de signes annonciateurs déterminés : par exemple, le temps météorologique est tenu pour dépendre entièrement de la volonté ou du caprice divins. Le christianisme remplace les dieux païens par les anges et les archanges, à chacun desquels est assignée une sphère planétaire. Selon la doctrine aristotélo-ptolémaïque, les sphères célestes se divisent en dix ciels, qui correspondent aux sept planètes, au firmament (la sphère des étoiles fixes), au Premier Mobile et à l'Empyrée, demeure de Dieu, des anges et des bienheureux.

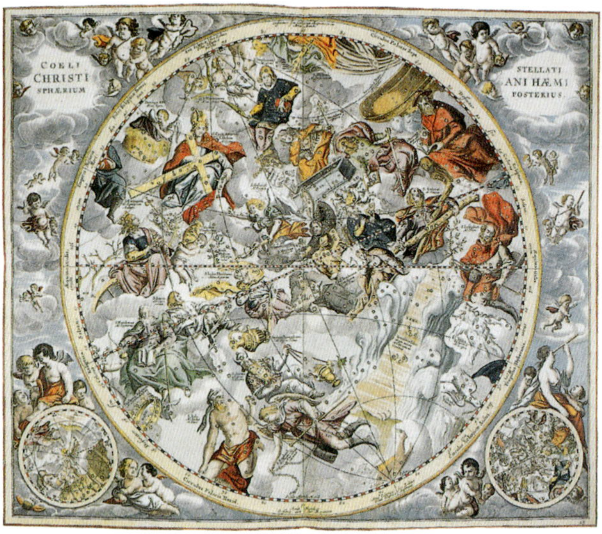

Le lait de Junon qui gicle dans le ciel formera la Voie lactée.

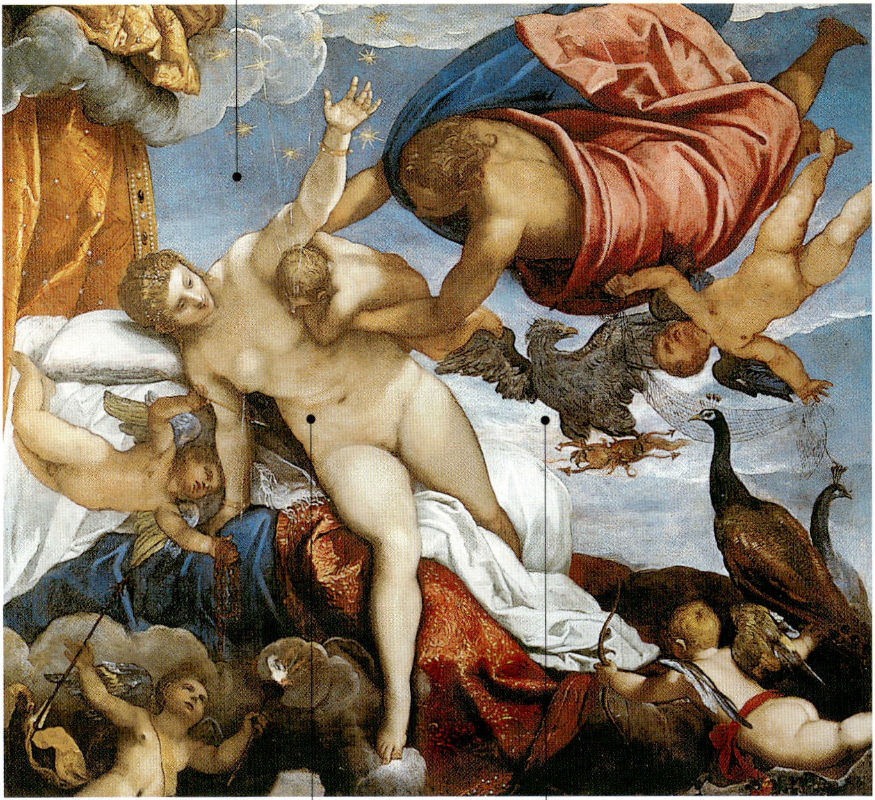

La représentation des éléments cosmiques sous l'aspect de dieux païens est un motif récurrent dans la peinture de la Renaissance.

L'aigle tenant un foudre dans ses serres est l'emblème de Jupiter, la divinité ordonnatrice du cosmos.

▲ Le Tintoret,
L'Origine de la Voie lactée (détail), vers 1575
Londres, National Gallery

Jupiter est la seule divinité planétaire représentée sur la voûte. Ses attributs (l'aigle et le foudre) correspondent aux emblèmes héraldiques des Farnèse, commanditaires de l'œuvre.

Le navire Argo *figure parmi les constellations les plus importantes de l'Antiquité ; à l'époque moderne, il n'apparaît plus sur les cartes célestes.*

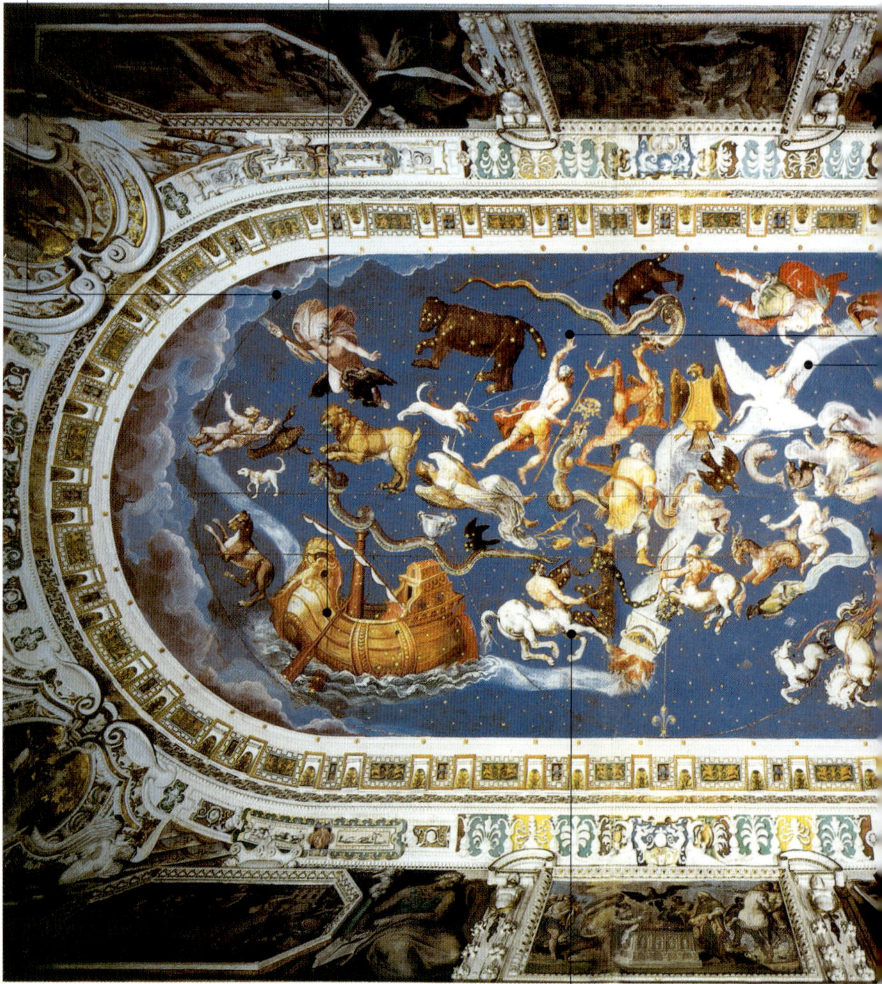

Tous les signes du zodiaque se suivent en ligne, au-dessus ou au-dessous de l'écliptique.

Sur cette carte céleste, ne sont représentées que les principales constellations, comme Orion suivi de ses chiens, Persée avec la tête de Méduse, Hercule avec sa massue et sa peau de lion.

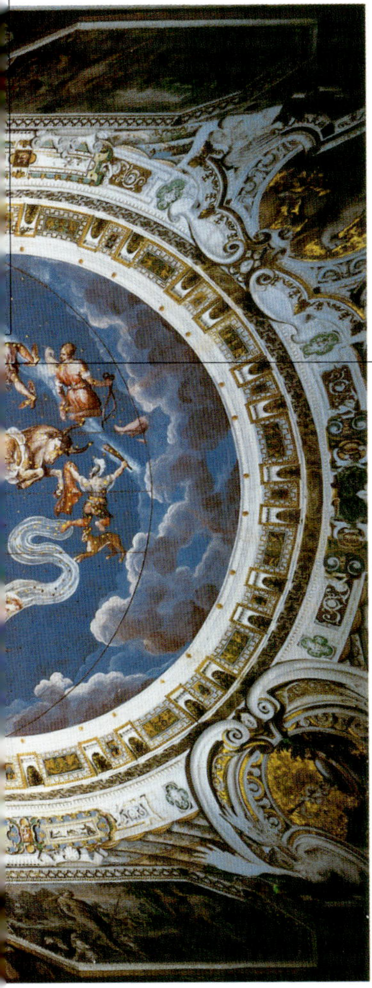

La Voie lactée est représentée comme un ruban blanc qui se déroule et flotte dans le firmament.

◄ Giovanni Antonio da Varese, dit Vanosino, voûte de la salle de la Mappemonde, 1573
Caprarola, palais Farnèse

Jupiter, le roi des dieux, est représenté sur le même plan que les autres personnifications astrales.

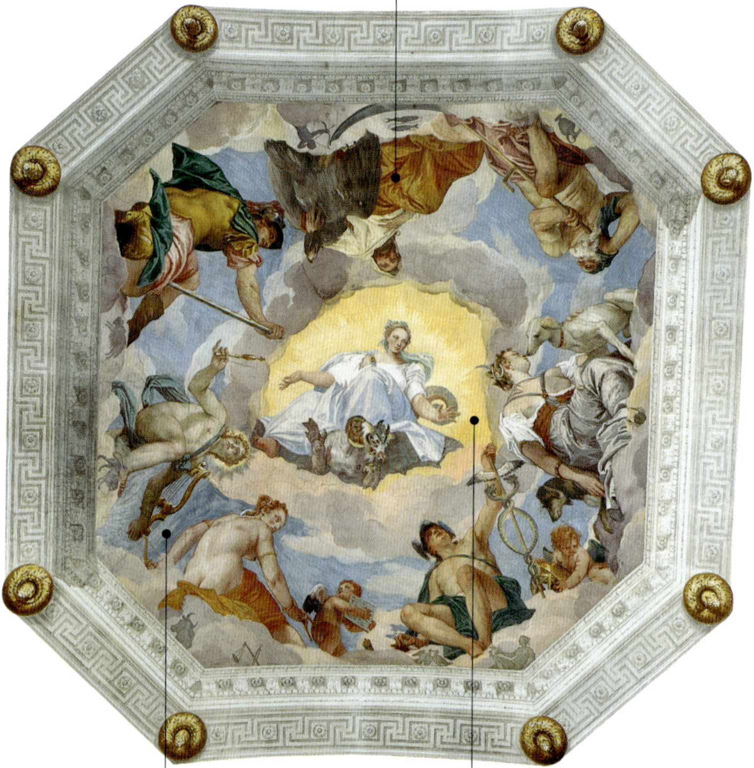

Les signes du zodiaque indiquent l'influence exercée par chaque divinité sur un mois particulier de l'année.

La présence de la Divine Providence au centre de l'Olympe exprime la supériorité de la religion chrétienne sur les cultes païens.

▲ Véronèse,
détail du plafond de la salle de l'Olympe, 1559-1561
Maser, villa Barbaro

La source de lumière représente l'Empyrée, lieu du paradis céleste et demeure de Dieu. Ce ciel peut être aussi assimilé au cœur de Jésus-Christ et de la Vierge Marie.

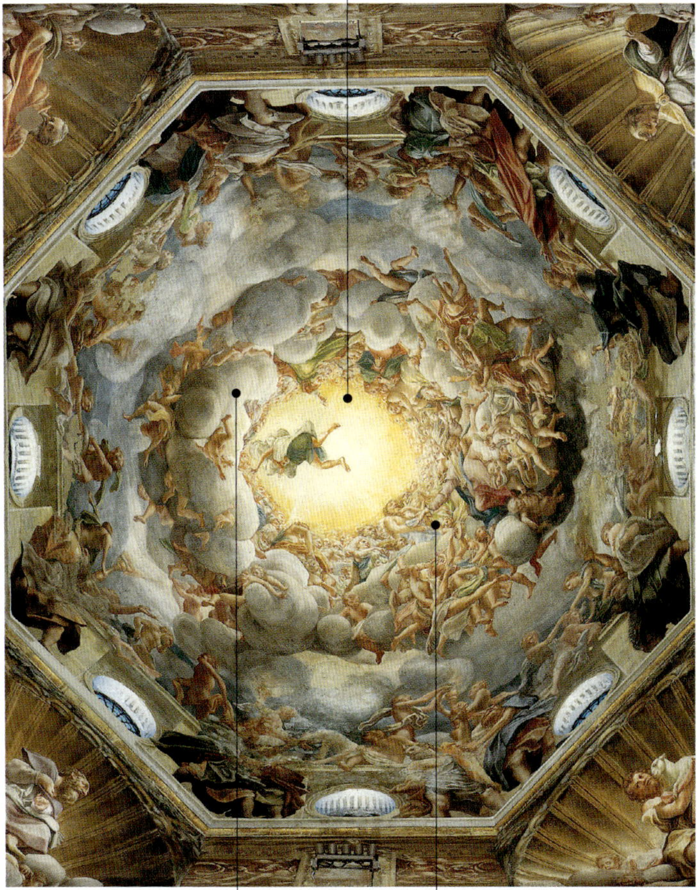

Le ciel chrétien est peuplé des anges et des âmes des saints et des bienheureux.

La disposition des nuages souligne le mouvement ascensionnel de la Vierge Marie. La montée en spirale symbolise le voyage de l'âme après la mort.

▲ Le Corrège,
L'Assomption de la Vierge Marie, 1526-1528
Parme, coupole de la cathédrale

Représentation: sous les traits des dieux olympiens Hélios et Apollon ou bien comme un emblème du Christ.

Le soleil

Étymologie du nom
Du latin *sol.*

Origine du symbole
Il provient des cultes égyptiens rendus à Osiris et à Amon-Rê.

Caractéristiques
Il est l'astre du jour, autour duquel tournent la Terre et les planètes. Il représente la source principale de la vie cosmique.

Traditions religieuses et philosophiques
Le pythagorisme, le platonisme, l'orphisme, l'hermétisme, le judaïsme, le christianisme, l'islam, l'alchimie.

Divinités et symboles en relation
Hélios, Phébus (Apollon), Zeus (Jupiter), Jésus-Christ; l'androgyne, le chrême, le chrysanthème, le lotus, le tournesol, l'aigle, le cerf, le lion, le feu, l'or, l'arbre de vie, le jour, le char, la roue, le cercle, la vie, l'esprit, le cœur, la connaissance intuitive.

Comme tous les symboles archétypaux, le soleil est de nature double et ambivalente. Il est la source de la lumière, de la chaleur et de la vie sur terre, mais il peut aussi devenir facteur de destruction et de sécheresse. L'aspect négatif du soleil se retrouve dans le mythe de Phaéton; sa fonction régénératrice est au contraire représentée par l'alternance perpétuelle du jour et de la nuit et par le cycle des saisons. Dans la religion chrétienne, il symbolise l'immortalité et la résurrection.
Comme emblème de Jésus-Christ, « nouveau soleil » de la justice et de la vérité, il présente douze rayons, qui correspondent aux douze apôtres. Toutes les églises catholiques sont orientées vers l'est pour souligner l'identification entre l'astre céleste et Jésus-Christ, incarnation des forces créatrices représentées par le soleil.
En alchimie, l'image du soleil se dédouble: il est à la fois l'astre diurne, doré et vivifiant, et le « soleil noir », matière primitive non encore transfigurée par l'œuvre alchimique et expression du voyage nocturne à travers les enfers.
Le soleil est un principe ordonnateur du cosmos: il gouverne le cycle temporel et son propre calendrier, et ses rayons représentent les différentes dimensions de l'espace. Cette fonction est complémentaire de celle que la lune remplit vis-à-vis des rythmes biologiques féminins et de la croissance naturelle.
Le soleil est habituellement figuré comme une divinité astrale sous les traits des dieux païens Hélios et Apollon, ou comme un disque lumineux sur lequel se détache un visage masculin. En tant que cœur du monde, il apparaît au centre de la roue du zodiaque. Il est un symbole de la paternité et de l'autorité royale.

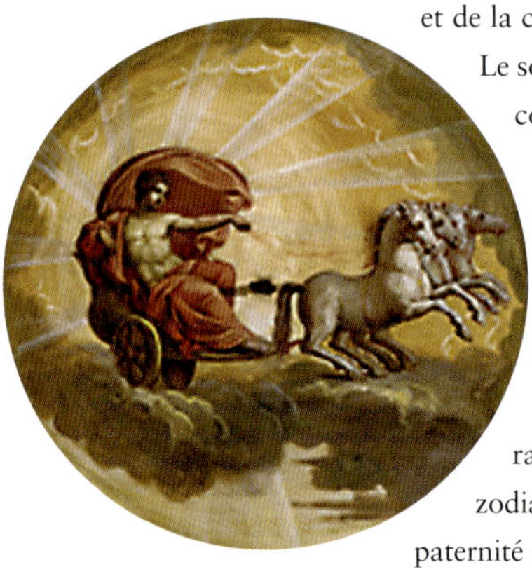

► Anonyme, *Le Char d'Apollon*, début du XIXe siècle Rome, palais Spada, salle des Quatre Saisons

Apollon représente un aspect de la connaissance intuitive, qui pénètre au cœur des hommes sous la forme d'un rayon lumineux.

Principe ordonnateur de l'univers, le Soleil règle la succession des signes sur la roue du zodiaque.

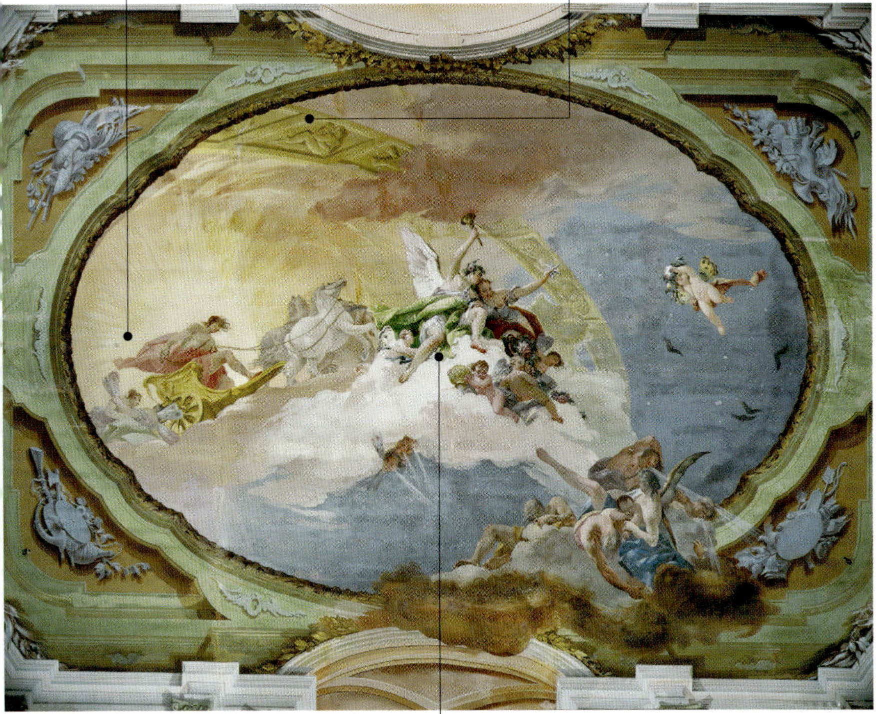

L'Aurore et le Jour, qui portent à la main un flambeau ardent, mettent en fuite les ténèbres nocturnes.

▲ Costantino Cedini,
Le Char du Soleil, XVIIIe siècle
Casalserugo, villa Lion da Zara

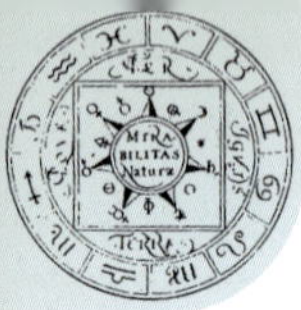

Représentation : elle apparaît dans les représentations des déesses païennes Diane et Séléné, qui se déplacent à travers le ciel sur un char tiré par des chevaux, ou bien dans celles de la Vierge Marie.

La lune

La lune représente le principe féminin et passif, opposé et complémentaire du soleil. Elle est le deuxième astre le plus important de l'univers et elle gouverne par sa force d'attraction les eaux terrestres et les cycles de croissance de la nature. À l'instar de la Terre Mère, elle est considérée comme le réceptacle de la vie et de la fécondation universelle. Comme tous les archétypes majeurs, elle est d'une nature ambivalente : sous son aspect terrifiant, elle est identifiée avec Hécate Trivia et avec la gorgone Méduse, dont les cheveux sont associés aux rayons lunaires. Sa face livide et spectrale est en outre considérée comme l'une des entrées du royaume des morts.

Cette bipolarité est exprimée par les différentes divinités qui la personnifient : la déesse mésopotamienne Ishtar (pleine lune) représente l'aspect positif et fécondant de la lune ; la vierge Diane (lune montante) en incarne la fonction céleste et ordonnatrice ; la maîtresse des enfers, Hécate Trivia (nouvelle lune), est un principe négatif, souterrain et aquatique ; cependant que Jana Bifrons est la gardienne des portes du ciel et de l'enfer. La tradition chrétienne superpose aux grandes déesses blanches de l'Antiquité, personnifications de la fonction génératrice de la nature, la figure de la Vierge Marie, mère universelle et dispensatrice de la grâce. Comme Dame de l'Apocalypse, la Vierge représente en outre l'aspect de la lune associé à la mort. Du point de vue cognitif, la lune est un symbole de la connaissance réflexive, de l'inconscient, de l'imagination et de la mémoire. En alchimie, elle est l'élément féminin du couple androgyne (*rebis*).

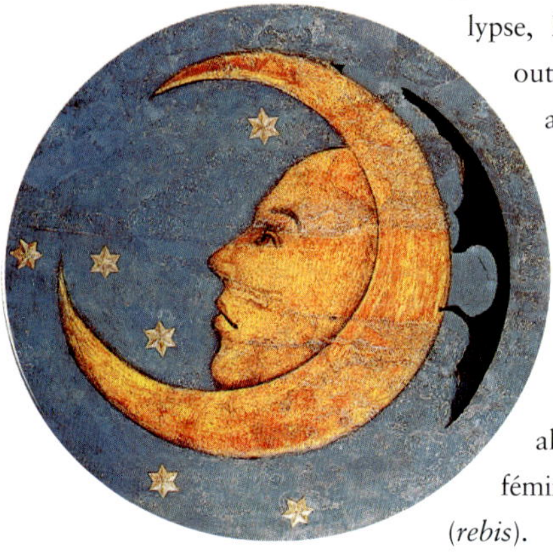

Étymologie du nom
Du latin *luna*.

Origine du symbole
Il provient des cultes égyptiens rendus à Isis.

Caractéristiques
Elle représente le devenir cosmique et le maillon qui relie le ciel et la Terre. Elle gouverne les marées, les cycles hebdomadaires et mensuels, les rythmes biologiques et les phases de la fécondité féminine.

Traditions religieuses et philosophiques
Le pythagorisme, le platonisme, l'orphisme, l'hermétisme, le judaïsme, le christianisme, l'islam, l'alchimie.

Divinités et symboles en relation
Ishtar, Isis, Séléné, Artémis (Diane), Hécate Trivia, Jana, Méduse, Endymion ; la Vierge Marie ; l'eau, l'argent, la perle, le taureau, la vie, l'œuf cosmique, l'androgyne, la mort, la nuit, l'âme, le cerveau, la connaissance réflexive.

► Veit Stoss, *La Lune*, détail du *Salut des anges*, 1518 Nuremberg, Sankt Lorenz

La lune est personnifiée par la déesse Diane.

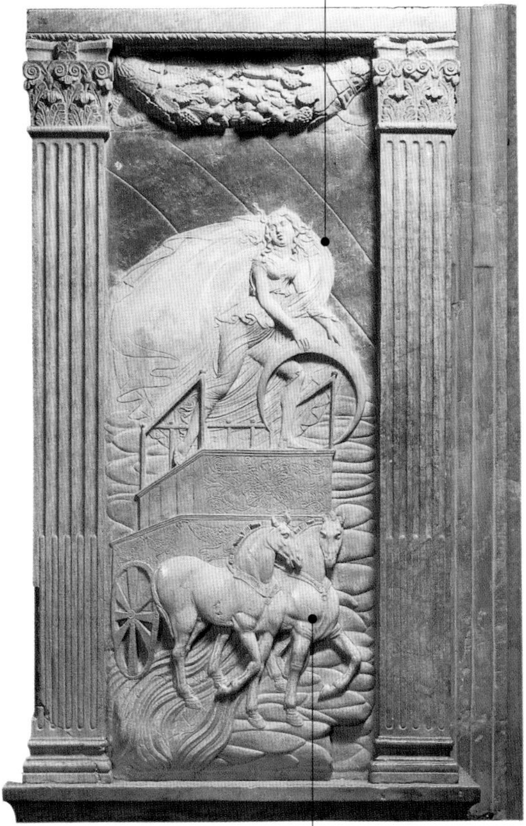

Le char lunaire est tiré par deux chevaux, symboles des deux aspects de l'astre, l'un mortifère et l'autre fécond.

▲ Agostino di Duccio, *La Lune*, 1449-1457
Rimini, Tempio Malatestiano, chapelle des Planètes

Représentation : en Cérès, ou sous l'aspect primitif d'une déesse acéphale, ou les mappemondes et les allégories des continents.

La terre

Étymologie du nom
Du latin *terra*, dont la racine signifie « partie sèche ».

Origine du symbole
Dans la mythologie grecque, elle était identifiée avec Gaïa.

Caractéristiques
Elle est le principe cosmique complémentaire du ciel.

Traditions religieuses et philosophiques
Le platonisme, l'hermétisme, le judaïsme, le christianisme, l'islam, l'alchimie.

Divinités et symboles en relation
Gaïa, Cybèle, Déméter (Cérès), Tellus, Uranus, Démiurge, Dieu le Père ; le chaos, l'œuf cosmique, l'homme microcosme, l'androgyne, les éléments, le carré, le ciel, le temple, la vie, la mort.

Elle est la Mère primordiale et le réceptacle de tous les êtres vivants. Sa fonction génératrice trouve son expression dans la racine même du mot latin *humus*, « terre », qui a la même étymologie que le mot *homo*, « homme ».
Selon des légendes très anciennes, rapportées dans l'épopée sumérienne de Gilgamesh, dans le *Timée* de Platon et dans le récit biblique de la Genèse, Dieu a créé le genre humain en mêlant quatre types de terre différents, recueillis aux quatre points cardinaux.
Dans la mythologie grecque, Déméter, la Terre Mère, est personnifiée par différentes divinités, qui en reflètent le caractère saisonnier : Koré, la vierge divine aimée du Vent, représente la fécondité de la nature (le blé vert) ; Perséphone, l'épouse d'Hadès, la nécessaire alternance des saisons (le blé mûr) ; et Hécate Trivia, le mystère de la continuelle régénération de la vie à travers la mort (le blé récolté).
Dans la Bible, la terre est un principe de nature négative, associé au chaos primitif et au mal. Elle est revalorisée au Moyen Âge, et elle est comparée au temple et à l'Église. À partir de la Renaissance, elle est souvent représentée par les allégories des éléments et des continents, ou bien sous les traits de la déesse Cérès chargée de gerbes de blé.

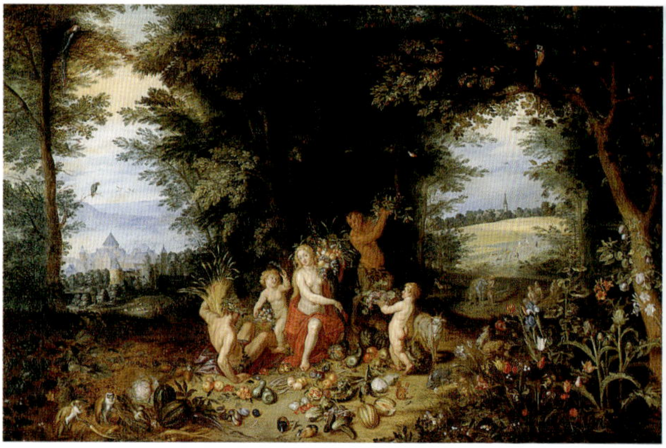

► Jan II Bruegel le Jeune, *Allégorie de la Terre*, vers 1630
Los Angeles, The J. Paul Getty Museum

Sem est représenté au cœur de la composition conformément à la tradition chrétienne, qui situe le centre du monde dans la ville de Jérusalem.

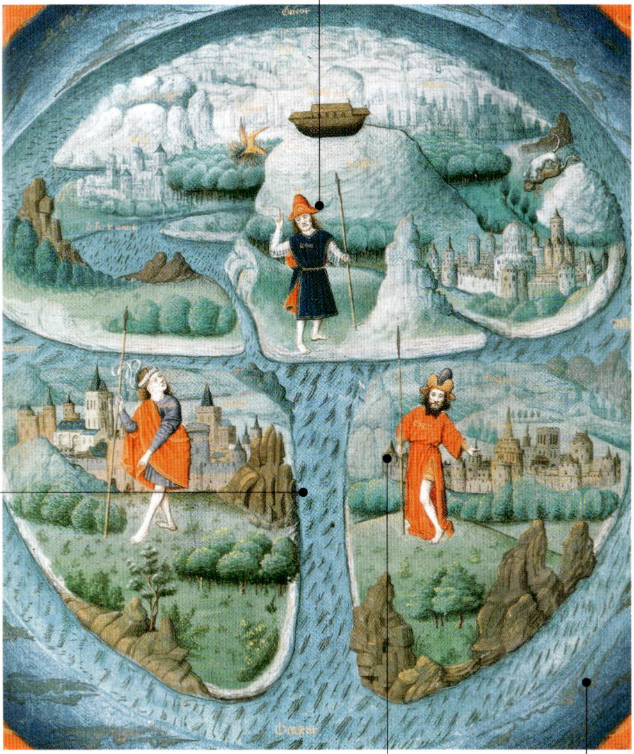

L'axe terrestre coïncide avec le bassin de la mer Méditerranée.

Les trois fils de Noé représentent l'Asie (Sem), l'Europe (Japhet) et l'Afrique (Cham).

Le fleuve Océan marque les limites du monde connu.

▲ Simon Marmion (attribué à), *Mappa mundi* (détail), miniature de *La Fleur des histoires* de Jean Mansel, 1459-1463
Bruxelles, Bibliothèque royale Albert Ier

On reconnaît le Nil au crocodile et à la couronne d'épis, symbole de la fertilité de ses rives.

La femme que le Danube tient par la taille représente l'Europe.

La Vénus noire symbolise l'Afrique; ce continent peut être représenté aussi par des animaux exotiques, comme le lion et l'éléphant.

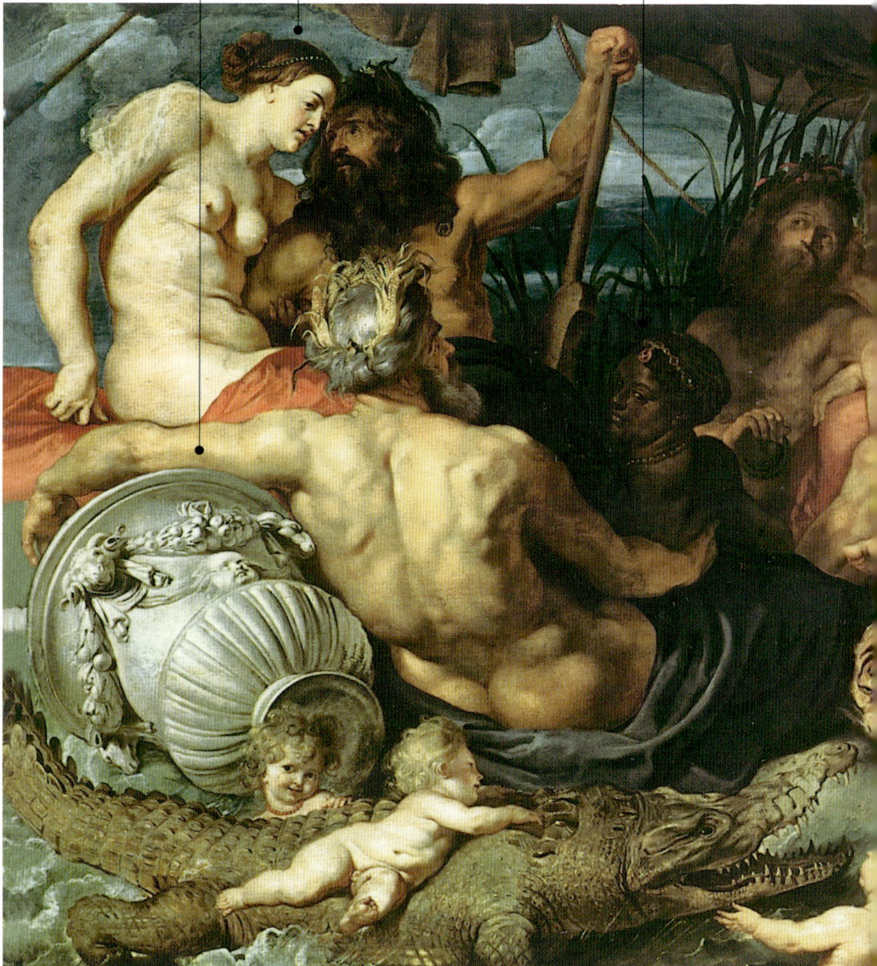

L'Asie s'appuie sur le Tigre, fleuve personnifié par un vieillard musculeux et identifiable grâce à la présence de l'animal homonyme.

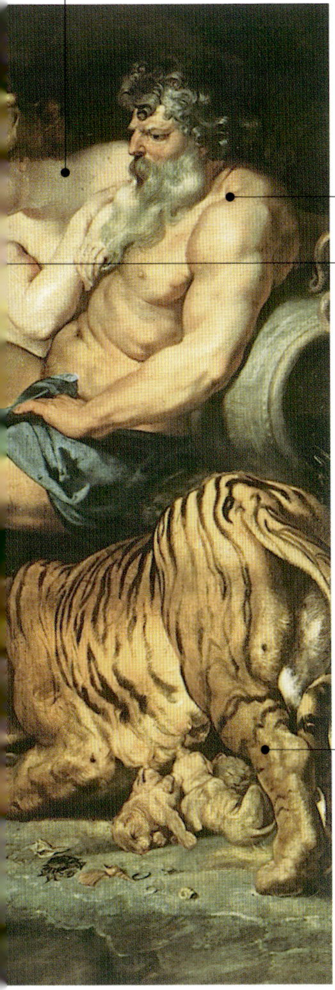

Les allégories des continents sont un motif récurrent dans l'art baroque. L'Église catholique les utilise comme des emblèmes de l'évangélisation de la planète.

L'Amérique est ici flanquée de l'Amazone. Elle est souvent représentée avec des pièces d'or, allusion au mythe de l'Eldorado et à la richesse de ses ressources naturelles.

Des animaux exotiques, des plantes rares et des pièces archéologiques aident à identifier les personnifications des continents.

◄ Pierre Paul Rubens,
Les Quatre Continents, vers 1612-1614
Vienne, Kunsthistorisches Museum

Bacchus est une divinité liée aux rites agricoles: il préside à la vendange et à la vinification.

Cérès personnifie la Terre dans sa fonction de nourricière universelle, comme l'indiquent la couronne d'épis ainsi que la corne d'abondance débordant de fruits et d'autres produits du sol.

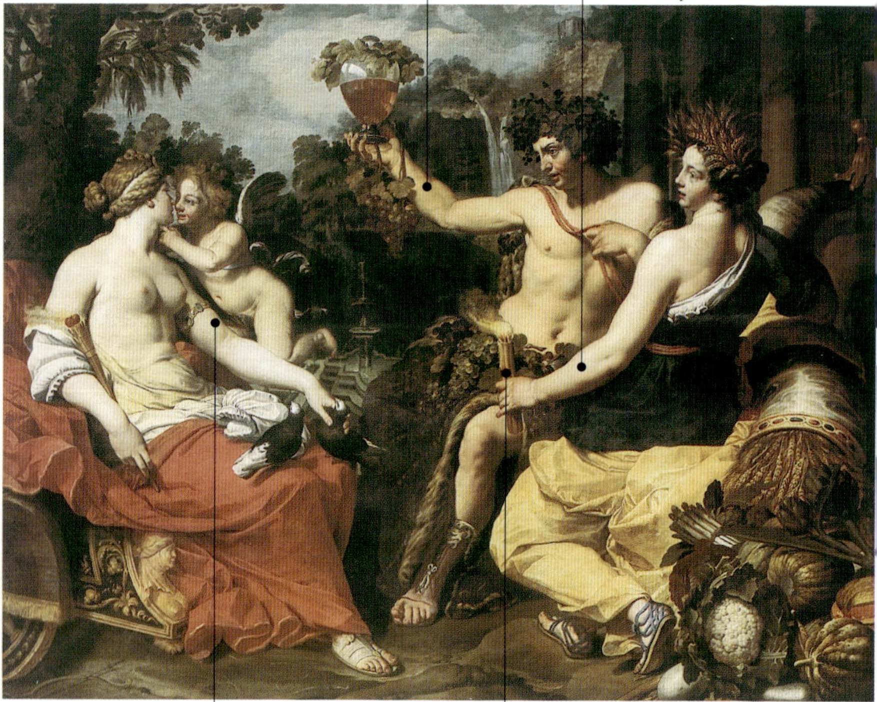

Vénus et Cupidon représentent l'accord des éléments naturels.

La torche ardente illustre l'aspect saisonnier des fonctions de la déesse: pendant l'hiver, Cérès abandonne la terre pour se rendre dans le royaume des morts à la recherche de sa fille Proserpine (ou le Printemps).

▲ Abraham Janssens,
Cérès, Bacchus et Vénus, après 1601
Sibiu, The National Brukenthal Museum

Le motif de la déesse acéphale, d'origine préhistorique, sert à figurer la Terre Mère.

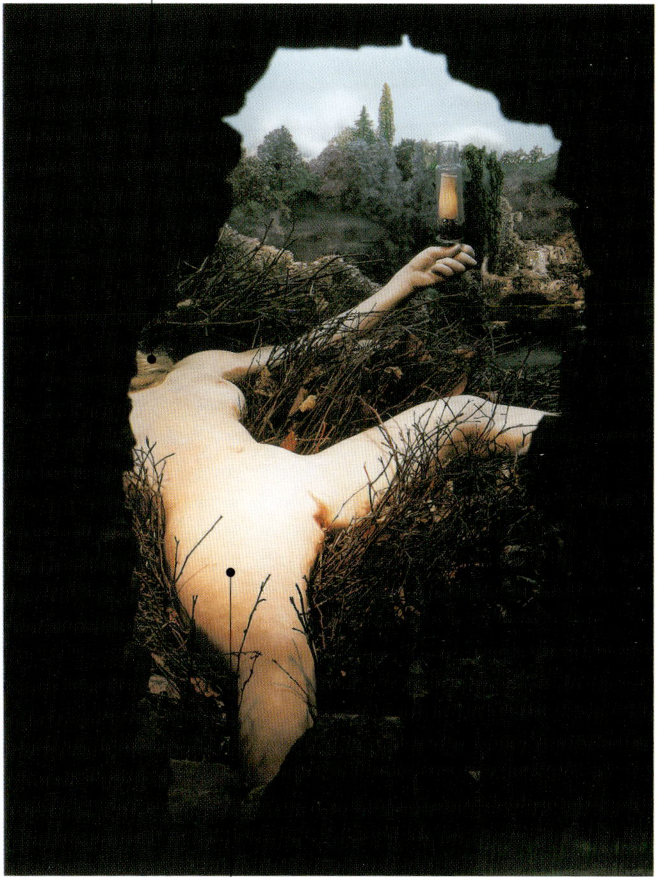

La Mère universelle est représentée étendue, dans une position qui évoque l'accouplement ou l'accouchement.

▲ Marcel Duchamp,
Étant donné : 1) la chute d'eau ; 2) le gaz d'éclairage, 1944-1966
Philadelphie, Philadelphia Museum of Art

Représentation : les divinités qui personnifient les forces naturelles, ou bien les animaux et produits de la nature correspondant à chacun d'eux.

Les éléments

Avec les saisons et les tempéraments humains, les quatre éléments complètent la doctrine des correspondances entre microcosme et macrocosme, c'est-à-dire la croyance en la profonde analogie entre l'homme et l'univers entier. L'eau (humide-froid) correspond à l'hiver et à l'humeur flegmatique ; le feu (sec-chaud), à l'été et au tempérament colérique ; la terre (sec-froid), à l'automne et à l'humeur mélancolique ; l'air (humide-chaud), au printemps et au tempérament sanguin. À cette conception d'origine présocratique, Aristote ajoute un cinquième principe, l'éther, immatériel et incorporel, de la même substance que l'âme et que Dieu (Moteur universel).
Dans l'Antiquité classique, les éléments sont associés aux divinités planétaires : l'air à Jupiter, l'eau à Neptune, la terre à Pluton, le feu à Vulcain. Ces personnifications deviennent un motif iconographique récurrent dans tout l'art de la Renaissance et de l'époque baroque. Dans les doctrines hermétiques, à chaque élément naturel correspond une phase précise de l'œuvre alchimique.

Étymologie du nom
Du latin *elementum*.

Caractéristiques
Ils représentent les principes fondamentaux de l'ordre cosmique et de la vie naturelle.

Traditions religieuses et philosophiques
Le pythagorisme, le platonisme, l'orphisme, l'hermétisme, le judaïsme, le christianisme, l'islam, l'alchimie.

Divinités et symboles en relation
Le macrocosme, le microcosme, les âges de l'homme, les saisons, les heures du jour, les couleurs, les tempéraments, les points cardinaux, les signes zodiacaux.

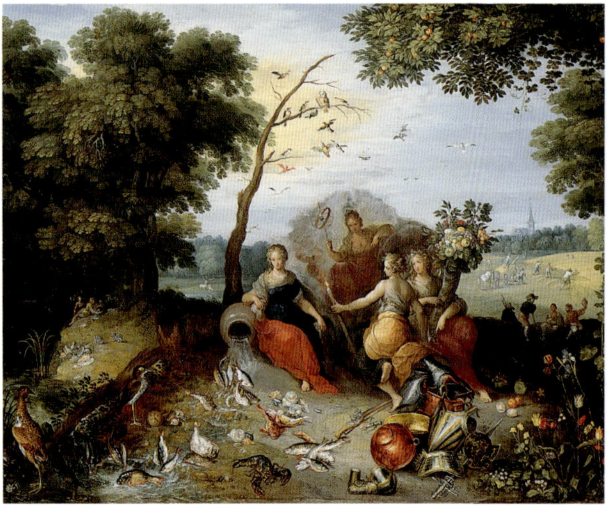

► Jan II Bruegel le Jeune et Frans Francken II, *Paysage avec allégories des quatre éléments* (détail), vers 1630
Los Angeles, The J. Paul Getty Museum

Le brasero est le symbole du feu.

L'oiseau représente l'élément de l'air.

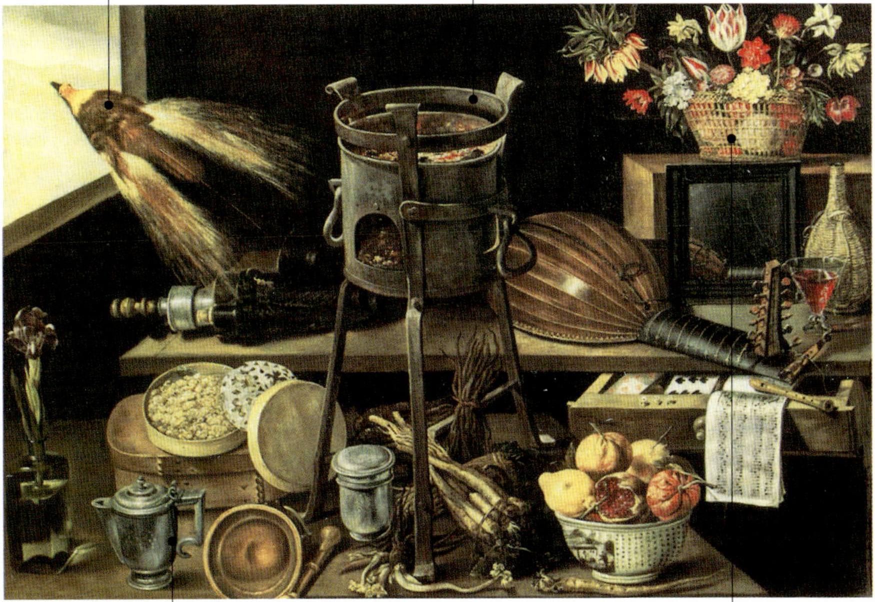

Le vase et le pichet renvoient à l'eau.

Les produits de la terre sont associés aux sens du goût et de l'odorat, selon une tradition iconographique répandue aux XVIe et XVIIe siècles.

▲ Jacques Linard,
Les Cinq Sens et les Quatre Éléments, XVIIe siècle
Paris, musée du Louvre

La femme à la fontaine est une personnification de l'Eau. Elle a été aussi interprétée comme une allégorie de la Tempérance.

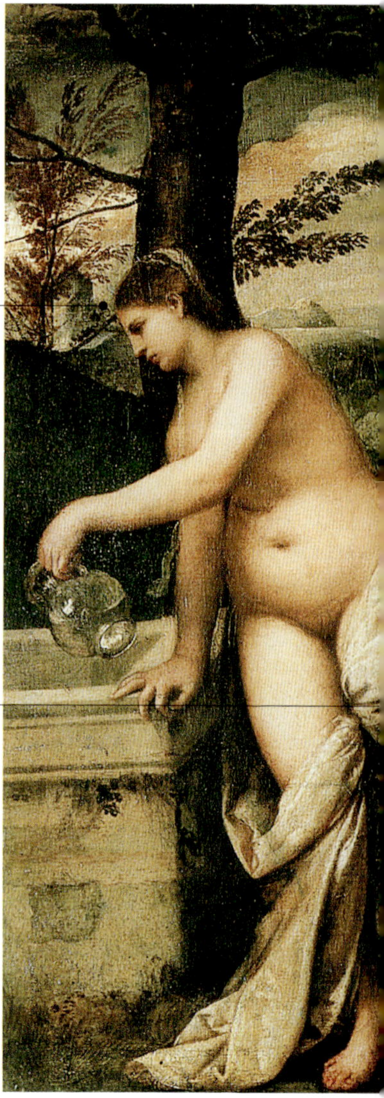

Le joueur de luth représente le Feu. Selon la doctrine pythagoricienne, l'univers entier est ordonné par des rapports mathématico-musicaux harmonieux.

► Titien,
Le Concert champêtre, vers 1510
Paris, musée du Louvre

L'homme aux cheveux décoiffés par le vent est identifié avec l'Air.

La femme de dos représente la Terre. Le tableau illustre l'harmonie des éléments cosmiques, conformément aux théories des milieux humanistes vénitiens.

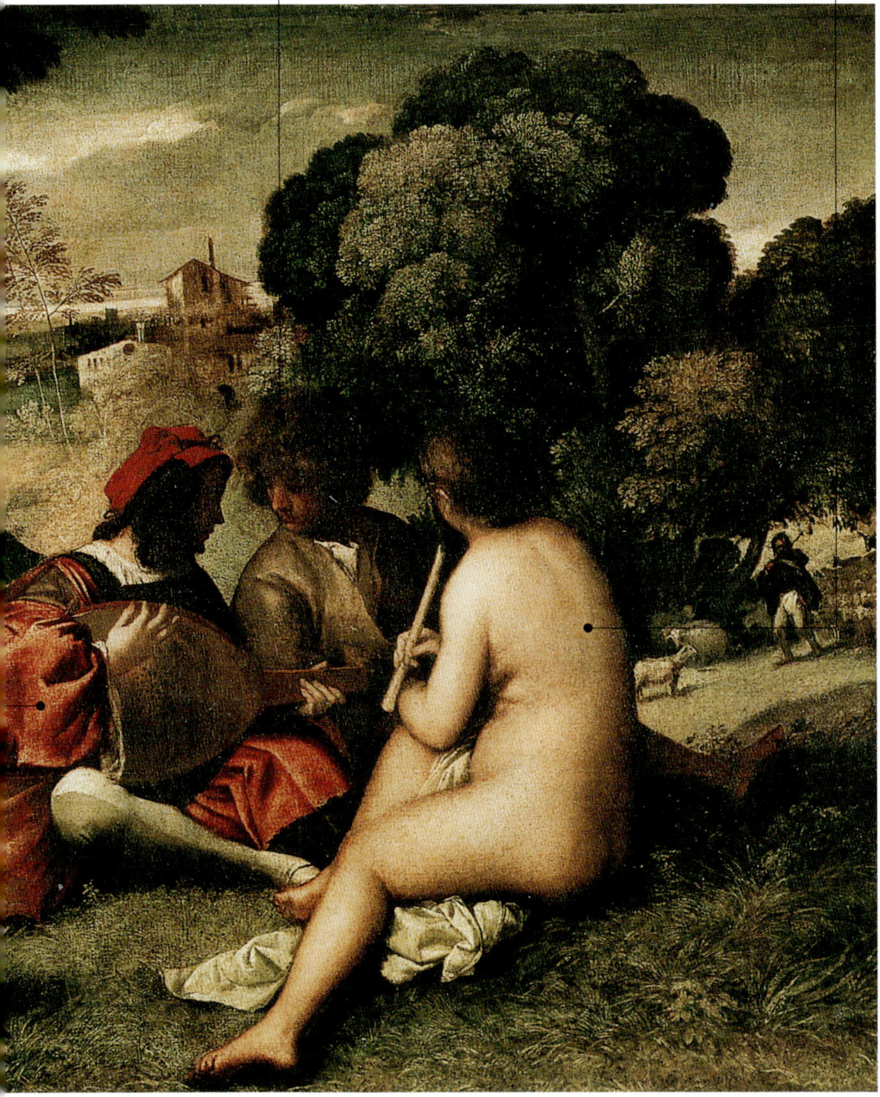

Ce portrait allégorique est une synthèse morphologique de nombreuses espèces de poissons.

Les perles du collier et de la boucle d'oreille donnent une connotation sexuelle au tableau, où l'on reconnaît un portrait féminin.

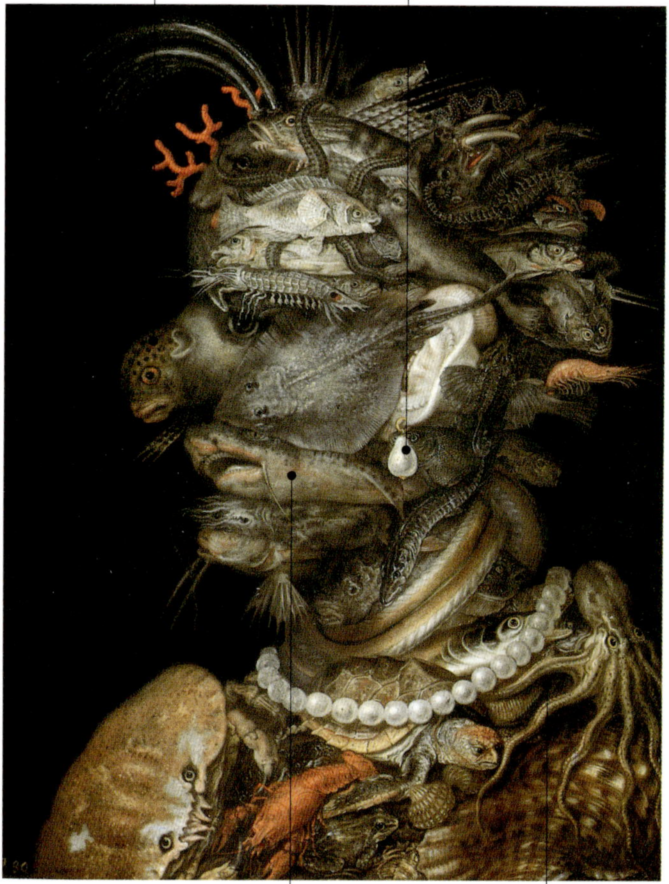

Le requin, animal prédateur, est utilisé pour représenter la bouche.

Quelques animaux ont une fonction purement décorative et servent à représenter certaines pièces caractéristiques du vêtement.

▲ Giuseppe Arcimboldo,
L'Eau, 1566
Vienne, Kunsthistorisches Museum

La corne d'abondance débordant de fruits est un attribut caractéristique de Cérès.

Éros est le symbole de l'union harmonieuse des éléments, indispensable à la fertilité de la nature.

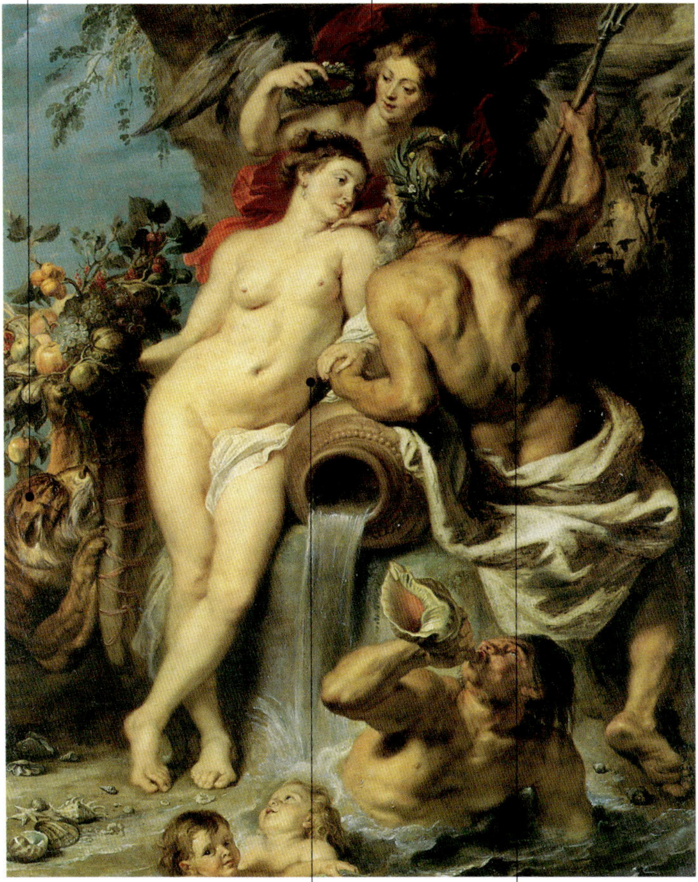

La Terre est incarnée par la déesse Cérès, représentée sous les traits d'une femme nue à la beauté plantureuse.

L'Eau est personnifiée par le dieu de la mer, Neptune, reconnaissable à son trident et à l'urne débordante sur laquelle il s'accoude.

▲ Pierre Paul Rubens,
Allégorie de la Terre et de l'Eau, vers 1618
Saint-Pétersbourg, musée de l'Ermitage

Les coloris de tous ces objets précieux font référence à la couleur resplendissante des flammes, très semblable à celle de l'or.

Le lustre évoque le pouvoir éclairant du feu.

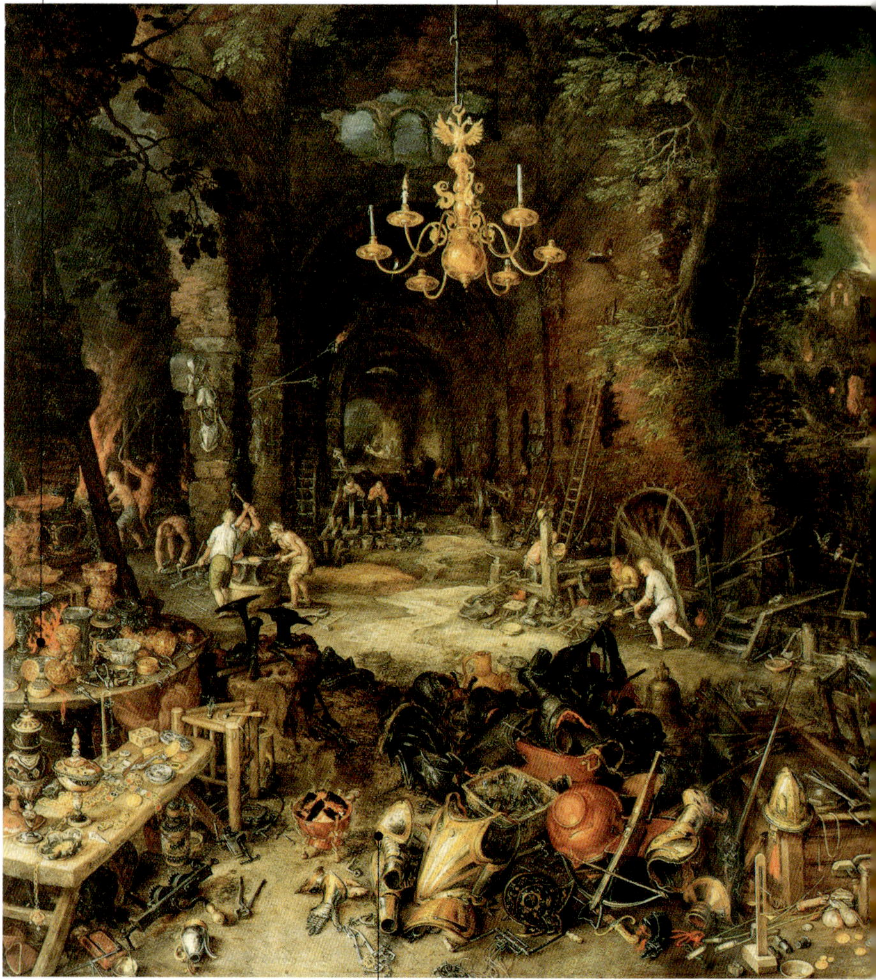

Les pièces d'armure illustrent les capacités manufacturières de l'homme et le pouvoir de forgeage du feu.

Par opposition à la partie gauche de la composition, qui illustre la maîtrise du feu par l'homme, l'incendie représente le pouvoir destructeur du feu.

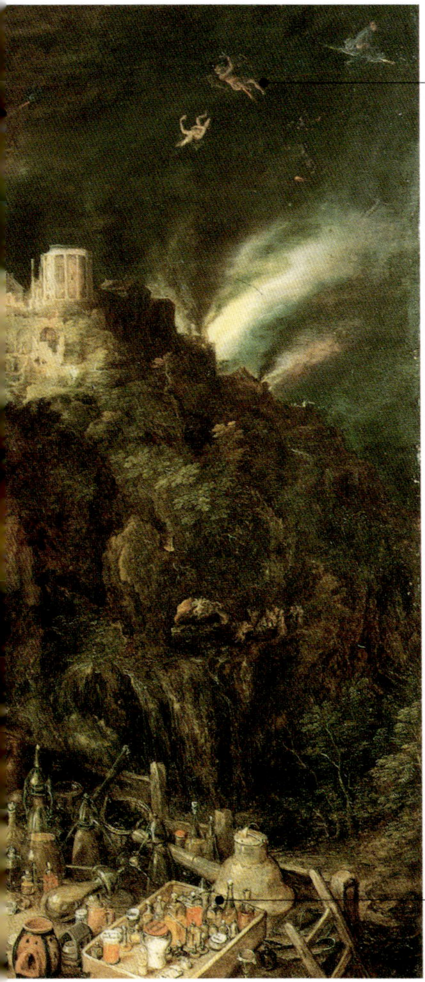

Les créatures démoniaques personnifient l'aspect infernal du feu, attribut primordial du diable.

Les alambics et l'athanor illustrent la fonction du feu dans l'œuvre alchimique : purifier et transformer la matière en l'or philosophal.

◄ Jan Ier Bruegel de Velours,
Allégorie du Feu, fin du XVIe – début du XVIIe siècle
Milan, Pinacoteca Ambrosiana

L'au-delà

Représentation : un lieu sombre et désolé, habité par les divinités souterraines et les âmes des défunts.

Il représente aussi bien la continuité de la vie après la mort du corps que le lieu où demeurent les âmes des défunts. C'est une région du cosmos imprécise, que les Anciens plaçaient dans l'extrême septentrion (le royaume des Hyberboréens, les îles Fortunées ou les Champs Élysées), ou bien dans la Lune. Les portes de l'au-delà étaient situées au couchant, où le soleil s'enfonce pour entreprendre son voyage nocturne à travers les enfers. À partir du Vᵉ siècle av. J.-C., les Grecs, influencés par des traditions orientales, commencent à distinguer les différentes demeures des morts. Le Tartare et l'Averne coïncident avec le royaume souterrain d'Hadès et Perséphone, et les îles Fortunées, avec une zone intermédiaire et céleste, où les hommes passent leur existence sous forme d'ombres, dans l'attente de la réincarnation.
Hécate Trivia, gardienne des carrefours, déterminait quelle direction devaient emprunter les âmes des morts : la voie de droite conduisait à l'immortalité et à la transformation en astre, celle de gauche à la réincarnation terrestre, tandis que celle du centre assurait le passage sur la terre aux dieux hyperuraniens. L'iconographie de l'outre-tombe a été profondément influencée par la mythologie classique et, à partir du XIVᵉ siècle, par *La Divine Comédie* de Dante. L'Hadès est peuplé de créatures monstrueuses et de damnés célèbres, comme Tantale, Sisyphe et les Danaïdes, tous coupables d'avoir défié les dieux.

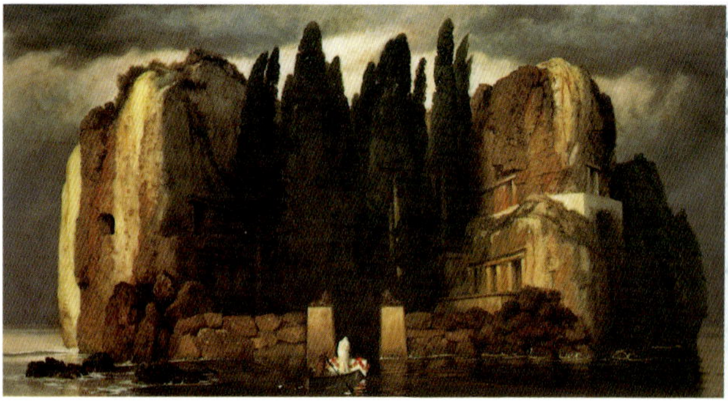

Étymologie du nom
Le terme désigne « l'autre rive » de l'Achéron, le fleuve qui mène au royaume des morts.

Origine du symbole
L'image de l'outre-tombe provient des récits mythiques de la civilisation gréco-romaine, rapportés dans *L'Iliade*, *L'Odyssée* et *L'Énéide*.

Caractéristiques
C'est la demeure des âmes des défunts.

Traditions religieuses et philosophiques
Le pythagorisme, le platonisme, l'orphisme, l'hermétisme, le judaïsme, le christianisme, l'islam, l'alchimie.

Divinités et symboles en relation
Hadès (Pluton), Perséphone (Proserpine), Hécate Trivia, les Érinyes, Cerbère, Charon ; l'Achéron, le Styx, le Cocyte, le Phlégéthon, la nuit, la lune, le cheval, l'occident, l'hiver.

► Arnold Böcklin, *L'Île des morts*, 1880
Leipzig, Museum der Bildenden Künste

Les chevaux blancs sont un symbole du pouvoir mortifère de Pluton.

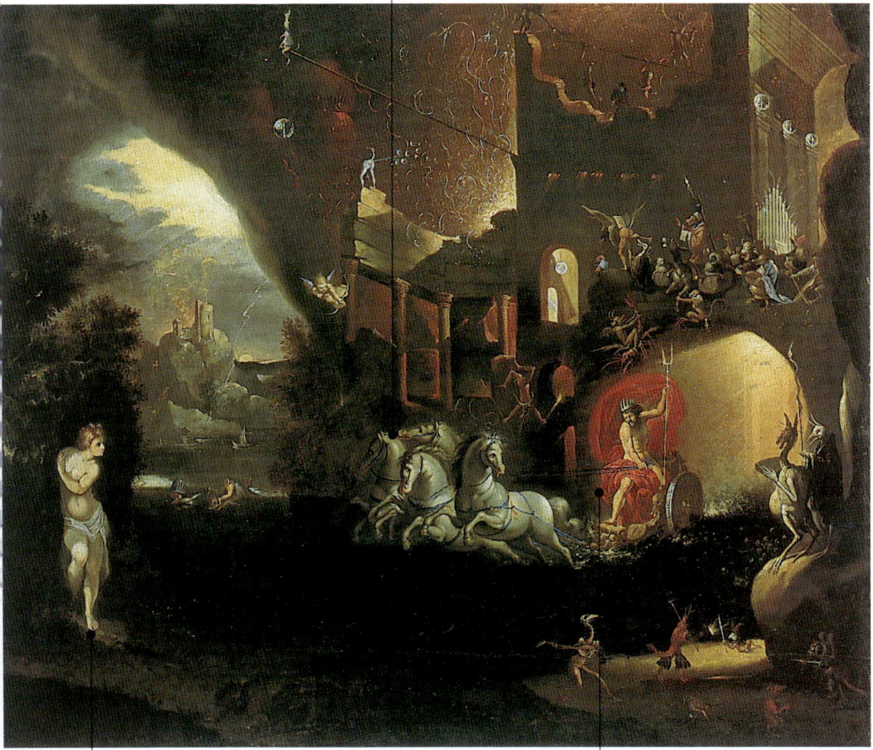

La déesse Vénus ordonne à Cupidon de lancer ses flèches d'amour sur le dieu des morts.

Hadès, dont le nom veut dire « l'invisible », est le souverain des enfers. Les Romains l'appellent Pluton, ce qui veut dire « le riche », soulignant ainsi l'autorité du dieu sur les fabuleuses richesses cachées dans les entrailles de la terre.

▲ Joseph Heintz le Jeune,
Pluton arrive au Tartare, vers 1640
Mariánské Lázne, Mestské Muzeum

Les eaux du Léthé ont la propriété de faire oublier le passé et d'assurer la jeunesse éternelle.

La fontaine du paradis est la source d'où naît le fleuve Léthé.

Charon transporte les âmes des défunts vers les portes de l'au-delà.

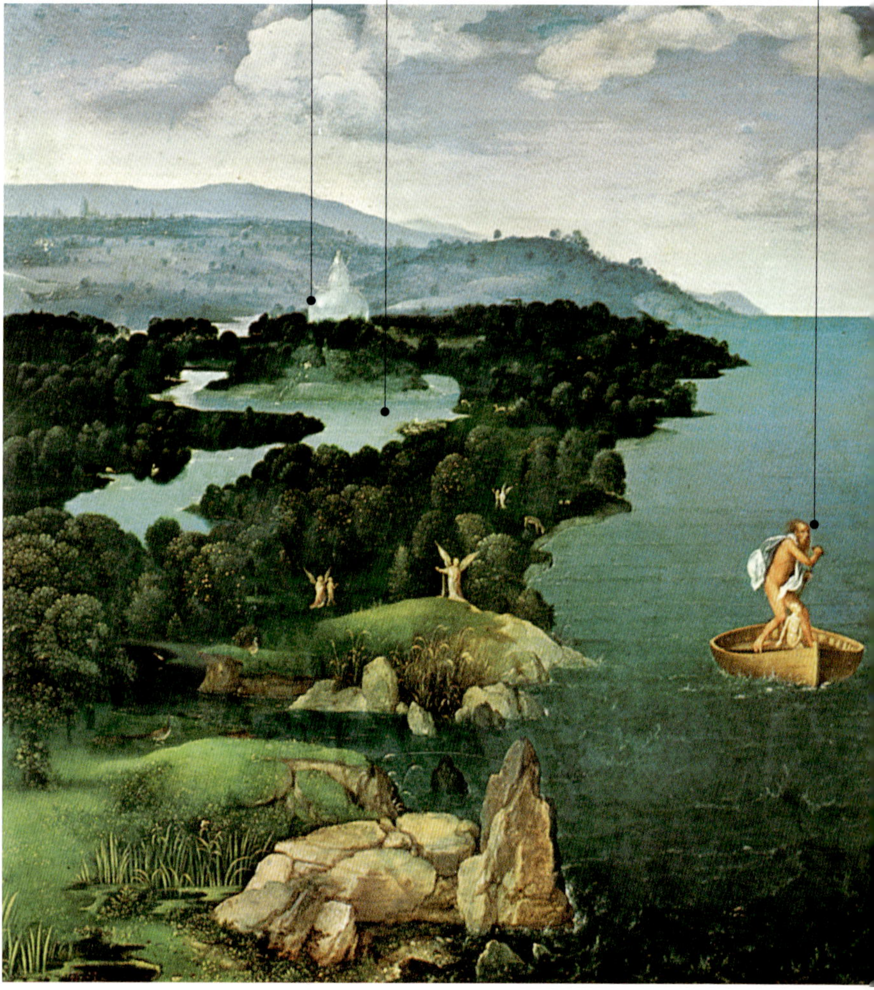

Le chien tricéphale Cerbère garde l'entrée du royaume des morts.

Le Styx, l'un des quatre fleuves infernaux, traverse le Tartare, la région la plus sombre et la plus profonde des enfers.

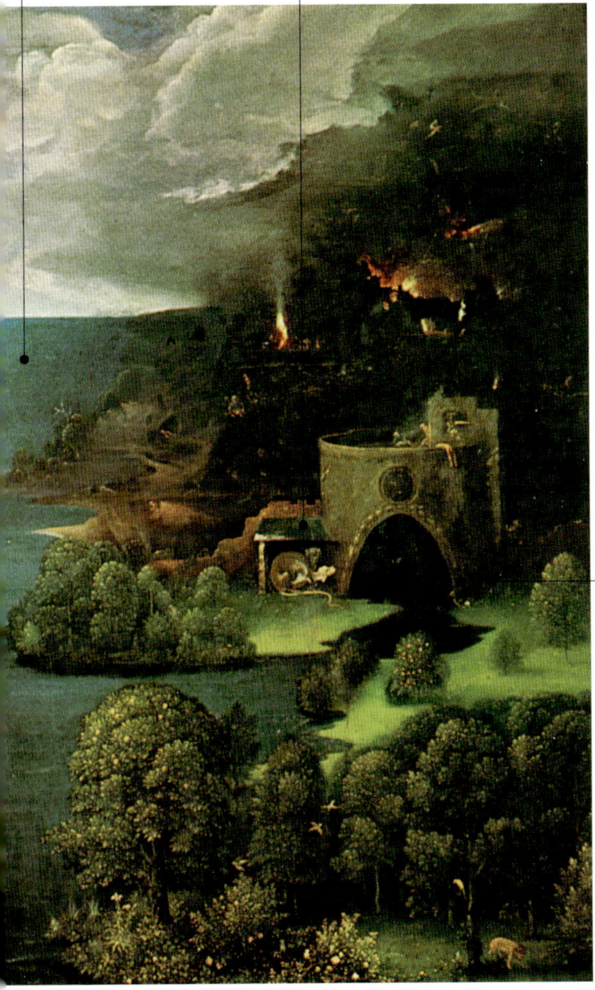

La porte des enfers est représentée sous l'aspect d'un antre ténébreux. Selon l'auteur grec Pausanias, une des portes des enfers était située à l'extrême sud du Péloponnèse, dans une caverne, encore visible, du cap Ténare.

▲ Joachim Patenier,
Paysage avec la barque de Charon sur le Styx, vers 1520
Madrid, Museo del Prado

Représentation: sous l'aspect d'un jardin fertile et luxuriant, baign d'une intense lumière diffuse et peuplé des anges et des bienheureux

Le paradis

Étymologie du nom
Du persan *pairi-daéza*, qui signifie «jardin entouré d'un mur».

Origine du symbole
Il provient des croyances orientales sur la résurrection des corps après la mort.

Caractéristiques
Il est le lieu de la béatitude éternelle, atteint au terme d'un voyage ascensionnel de l'âme, qui traverse toutes les sphères célestes jusqu'à l'Empyrée.

Traditions religieuses et philosophiques
Le zoroastrisme, le platonisme, le judaïsme, le gnosticisme, le christianisme, l'islam.

Divinités et symboles en relation
Dieu le Père, Jésus-Christ, la Vierge Marie; les anges, le temple, la ville, la Jérusalem céleste, l'orient, la lumière.

Le paradis, ou royaume des cieux, est le domaine spiritue où demeurent Dieu le Père, Jésus-Christ, la Vierge Marie, les pro phètes, les patriarches et les anges. Il n'apparaît que tardivemen dans la tradition judaïque, lorsque le Livre d'Ézéchiel le fait coïnci der avec le lieu de la résurrection des corps.

Selon les Pères de l'Église, les âmes des bienheureux rejoignent le paradis, situé dans l'Empyrée, en traversant les sphères célestes dont chacune est gardée par un ange. On retrouve le motif de la montée au ciel dans le songe de Jacob (judaïsme), dans le *miraj* de Mahomet (islam) et dans le dogme de l'ascension ou assomption (en corps et en esprit) de Jésus-Christ et de la Vierge Marie (christianisme).

La représentation du paradis varie notablement d'une époque à l'autre. Le Moyen Âge privilégie une figuration symbolique du royaume céleste, fondée sur la numérologie, sur les rapports musicaux et chromatiques harmonieux (les couleurs de l'arc-en-ciel) et sur des images tirées des Saintes Écritures, comme le temple, la ville (la Jérusalem céleste) ou la contemplation de Dieu.

La Renaissance préfère représenter le paradis de façon réaliste comme un jardin luxuriant où cultiver (même d'une manière empreinte de spiritualité) les plaisirs terrestres: le chant, la musique, la conversation, la danse. Cette image s'inspire du mythe de l'âge d'or et du paradis terrestre, le jardin d'Éden habité par Adam et Ève.

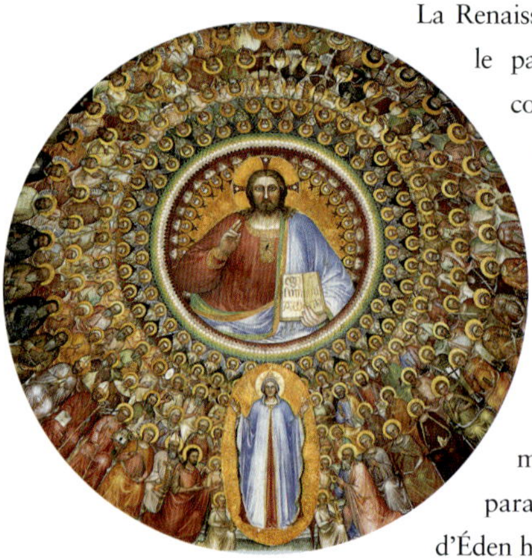

► Giusto de' Menabuoi, *Jésus-Christ, la Vierge Marie, les saints et les bienheureux*, détail du *Paradis*, 1375 Padoue, cathédrale, baptistère

La cueillette des fruits est un thème récurrent dans la représentation du paradis. L'arbre de la vie et celui de la connaissance dispensent les dons de l'immortalité et de la sagesse.

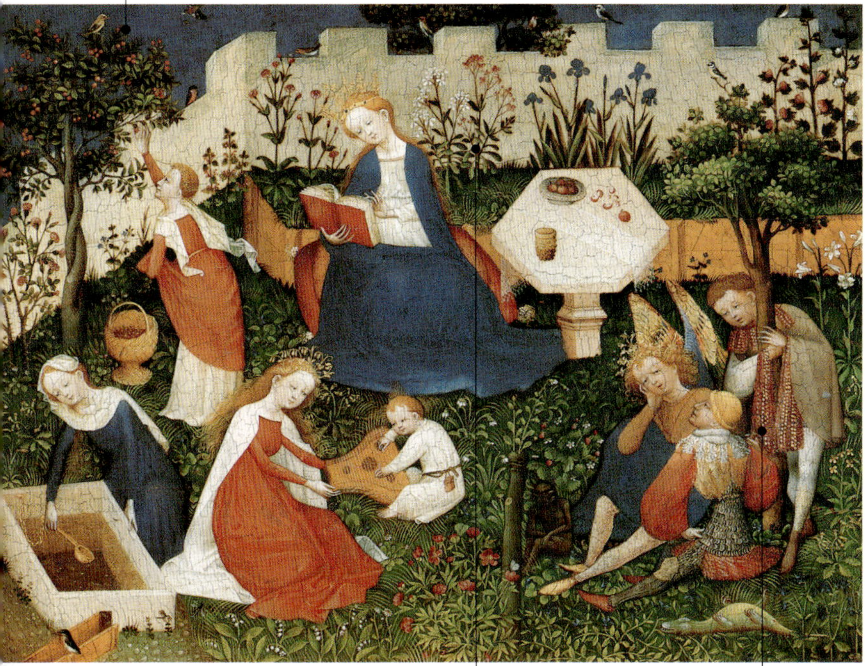

*Le mur d'enceinte reprend le motif de l'*hortus conclusus *des abbayes médiévales. Celui-ci était dessiné à l'image du paradis terrestre, mot dont le sens étymologique est « jardin entouré d'un mur ».*

Les occupations terrestres, comme la lecture et la conversation, figurent fréquemment dans l'iconographie du paradis.

▲ Maître de la Haute Vallée du Rhin,
Le Jardin du paradis, vers 1410
Francfort, Städelsches Kunstinstitut

Représentation: sous l'aspect d'une montagne, ou bien d'une vallé ou d'un puits profond enjambés par un pont.

Le purgatoire

Étymologie du nom
Du latin *purgare*, « purifier ».

Origine du symbole
Il a été proclamé au XIIIe siècle dogme fondamental de l'Église catholique.

Caractéristiques
Il est un lieu de pénitence, une étape intermédiaire vers le royaume des cieux, où les défunts peuvent être à nouveau induits en tentation. Un feu éternel y brûle, qui a le pouvoir de purifier les âmes des pécheurs.

Tradition religieuse
Le catholicisme.

Divinités et symboles en relation
Dieu le Père, Jésus-Christ, la Vierge Marie, les anges; la montagne, le pont, le feu purificateur.

Il est le lieu de la purification des âmes de défunts qui se sont rendus coupables de péchés véniels pendant leu vie sur terre. Il est représenté sous l'aspect d'une montagne limi trophe du paradis terrestre ou de l'enfer, duquel il est, en substance, l face inversée. La distinction entre la fonction punitive du feu d l'enfer et le pouvoir purificateur du feu du purgatoire souligne l réciprocité de ces lieux, affectés à l'expiation (éternelle ou tempo raire) des péchés commis sur terre.

L'Ancien Testament ne parle pas du purgatoire, qui résulte d dogme catholique de la grâce divine incarnée en Jésus-Christ et d l'idée de rédemption des péchés. Les juifs, les musulmans et les pro testants nient l'existence du purgatoire car il est totalement absen des Saintes Écritures.

À la suite de la proclamation de ce dogme (par le concile de Lyon en 1274), l'Église catholique établit la doctrine des suffrages, sur l fondement de laquelle le peines des défunts pou vaient être partiellemen allégées par les prières, le pèlerinages, les aumônes ou bien par l'achat d'in dulgences, pratique dure ment condamnée par l Réforme protestante.

Outre *La Divine Comé die*, de Dante, *La Légend dorée*, de Jacques de Vora gine, est une des source principales de l'iconogra phie du purgatoire.

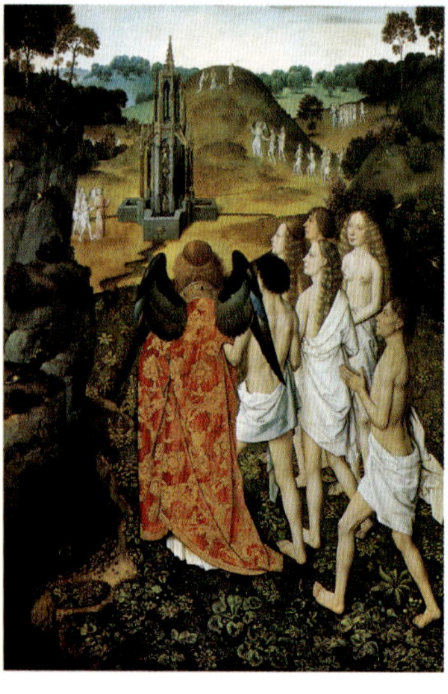

► Dieric Bouts, *Un ange accompagne les âmes hors du purgatoire*, détail du *Jugement dernier*, vers 1450 Lille, musée des Beaux-Arts

Le voyage vers le paradis est représenté comme un vol à travers les sphères célestes ou bien comme l'ascension d'une montagne.

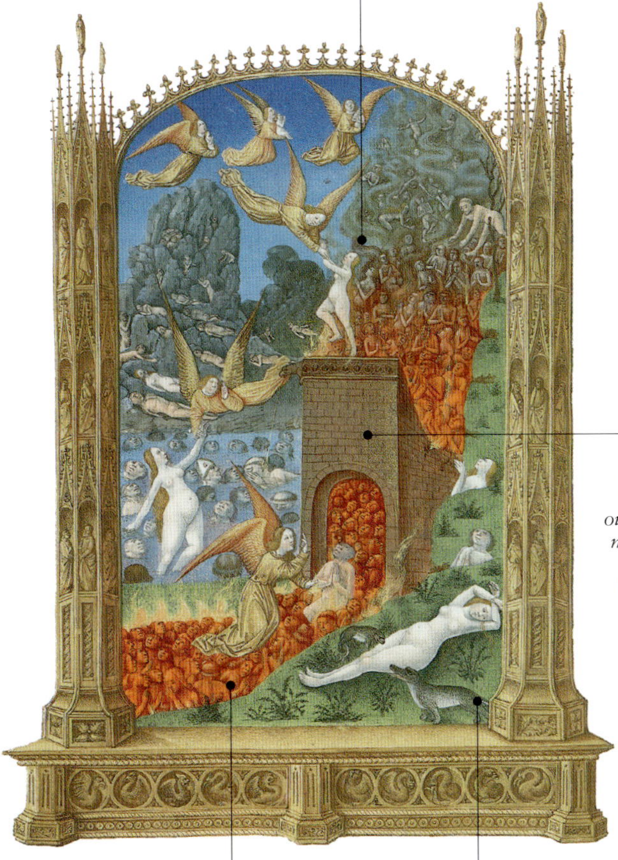

Le pont enjambant un fleuve de poix ou de feu est un motif récurrent dans l'iconographie du purgatoire.

Les pécheurs sont plongés dans des eaux glacées ou dans des torrents de feu selon les fautes dont ils se sont rendus coupables pendant leur vie.

Les animaux comme l'once, la louve et le serpent symbolisent les tentations terrestres.

▲ Frères de Limbourg,
Les anges soulagent les âmes du purgatoire,
miniature des *Très Riches Heures du duc de Berry*, vers 1416
Chantilly, musée Condé

L'archange Michel, armé d'une épée flamboyante, garde la porte du paradis.

Les sept cercles du purgatoire correspondent aux sept péchés capitaux : l'avarice (ou la dilapidation), la colère, l'envie, la gourmandise, la luxure, l'orgueil et la paresse.

Les âmes des pécheurs conservent l'enveloppe corporelle qu'elles avaient pendant la vie, et elles sont ici représentées dans des attitudes de supplication.

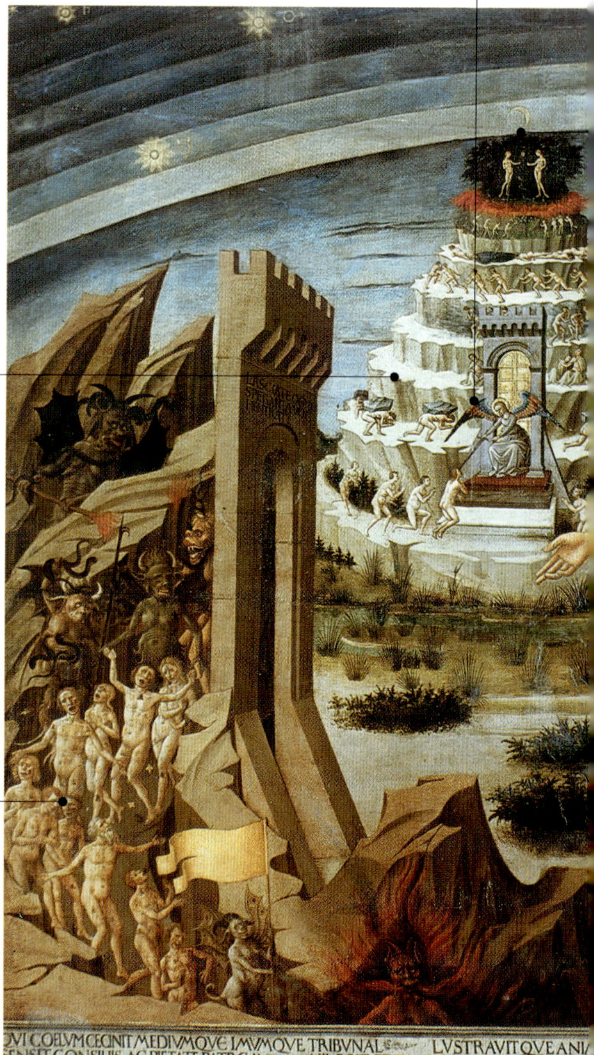

Au sommet de la montagne du purgatoire est situé le paradis terrestre, qu'habitent Adam et Ève.

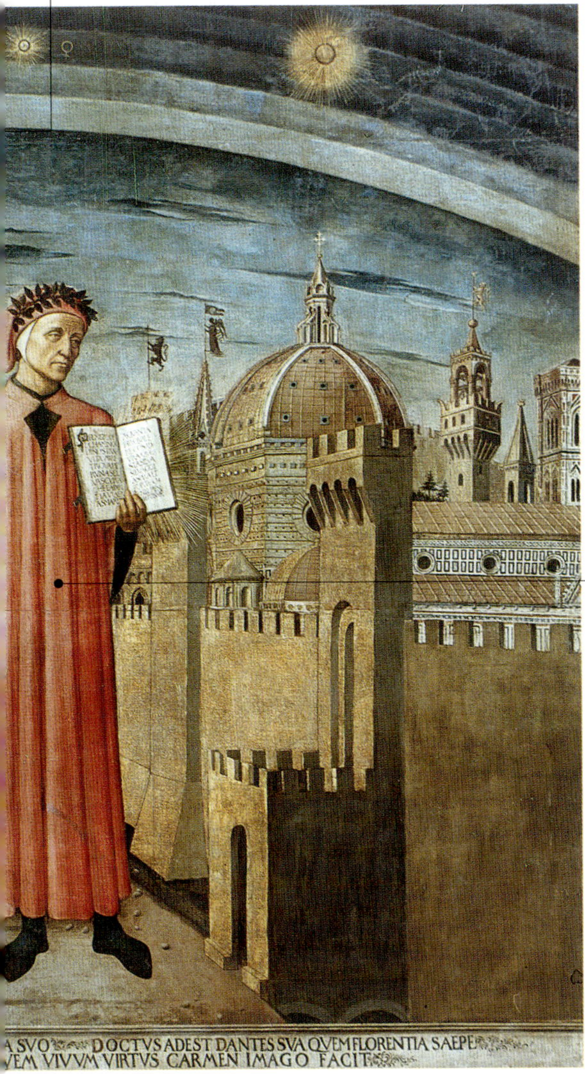

Dante Alighieri tient son volume de La Divine Comédie *ouvert sur le célèbre début du premier chant de* L'Enfer*: « Au milieu du chemin de notre vie, je me retrouvai par une forêt obscure car la voie droite était perdue. »*

◄ Domenico di Michelino, *La Montagne du purgatoire*, 1465
Florence, Santa Maria del Fiore

Signification : c'est le lieu limitrophe de l'enfer où séjournent les âme des justes non baptisés ou ayant vécu avant la venue de Jésus-Chris

Les limbes

Les limbes sont un lieu intermédiaire entre l'enfer et l paradis où reposent les âmes des justes qui ont vécu avan la naissance de Jésus-Christ et celles des enfants qui son morts sans avoir reçu le sacrement du baptême. Lors de sa descent aux enfers, accomplie durant les trois jours entre sa mort et s résurrection pour exaucer la requête de l'archange Michel, Jésus Christ libère et conduit au paradis Adam, les patriarches et les pro phètes bibliques ainsi que tous ceux qui ont vécu dans la foi et l grâce en attendant la venue du Messie. Selon certains exégètes, réfu tés par les Pères de l'Église saint Augustin et saint Thomas d'Aquin les grands hommes de l'Antiquité (philosophes, savants, chefs mili taires, poètes et lettrés) ont été aussi libérés des limbes et conduit au paradis. Le motif de la descente aux enfers, accomplie par u héros ou un dieu, provient des rites initiatiques antiques liés a culte d'Orphée et d'Hercule, où l'on célèbre la victoire de la vie su la mort. Dans la tradition orthodoxe, la descente de Jésus-Chris dans les limbes est étroitement liée aux fêtes pascales, dont elle es devenue le thème principal. Ce motif entre dans l'iconographi chrétienne à partir du IXᵉ siècle. La plus célèbre description de limbes chrétiens est celle que Dante fait dans sa *Divine Comédie*.

Étymologie du nom
Du latin *limbus*, « bordure, marge ».

Origine du symbole
Ce terme fut introduit au XIIIᵉ siècle par Pietro Lombardo.

Caractéristiques
Elles sont l'antichambre de l'enfer, et elles sont identifiées avec le « sein d'Abraham », où reposent les âmes des justes.

Traditions religieuses et philosophiques
L'orphisme, le judaïsme, le christianisme, l'islam.

Divinités et symboles en relation
Héraclès (Hercule), Orphée, Ulysse, Énée, Jésus-Christ, l'archange Michel ; les enfers, la croix.

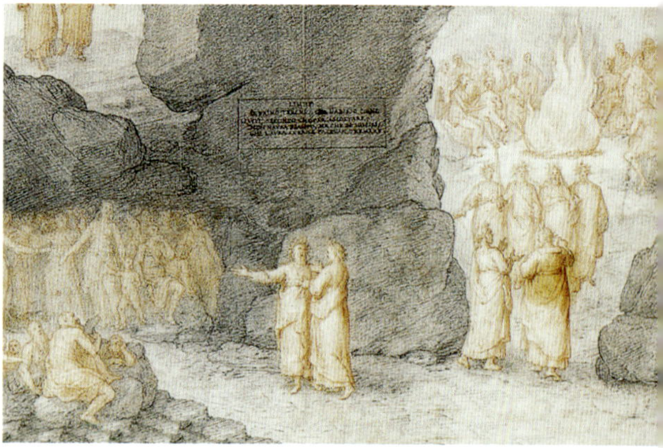

► Federico Zuccari, *Dante et Virgile rencontrent dans les limbes les âmes des justes païens* (détail), 1585-1588
Florence, Galleria degli Uffizi, cabinet des Dessins

Les limbes sont peuplés des âmes des justes non baptisés et des ombres des hommes illustres de l'Antiquité.

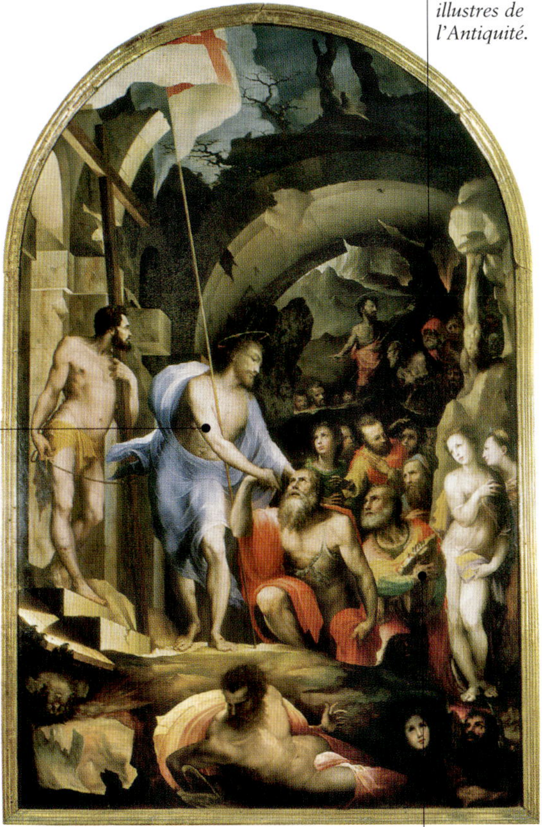

Enveloppé du linceul avec lequel il a été enseveli, Jésus-Christ descend dans les limbes pour libérer les âmes de ceux qui ont vécu dans la droiture.

Adam et les patriarches bibliques sont les premiers à être admis dans le royaume des cieux.

▲ Domenico Beccafumi,
La Descente de Jésus-Christ dans les limbes, 1536
Sienne, Pinacoteca Nazionale

Représentation: un abîme ou un cratère de feu divisé en neuf cercle peuplés de créatures démoniaques et des âmes des damnés.

L'enfer

Le troisième royaume de l'outre-tombe est situé dans le monde sou terrain, et il est décrit comme le lieu des peines et tourments éter nels. L'Ancien Testament accorde peu de place à la description d l'au-delà. Les juifs pensent que toutes les âmes des défunts, sans dis tinction de mérites ni de fautes, demeurent dans un lieu appel schéol, le royaume des ombres. Le Livre d'Hénoch, principal source iconographique de l'enfer chrétien, place aussi Satan et le anges rebelles dans cet abîme ténébreux.

La tradition la plus répandue divise l'enfer en neuf cercles, opposé aux neuf chœurs angéliques du paradis et correspondant, selon l conception du talion, aux fautes commises sur la terre. Ce moti iconographique se répand en Occident, à partir du IXe-Xe siècle dans les miniatures détaillées illustrant l'Apocalypse de saint Jean La principale source littéraire de l'enfer chrétien est cependan *La Divine Comédie*, de Dante, elle-même influencée par les des criptions classiques du royaume des morts (Homère, Platon, Vir gile, Ovide), par les évangiles apocryphes et par les exégèses arabe et scolastiques. Au fond de l'abîme infernal demeure Satan, ou Lucifer tricéphale, représenté en train de dévorer les damnés.

Étymologie du nom
Du latin *infernus*, « inférieur, d'en bas ».

Origine du symbole
Il provient de descriptions des évangiles apocryphes et de visions de moines du Moyen Âge.

Caractéristiques
Il est le lieu de la damnation éternelle, où demeurent les pécheurs impénitents.

Traditions religieuses et philosophiques
Le judaïsme, le christianisme, l'islam, le gnosticisme.

Divinités et symboles en relation
Satan, Lucifer, Léviathan, l'Antéchrist, les anges rebelles; la roue de la torture, le gril infernal, les ténèbres, le feu destructeur, le masque mortuaire, la bouche dévorante.

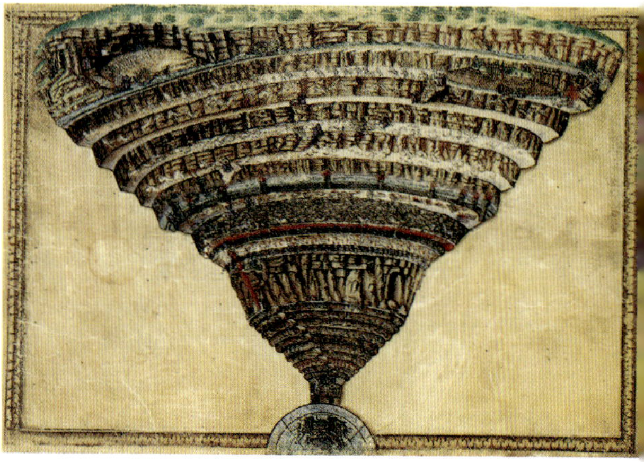

► Sandro Botticelli, *L'Enfer*, frontispice de *La Divine Comédie* de Dante commentée par Cristoforo Landino, Florence, 1481

Des serpents et des crapauds mordent la poitrine et les parties génitales des coupables de luxure.

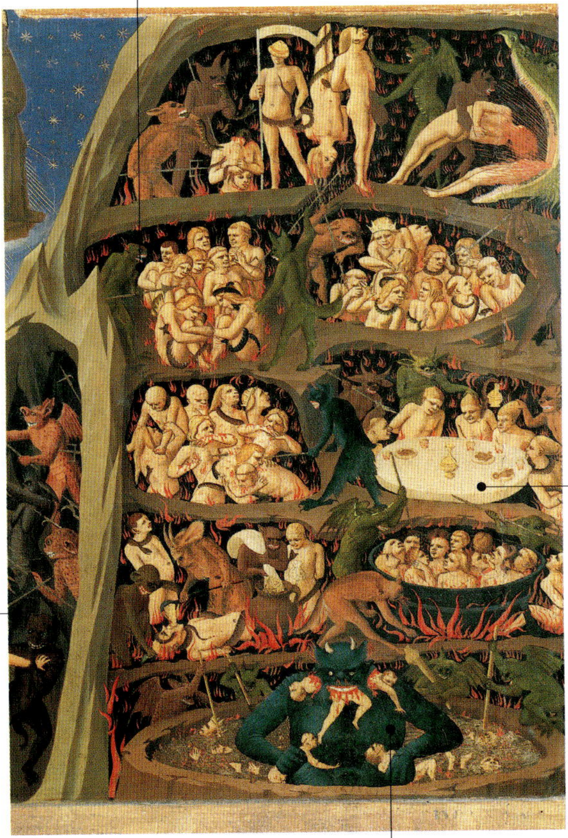

*L'iconographie de l'enfer chrétien s'en tient à des normes rigoureusement codifiées, comme celles édictées dans l'*Elucidarium *d'Honorius d'Autun, qui divise l'enfer en neuf cercles concentriques.*

À chaque cercle correspond la punition d'un péché, selon la conception du talion. Dans ce cercle, les gourmands sont contraints de faire abstinence de toute nourriture et boisson.

En dévorant toutes les créatures sous toutes leurs formes, Satan a pour fonction de les ramener à l'indistinction originaire.

▲ Fra Angelico,
Les Peines des condamnés à l'enfer,
détail du *Jugement dernier*, 1432-1433
Florence, musée de San Marco

Représentation: un trajet sur des mers ou terres inconnues, ou bien une descente aux enfers. Il exprime la tension vers la recherche, la découverte et le changement.

Le voyage

Le voyage représente l'initiation et la découverte, et il est figuré comme un itinéraire imaginaire dans le royaume de l'au-delà ou dans des régions inexplorées.

De nombreux récits mythiques utilisent le thème du voyage pour décrire l'agrandissement d'un territoire déterminé, pour raconter les pérégrinations d'un peuple chassé de sa terre ou pour illustrer l'acquisition de la connaissance ou d'une dimension spirituelle supérieure. Ce trajet hautement symbolique est représenté par le voyage de l'âme après la mort, du héros dans les enfers, des Rois mages vers Bethléem ou du chevalier solitaire à travers la forêt obscure.

La descente dans l'outre-tombe s'inspire du voyage nocturne du soleil dans les étendues infernales, et elle est étroitement liée au symbolisme vivifiant de cet astre, qui se régénère quotidiennement en vainquant la mort (les ténèbres de la nuit). Le voyage représente en outre le retour aux origines, le *regressus ad uterum* de la Terre Mère.

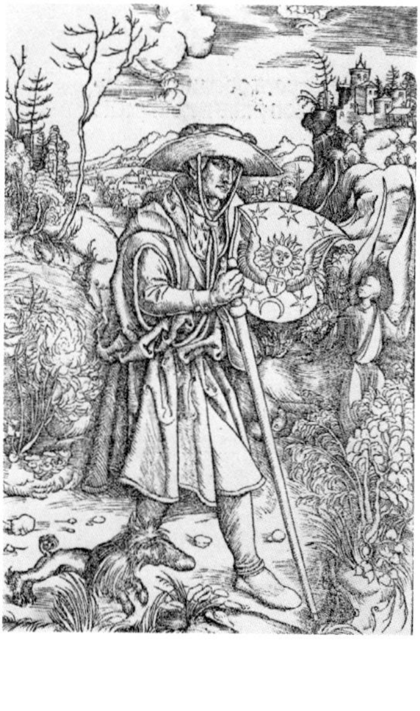

Le voyage intérieur de l'âme est au contraire associé à la connaissance de soi, prélude indispensable à la connaissance du monde et de Dieu.

La recherche de la terre promise ou du paradis perdu et le pèlerinage en Terre sainte sont au nombre des représentations littéraires, religieuses et psychologiques les plus significatives de ce motif symbolique.

Étymologie du nom
Du latin *viaticum*, « viatique », « ce qui sert à faire la route » à la recherche d'une voie.

Origine du symbole
Il provient des rites initiatiques antiques liés au culte des héros solaires (Gilgamesh, Orphée, Hercule, Jésus-Christ), par lesquels on célébrait la victoire de la vie sur la mort.

Caractéristiques
Le voyage de l'âme exprime la recherche de la félicité, de la vérité et de l'immortalité; le déplacement physique représente la conquête d'un nouveau territoire.

Traditions religieuses et philosophiques
Le judaïsme, le christianisme, l'islam, le gnosticisme.

Divinités et symboles en relation
Hermès (Mercure), Héraclès (Hercule), Orphée, Jésus-Christ; la terre promise, le rêve, la mort.

Les voiles déployées sont un symbole de la fortune, qui change avec le vent.

Les colonnes d'Hercule représentent les confins extrêmes du monde antique.

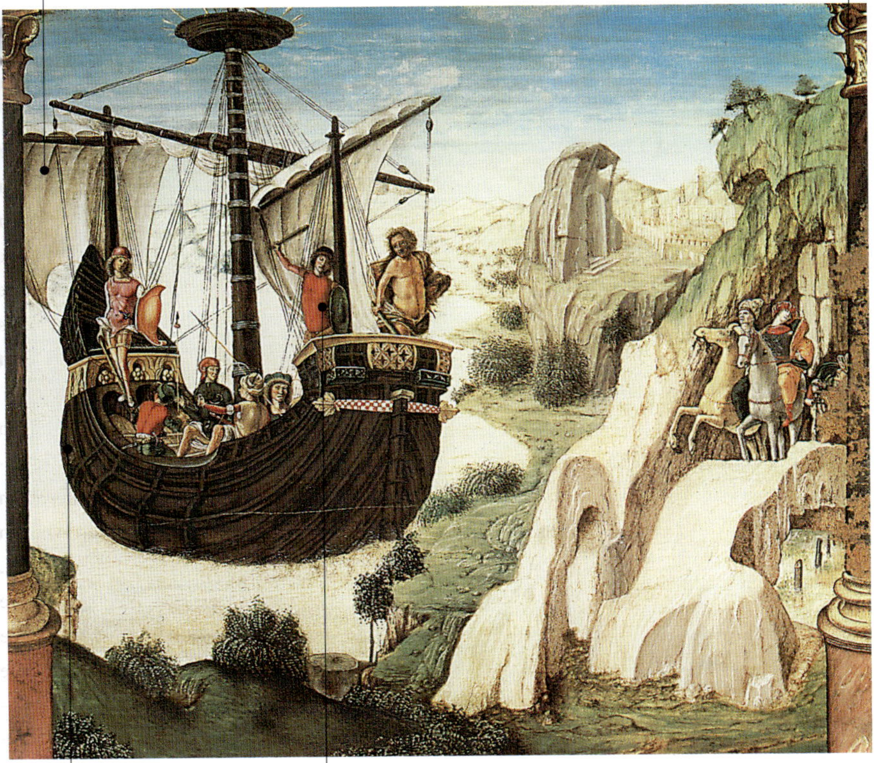

L'expédition des Argonautes est inspirée de L'Odyssée, *archétype de tous les récits de voyage.*

Les Argonautes possèdent des qualités morales, intellectuelles et physiques surhumaines.

◄ Albrecht Dürer,
Gerson vêtu en pèlerin, 1494,
frontispice de la *Quarta pars operum* de Jean de Gerson,
Strasbourg, 1502

▲ Lorenzo Costa,
L'Expédition des Argonautes, 1484-1490
Padoue, Museo Civico degli Eremitani

L'archange Gabriel fait sonner l'une des sept trompettes de l'Apocalypse.

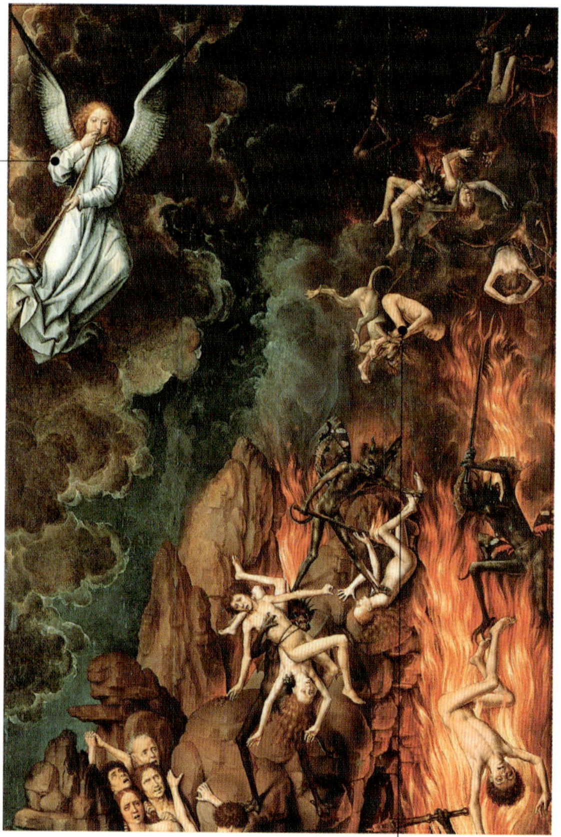

Les damnés sont précipités en tourbillon dans le gouffre infernal, où ils sont accueillis par des diables et des démons.

▲ Hans Memling,
La Chute des âmes dans l'enfer, détail d'un panneau du *Triptyque du Jugement dernier*, 1466-1473
Gdańsk, Muzeum Narodowe

Pour s'assurer de passer dans la sphère suivante, les bienheureux apprenaient par cœur des formules magiques recueillies dans des traités de démonologie.

Cette source intarissable de lumière est l'Empyrée, mot qui signifie « tout en feu ».

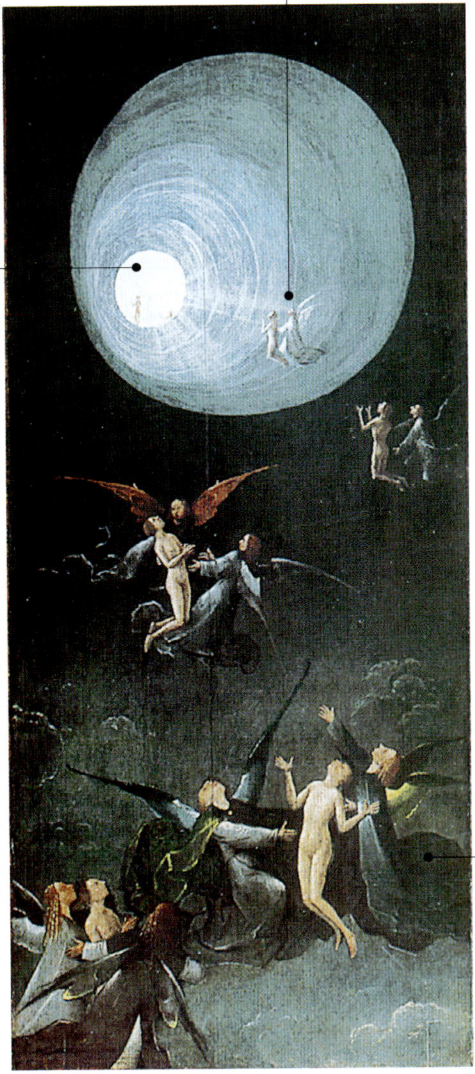

Le voyage des âmes des bienheureux, chacune étant escortée par un ange gardien, est représenté comme un mouvement ascendant à travers les sphères célestes.

▲ Jérôme Bosch, *La Montée des âmes vers l'Empyrée*, panneau latéral d'un *Jugement dernier* (?), 1500-1503 Venise, palais des Doges

La jeune femme qui tient la pelote est Ariane, fille de Minos, roi de Crète; elle incarne l'élément féminin (anima) *de Thésée.*

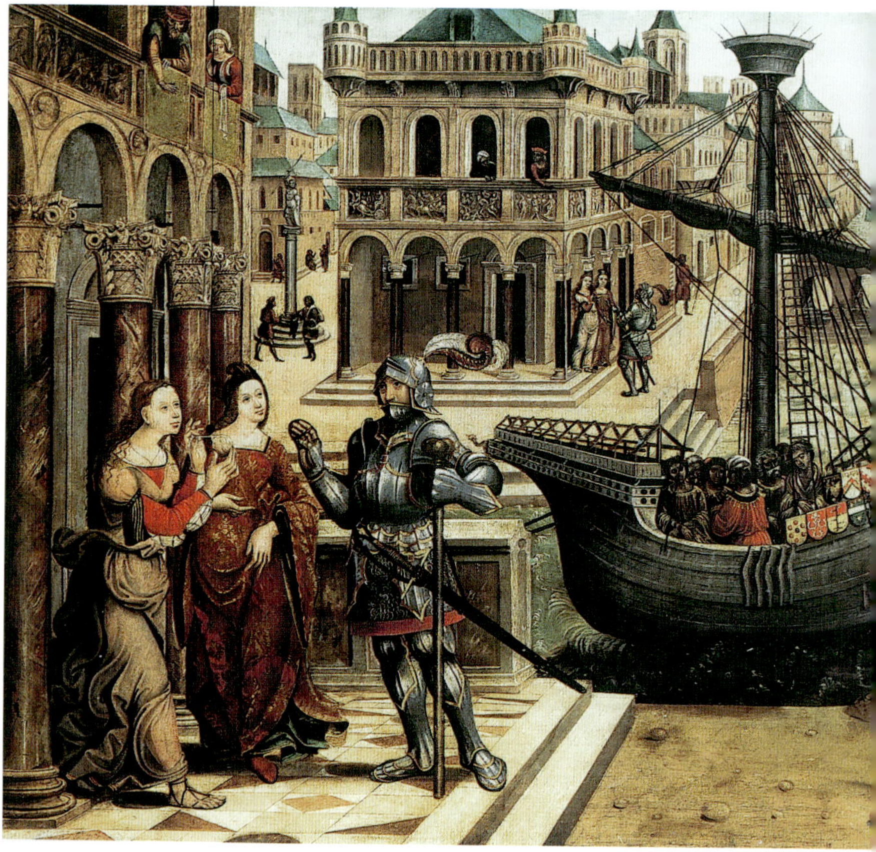

▲ Maître des Coffres Campana,
Thésée et le Minotaure, 1510-1520
Avignon, musée du Petit-Palais

La victoire de Thésée sur le Minotaure représente la domination de la raison sur les instincts cruels et sur les pulsions inconscientes.

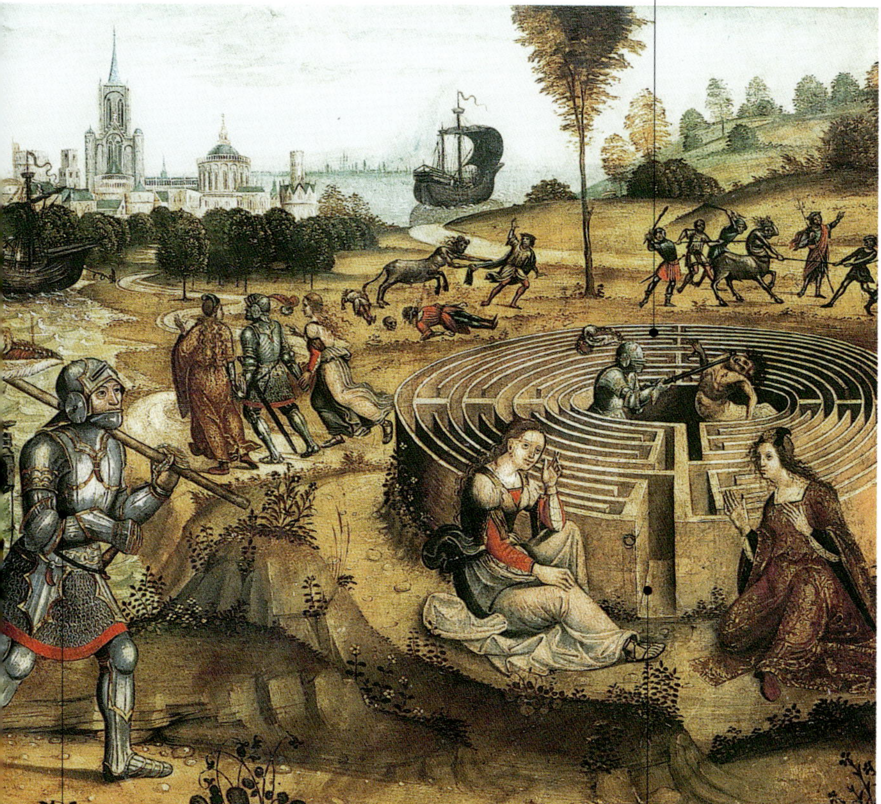

Thésée est représenté comme un chevalier du XVIe siècle. C'est une habitude répandue chez les peintres de la Renaissance que de situer un récit mythique dans un décor de leur époque.

Le labyrinthe symbolise le voyage intérieur du héros dans son propre inconscient.

La caverne obscure est l'image de l'inconnu.

Cette carte céleste représente le système aristotélo-ptolémaïque, sur lequel se fondent alors la géographie et l'astronomie ainsi que l'exégèse des textes bibliques.

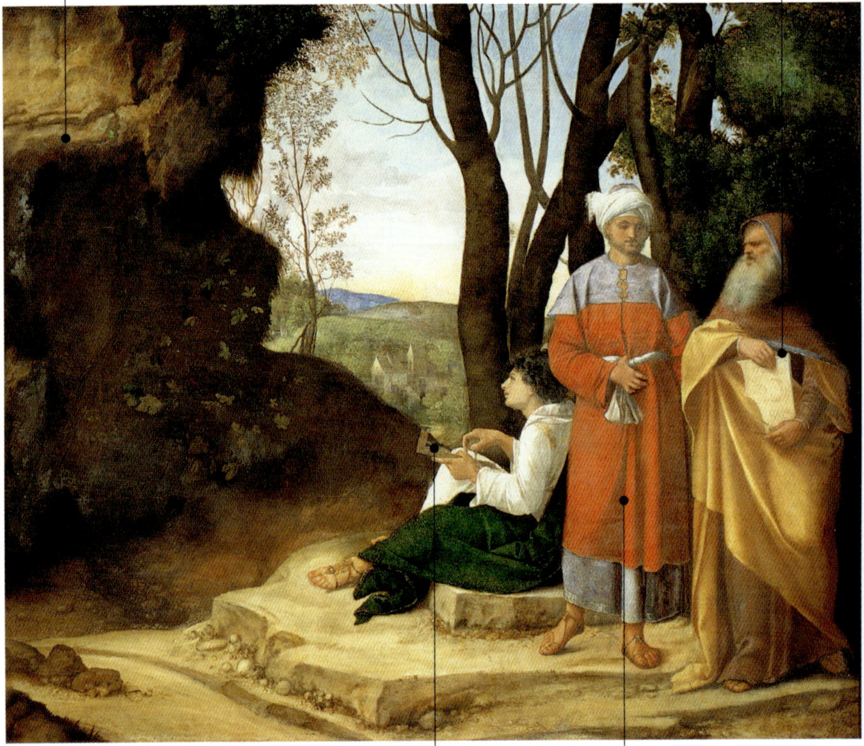

La règle et le compas sont les instruments essentiels servant à s'orienter avant l'invention de la boussole.

Habillés à la manière de philosophes ou de savants antiques, les Rois mages représentent l'union des connaissances scientifiques et ésotériques de l'Orient et de l'Occident.

▲ Giorgione,
Les Trois Philosophes, vers 1504
Vienne, Kunsthistorisches Museum

Figure centrale de la poésie romantique, le voyageur n'a pas de but prédéterminé.

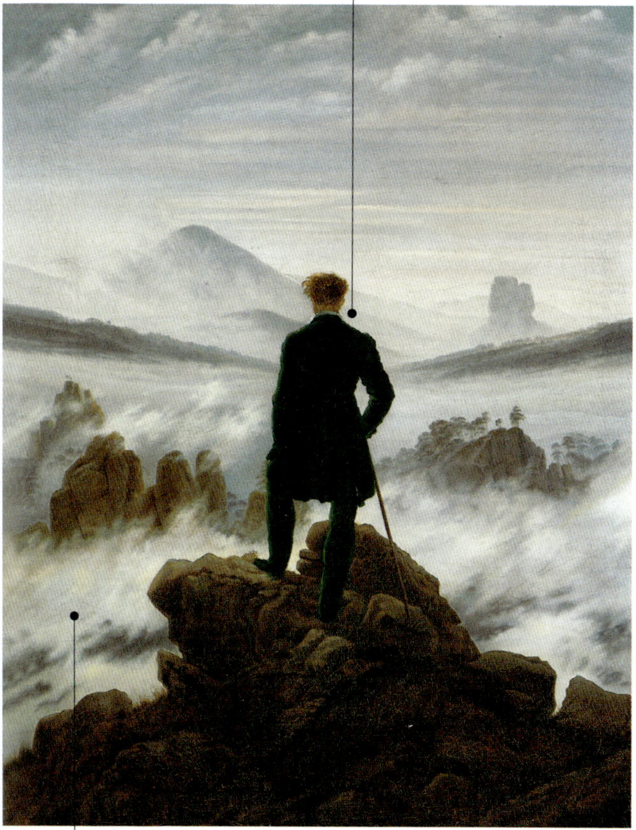

La mer de nuages est un symbole du sublime, ce « sentiment » particulier éprouvé dans la contemplation de la nature.

▲ Caspar David Friedrich,
Le Voyageur au-dessus de la mer de nuages, 1815
Hambourg, Kunsthalle

Représentation: un voyage ou une vision où le protagoniste est guidé par des forces étrangères à sa volonté.

Le rêve

Le rêve représente une dimension parallèle à la réalité, caractérisée par un rapport privilégié avec les sphères du divin et de l'inconscient. Dans la mythologie grecque, il est identifié avec les dons du dieu Hypnos (le Sommeil), fils de la Nuit et frère d'Éros (l'Amour) et de Thanatos (la Mort). Comme le révèle l'étymologie de son nom, le Sommeil est une divinité ambivalente, dispensatrice de dons contradictoires: ou le repos nocturne, par lequel l'homme se régénère après les fatigues du jour, ou les cauchemars terrifiants, ou la connaissance de l'avenir, souvent communiquée par l'esprit des défunts à travers prophéties et prémonitions. Si le rêve nocturne représente la clairvoyance et l'union (extatique ou amoureuse) de l'homme et de la divinité, le rêve éveillé est au contraire étroitement lié à la faculté cognitive de l'imagination. À la Renaissance, les représentations du rêve sont tirées de la Bible, de visions de mystiques chrétiens, de textes littéraires et mythologiques gréco-latins et de l'*Hypnerotomachia Poliphili* (1499; *Le Songe de Poliphile*), de Francesco Colonna, répertoire inépuisable de symboles et d'emblèmes.

Étymologie du nom
Apparaît au XVIIe siècle, à côté du mot songe, qui vient du latin *somnium*, « rêve, chimère ».

Origine du symbole
Il provient de l'épisode biblique du songe de Jacob, du *Somnium Scipionis* (*Le Songe de Scipion*), de Cicéron, de visions mystiques de moines du Moyen Âge, et de la littérature profane et religieuse.

Caractéristiques
C'est un état psychique qui échappe complètement au contrôle rationnel du sujet et en libère les pulsions inconscientes. Il peut avoir une valeur prémonitoire, prophétique, introspective, initiatique, visionnaire, télépathique et cathartique.

Divinités et symboles en relation
La Nuit, Hypnos, Thanatos, Éros-Phanès, Morphée, Phébus (Apollon), Hermès (Mercure), Orphée; la mort, les vices, les vertus, l'au-delà.

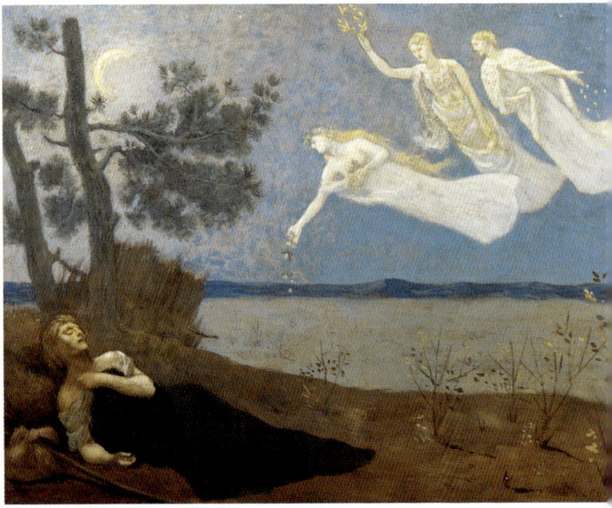

Cette lueur signale la présence de Dieu.

L'ange descend sur la terre pour révéler à l'empereur le signe grâce auquel il remportera la victoire sur Maxence.

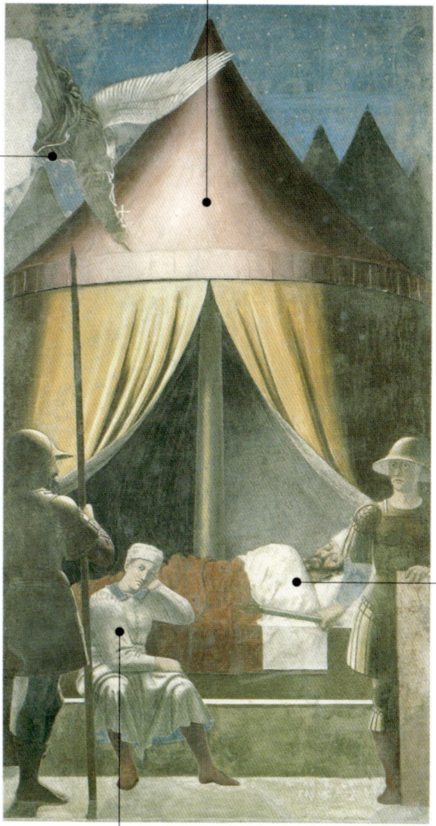

Constantin voit apparaître en songe la croix sur laquelle Jésus-Christ a été crucifié.

Le jeune page endormi a pour tâche de veiller sur le repos de l'empereur.

◄ Pierre Puvis de Chavannes, *Le Rêve* (détail), 1883
Paris, musée d'Orsay

▲ Piero della Francesca, *Le Songe de Constantin*, détail de l'*Histoire de la vraie croix*, vers 1457-1458
Arezzo, église San Francesco

L'ange, messager de la vertu, réveille le jeune homme de la torpeur du vice.

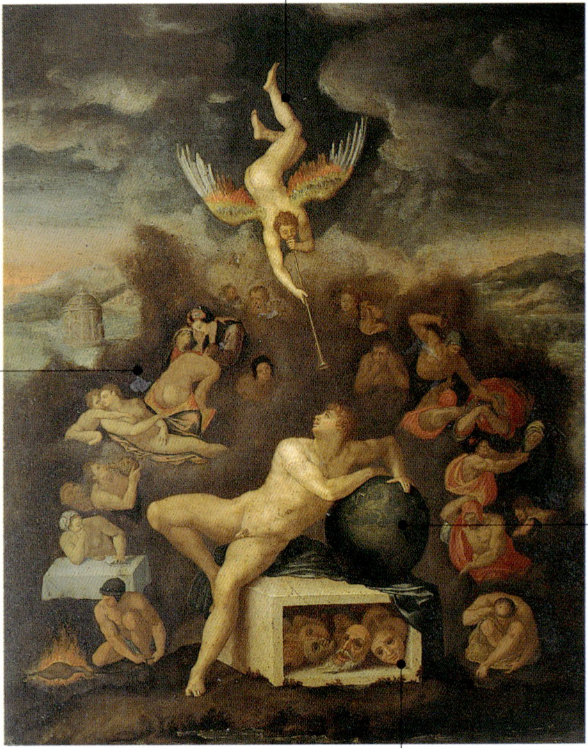

Les figures à l'arrière-plan personnifient les péchés capitaux.

Le globe terrestre représente l'inconstance de l'âme humaine, toujours en équilibre instable entre la voie du vice et celle de la vertu.

Les masques sont un symbole de la fausseté et du mensonge.

▲ Michel-Ange (d'après), *Le Rêve*, XVIe siècle
Florence, Casa Buonarroti

Ce petit monstre repoussant, moitié diable et moitié singe, représente les forces démoniaques qui surgissent dans les cauchemars.

Le cheval blanc est la traduction picturale d'un démon nocturne du folklore franco-allemand : « Mar », la jument infernale qui habite les abîmes de la terre.

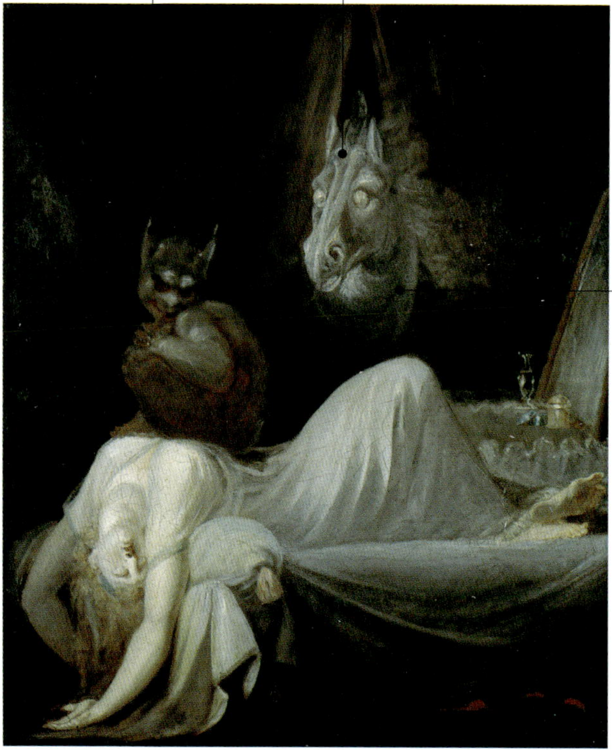

L'aspect livide et spectral ainsi que le regard fixe et laiteux sont inspirés d'une célèbre gravure de Dürer, Le Cavalier, la Mort et le Diable *(repr. p. 83).*

▲ Johann Heinrich Füssli, *Le Cauchemar*, 1790-1791
Francfort, Goethe Museum

Les héros des Poèmes d'Ossian *ont inspiré de très nombreux artistes du* XIXe *siècle, dont Runge, Carstens, Füssli et Abildgaard.*

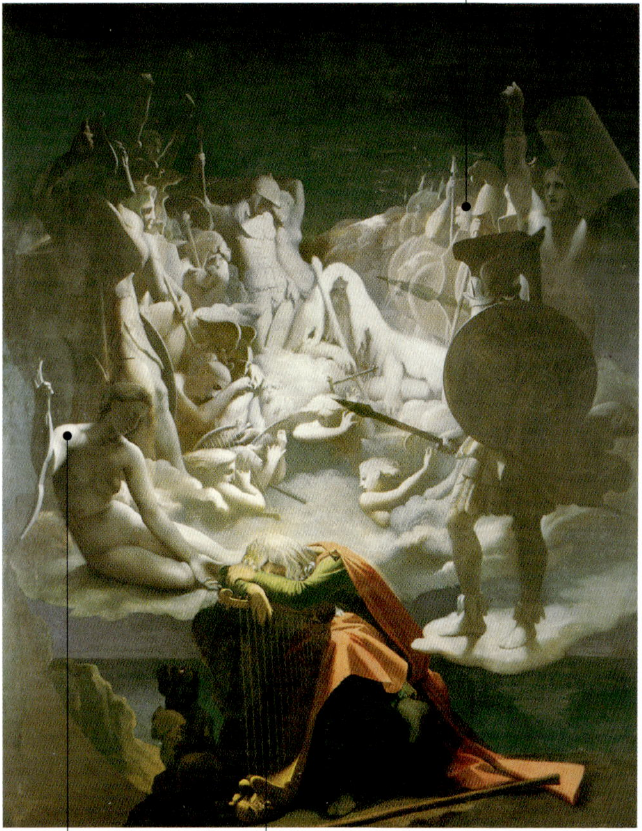

Les personnages évoqués par Ossian ont les traits et les attitudes des héros de la mythologie classique.

Ossian personnifie le poète dont l'inspiration puise essentiellement dans le rêve.

▲ Jean-Auguste-Dominique Ingres,
Le Songe d'Ossian, 1813
Montauban, musée Ingres

Dans la transposition onirique, les tigres représentent le bourdonnement que la jeune femme entend dans son sommeil.

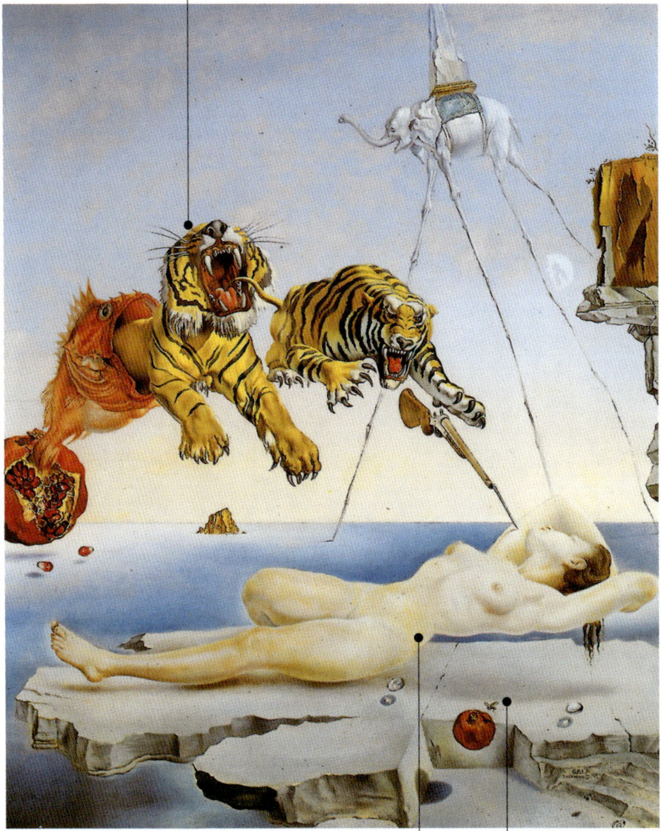

Le peintre trouve une source d'inspiration de ses tableaux dans les images des rêves de son épouse Gala.

L'abeille est sur le point de piquer le fruit : c'est une figuration de l'instant qui précède le réveil.

▲ Salvador Dali,
Rêve provoqué par le vol d'une abeille autour d'une grenade, une seconde avant le réveil, 1944
Lugano, collection Thyssen-Bornemisza

L'échelle

Signification : elle est l'instrument imaginaire de l'élévation spirituelle, intellectuelle et morale.

Étymologie du nom
Du latin *scala*, dont la racine signifie « monter ».

Origine du symbole
Il provient de l'échelle de Rê du *Livre des morts* égyptien et des mystères mythriaques de la fin de l'Antiquité, adaptés selon l'eschatologie chrétienne des Pères de l'Église.

Caractéristiques
Elle indique la conquête graduelle de l'élévation spirituelle et permet de relier la terre au ciel.

Traditions religieuses et philosophiques
Le judaïsme, les mystères mythriaques, le christianisme, l'islam, le gnosticisme, l'alchimie.

Divinités et symboles en relation
Jésus-Christ, Mythra ; la montagne, la croix, l'arche, l'arbre, les arts libéraux, les vertus, l'arc-en-ciel, la terre, le ciel, le paradis, l'enfer.

L'image de l'échelle indique le désir de rétablir le contact perdu entre l'homme et la divinité, entre le ciel et la terre. Dans l'iconographie chrétienne, elle peut compter sept ou douze échelons. Ce deuxième chiffre correspond au nombre des apôtres, et le premier, au nombre des différents niveaux de l'élévation spirituelle (les sphères planétaires que l'âme doit traverser pour arriver au ciel des étoiles fixes, ou bien les sept arts libéraux, symboles de l'acquisition de la perfection par l'éducation morale et intellectuelle). Le motif biblique de l' « échelle de Jacob » (la porte du ciel) est la source littéraire et iconographique sur laquelle se fondent les interprétations mystiques de la patristique chrétienne. Au Moyen Âge, le monastère cistercien est appelé *scala Dei* pour souligner l'ascension spirituelle du moine par la pratique quotidienne de la prière.

L'échelle représente un voyage de type initiatique, qu'il ait pour but le ciel ou les enfers.

La croix de Jésus-Christ sublime la fonction de l'échelle comme moyen de l'ascèse mystique : elle est l'instrument sacrificiel grâce auquel l'humanité est rachetée du péché et libérée de la damnation éternelle. En alchimie, l'échelle est le symbole de la structure de l'univers.

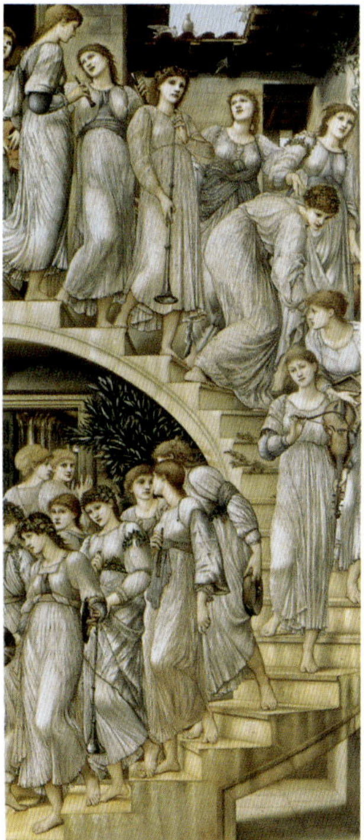

► Edward Burne-Jones, *L'Échelle d'or*, vers 1872-1880
Londres, Tate Gallery

L'échelle d'or représente la Scala Paradisi. *Les trente échelons correspondent aux différentes étapes de l'élévation spirituelle.*

Les anges désignent les différents barreaux de l'échelle céleste.

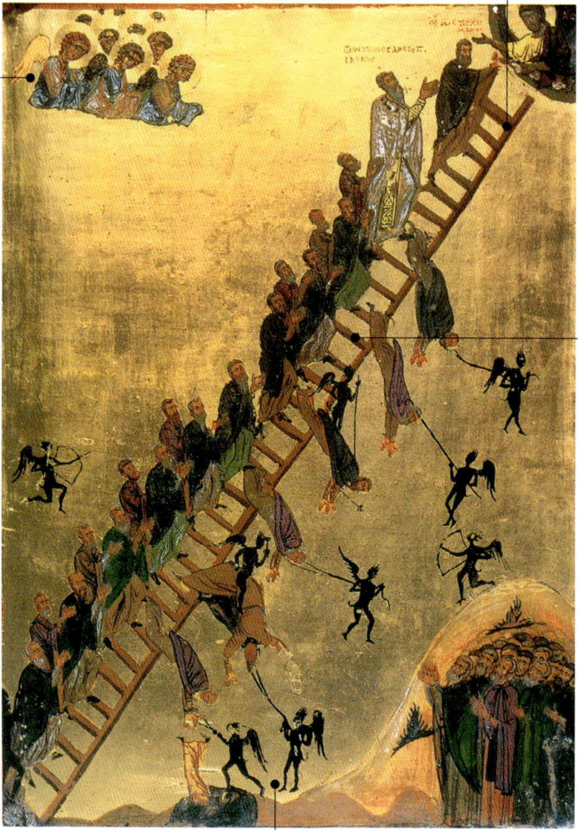

À chaque barreau est associé un livre des Saintes Écritures, comme les Proverbes, l'Ecclésiaste, le Cantique des cantiques.

Les diables, qui personnifient les vices, ramènent sur terre les âmes de ceux qui n'ont pas réussi à franchir les étapes de l'ascension.

▲ *L'Échelle allégorique de saint Jean Climaque*, icône, fin du XIIe siècle
Sinaï, monastère de Sainte-Catherine

Au sommet de la montagne est représenté le paradis céleste, demeure de Dieu et des anges.

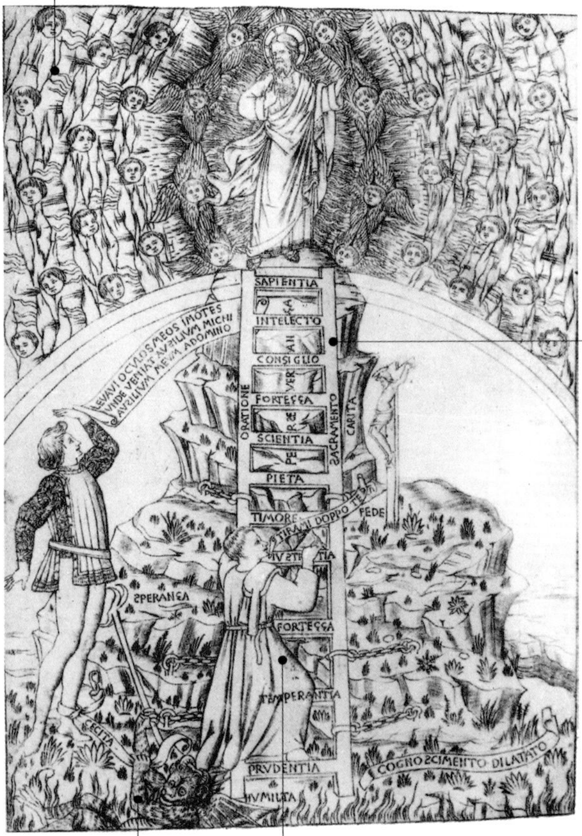

L'échelle représente le chemin de l'élévation spirituelle. Les barreaux, dont le nombre correspond à celui des apôtres, portent l'inscription du nom d'une vertu morale ou intellectuelle

Le diable tentateur cherche à empêcher l'homme de tourner son regard vers le ciel et de se libérer des passions terrestres.

Pour accéder au royaume des cieux, le fidèle se dépouille de l'orgueil et endosse le vêtement simple de l'humilité.

▲ Sandro Botticelli,
La Montagne des vertus, illustration de *La Sainte Montagne de Dieu* d'Antonio Bettini, Florence, 1477

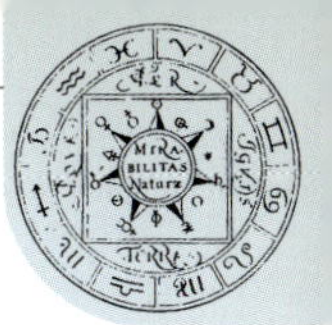

Représentation: elle apparaît comme un lieu inaccessible, entouré d'obstacles infranchissables: lacs profonds, labyrinthes, épaisses couches de nuages.

La montagne

La montagne est le lieu de la manifestation du sacré (hiérophanie) et du divin (théophanie): le mont Thabor, lieu de sépulture d'Adam, marque l'*omphalos*, le centre ombilical du monde, Moïse reçoit les tables de la Loi sur le mont Sinaï, et Jésus-Christ est crucifié sur la colline du Golgotha. Les montagnes ouvrent et ferment le cycle de la révélation judéo-chrétienne et marquent le passage de l'âge dominé par la loi divine à l'ère du pardon, illuminée par la grâce. Le caractère mystique attribué à la montagne résulte du fait que, sur son sommet, souvent caché par une épaisse couche des nuages, se célèbrent les noces sacrées (hiérogamie) du ciel et de la terre. C'est en outre sur ses pentes que sont situées les portes du royaume des morts, symbole du retour au commencement: le ventre de la Grande Mère. Dans presque toutes les théogonies, la montagne est le lieu de la concentration maximale du divin. C'est vrai en particulier pour le monde grec, qui fait de ses montagnes (l'Olympe, le Parnasse, l'Hélicon) les demeures des dieux. La montagne sacrée se dresse au centre du monde, et – comme la croix, l'échelle et l'arbre – elle en représente l'axe et la racine. Enfin, elle symbolise les qualités spirituelles de la psyché humaine.

Étymologie du nom
Du latin médiéval *montanea*.

Caractéristiques
Elle représente le centre du monde et le moyen de monter au ciel et de retourner au commencement.

Traditions religieuses et philosophiques
Le judaïsme, le christianisme, l'islam.

Divinités et symboles en relation
Zeus (Jupiter), Phébus (Apollon), les Muses; l'échelle, la croix, les vertus, le paradis terrestre, le purgatoire, le centre, le triangle, le rectangle, le temple, l'arc-en-ciel, l'œuf cosmique, la caverne, l'utérus, la fontaine.

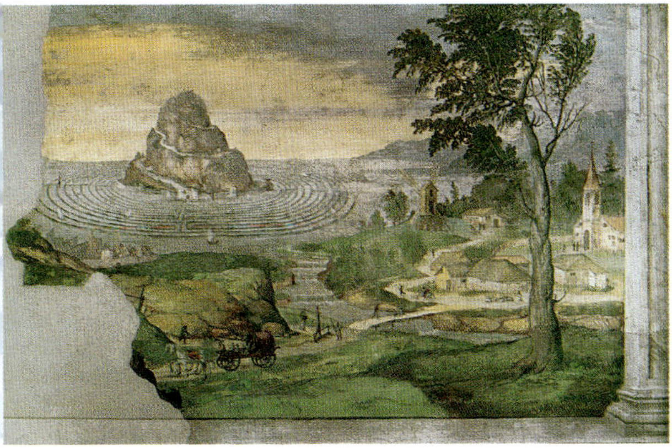

◄ Lorenzo Leombruno, *L'Olympe entouré du labyrinthe*, vers 1510
Mantoue, palais ducal, salle des Chevaux

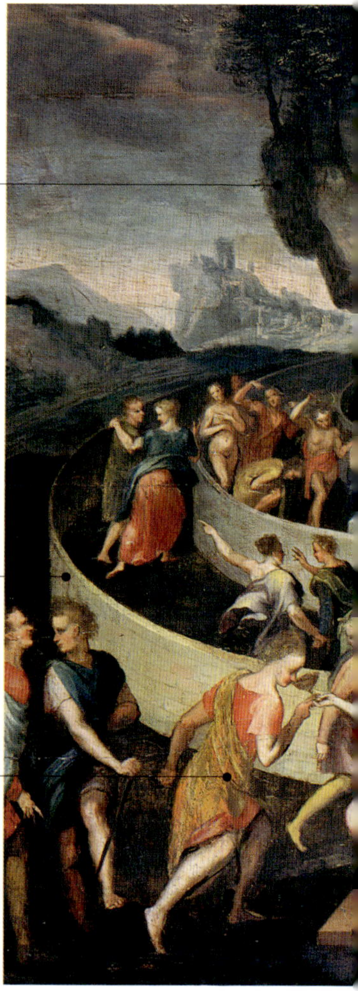

L'image de la montagne comme allégorie de la vie humaine est tirée d'un dialogue philosophique du Ier siècle connu sous le titre de Pinax.

Les zones concentriques représentent les différents vices humains et les plaisirs terrestres, qui détournent l'homme de la voie de la vertu.

Le jeune homme reçoit de Vénus une fleur parfumée, allusion symbolique à la luxure et aux plaisirs des sens.

► Quentin Varin,
Tabula Cebetis, 1600-1610
Rouen, musée des Beaux-Arts

Au sommet de la montagne trône la Béatitude : elle accueille un nouvel initié et le fait couronner.

Les figures qui entourent le fidèle sont des personnifications des vertus cardinales.

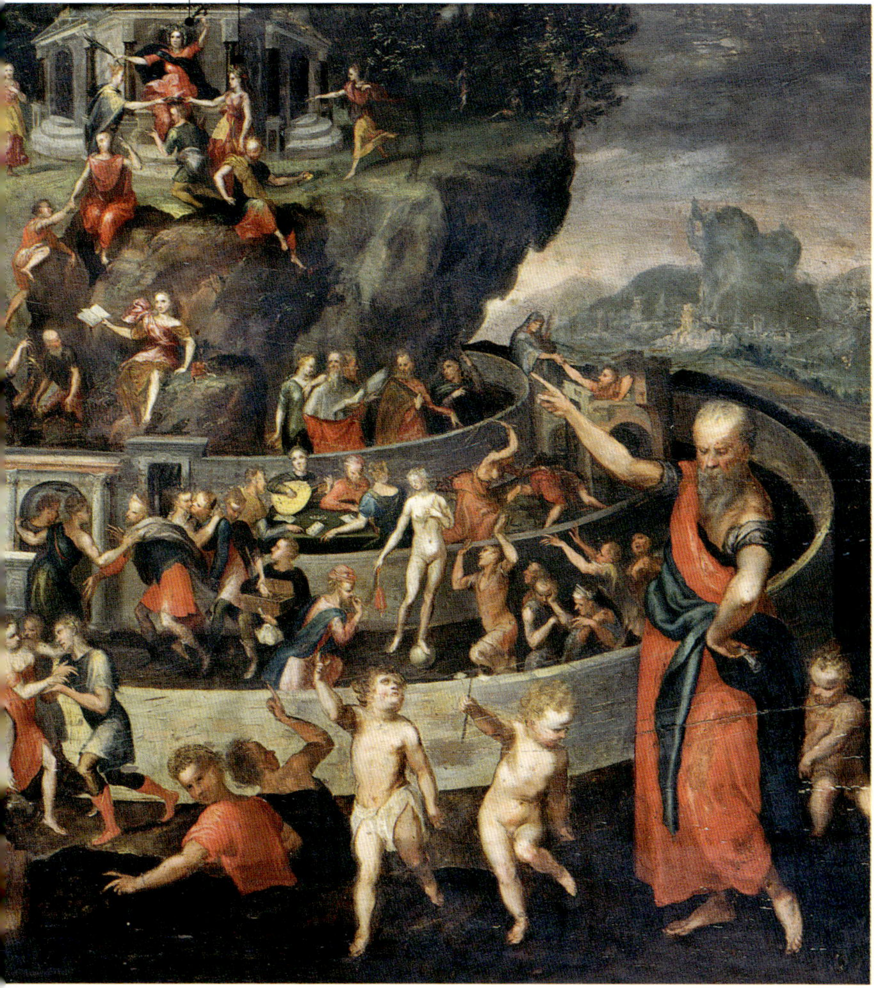

La forêt

Représentation: sous l'aspect d'un lieu obscur et solitaire, au centre duquel s'ouvre une clairière lumineuse, symbole de l'accès à l'initiation spirituelle.

La forêt peut être interprétée aussi bien comme un lieu sacré que comme une image symbolique des peurs les plus profondes de l'inconscient. Cette valeur sacrée résulte du fait qu'elle est constituée de milliers d'arbres, symboles de la lymphe vitale de l'univers et de la capacité régénératrice de la nature. Toutefois, à cause de l'obscurité qui l'envahit et de l'enchevêtrement de la végétation, la forêt a été aussi considérée comme la demeure de créatures mystérieuses, hybrides ou démoniaques (elfes, gnomes, dragons, géants, satyres, centaures, nymphes, sorcières), et identifiée avec l'inconnu. Parmi les plus importantes créatures sylvestres, citons les Hommes des bois, personnifications de la nature sauvage antérieure à l'introduction de l'agriculture. Dans l'Antiquité, on vénère certains bois sacrés: celui habité par les Muses sur le mont Parnasse, ou bien la forêt de Dodone, en Épire, antique sanctuaire des peuples helléniques. Dans la littérature courtoise et à l'époque de la chevalerie, la traversée de la forêt obscure représente une épreuve initiatique. Du point de vue psychologique, la forêt est un symbole de la féminité encore inexplorée. Le cœur du bois, habituellement représenté par l'image de la clairière, désigne l'enceinte sacrée au sein de laquelle se produit la rencontre avec le divin.

Étymologie du nom
Du bas latin *forestis*, dont la racine signifie « en dehors de l'enclos ».

Caractéristiques
Elle représente la capacité régénératrice de la nature et la dimension de l'inconnu.

Traditions religieuses et philosophiques
Le judaïsme, le christianisme, l'islam.

Divinités et symboles en relation
Les Muses; la montagne, le paradis terrestre, le jardin, l'arbre, le labyrinthe, les vices, les vertus, l'échelle, la femme.

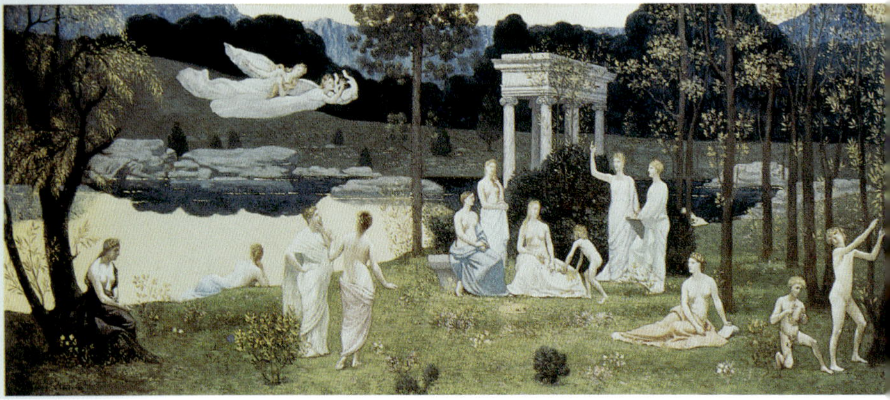

Le feu qui brûle éternellement, cœur sacré du bois, représente l'élévation de la nature à la dimension supérieure du divin.

La procession des vierges voilées s'inspire des images des vestales antiques.

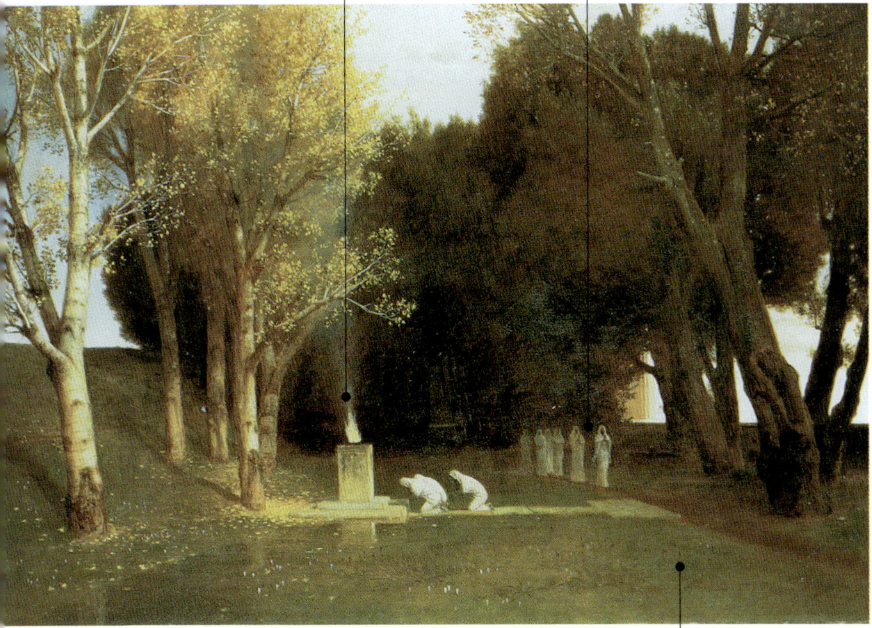

La clairière dans la forêt indique la présence d'un lieu sacré.

◄ Pierre Puvis de Chavannes, *Le Bois sacré*, 1884
Chicago, Art Institute

▲ Arnold Böcklin, *Le Bois sacré*, 1882
Bâle, Kunstmuseum

Le héros solaire traverse les ténèbres grâce à l'aide d'un guide spirituel: le crucifix, emblème de la foi dans le seul et vrai Dieu.

Le cerf représente la victoire de la vie sur la mort, de la lumière sur les ténèbres.

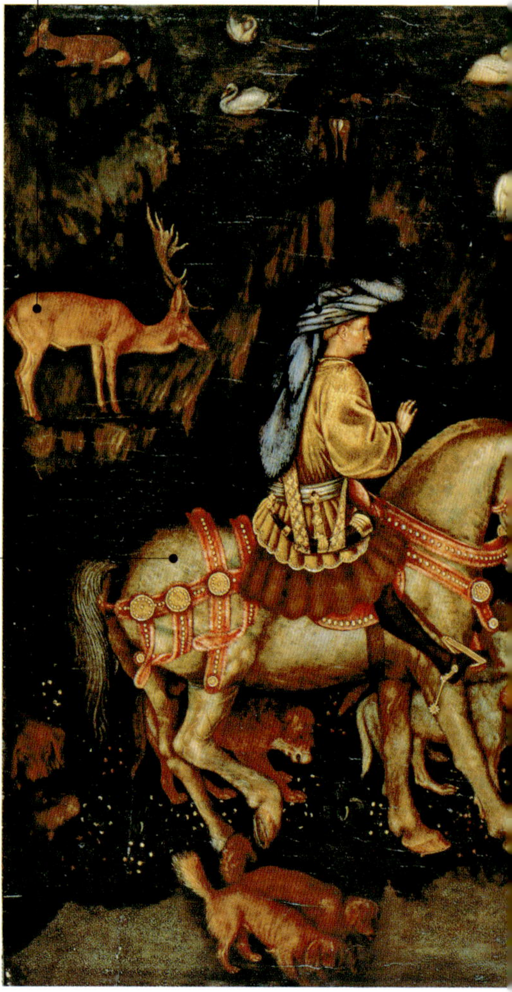

Le motif du chevalier solitaire s'enfonçant dans une forêt obscure est la version que donne la littérature courtoise du topos *classique du voyage aux enfers.*

► Pisanello,
La Vision de saint Eustache, vers 1430
Londres, National Gallery

La croix lumineuse qui apparaît entre les bois du cerf confère à l'animal la fonction d'instrument de la grâce divine.

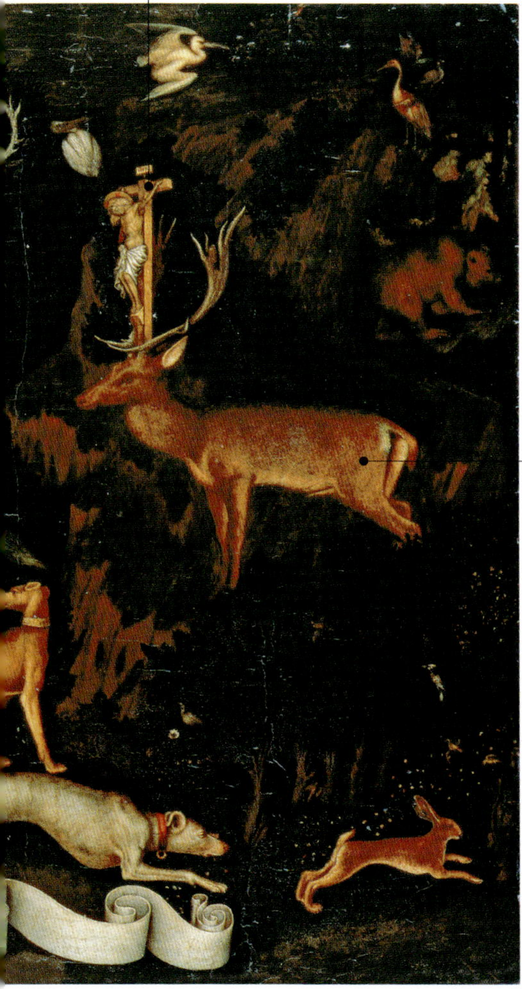

Le rôle salvateur attribué au cerf résulte aussi bien de la propriété de ses bois de se régénérer périodiquement que du fait qu'il était considéré comme un animal sacrificiel. Dans les chasses à courre au Moyen Âge et à la Renaissance, ce rite du sacrifice était répété sous une forme profane, dépouillée de toute valeur symbolique.

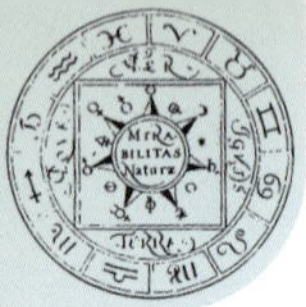

Signification : il représente l'axe et le centre mystique du cosmos, et est un élément de conjonction entre les mondes souterrain (le racines), terrestre (le tronc) et céleste (les branches).

L'arbre

Étymologie du nom
Du latin *arbor*.

Caractéristiques
Il symbolise la conciliation des contraires, représentant aussi bien le moyen de la montée au ciel que le retour au commencement (la Terre Mère).

Traditions religieuses et philosophiques
Le zoroastrisme, le judaïsme, le christianisme, l'islam, la kabbale, l'alchimie, l'hermétisme.

Divinités et symboles en relation
La Terre Mère, Jésus-Christ, la Vierge Marie ; l'échelle, la montagne, le paradis terrestre, la cité céleste, le jardin, le labyrinthe, la fontaine, la croix, le soleil, la lune, les planètes, le ciel, la terre, la vie, la mort, le macrocosme, le microcosme, l'androgyne, l'eau primordiale, les vices, les vertus.

Cosmos vivant, en croissance continuelle, l'arbre est l'image de l vie dans sa totalité. C'est pour cette raison qu'il était vénéré che presque tous les peuples du monde : chênes, frênes et tilleuls étaien l'objet d'un culte dans le Nord de l'Europe, et figuiers, grenadier et oliviers, dans le bassin méditerranéen. L'arbre cosmique plong ses racines dans le ciel et déploie sa ramure dans les entrailles de l terre, qu'il vivifie de la lymphe céleste. Ses branches corresponden aux cinq éléments : l'éther, l'air, le feu, l'eau et la terre.
Aux arbres sont associées de nombreuses divinités cosmogoniques comme Osiris (le cèdre), Jupiter (le chêne), Apollon (le laurier) Diane (le noisetier), Minerve (l'olivier). La Vierge Marie est com parée à l'arbre de la sagesse, du fruit duquel naît le Rédempteur.
La Genèse situe au sein du jardin d'Éden l'arbre de vie et l'arbre d bien et du mal, du bois desquels sera tirée la croix de Jésus-Christ Comme la croix, ces arbres sont des symboles de l'élévation spiri tuelle ainsi que de la mort et de la résurrection, représentée par l bourgeonnement après l repos hivernal. En tan que symbole phallique né du membre d'Adam l'arbre figure l'union d l'homme et de la natur ainsi que la correspon dance réciproque entr eux. Il peut présenter un ramification de typ généalogique (l'arbre d Jessé) ou cognitif (l'arbr de la science). En tan que symbole alchimique il incarne le pouvoir d l'imagination créatrice.

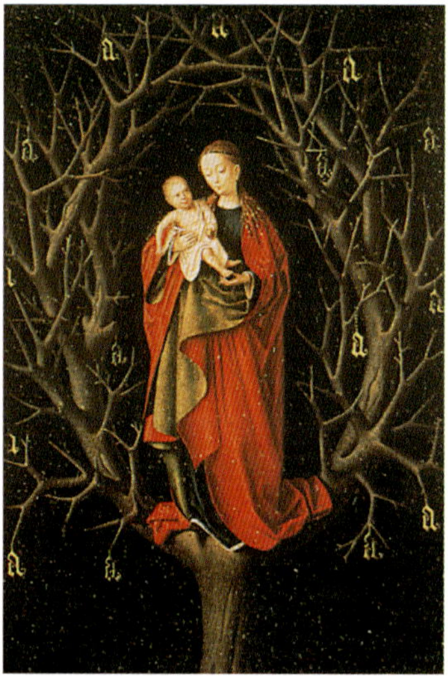

Le rameau d'or représente le fruit du salut et de l'immortalité, et il correspond à l'acquisition de la pierre philosophale. Cette allégorie de l'œuvre alchimique s'inspire d'un épisode du livre VI de L'Énéide.

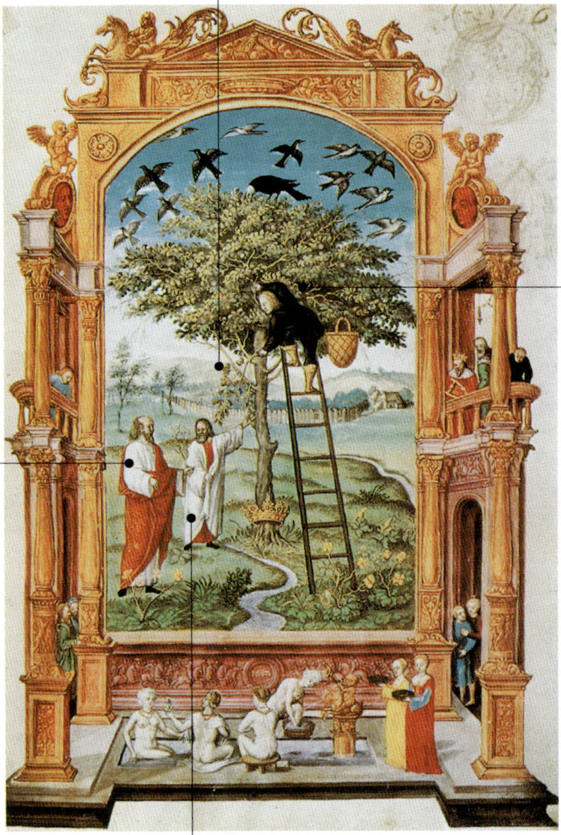

Ascagne donne à son père une branche de l'arbre de vie pour le protéger durant son voyage dans l'au-delà. Son vêtement noir fait référence à la phase de la nigredo.

\nchise, ·êtu d'une robe ·lanche (sous un ·nanteau rouge), ·eprésente 'albedo.

Énée, vêtu d'une robe rouge (sous un manteau blanc), représente le processus de la rubedo.

◄ Petrus Christus,
.a Vierge de l'arbre sec, 1465
Madrid, Museo Thyssen-Bornemisza

▲ *L'Arbre alchimique*,
miniature du *Splendor solis* de
Salomon Trismosin, XVIe siècle
Londres, British Museum

L'arbre du jardin d'Éden représente aussi bien la source de la vie et de la connaissance que le principe du mal et de la mort.

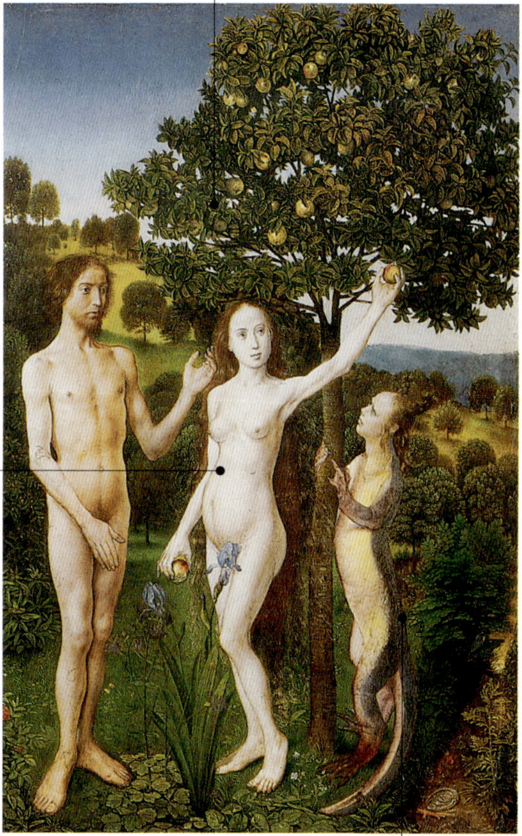

Ève cueille le fruit défendu : son geste précipite le genre humain dans le péché et la douleur.

La salamandre à tête humaine incarne le libre arbitre, qui pousse l'être humain à enfreindre la règle divine.

▲ Hugo Van der Goes,
Le Péché originel, vers 1473-1475
Vienne, Kunsthistorisches Museum

La Vierge Marie incarne aussi bien « la nouvelle Ève », qui a conçu par la grâce divine, que l'Église catholique et le paradis des élus.

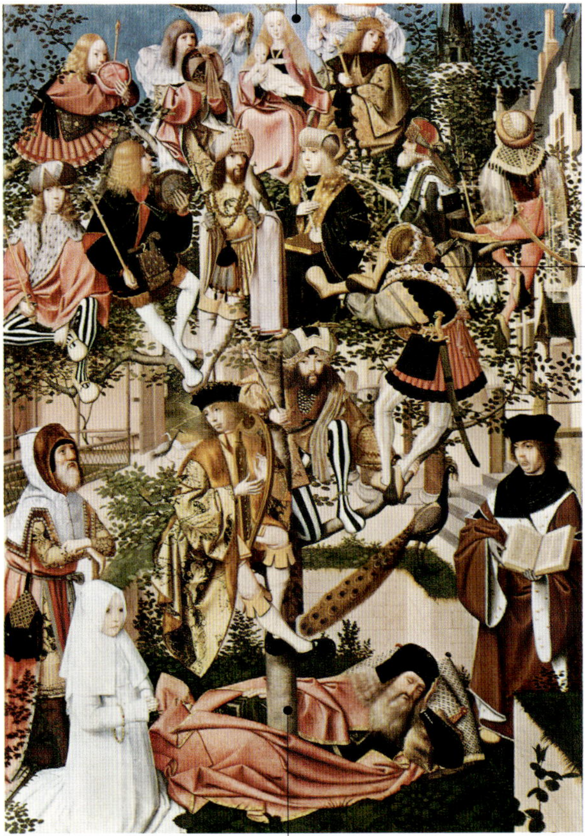

Les quatorze rois d'Israël (à partir d'Abraham jusqu'à David) sont habillés de riches vêtements à la mode de la Renaissance.

L'arbre de Jessé, symbole de la généalogie de Jésus-Christ, naît du ventre d'Adam.
Les sources principales de ce motif iconographique sont une prophétie d'Isaïe et un passage de l'Évangile de Matthieu.

▲ Geertgen tot Sint Jans,
L'Arbre de Jessé, vers 1480-1490
Amsterdam, Rijksmuseum

Le jardin

Représentation : il apparaît comme un lieu luxuriant, souvent clo
orné de fontaines jaillissantes, d'arbres fruitiers et d'animau
domestiques.

Le jardin représente un espace sacré et une dimension initiatiqu distincte de la réalité quotidienne. Comme tel, il est un lieu protég ceint de murs (l'*hortus conclusus*) ou de palissades symboliques ; peut être gardé par des êtres supérieurs, comme l'ange à la porte d paradis terrestre ou les monstres légendaires décrits dans les mythe classiques (le jardin des Hespérides).

Le jardin symbolique, régi par des principes ordonnateurs comme l précepte divin, la culture et l'art, est avant tout un espace « à mesur d'homme », protégé de la nature sauvage, pleine de dangers et d pièges (animaux féroces, forêts obscures). Toutefois, il se distingu aussi de la ville, scène du travail et du commerce, ainsi que du châ teau, siège du pouvoir : il est en effet un espace destiné à l'élévatio de l'âme et à l'exercice de l'*otium* (le repos de valeur positive).

Le jardin d'Éden symbolise la situation de béatitude où vivaient no ancêtres avant le péché. C'est un état de perfection, auque l'homme tente désespérément de retourner, comme en témoignen les nombreux voyages (réels et imaginaires) entrepris à la recherch du paradis perdu. Le jardin de la tradition courtoise est le lieu o les sentiments et la sensualité sont « domestiqués » grâce aux rite de la conversation, de la musique et de la danse. Il peut avoir auss une signification mystique, comme dans la littérature persane o dans les poèmes de la fin du Moyen Âge.

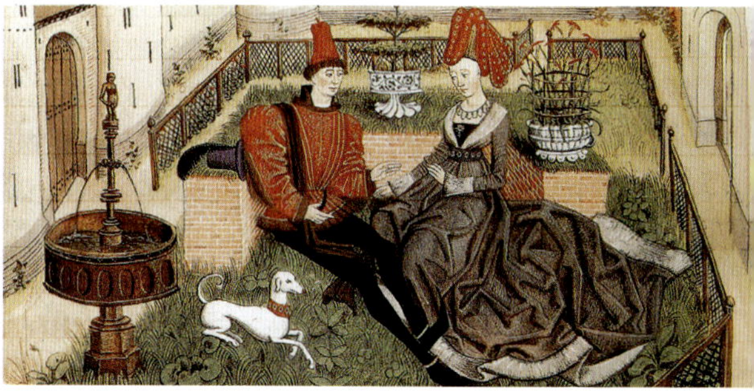

Étymologie du nom
Du latin médiéval *gardinium*.

Caractéristiques
Il représente l'action ordonnatrice de l'homme sur la nature et de la raison sur les pulsions inconscientes. Les murs soulignent la valeur initiatique du jardin comme territoire frontière entre le monde de la nature et celui de la culture. Dans la tradition chrétienne, l'*hortus conclusus* est un symbole de la Vierge Marie et du paradis terrestre.

Traditions religieuses et philosophiques
Le judaïsme, le christianisme, l'islam, la kabbale, l'alchimie, l'hermétisme.

Divinités et symboles en relation
Adam, Ève, Aphrodite (Vénus), la Vierge Marie ; la fontaine, la vie, l'arbre, l'amour, l'âme, le corps, l'androgyne, l'homme, le microcosme, la mère, l'eau, les vices, les vertus, le dragon, le serpent, le lion, la licorne, le cerf, les oiseaux.

L'ange de Dieu chasse Adam et Ève par la porte du paradis terrestre. Après le péché originel, ce lieu sacré sera interdit à l'homme et protégé par un chérubin armé d'une épée flamboyante.

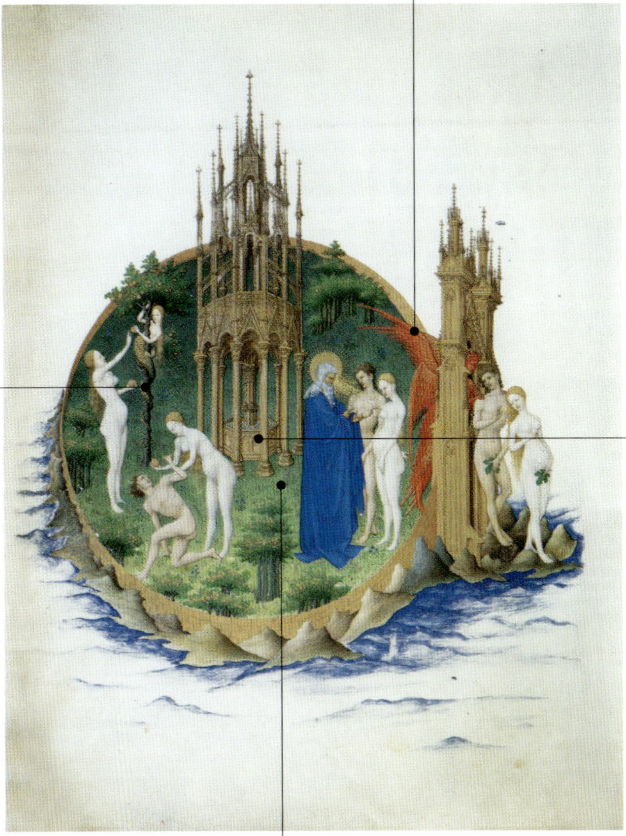

Dieu a placé dans le jardin d'Éden l'arbre du bien et du mal.

De la fontaine du paradis jaillissent les quatre principaux fleuves de la terre : le Tigre, l'Euphrate, le Gange et le Nil.

Dans le Livre de la Genèse, l'Éden est décrit comme un jardin d'une grande beauté, ceint d'un mur circulaire, arrosé d'eaux bénéfiques et riche d'arbres fruitiers luxuriants.

◄ Renaud de Montauban, *Le Jardin courtois*, missel, milieu du XVe siècle

▲ Frères de Limbourg, *La Création, le Péché originel et l'Expulsion hors du paradis terrestre*, miniature des *Très Riches Heures du duc de Berry*, vers 1416 Chantilly, musée Condé

Minerve, déesse de la sagesse, représente le choix de la vie spéculative.

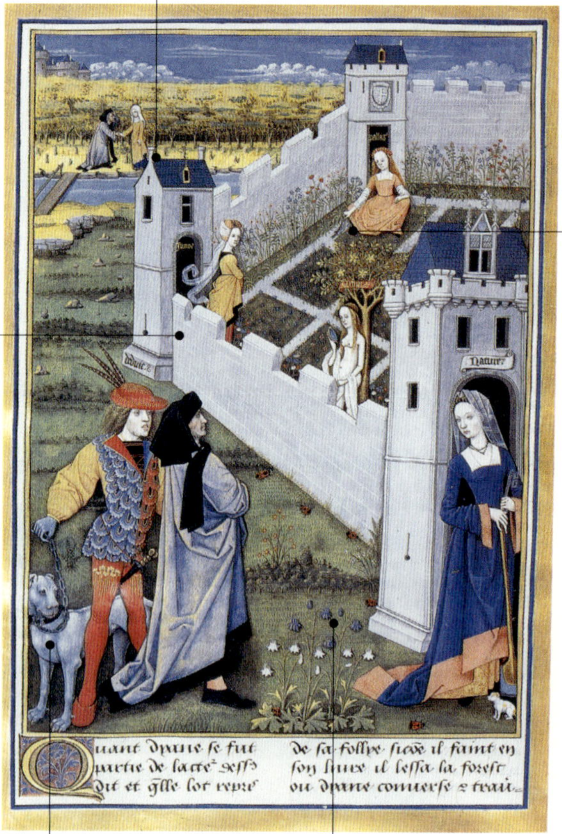

Junon personnifie le choix de la vie active.

Vénus incarne la voie de l'amour sensuel.

*La Nature ouvre les portes de l'*hortus conclusus *aux initiés aux mystères de l'amour.*

L'amant-poète est représenté en dehors du jardin du Désir parce qu'il n'a pas encore choisi la voie à suivre dans la vie.

▲ Robinet Testard,
Le Regard du Désir, miniature
du *Livre des échecs amoureux*, 1496-1498
Paris, Bibliothèque nationale de France

La corne de cet animal fantastique était considérée comme un remède extrêmement puissant, aux propriétés curatives miraculeuses.

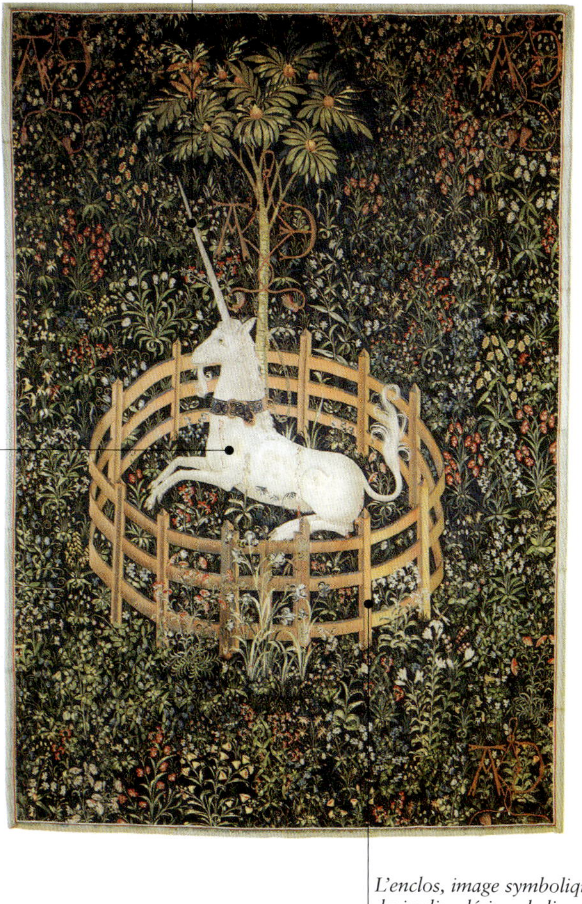

Expression de la fécondité cosmique, la licorne devient au Moyen Âge un symbole de la pureté et de la chasteté. Sa capture et sa mort sont une métaphore du sacrifice de Jésus-Christ.

L'enclos, image symbolique du jardin, désigne le lieu où sont « domestiqués » les passions et les instincts cruels, représentés par la forêt obscure.

▲ Manufacture flamande,
La Licorne prisonnière, tapisserie du cycle
La Chasse à la licorne, 1495-1505
New York, Metropolitan Museum of Art, The Cloisters

Selon les préceptes de la science médico-astrologique de l'époque, ce couple, symbole de la concordia oppositorum, *représente l'union des humeurs chaudes et sèches (l'homme) et de celles froides et humides (la femme).*

L'œuf est un symbole de « résorption » dans le ventre maternel.

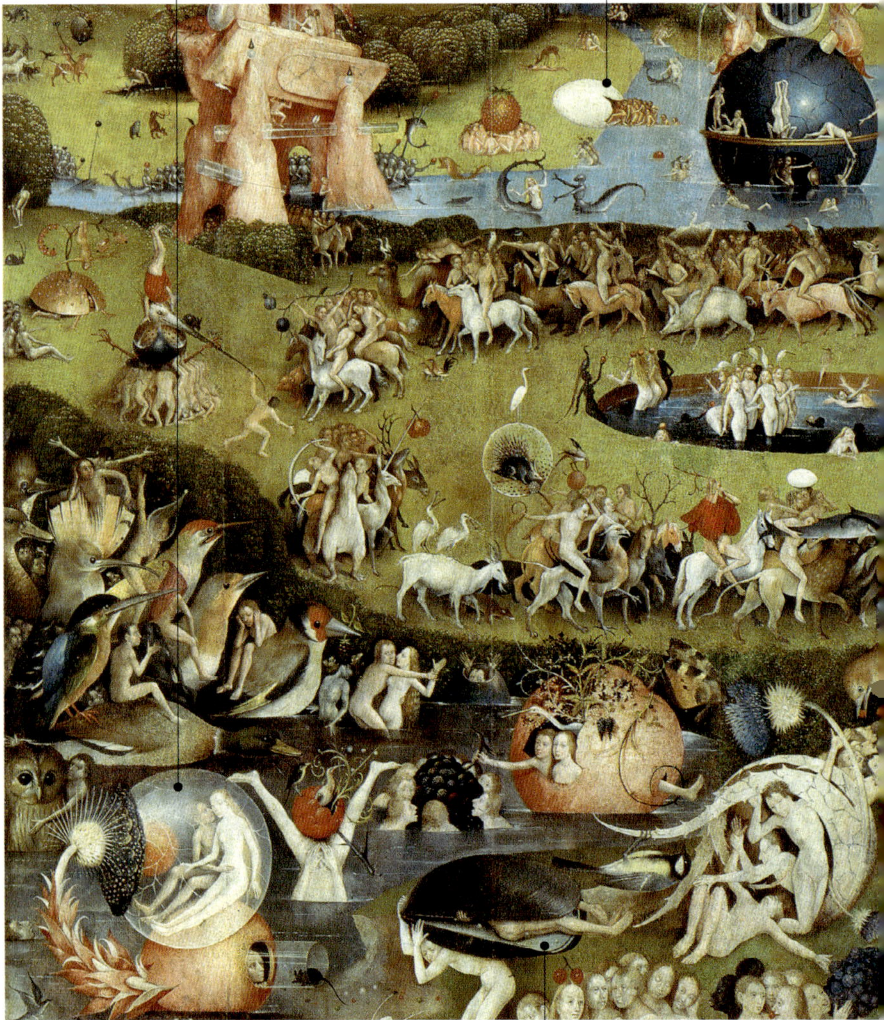

Ce mollusque bivalve représente l'organe génital féminin.

Le jardin a été interprété comme une allégorie de la luxure.

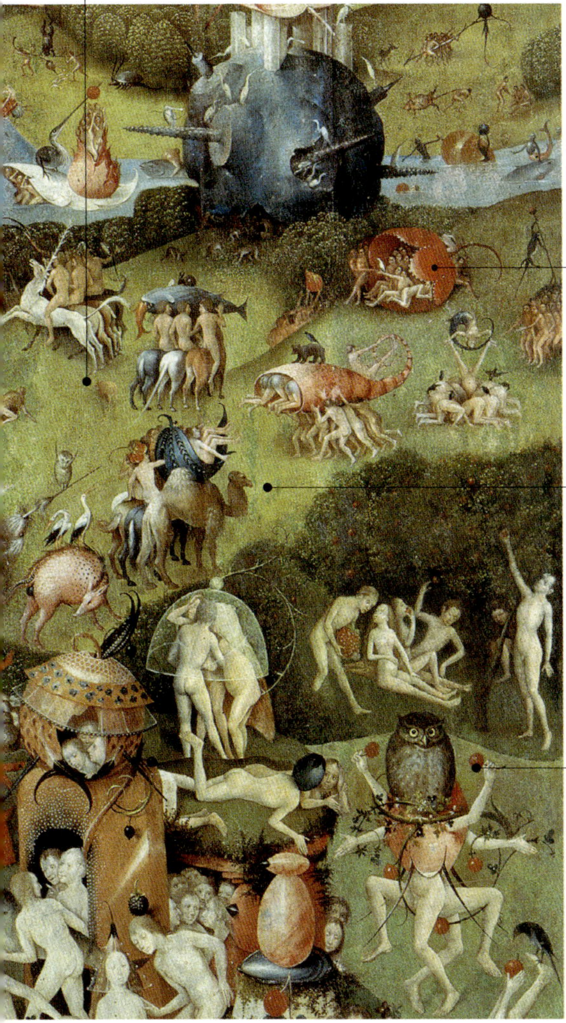

La fraise et la cerise sont des symboles traditionnels de la luxure. C'est en raison de la présence de ces fruits que cette peinture est connue sous le nom de « tableau des fraises ».

Le carrousel des animaux exotiques et fantastiques représente les différentes faces du péché.

Les créatures hybrides d'humains, d'animaux et de végétaux incarnent la dégradation de l'être humain et le mélange ou la « confusion » démoniaque entre les trois règnes de la nature.

◄ Jérôme Bosch, *Le Jardin des délices* (détail), panneau central du *Triptyque du Jardin des délices*, 1503-1504 Madrid, Museo del Prado

Représentation : située au centre d'un jardin, d'un édifice ou d'une ville comme un symbole de la vie, de la jeunesse et de l'amour.

La fontaine

La fontaine indique la présence d'une source, symbole du renouvellement permanent de la nature à travers l'écoulement des eaux. Sous l'aspect de fonts baptismaux, elle représente l'entrée dans une nouvelle dimension existentielle et eschatologique, et elle figure fréquemment dans la littérature initiatique.

De la fontaine du paradis sourdaient les quatre fleuves qui divisent la surface de la terre en quatre régions principales correspondant aux quatre points cardinaux.

Dans l'iconographie de la fin de l'Antiquité, les fontaines sont ornées d'images d'êtres humains ou zoomorphes, des organes desquels sortent des jets limpides. Selon la tradition orphique, deux fontaines étaient situées à l'entrée de l'enfer : celle de la mémoire, qui conférait l'immortalité et la béatitude éternelle, et celle de l'oubli.

La fontaine de jouvence, motif de prédilection de l'art médiéval et image précieuse des rituels de l'amour courtois, servait à exorciser la peur de la vieillesse et de la perte de la virilité. Dans les milieux populaires, elle était souvent associée aux bains, dont l'usage était répandu dans les maisons de plaisir. Le rapport entre l'eau, la purification du corps et l'érotisme est bien mis en lumière dans la *Fontaine de l'amour*, d'Ambrogio et Cristoforo De Predis, l'une des plus célèbres illustrations du traité d'astronomie et de géographie *De sphaera* (XVe siècle).

Étymologie du nom
Du latin *fons*, « source, fontaine ».

Caractéristiques
Elle représente la source de la vie cosmique qui jaillit au centre du monde. Dans la psychologie analytique jungienne, elle est le symbole de la vie intérieure et de l'énergie spirituelle.

Traditions religieuses et philosophiques
Le judaïsme, le christianisme, les mystères mythriaques, l'orphisme, l'islam, la kabbale, l'alchimie, l'hermétisme.

Divinités et symboles en relation
La Vierge Marie, Jésus-Christ ; l'élixir de longue vie, l'ambroisie, l'hydromel, l'arbre de vie, le jardin d'Éden, le paradis, l'enfer, l'amour, la jeunesse, la mère, l'eau, l'âme, le corps, l'homme, le microcosme, les vices, les vertus.

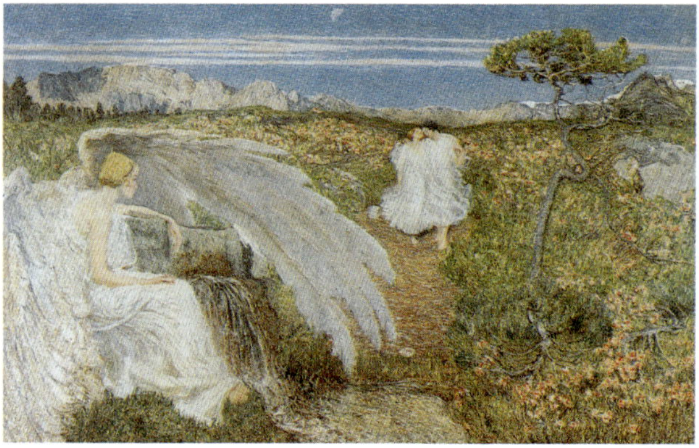

► Giovanni Segantini, *Les Amants aux fontaines de la vie*, 1896
Milan, Galleria d'Arte Moderna

Les animaux qui peuplent le jardin symbolisent la vanité de l'amour.

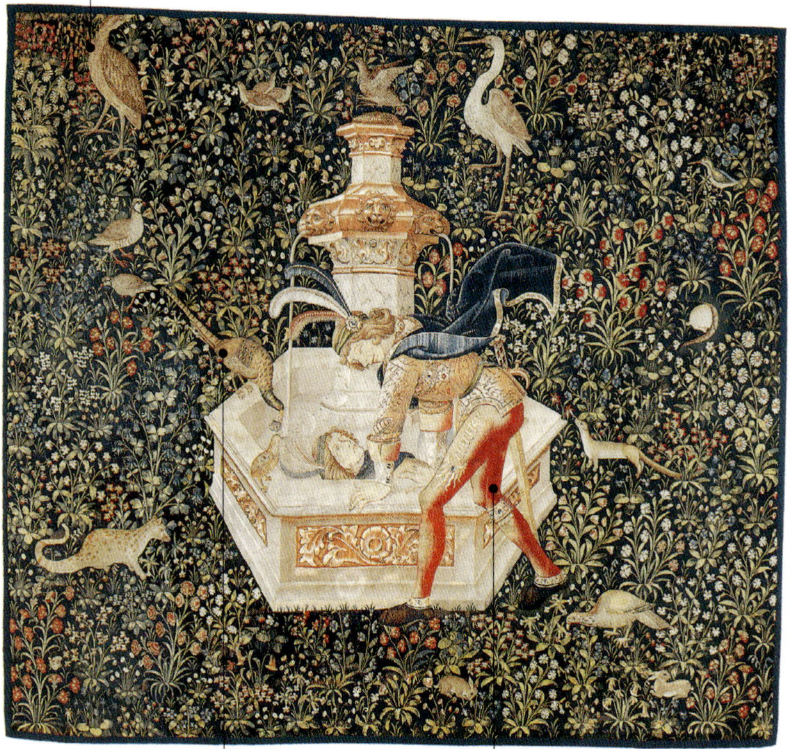

Le faisan est l'image spéculaire de Narcisse. D'après les bestiaires médiévaux, il avait une bizarrerie de comportement selon laquelle il ne pouvait détacher les yeux de son propre reflet, qu'il prenait pour un rival dans ses amours.

Narcisse représente le désir masculin, qui languit cruellement du fait du désintérêt de la femme aimée.

▲ Manufacture française,
Le Regard de Narcisse, tapisserie, vers 1500
Boston, Museum of Fine Arts

La forme de cette fontaine s'inspire de celle de fonts baptismaux, et elle signale l'entrée dans une nouvelle existence.

Le sommet de la fontaine est protégé par un Cupidon ailé, qui lance les flèches d'amour sur les présents alentour.

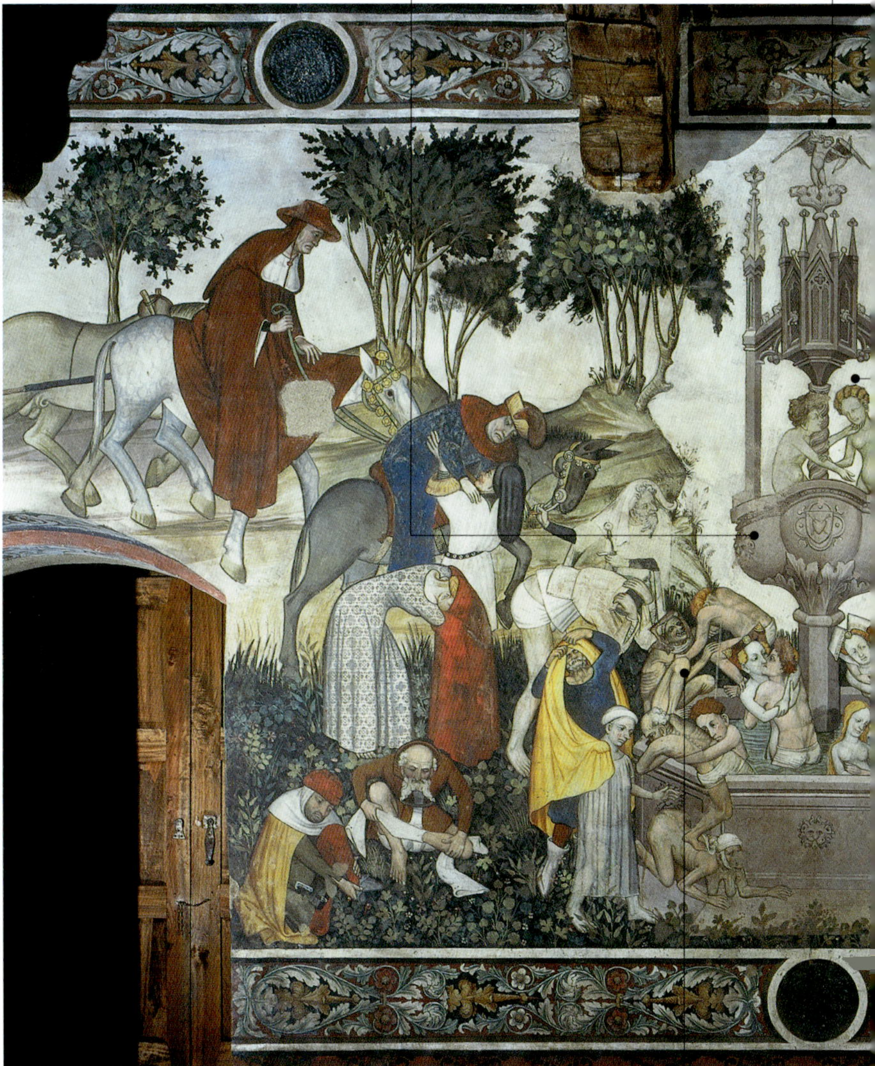

Quelques personnes aident les vieillards à se dévêtir et à entrer dans la vasque aux eaux miraculeuses.

Les couples d'amants donnent à la scène une connotation érotique.

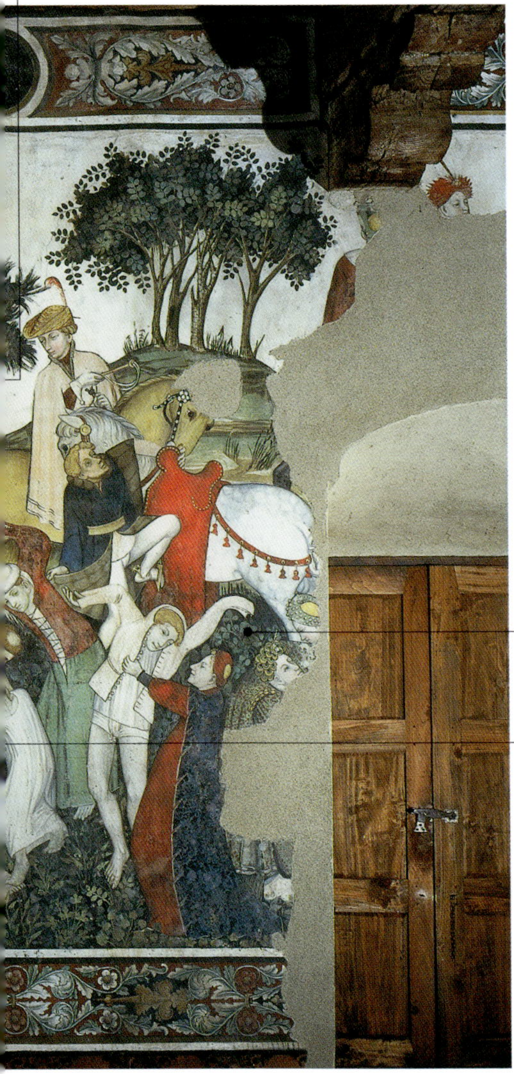

Après leurs ablutions, les baigneurs apparaissent complètement rajeunis.

Les eaux ont d'extraordinaires propriétés thérapeutiques : elles redonnent vitalité au corps des personnes âgées et confèrent une nouvelle vigueur sexuelle aux amants.

◄ Giacomo Jaquerio,
La Fontaine de jouvence, vers 1420
Saluces, château de la Manta, Grande Salle

Représentation : sous l'aspect d'un parcours contourné, au dessin pe déchiffrable, apparemment sans issue.

Le labyrinthe

Étymologie du nom
Du latin *labyrinthus*.

Origine du symbole
Il provient des anciens cultes solaires de la civilisation minoenne liés à la figure du roi Minos.

Caractéristiques
Il représente le parcours initiatique vers un centre sacré caché. Dans ce lieu secret, le héros retrouve l'unité perdue de sa psyché.

Traditions religieuses et philosophiques
Les cultes minoens, le judaïsme, le christianisme, l'islam.

Divinités et symboles en relation
Le Minotaure, la montagne, la caverne, le jardin, le nœud de Salomon, la tresse, la spirale, la danse, le palais, le temple, le soleil, la hache à double tranchant.

► Plafond de bois, XVIe siècle
Mantoue, palais ducal, salle du Labyrinthe

Le labyrinthe est un système de défense à caractère initiatique qui a pour but de garder un lieu sacré ou un trésor (la vie et l'immortalité). Quand il protège une ville ou un temple, il est assimilé à l'image de la forteresse ; quand il représente une qualité spirituelle, il est identifié avec le pèlerinage symbolique en Terre sainte (le labyrinthe de Chartres) ou avec le chemin plein de détours que suit la Vertu pour fuir le Vice. Sortir de ce circuit potentiellement infini est permis à celui qui accepte et met en valeur la part féminine de sa personnalité (*anima*), représentée par l'aide qu'une jeune fille offre au héros (le fil d'Ariane).
Le voyage dans le labyrinthe indique aussi bien le cheminement intérieur vers la connaissance du soi le plus profond (le cœur pur ou la *mens* des mystiques chrétiens) que l'itinéraire de l'âme après la mort du corps. Il s'agit d'actions initiatiques qui confèrent au fidèle les qualités nécessaires pour surmonter les obstacles s'opposant à l'élévation spirituelle et lui donnent les instruments pour s'affranchir du cycle des renaissances terrestres.
Les alchimistes associent à l'image du labyrinthe celle du nœud de Salomon, symbole de la mort et de la résurrection spirituelles. Cet emblème est aussi utilisé pour représenter l'idée d'infini.

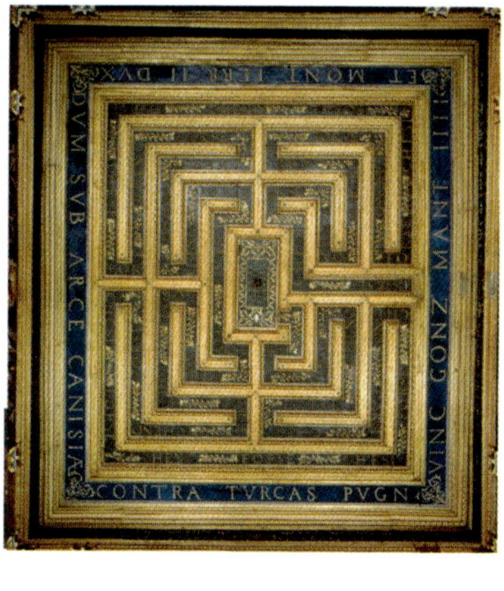

L'un des labyrinthes les plus célèbres est celui du palais de Cnossos, construit par Dédale pour le roi de Crète Minos et habité par le Minotaure.

Sur le bonnet est brodée une couronne d'épines, image allégorique des difficultés que l'on peut rencontrer dans son cheminement.

La médaille, qui représente le naufrage d'un vaisseau, porte cette devise en français : « Espérance me guide ».

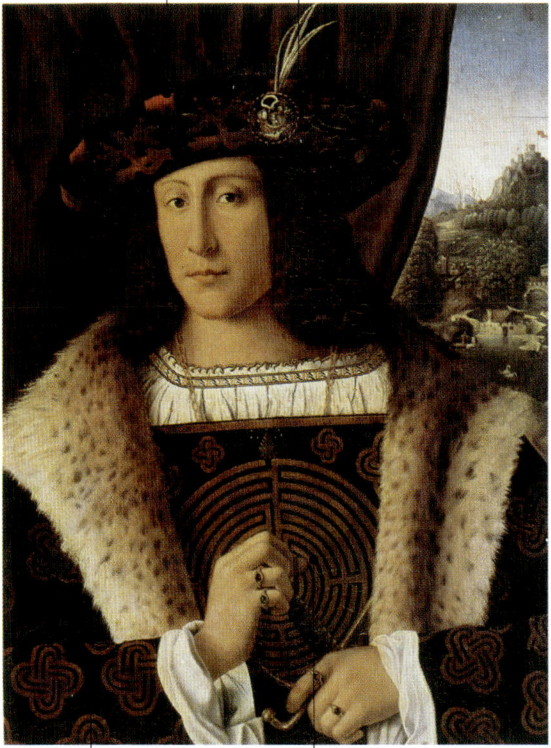

Le motif du nœud de Salomon renvoie à l'éternité et il est associé à l'idée d'infini. La spirale illustre pour sa part le thème du devenir perpétuel.

Le labyrinthe garde les secrets du cœur du personnage représenté, soulignant son silence et sa réserve.

▲ Bartolomeo Veneto,
Portrait de gentilhomme, vers 1510
Cambridge, Fitzwilliam Museum

Les amants se poursuivent entr les haies fleuries et s'approchent peu à peu du centre du labyrinthe.

L'entrée du labyrinthe est occupée par deux amants embrassés, parfaitement dans l'axe de l'édifice circulaire (inspiré de la tour de Babel) qui s'élève à l'arrière-plan du tableau.

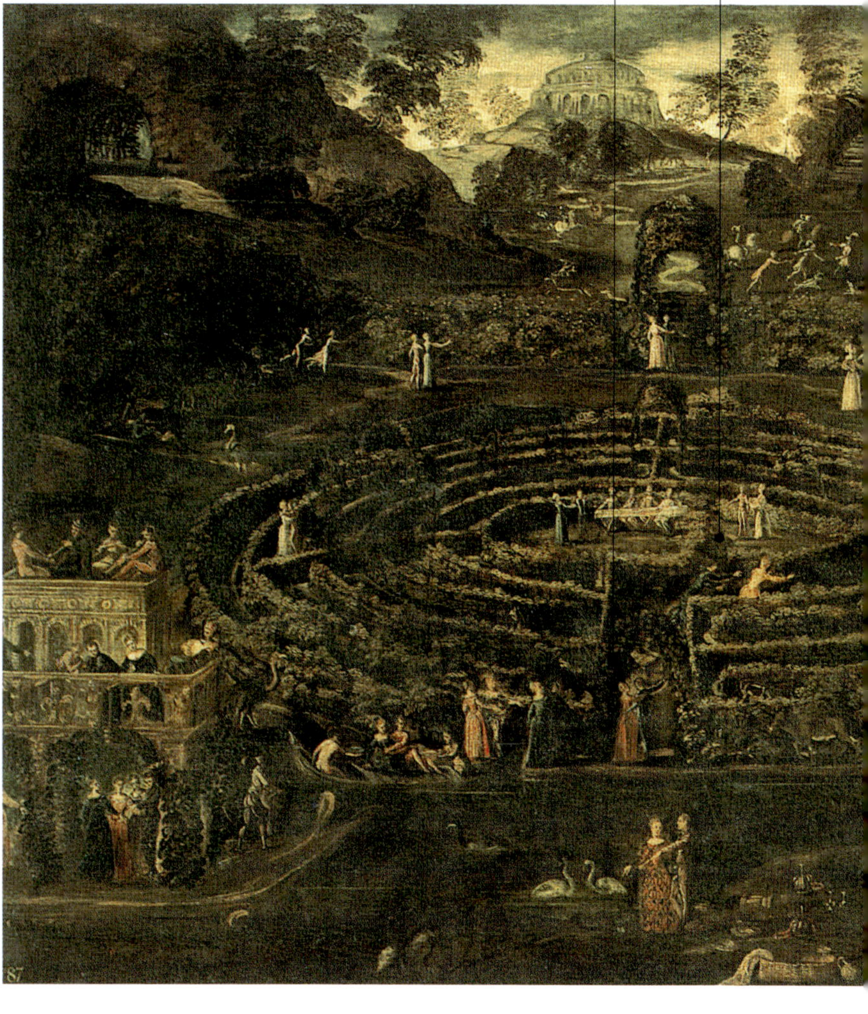

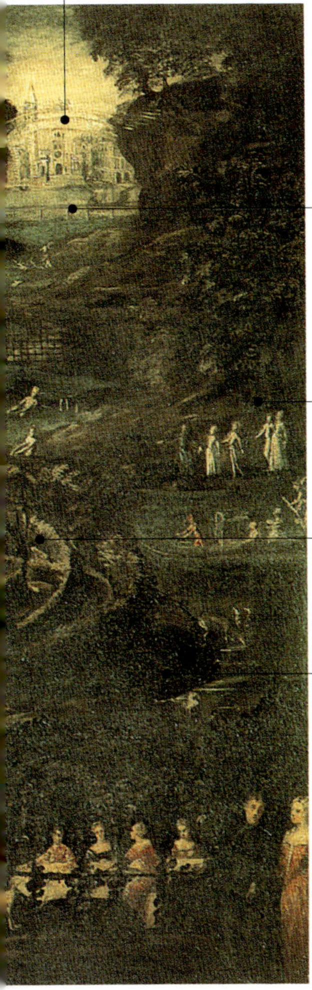

La ville est une image de la Jérusalem céleste; le labyrinthe de haies, du paradis terrestre; et la tour de Babel, de l'enfer.

Le cavalier qui passe le pont de verre évoque le voyage initiatique vers l'au-delà.

Les groupes composés de quatre personnes (trois femmes et un homme) font référence au jugement de Pâris.

La forme du labyrinthe rappelle l'île de Cythère, lieu de naissance de Vénus.

Le cerf qui s'abreuve représente l'arbre de vie en raison de ses bois qui se renouvellent périodiquement.

◄ École du Tintoret,
Le Labyrinthe d'amour, 1550-1560
Hampton Court, Her Majesty Queen Elizabeth II Collection

Représentation: aussi bien de manière réaliste que sous une forme imaginaire et symbolique, selon la fonction qui lui est assignée.

La ville

Étymologie du nom
Du latin *villa*, « ferme », puis « village », puis « ville ».

Caractéristiques
Elle peut symboliser l'orgueil et le vice humain, ou bien l'union des vertus politiques, civiques et spirituelles (la cité de Dieu).

Traditions religieuses et philosophiques
Le judaïsme, le christianisme.

Divinités et symboles en relation
La tour, l'église, le labyrinthe, la vie, le bien, le mal, le vice, la vertu, le ciel, la terre, la mère, le paradis, le carré.

Comme expression de l'ordre cosmique, le centre de la ville est comparé à l'*axis mundi* et il est souvent occupé par un lieu sacré. Dans les premiers siècles de l'ère chrétienne, profondément influencés par l'Apocalypse de saint Jean, la ville devient métaphore du mal (Rome ou la Grande Babylone), et la vie monacale s'oppose par sa spiritualité à la vie citadine. L'opposition augustinienne entre la ville réelle, siège du vice, et la cité céleste, symbole de l'amour de Dieu, provient des figures de Caïn et d'Abel, respectivement le « premier bâtisseur de villes terrestres » et le « pèlerin sur cette terre ».

Dans l'iconographie médiévale, à la faveur du développement des villes, le paradis, originellement représenté comme un jardin, prend les caractères d'un centre urbain. À l'époque carolingienne, les monastères sont construits comme de petites villes autosuffisantes, véritables microcosmes organisés autour d'un centre spirituel (l'église).

À l'époque de l'humanisme renaissant, la ville redevient un symbole de la pratique harmonieuse des vertus civiques et politiques. Andrea Mantegna, Piero della Francesca, Leon Battista Alberti, Filarète et Francesco di Giorgio Martini conçoivent la ville selon des principes de rationalité symétrique. Grâce à la perspective, le décor urbain devient la plus haute expression du retour humaniste à l'ordre classique.

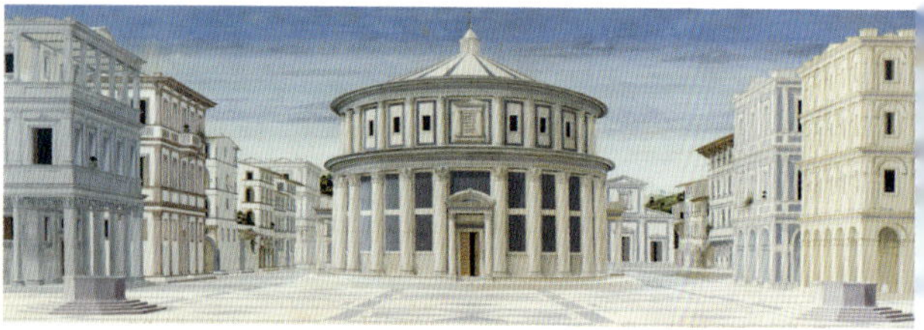

► Anonyme (Luciano Laurano ou Francesco di Giorgio Martini ?), *La Ville idéale*, vers 1480
Urbino, Galleria Nazionale delle Marche

Le phénix est inspiré du mythe d'Héliopolis, ville primordiale du soleil.

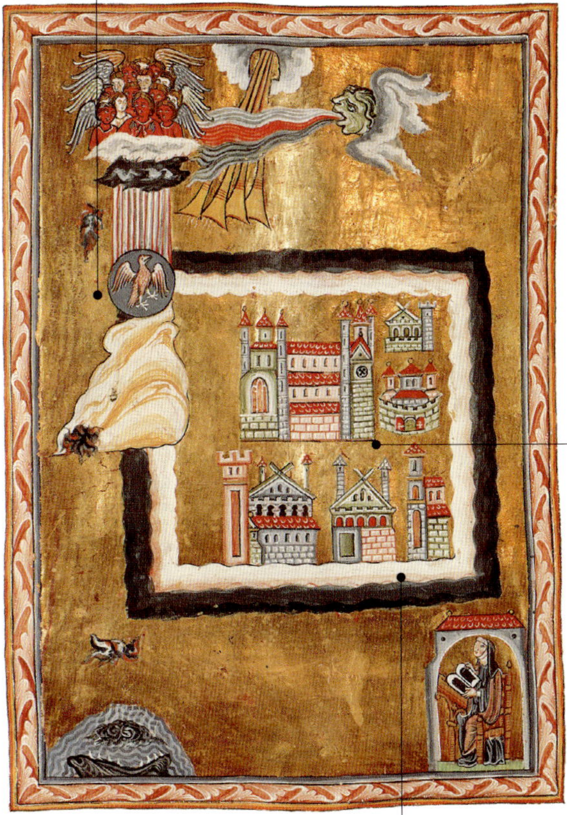

La Jérusalem céleste, but supraterrestre de la chrétienté médiévale, est représentée au centre du monde.

En tant que symbole de perfection et de stabilité, la cité céleste est renfermée dans un carré.

▲ *La Jérusalem céleste*, miniature du *Liber divinorum operum* de Hildegarde de Bingen, vers 1230
Lucques, Biblioteca Governativa

La Sienne du XIVe siècle, reconnaissable à la présence d'édifices caractéristiques, devient l'image de la ville idéale.

La ville représente l'union harmonieuse des vertus civiques : sagesse, courage, justice et tempérance.

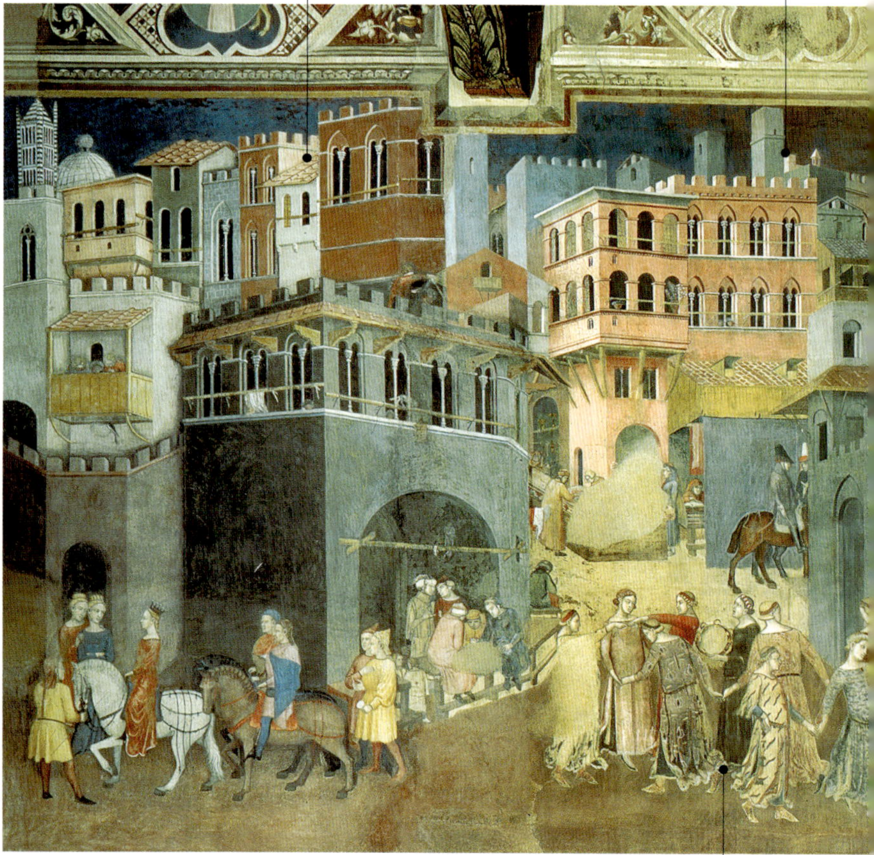

Le motif de la danse fait allusion au thème de la concorde, vertu indispensable à la coexistence paisible.

▲ Ambrogio Lorenzetti,
Les Effets du bon gouvernement (détail), 1337-1340
Sienne, Palais communal, salle des Neuf

L'image de commerçants vendant au détail et de paysans conduisant du bétail complète la représentation du système économique des centres urbains médiévaux.

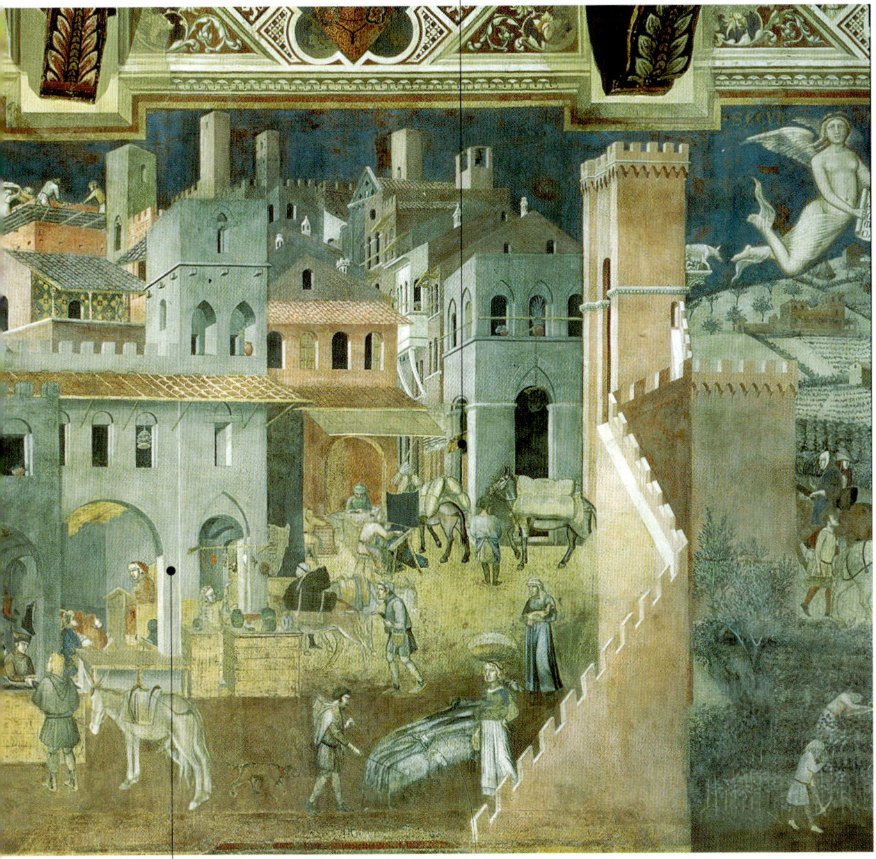

Les boutiques des artisans illustrent les activités productives sur lesquelles se fonde l'économie citadine.

L'établissement industriel est un symbole de la ville du XXe siècle.

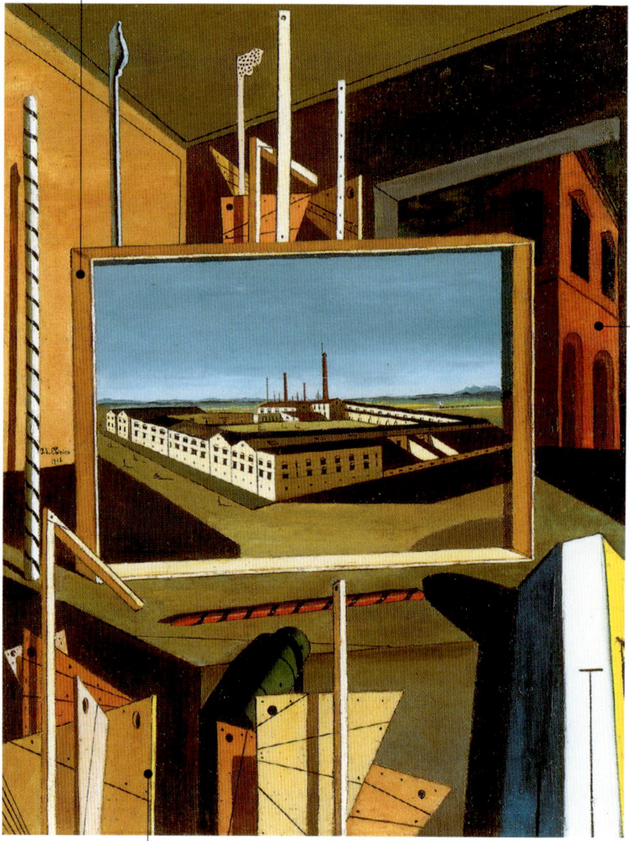

L'édifice aux formes classiques représente le désir utopique de retourner à une ville « à mesure d'homme ».

Équerres et règles sont des allusions aux professions d'ingénieur et d'architecte. Ces « héros » de la modernité ont pour tâche de redessiner le décor et l'environnement spirituel de l'homme.

▲ Giorgio De Chirico,
Intérieur métaphysique avec grande usine, 1916
Stuttgart, Staatsgalerie

Le tourbillon de chevaux et d'hommes exprime l'énergie et l'élan de la ville futuriste : un chantier en perpétuelle transformation.

Les bâtiments en construction rendent hommage aux conquêtes de la science et de la technique, l'un des thèmes de prédilection de la poétique futuriste.

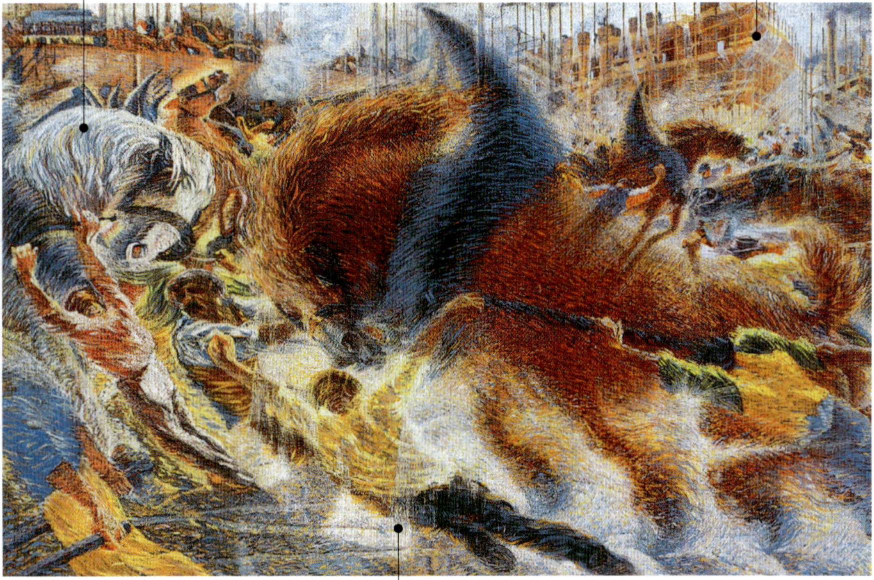

L'agencement des lignes de force et la fusion des différents plans du tableau illustrent la mobilité des métropoles modernes.

▲ Umberto Boccioni,
La Ville qui monte, 1910-1911
New York, Museum of Modern Art

Représentation : sous l'aspect d'un édifice qui se dresse vers le ciel, aux formes imposantes semblables à celles d'une montagne.

La tour

La tour revêt des significations multiples et opposées. Dans la civilisation babylonienne, elle a pour fonction de permettre l'observation du ciel depuis une position privilégiée et de canaliser sur la terre les énergies célestes ; dans la religion juive, elle est symbole de la révolte de l'homme contre Dieu. L'étymologie du mot Babel, de l'acadien *babel* (« porte de Dieu »), reflète la fonction originelle de la tour en tant qu'instrument de la communication entre l'homme et la divinité. Toutefois, comme expression d'une conception polythéiste du divin, elle est condamnée par le monothéisme juif, qui en inverse radicalement la signification.

Le christianisme assigne aussi une signification positive à la tour, voyant en elle un symbole de vigilance et d'ascension. Comme axe du monde et maillon reliant l'homme à Dieu, la tour est assimilée à l'Église et à la Vierge Marie, dont elle devient l'un des principaux attributs et dénominations (*turris davidica*, « tour de David », *turris eburnea*, « tour d'ivoire »). À l'instar de l'échelle, elle est un symbole d'ascension, et chacun de ses degrés correspond à une étape de l'élévation spirituelle. Quant à la fonction érotique et génératrice de la tour, elle s'exprime dans le mythe de Danaé, qui est fécondée par Jupiter après qu'elle a été emprisonnée dans une tour dorée, et dans les allégories de l'amour courtois.

Étymologie du nom
Du latin *turris*.

Origine du symbole
Chez les Babyloniens, la tour représente l'axe du cosmos et un maillon reliant le ciel, la terre et le monde souterrain.

Caractéristiques
Elle peut symboliser l'orgueil humain (pour le judaïsme) ou bien l'aspiration de l'homme à l'infini.

Traditions religieuses et philosophiques
Le judaïsme, le christianisme, l'alchimie.

Divinités et symboles en relation
La Vierge Marie ; l'axe du monde, l'échelle, la montagne, le clocher, l'église, l'athanor alchimique, la ville, la vie, la mère, la femme.

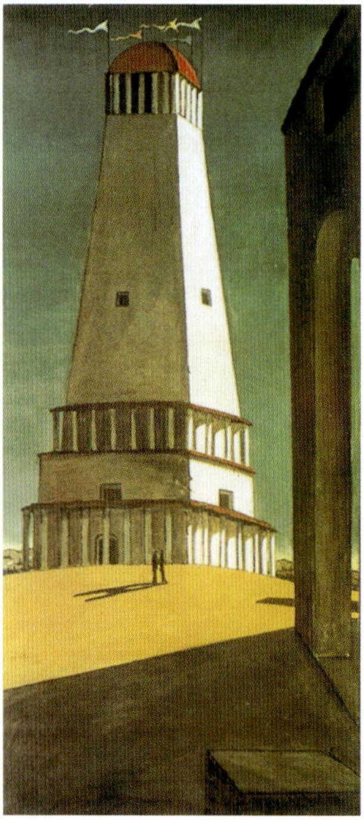

► Giorgio De Chirico, *Nostalgie de l'infini*, 1913
New York, Museum of Modern Art

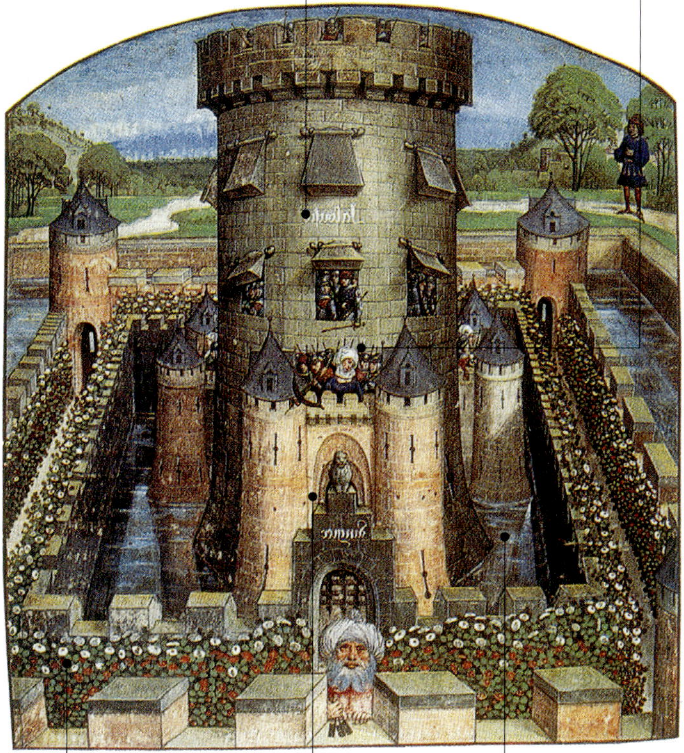

▲ *Le Château de la Jalousie*, miniature du *Roman de la Rose*, 1490
Londres, British Library

L'iconographie de la tour de Babel est empruntée à une série de commentaires bibliques répandus au XVIe siècle. Ces lectures « réformées » des Saintes Écritures soulignaient le caractère peccamineux de la construction babylonienne.

Cette image de la tour s'inspire des ruines du Colisée. Dans l'imaginaire populaire, Rome était le symbole du martyre des premiers chrétiens, et elle était considérée par les protestants comme une « nouvelle Babylone ».

La disparité des éléments architecturaux utilisés pour la construction de la tour (ordres classiques, motifs romans et gothiques) illustre le thème de la confusion des langues et de la division des nations résultant du châtiment divin.

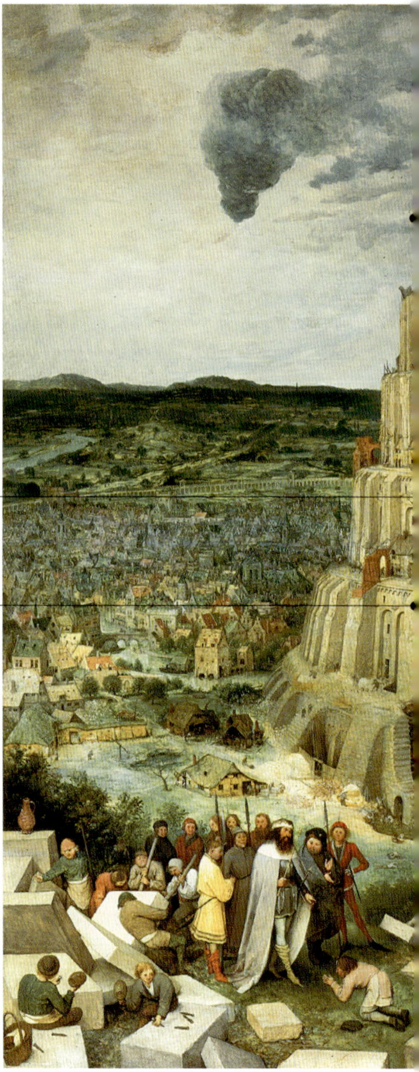

► Pieter Bruegel l'Ancien,
La Tour de Babel, 1563
Vienne, Kunsthistorisches Museum

Cette construction par plans concentriques reproduit le modèle type des ziggourats sumériennes, les montagnes-temples édifiées pour accueillir la divinité à son arrivée sur terre.

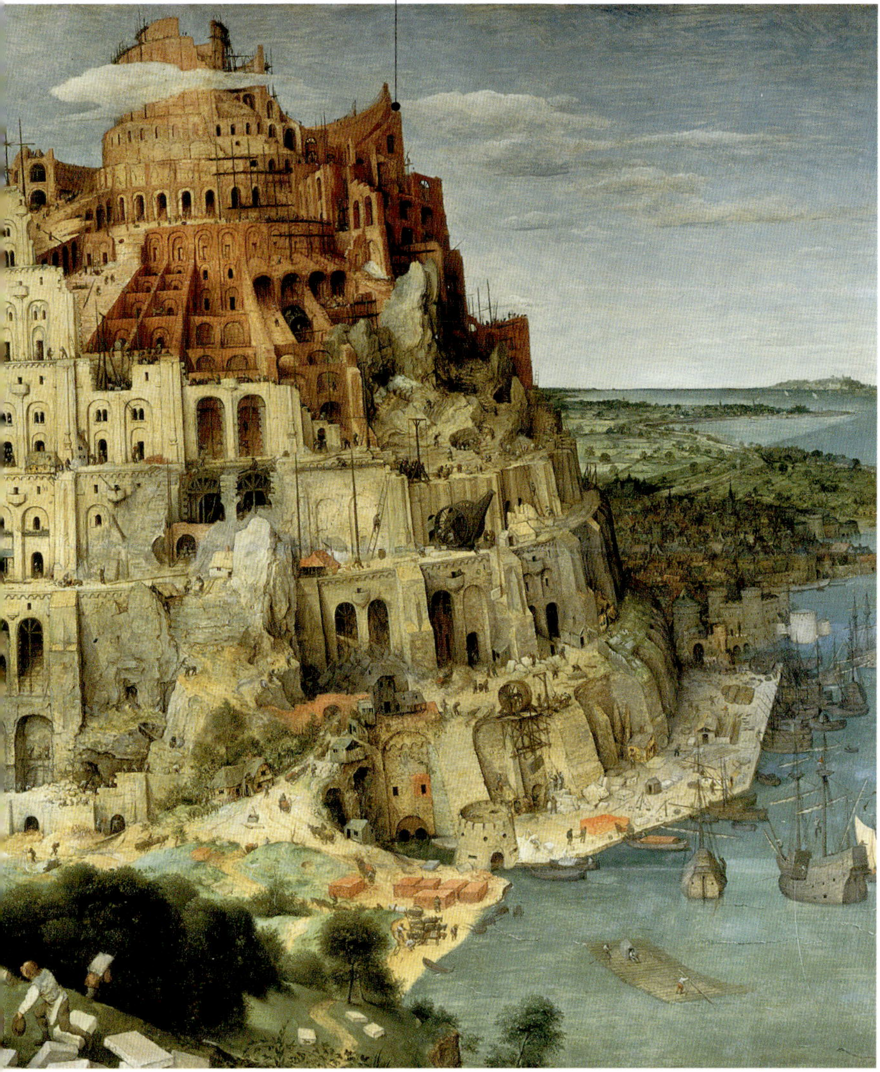

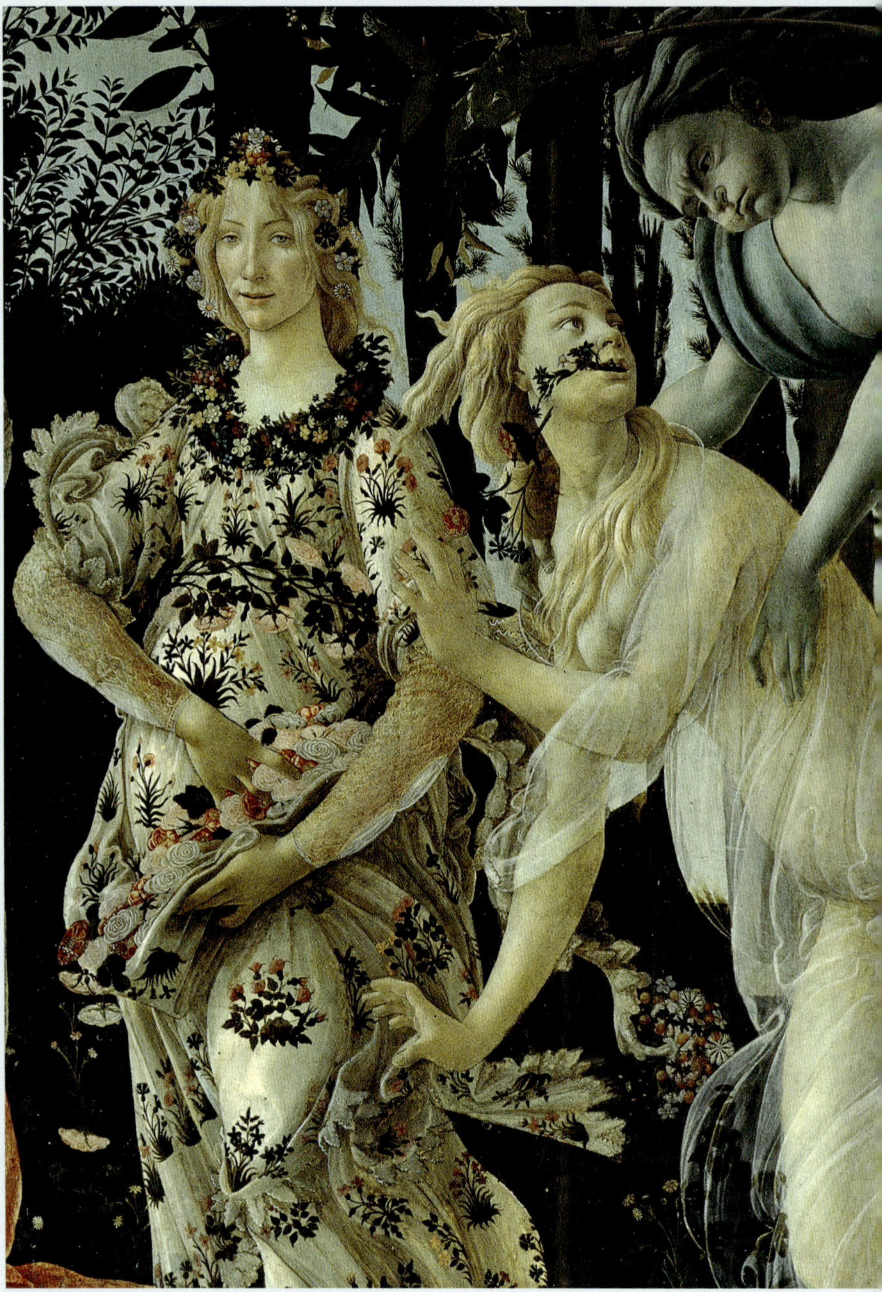

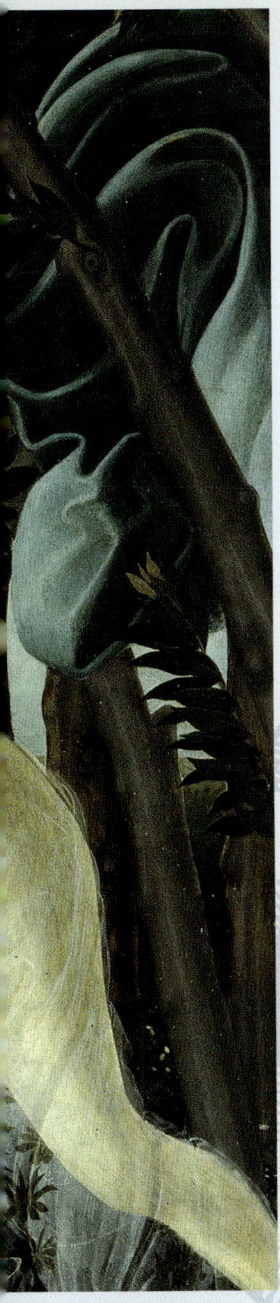

ALLÉGORIES

Les vices
Les vertus
La Fortune
Les cinq sens
Les tempéraments
L'amour
Les arts
Les sciences
La vanité

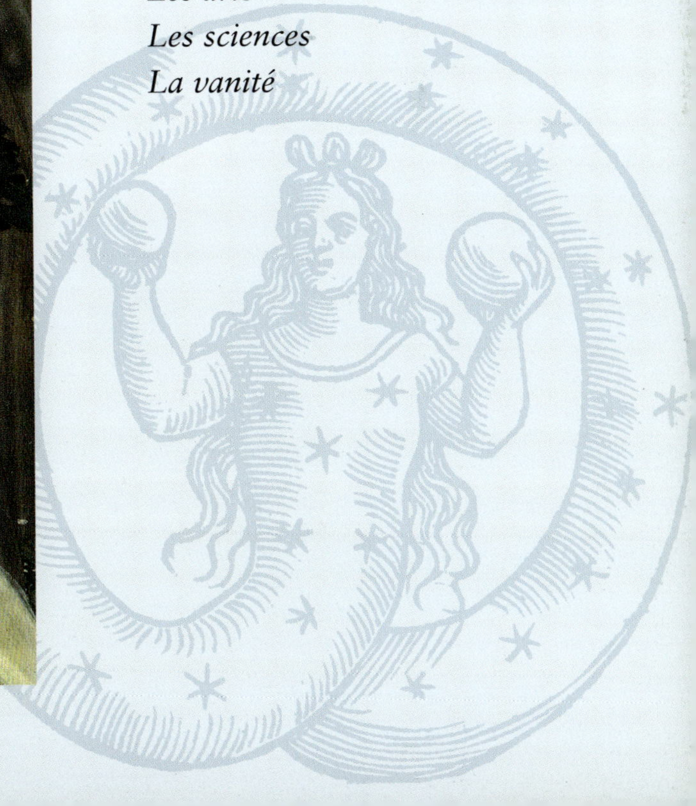

Les vices

Représentation : ils expriment le désordre moral et sont représentés sous forme d'hommes ou de créatures aux traits repoussants, souvent en lutte contre les Vertus, ou bien sous l'aspect séduisant de la tentation.

Étymologie du nom
Du latin *vitium*, « défaut, vice, péché ».

Caractéristiques
Ils représentent l'incapacité d'agir selon des normes de comportement correctes et socialement acceptées ; ils manifestent le pouvoir des forces démoniaques sur l'esprit humain.

Traditions religieuses et philosophiques
Le platonisme, l'orphisme, l'hermétisme, le judaïsme, le christianisme, l'alchimie.

Divinités et symboles en relation
La Nuit, Éros, Pan, Dionysos (Bacchus), Perséphone (Proserpine), Hadès (Pluton), Aphrodite (Vénus), Ève, Satan, Lucifer ; le chaos, le serpent, le mal, l'enfer, les ténèbres, l'arbre des vices.

La morale chrétienne identifie en sept vices capitaux (l'avarice, la colère, l'envie, la gourmandise, la luxure, l'orgueil et la paresse) les péchés mortels de l'humanité. Ces péchés, auxquels correspondent les cercles de l'enfer décrits par Dante dans *La Divine Comédie*, condamnent l'homme à la damnation éternelle. À ces péchés capitaux s'ajoutent des péchés mineurs (ou véniels), comme la lâcheté, la fraude, l'idolâtrie, l'inconstance, l'infidélité, l'injustice, la folie, l'intempérance, la calomnie et l'ignorance. Au Moyen Âge, un animal est associé à chaque vice : le porc ou le bouc à la luxure, le loup à l'avidité, la chauve-souris ou le paon à l'orgueil, le renard à l'hypocrisie, l'âne à la paresse, le lièvre à la lâcheté. La culture de l'époque encourage de surcroît une lecture allégorique de la mythologie de l'Antiquité, attribuant aux dieux et héros une connotation morale précise. Des divinités ambivalentes comme Pan, Dionysos et Éros, mais aussi des êtres hybrides comme les satyres et les centaures, ou monstrueux comme les sirènes et les gorgones, prennent des significations profondément négatives, puisqu'ils représentent des énergies naturelles et psychiques difficilement assimilables dans l'univers chrétien, qui vise au salut supraterrestre. La littérature et l'art du XIVe siècle donnent aussi une importance particulière aux vices politiques et civiques, comme la tyrannie, la violence, l'incapacité de gouverner et la trahison. Au XVIIe siècle, la vanité vient occuper une place centrale, inconnue auparavant, et son traitement iconographique devient l'une des caractéristiques marquantes de la poétique baroque.

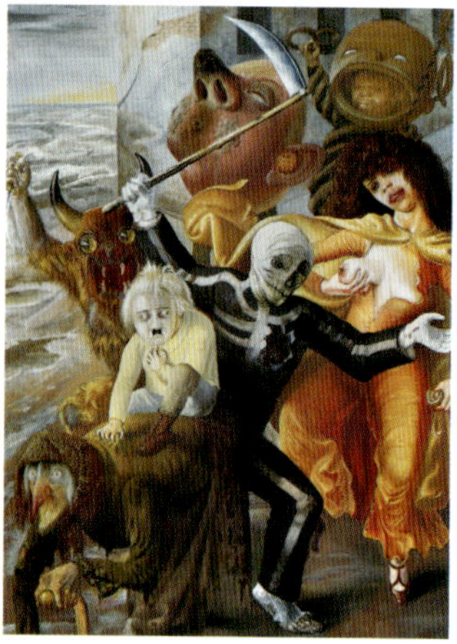

► Otto Dix, *Les Sept Péchés capitaux* (détail), 1933
Karlsruhe, Staatliche Kunsthalle

Le miroir, principal attribut des orgueilleux, est tendu par un diable à tête de loup et à pattes de crapaud.

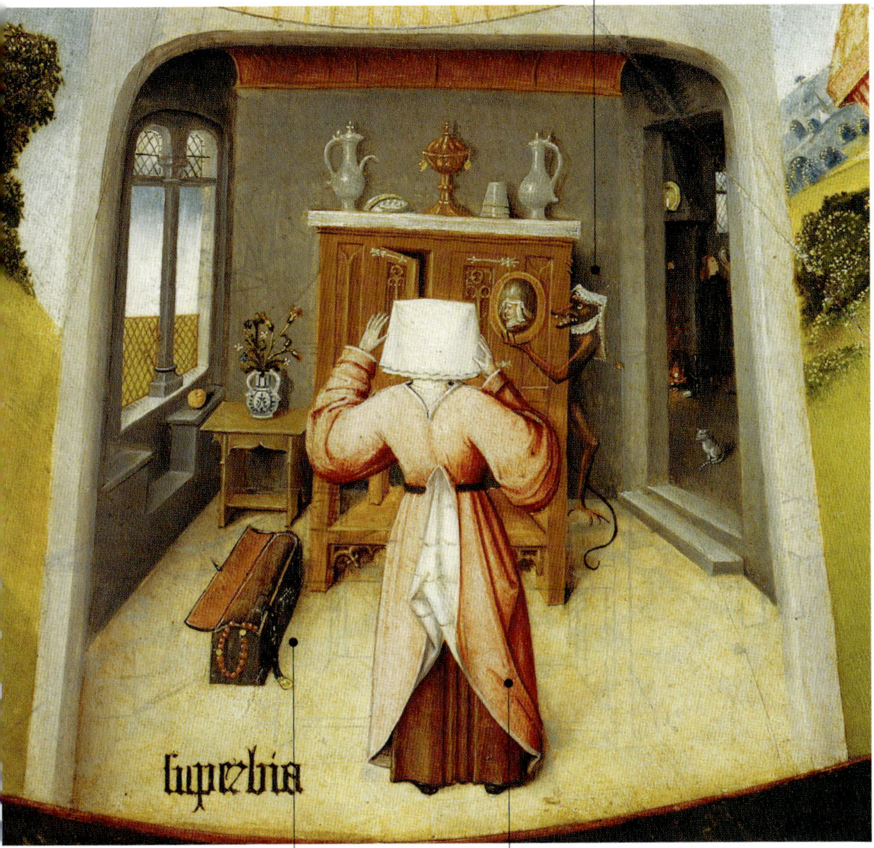

On aperçoit dans les coffres de l'or et des bijoux. L'iconographie de ce vice s'inspire en partie de celle de la Vanité.

L'Orgueil est représenté sous l'aspect d'une femme jeune, altière et élégante.

▲ Jérôme Bosch,
Superbia (L'Orgueil), détail des *Sept Péchés capitaux*, vers 1480-1485
Madrid, Museo del Prado

Envieuse et pleine de rancœur, la Jalousie pousse des hurlements.

Le Temps, aidé de la Vérité, découvre l'étreinte incestueuse de Vénus et de l'Amour.

La Fraude est représentée sous les traits d'une enfant au visage angélique, au corps de sphinx, à la queue de serpent et aux mains à la position inversée.

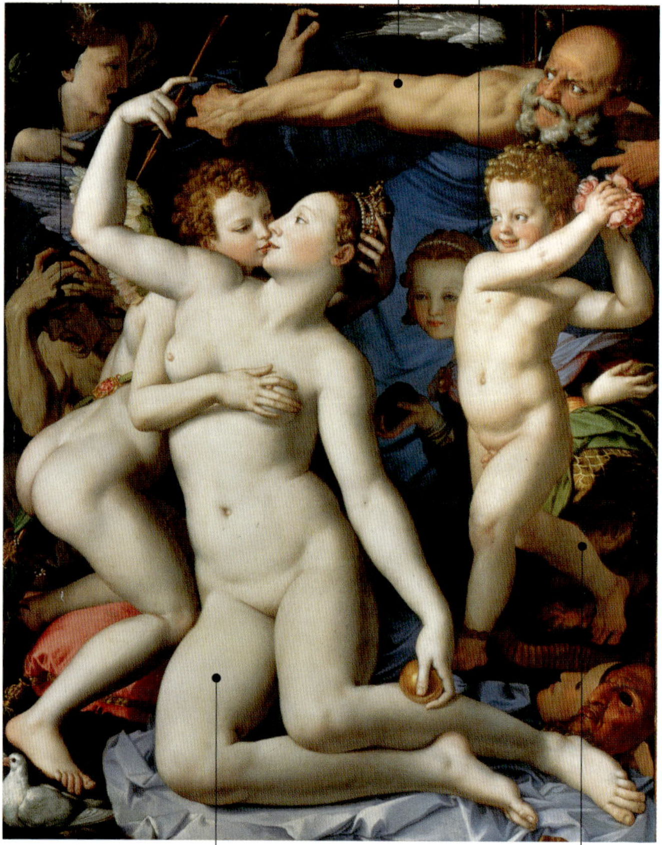

La nudité de la Luxure est une illustration de la principale conséquence de ce péché : la dissipation des biens terrestres et la ruine des valeurs de l'âme.

▲ Bronzino,
La Luxure démasquée, 1540-1545
Londres, National Gallery

Le jeune enfant tenant une pleine poignée de pétales de rose représente le Plaisir.

La Colère est représentée par une querelle entre femmes, qui en viennent aux mains. L'écume à la bouche, les yeux injectés de sang et les joues gonflées sont typiques de l'humeur sanguine, tempérament des irascibles.

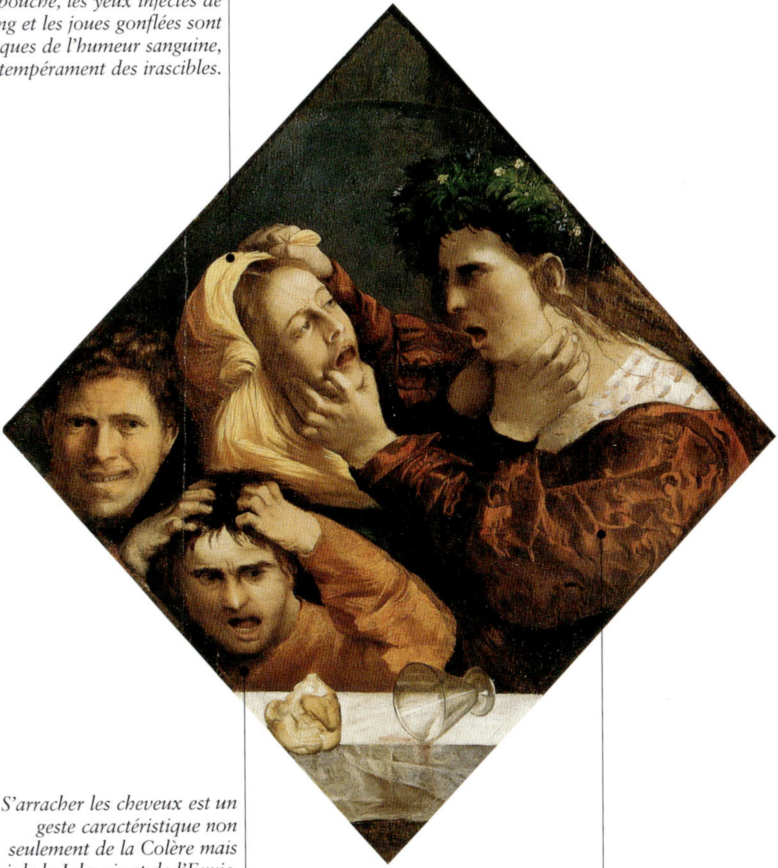

S'arracher les cheveux est un geste caractéristique non seulement de la Colère mais aussi de la Jalousie et de l'Envie.

La robe rouge à broderies noires est un autre attribut distinctif de la Colère, qui fait naître malheurs et deuils.

▲ Dosso Dossi,
La Colère (ou *La Rixe*), vers 1515-1516
Venise, Fondazione Cini

Dans une cabane (dont le toit est recouvert de différents gâteaux et tartes) un noble guerrier, la bouche grande ouverte, s'apprête à satisfaire toutes ses envies.

Sortant d'un tunnel pratiqué dans une meule de sarrasin, le gourmand, une louche à la main, se prépare pour une « grande bouffetance ».

Le mât de cocagne est une métaphore du péché de gourmandise.

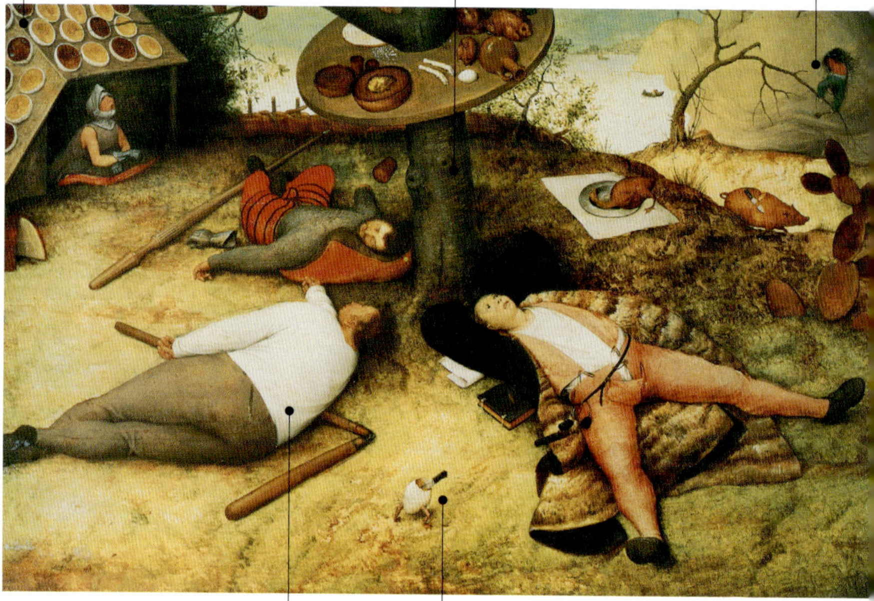

Le paysan, le clerc et le soldat représentent les trois états de la société de l'époque : le peuple, le clergé et la noblesse.

Les délices gastronomiques vont et viennent en toute tranquillité pour tenter les gourmands.

▲ Pieter Bruegel l'Ancien,
Le Pays de Cocagne, 1567
Munich, Alte Pinakothek

Le coquillage est une allusion au comportement tortueux et à la dissimulation des envieux.

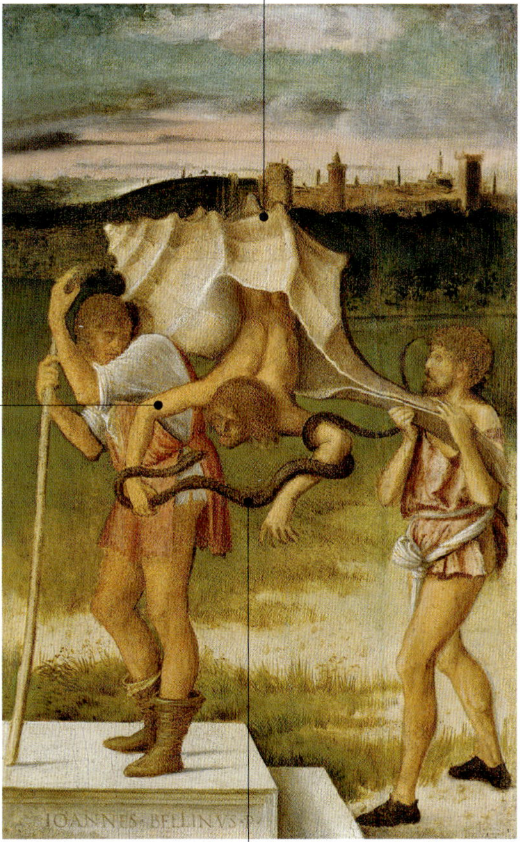

L'Envie est représentée de manière inhabituelle sous des traits masculins.

Le serpent est un attribut caractéristique des envieux, dont la langue est fourchue et venimeuse comme celle de ce reptile.

▲ Giovanni Bellini,
Allégorie de la Médisance ou de l'Envie, 1490
Venise, Gallerie dell'Accademia

Armé d'un soufflet, le diable insuffle dans l'oreille du paresseux des pensées vicieuses, illustrant ainsi le proverbe médiéval qui dit que « la paresse est l'oreille du diable ».

L'homme endormi personnifie le vice de la paresse.

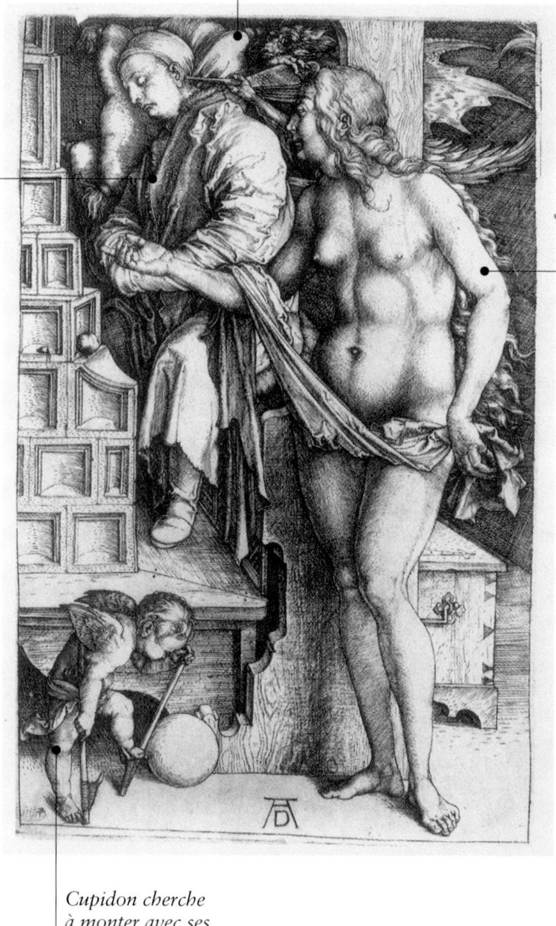

La Vénus à demi dénudée représente la Luxure, qui tente le dormeur avec un geste d'invite sans équivoque.

Cupidon cherche à monter avec ses échasses sur la sphère instable de la Fortune.

▲ Albrecht Dürer,
Le Rêve du docteur, gravure, 1498-1499

Changeurs et usuriers apparaissent souvent comme des personnifications de l'Avarice.

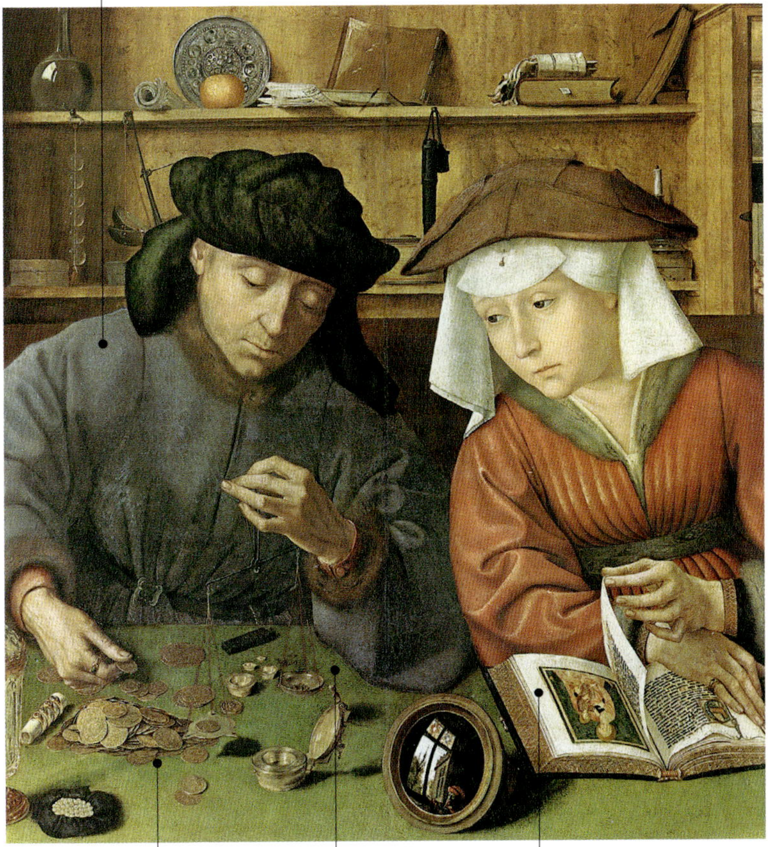

Les pièces d'or sont un accessoire typique de la représentation du péché d'avarice.

La balance permet de vérifier le bon ou mauvais aloi des monnaies d'or.

Aux Pays-Bas, la pratique de l'usure pouvait avoir une valeur positive et socialement acceptée, comme en témoigne la présence du livre de prières au premier plan.

▲ Quentin Metsys,
Le Changeur et sa femme, 1514
Paris, musée du Louvre

La Vérité désigne de la main droite la lumière du soleil, qui dissipe les ombres de la Calomnie.

La vieille femme à la tête voilée et portant des vêtements de deuil incarne le Remords.

La Trahison et la Tromperie escorten[t] la Calomnie.

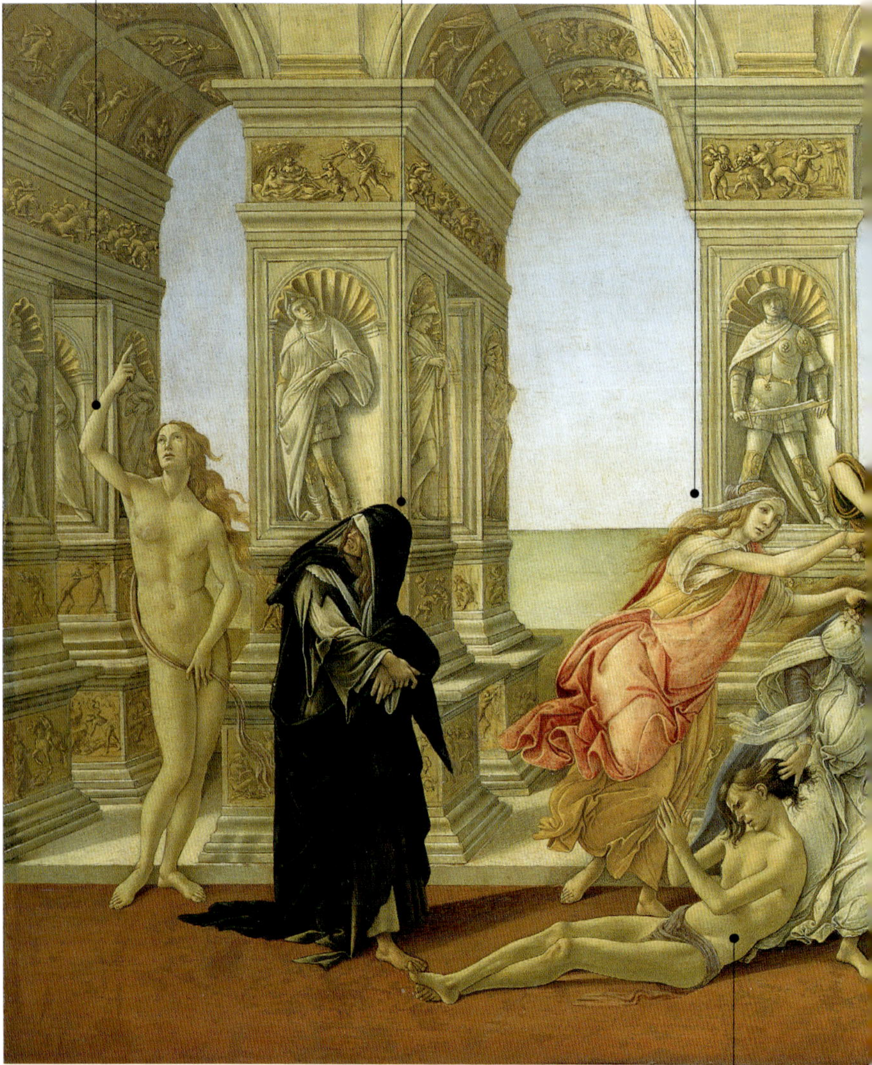

Le jeune homme traîné par les cheveux personnifie l'Innocence.

Le roi Midas, aux oreilles d'âne, tend la main à la Calomnie qui s'approche avec une torche ardente.

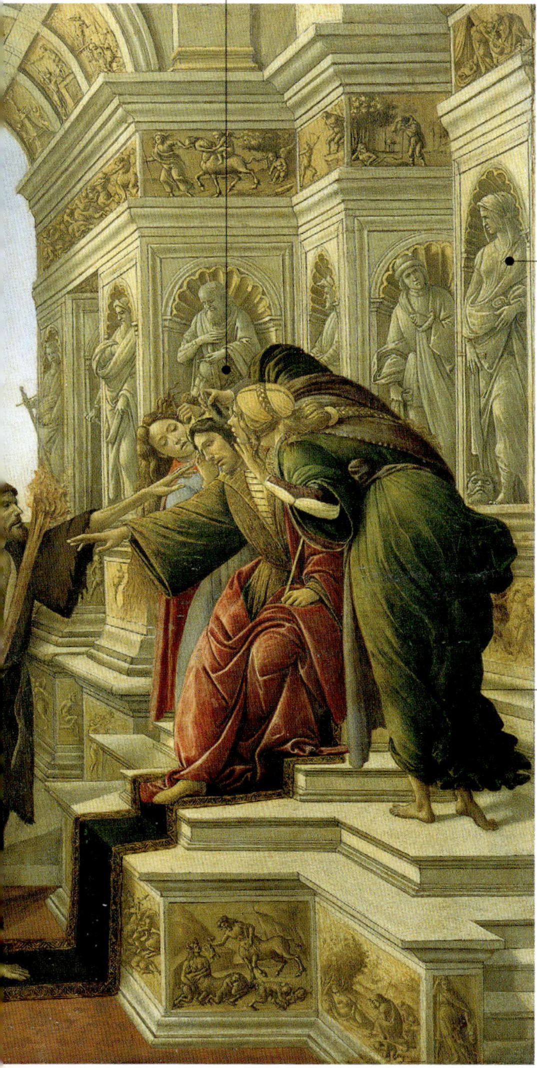

Ce tableau, inspiré d'un texte de Lucien de Samosate, illustre la réponse du peintre grec Apelle aux calomnies de son rival Antiphile.

L'Ignorance et le Soupçon instillent le doute dans les oreilles du roi.

◄ Sandro Botticelli,
La Calomnie d'Apelle, 1495
Florence, Galleria degli Uffizi

L'Avarice serre contre elle un coffret empli d'or.

Tenant l'épée et le lys, l'Orgueil domine la ville.

La Vanité est représentée sous les traits d'une belle femme qui se regarde dans un miroir et porte une branche sèche, symbole de la vacuité de ses ambitions.

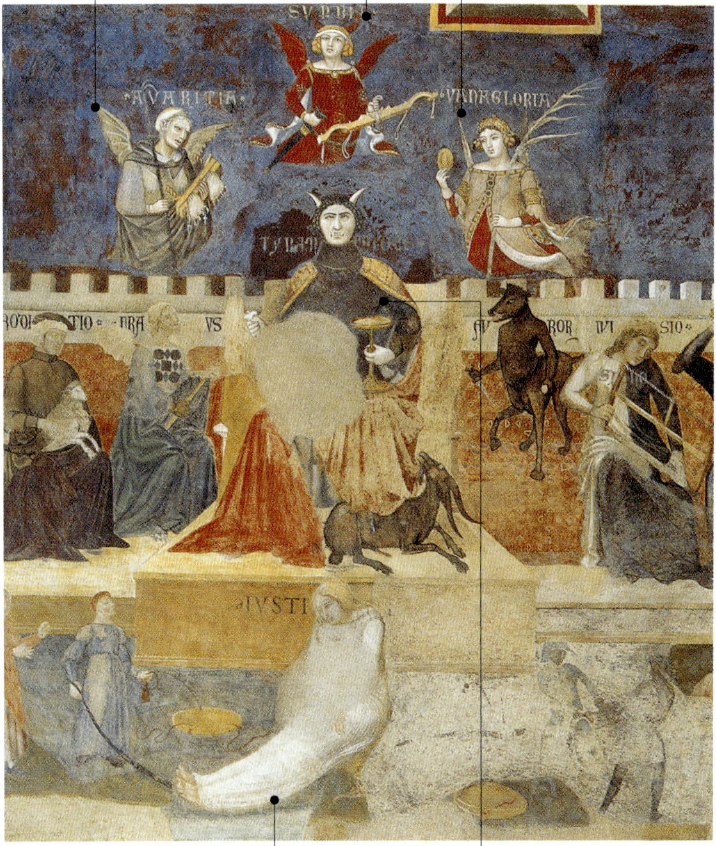

La Justice, dépouillée de tout ornement, est tenue dans les chaînes par le gouvernement tyrannique.

Le diable, avec ses cornes et ses ailes de chauve-souris, incarne la Tyrannie.

▲ Ambrogio Lorenzetti,
Les Effets du mauvais gouvernement (détail), 1337-1340
Sienne, Palais communal

La Discorde, armée de deux torches ardentes, enflamme les adversaires.

La chevelure de serpents est l'un des attributs distinctifs de la Discorde.

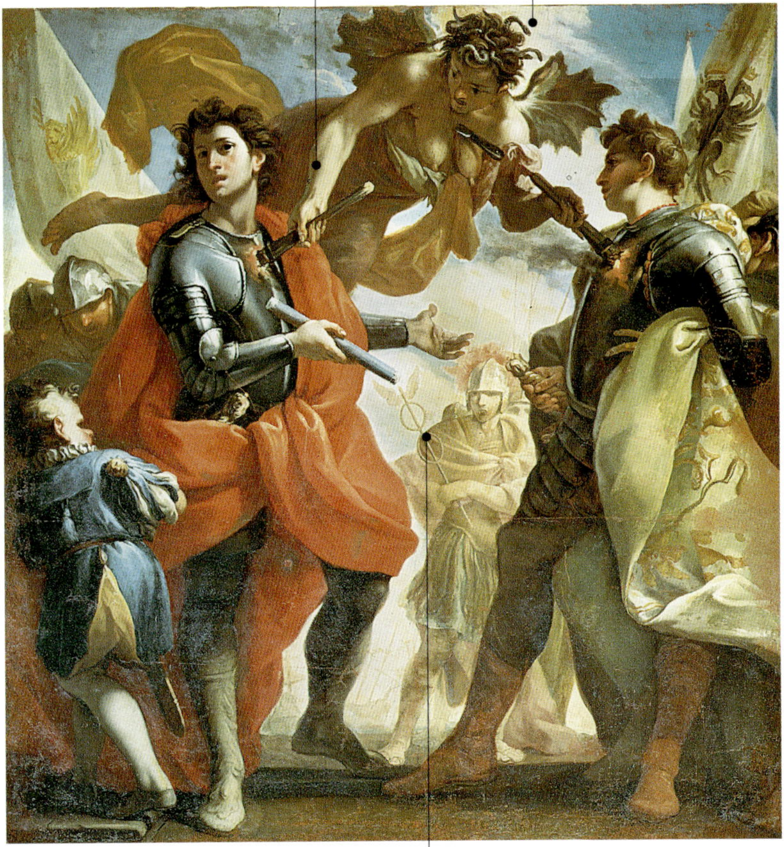

Le caducée de Mercure est un symbole de paix : selon la tradition, son apparition fait « cesser toute discorde ».

▲ Sebastiano Ricci,
La Discorde enflamme l'esprit de deux guerriers, XVIIe-XVIIIe siècle
Plaisance, Museo Civico

« Marguerite la folle », personnage tiré du folklore allemand du Moyen Âge, représente l'égoïsme aveugle et la violence civile. Son aspect destructeur est illustré par sa cuirasse et l'épée qu'elle tient à la main.

La coquille d'œuf, symbole inversé de l'athanor alchimique, est la matrice de tous les maux du monde.

La caverne anthropomorphe représente la bouche de l'enfer. Cette image est tirée de la célèbre Vision de Tondale *(XIIe siècle), principal texte de référence pour l'iconographie de l'au-delà dans l'aire flamande et germanique.*

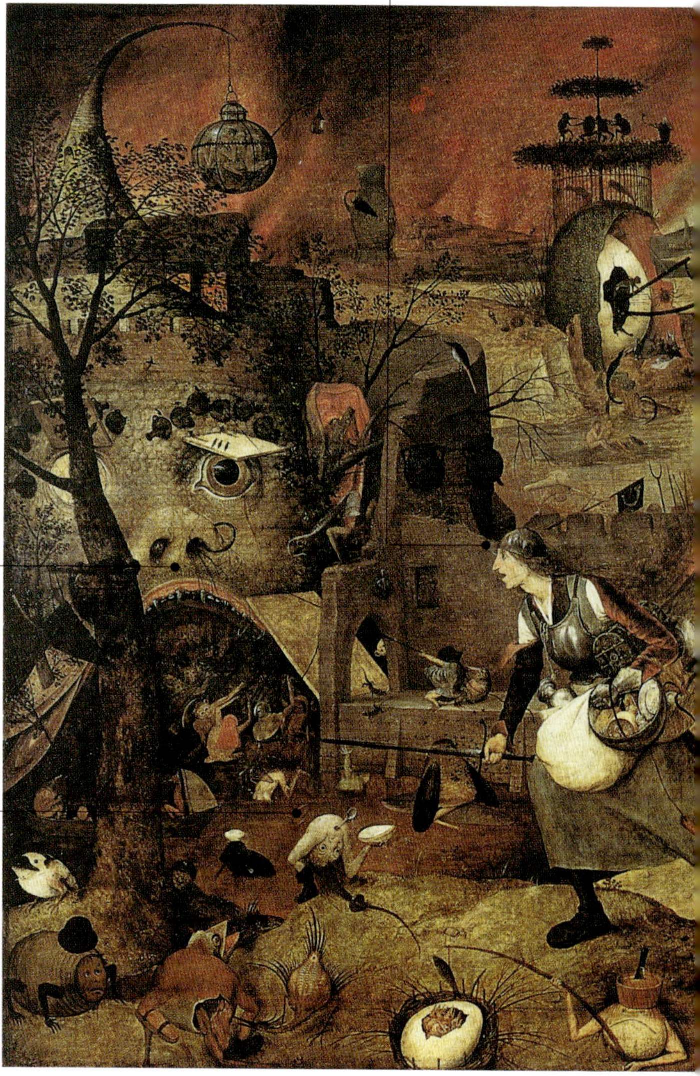

Ces créatures caricaturales et burlesques, récurrentes dans les œuvres de Bruegel et de Bosch, sont des emblèmes du mal et du désordre universel.

Le bateau portant la boule de cristal est une allusion au creuset de l'alchimie hermétique.

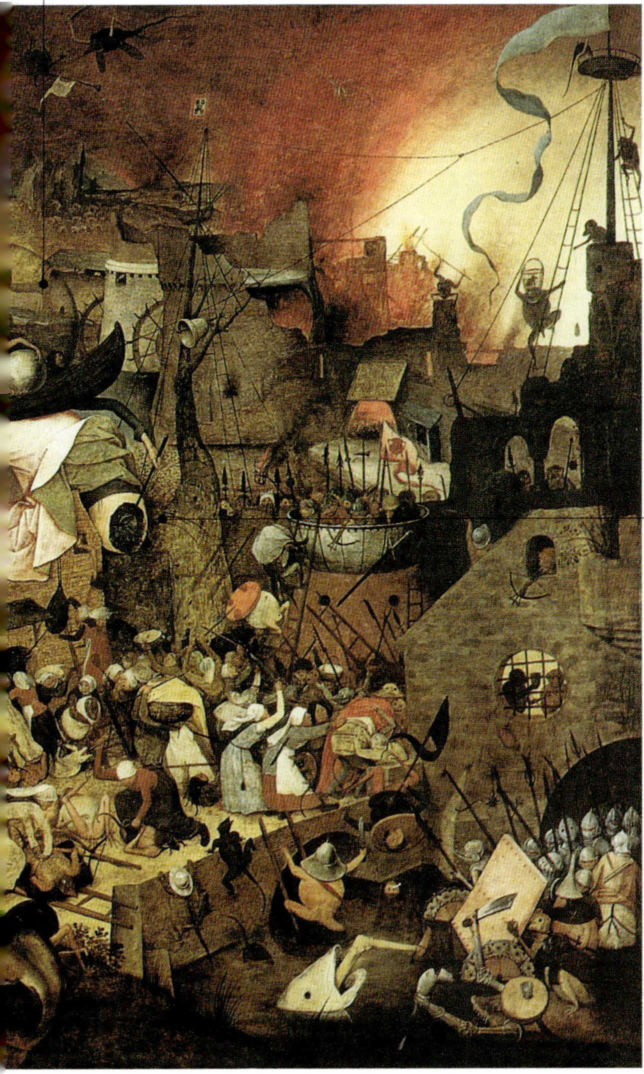

L'homme au derrière en forme de coquille d'œuf expulse des excréments, peut-être des pièces d'or, et la foule se presse pour les ramasser.

◄ Pieter Bruegel l'Ancien, *Dulle Griet* («Marguerite la folle»), 1562
Anvers, Museum Mayer-Van den Bergh

La plume, les bijoux, les vases de parfum et les fleurs coupées sont des attributs caractéristiques de la Vanité.

Le reflet évanescent est une métaphore de la vaine apparence et du caractère éphémère des biens terrestres.

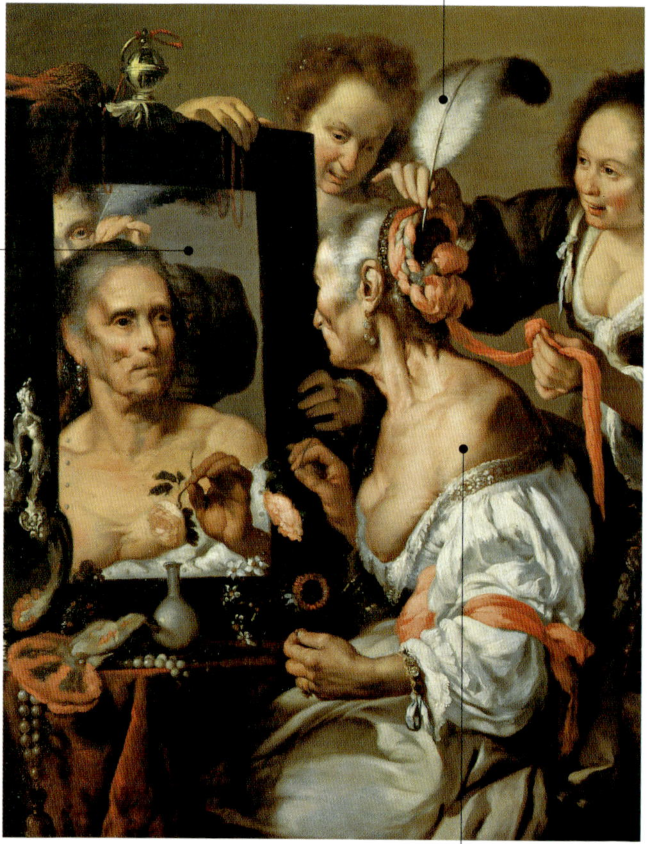

La Vanité est représentée sous les traits d'une femme vieille et laide qui se regarde dans un miroir à sa toilette.

▲ Bernardo Strozzi,
La Vanité, 1635-1640
Moscou, musée Pouchkine

La poitrine quasi découverte de la jeune fille illustre l'une des caractéristiques de la vanité, qui est de laisser transparaître sentiments et pensées.

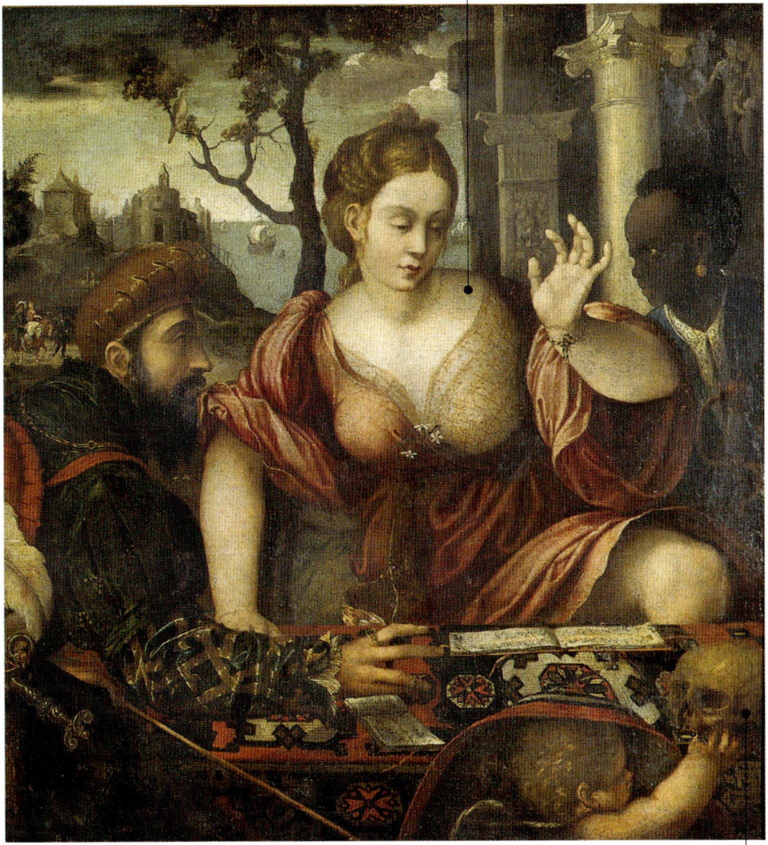

Le crâne, symbole de la vanité, est une allusion à la fragilité de l'existence terrestre et souligne la proximité entre beauté et mort.

▲ Giulio Campi,
Allégorie de la Vanité (?), 1521-1524
Milan, musée Poldi Pezzoli

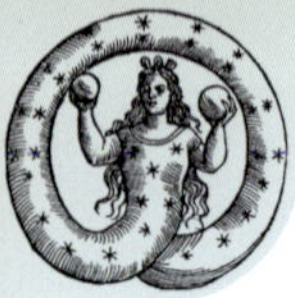

Représentation: sous les traits de jeunes femmes munies d'attribu particuliers caractéristiques, et souvent en train de combattre le Vices.

Les vertus

Étymologie du nom
Du latin *virtus*, dont la racine est *vir*, « homme ».

Caractéristiques
Elles représentent les puissances bénéfiques de l'esprit humain, les facultés intellectuelles et les entités angéliques du cosmos chrétien.

Traditions religieuses et philosophiques
Le platonisme, l'hermétisme, le judaïsme, le christianisme, l'alchimie.

Divinités et symboles en relation
Dieu le Père, Jésus-Christ, Éros; le bien, la lumière, les anges, les planètes, le paradis, l'arbre des vertus.

Elles se répartissent en quatre vertus cardinales (la force, o le courage, la prudence, la justice et la tempérance) et en troi vertus théologales (la foi, l'espérance et la charité). Les pre mières, entendues comme des qualités naturelles que l'on acquiert e se conformant à la doctrine évangélique, proviennent de la philoso phie socratique, platonicienne et aristotélicienne. Les secondes, qua lités surnaturelles données directement par Dieu, sont introduites a Moyen Âge par les Pères de l'Église, qui unifient le système éthiqu classique avec les dogmes révélés dans les Saintes Écritures.

La scolastique identifie les vertus avec les entités angéliques o puissances (en grec, *dynamis*) qui répandent la lumière divine dan l'esprit humain. Elles sont situées dans la deuxième sphère céleste à côté des Dominations et des Puissances, et elles corresponden aux sept planètes principales. Parmi les œuvres d'art qui illustren cette conception théologique de la vertu, citons les fresques d Giotto dans la chapelle des Scrovegni à Padoue, celles d'Andre Bonaiuti dans l'église Santa Maria Novella à Florence, les sculp tures d'Agostino di Duccio dans le Tempio Malatestiano à Rimini et les *Allégories du bon gouvernement* d'Ambrogio Lorenzetti dan le Palais communal de Sienne.

La culture de la Renaissance reprend le personnifications mythologique antiques des vertus, en donnan une importance particulière aux qualités éthiques e civiles de la paix, de l'abondance et de la concorde, et à la vertu de la sagesse. La chasteté, la fidélité, l'abstinence e l'humilité sont aussi au nombre des qualités morales de l'homme vertueux.

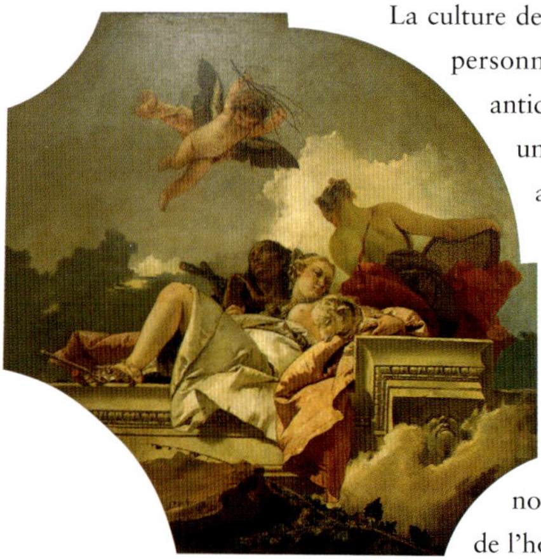

► Giambattista Tiepolo, *Allégorie de la Vertu*, 1740
Venise, Scuola del Carmine

L'Espérance est généralement vêtue de vert. La couronne de fleurs annonce la naissance du fruit mûr.

La Foi est représentée avec la croix et le calice de l'eucharistie. Sa couleur distinctive est le blanc.

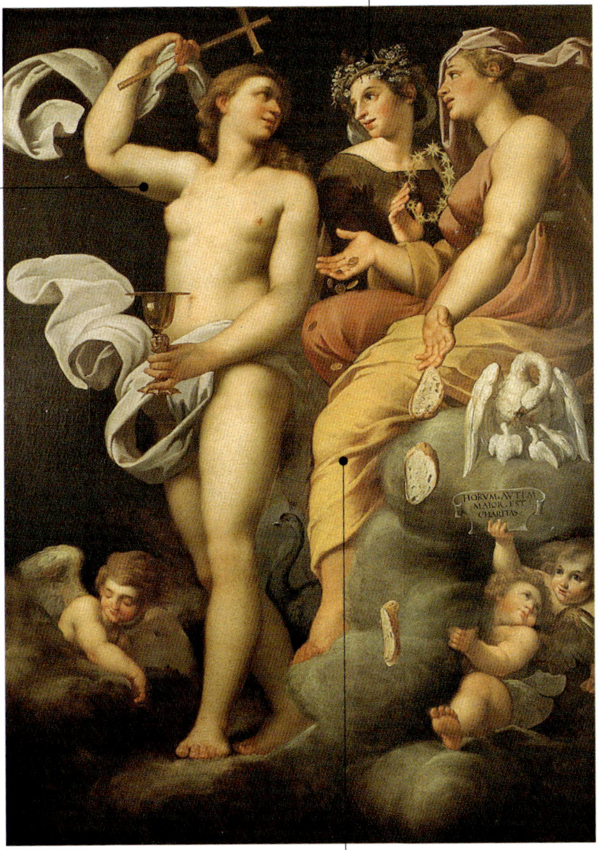

La Charité, dont la couleur caractéristique est le rouge, distribue du pain aux orphelins. Elle est accompagnée du pélican qui nourrit ses petits, symbole de générosité envers les nécessiteux.

▲ École d'Annibale Carrache,
Allégorie des vertus théologales, XVIIe siècle
Rome, palais de Montecitorio

Le crucifix, que la Foi tient habituellement dans ses mains, est ici placé à côté de la coupe, ou calice, pour en souligner la fonction eucharistique.

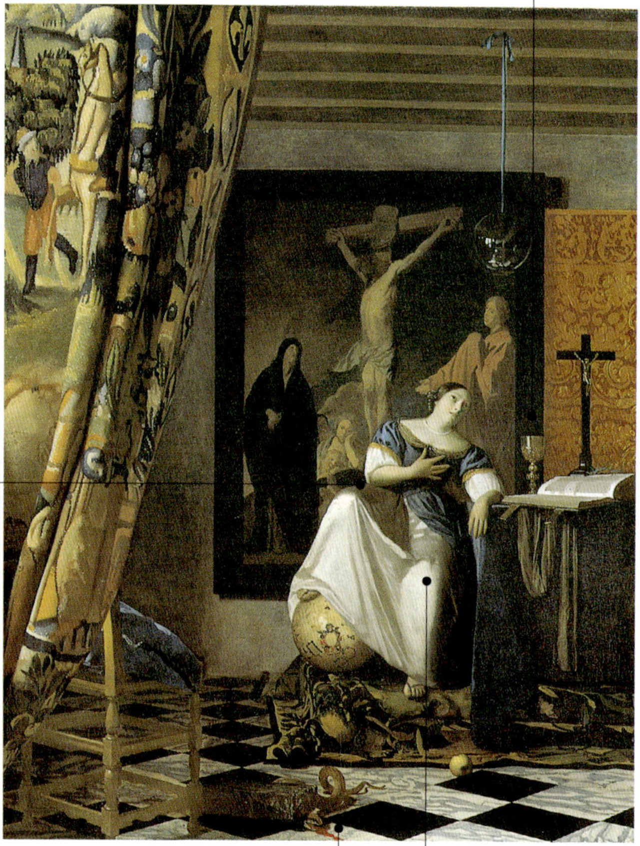

Le geste de la main droite posée sur le cœur, ou bien tenant un cœur en flammes, est caractéristique de la Foi.

Le serpent écrasé par une pierre est un symbole du démon vaincu par Jésus-Christ.

La Foi est ici représentée avec un ensemble d'attitudes, de gestes et d'attributs décrits par Cesare Ripa dans son Iconologie.

▲ Jan Vermeer de Delft,
Allégorie de la Foi, 1675
New York, Metropolitan Museum of Art

La clochette désigne le sens de l'ouïe.

La Charité allaite un bébé et prodigue ses soins aux enfants nécessiteux. Son embrassement illustre le sens du toucher.

Les fleurs coupées représentent l'odorat.

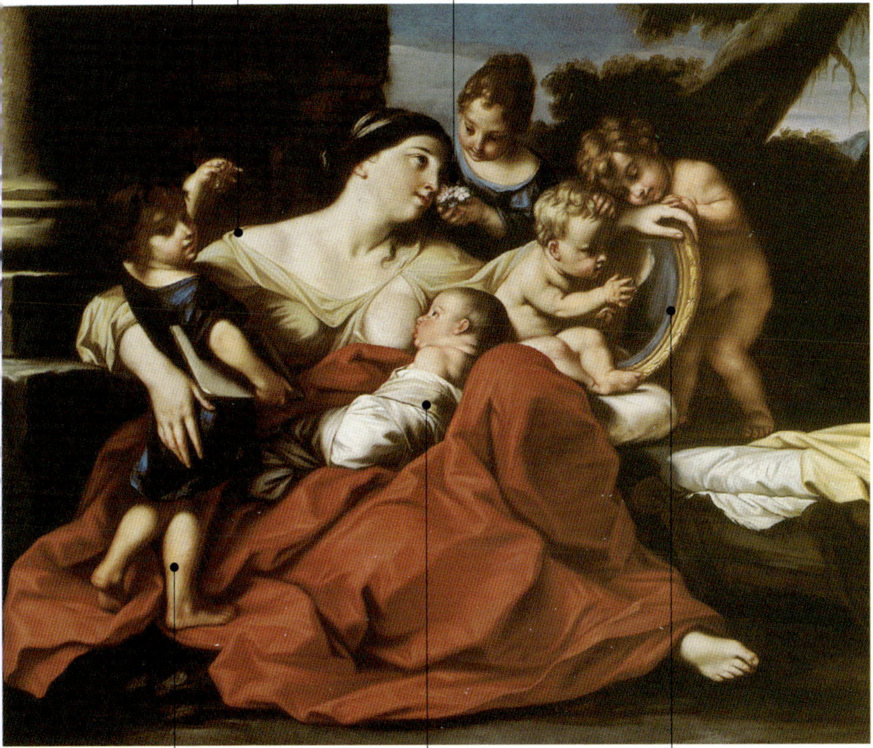

La présence des enfants met en lumière que la Charité possède aussi les qualités de la Foi et de l'Espérance.

L'enfant emmailloté qui tète représente le sens du goût.

Le miroir symbolise le sens de la vue. La présence des vertus chrétiennes, ici incarnées dans la Charité, garantit la valeur positive des cinq sens.

▲ Carlo Cignani,
La Charité en allégorie des cinq sens, 1668-1679
Collection particulière

Les deux figures féminines qui précèdent Minerve ont été interprétées comme des personnifications de la Chasteté.

Les inscriptions qui figurent sur les corps des Vices et sur le phylactère entourant le tronc de l'arbre (rappel du mythe de Daphné transformée en laurier) permettent d'identifier les différents personnages de la scène.

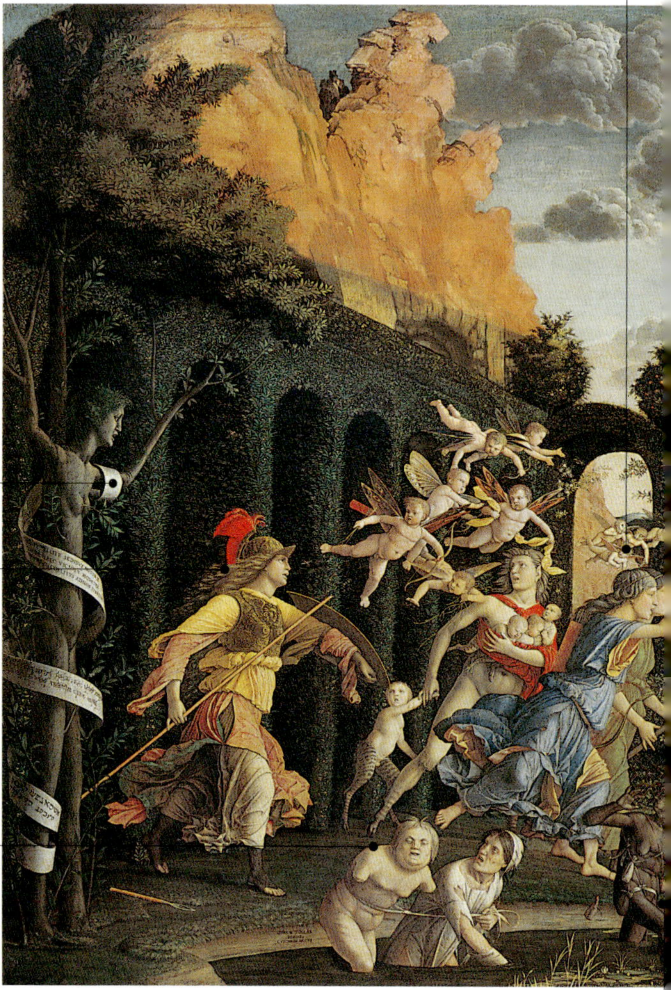

Armée d'un casque, d'une lance et d'un bouclier, Minerve chasse les Vices du jardin de la Vertu. La déesse symbolise les capacités intellectuelles de l'esprit humain.

La Paresse, entraînée par l'Inertie, est figurée sans bras pour illustrer son incapacité à faire quoi que ce soit.

L'hybride d'homme et de singe représente la Haine, la Fraude et la Méchanceté.

Vénus, debout sur un centaure qui l'emporte, représente la Luxure.

La figure armée de l'épée et de la balance est la Justice, l'une des quatre vertus cardinales.

La cruche d'eau est un attribut distinctif de la Tempérance. Être tempérant, c'est notamment ne pas faire d'excès de boissons : c'est pourquoi la Tempérance verse ici le liquide d'une cruche dans l'autre et coupe le vin d'eau claire.

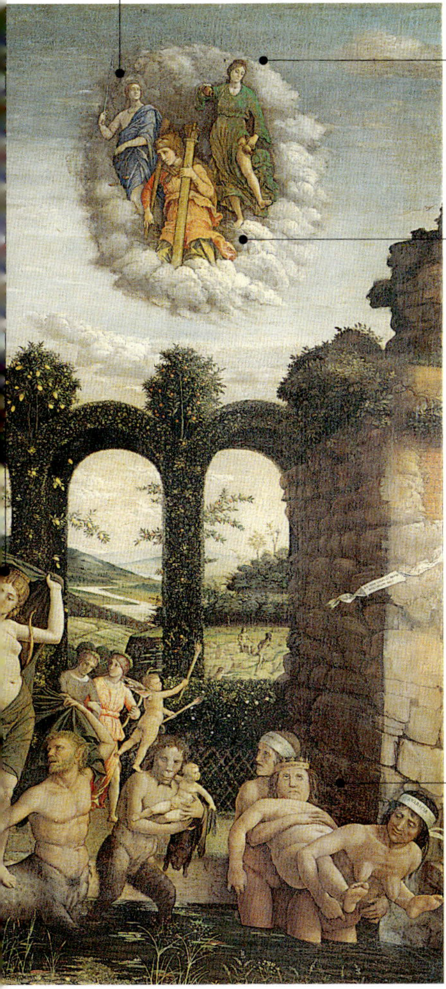

On reconnaît la Force à la peau de lion et à la massue d'Hercule ainsi qu'à la colonne qu'elle tient en main.

La figure couronnée est la personnification de l'Ignorance, que l'Avarice et l'Ingratitude portent dans leurs bras.

◄ Andrea Mantegna,
Le Triomphe de la Vertu, 1499-1502
Paris, musée du Louvre

Le miroir, qui reflète un crâne et non le visage de la jeune femme, avertit ainsi de la vanité des plaisirs terrestres.

La jeune femme est la personnification de la Prudence.

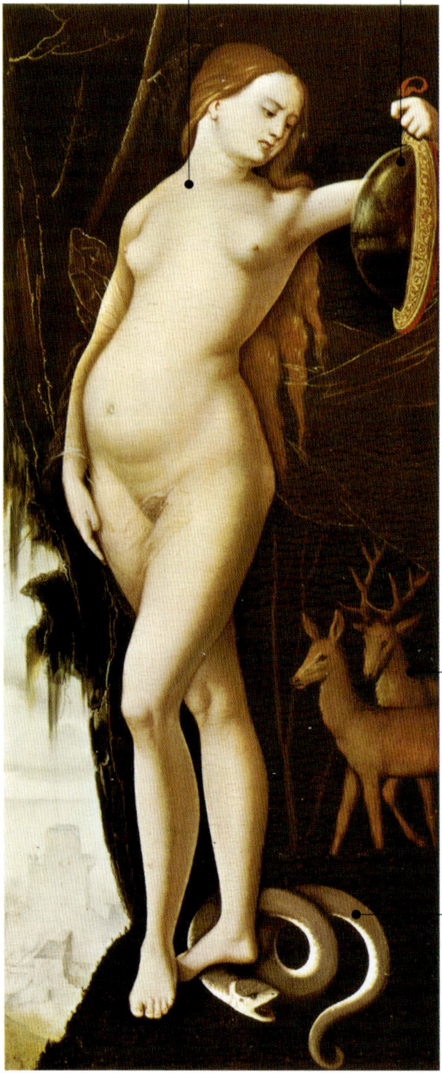

Le cerf, animal plein de réserve, est une allusion au tempérament mélancolique, traditionnellement associé à la vertu de prudence.

Le serpent écrasé sous le pied de la jeune femme est le symbole des tentations démoniaques refrénées par la Prudence.

▲ Hans Baldung Grien,
La Prudence, 1592
Munich, Alte Pinakothek

La couronne de laurier signifie que l'homme prudent réfléchit avant d'agir.

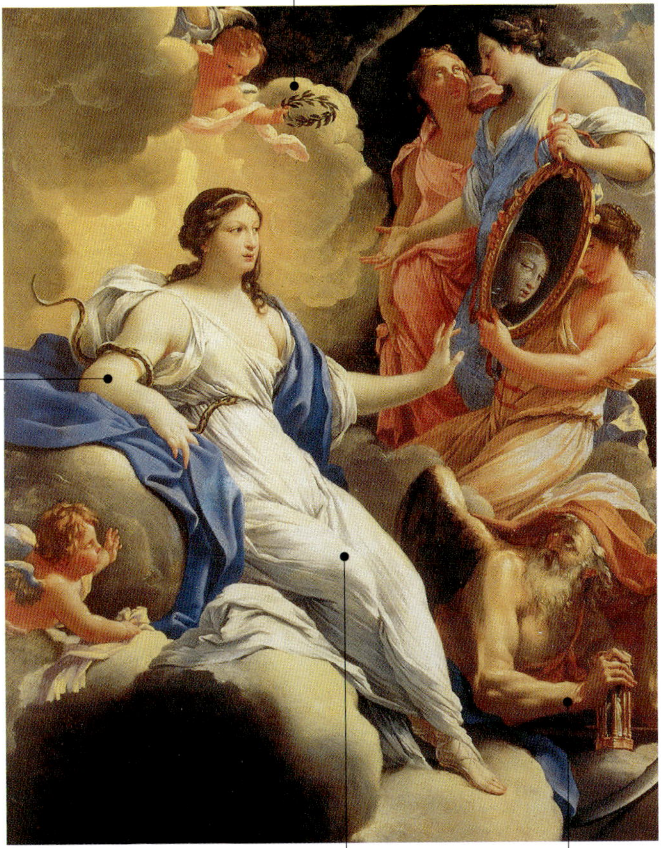

Dans l'Évangile de Matthieu, la prudence est une qualité attribuée aux serpents.

La Prudence ne se laisse pas séduire par les apparences fugitives, que représente le reflet dans le miroir.

Le Temps, qui tient un sablier, personnifie l'art d'attendre, qualité distinctive de la Prudence.

▲ Simon Vouet,
Allégorie de la Prudence, vers 1645
Montpellier, musée Fabre

La balance en parfait équilibre symbolise l'impartialité de jugement et la capacité de soupeser toute chose. Elle est un attribut caractéristique aussi bien de la Justice que de la Tempérance.

La présence d'un Jugement dernier à l'arrière-plan aide à établir que ce tableau est une allégorie de la Justice.

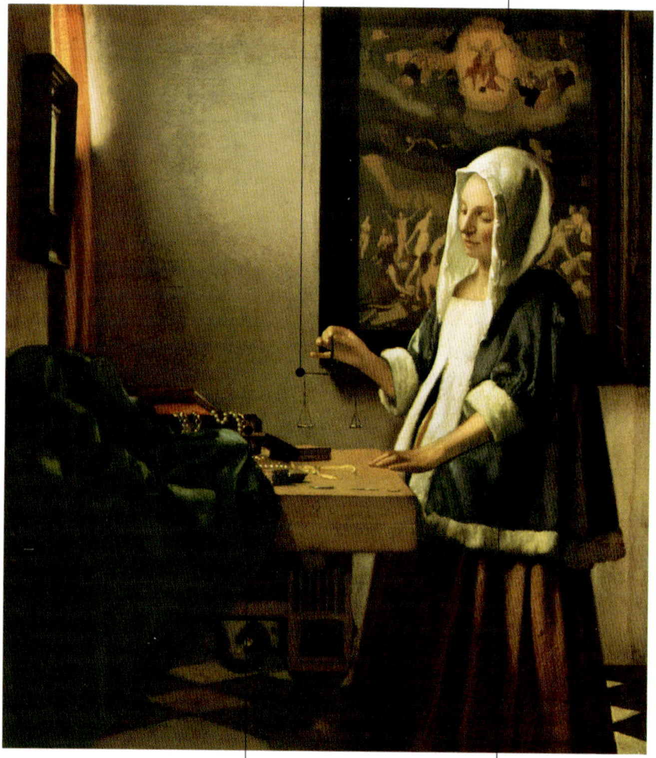

Les bijoux sur la table sont un symbole de la pureté de la Vierge Marie.

Le ventre proéminent est une allusion à la future maternité de la Vierge Marie. Selon la doctrine catholique, la mère du Sauveur intercédera pour le salut des hommes au jour du Jugement dernier.

▲ Jan Vermeer de Delft,
Jeune Femme avec une balance
(*La Peseuse de perles*), 1660-1665
Washington, National Gallery of Art

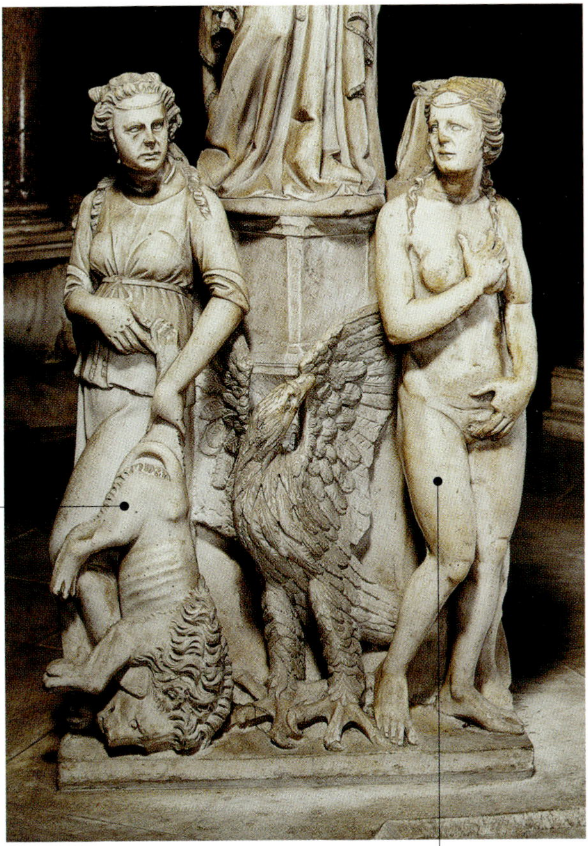

Le lion dompté est le principal attribut de la Force. Cette iconographie provient du mythe des douze travaux d'Hercule.

La Tempérance est représentée par le motif classique de la Vénus Pudica. Elle peut aussi avoir pour autres attributs une tortue et un pichet d'eau.

▲ Giovanni Pisano,
La Force et la Tempérance, 1302-1310
Pise, cathédrale

Le temple de la Chasteté est consacré à Vénus Verticordia, celle qui délivre les cœurs de l'ardeur des passions.

La licorne est un symbole de la pureté et de la chasteté. Pour la capturer, on doit recourir à une jeune vierge, seul être humain en mesure de l'approcher.

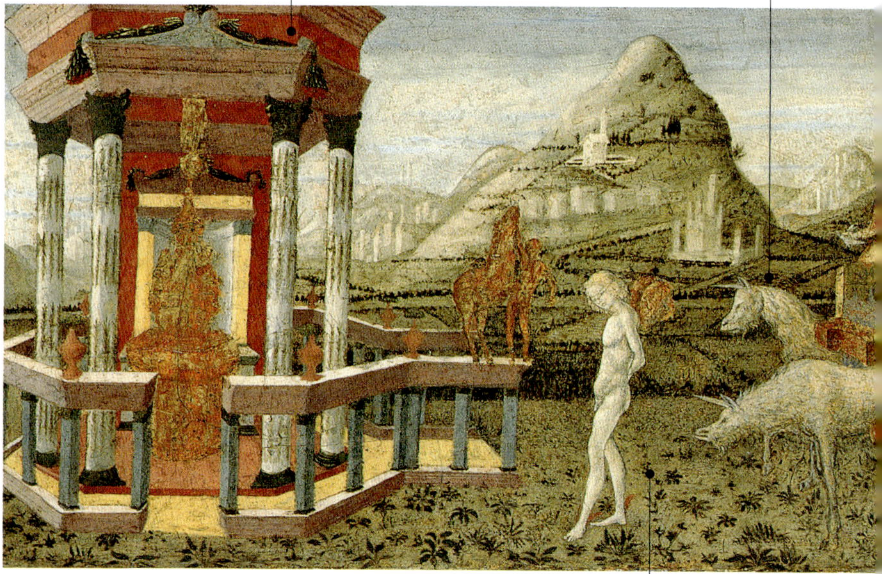

Le jeune garçon nu et ailé est Éros, le dieu de l'amour.

▲ Francesco di Giorgio Martini, *Le Triomphe de la Chasteté* (détail), 1464
Los Angeles, The J. Paul Getty Museum

La Chasteté, montée sur un char triomphal, s'approche du temple de Vénus Verticordia. Cette image est inspirée des Triomphes *de Pétrarque.*

Les chevaux en train de s'abreuver illustrent la satisfaction des pulsions sexuelles.

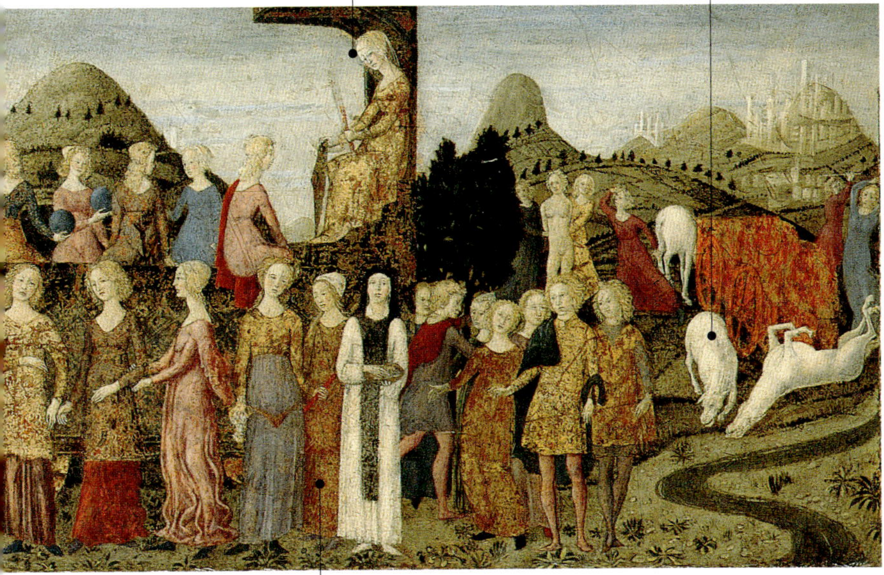

L'Honnêteté et la Pudeur, la Persévérance et la Gloire, le Bon Sens et la Modestie sont les servantes de la Chasteté. Dans sa suite figurent aussi des hommes et des héros capables de résister aux séductions des sens, comme Hippolyte, qui repoussa Phèdre, et Joseph, qui échappa à la femme de Putiphar.

Sophia (la Sagesse) représente la plus haute vertu à laquelle l'homme puisse atteindre.

Crates jette à la mer les richesses terrestres, bagage désormais inutile pour l'homme vertueux.

L'Occasion tient au-dessus de sa tête une voile déployée, symbole de changement et d'inconstance.

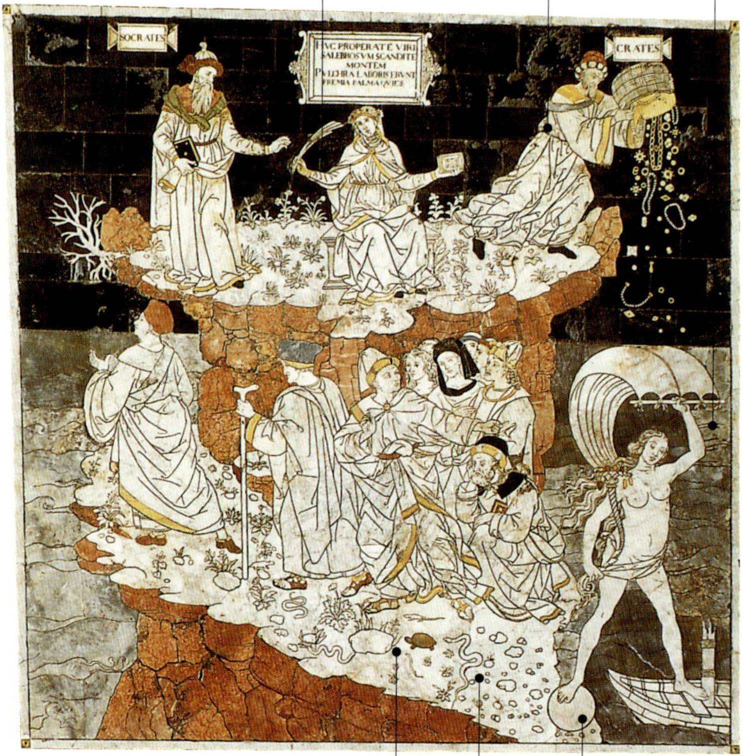

La tortue est associée aux vertus de persévérance et de prudence.

La sphère et la barque sans amarres sont des symboles d'instabilité.

▲ Le Pinturicchio,
Le Chemin de la Vertu,
1505, mosaïque de pavement
Sienne, cathédrale

Les serpents représentent les obstacles à surmonter tout au long du chemin.

Le dragon est un attribut caractéristique de Satan.

L'ange du Seigneur qui brandit une épée nue met en fuite le démon.

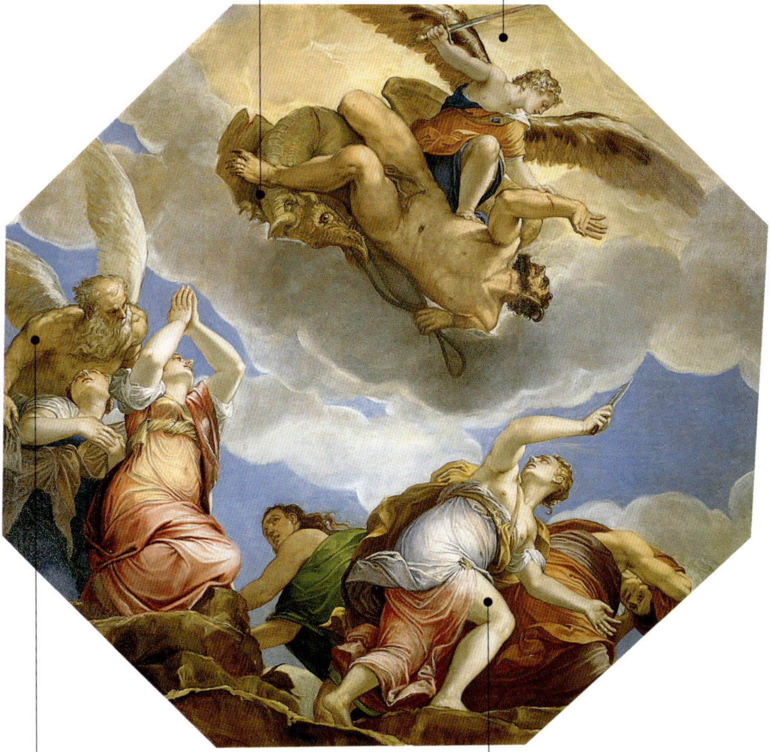

Le Temps, père de la Vérité, se penche sur la Foi et l'Espérance pour les protéger.

L'Envie, la poitrine découverte et tenant un poignard, s'enfuit à la vue du messager divin.

▲ Gian Battista Zelotti,
Le Temps et les Vertus libérés du Mal et de l'Envie, 1550-1560
Venise, palais des Doges

La Sagesse, représentée au-dessus de la Justice, tient solidement la balance.

La Paix porte à la main son attribut caractéristique, un rameau d'olivier.

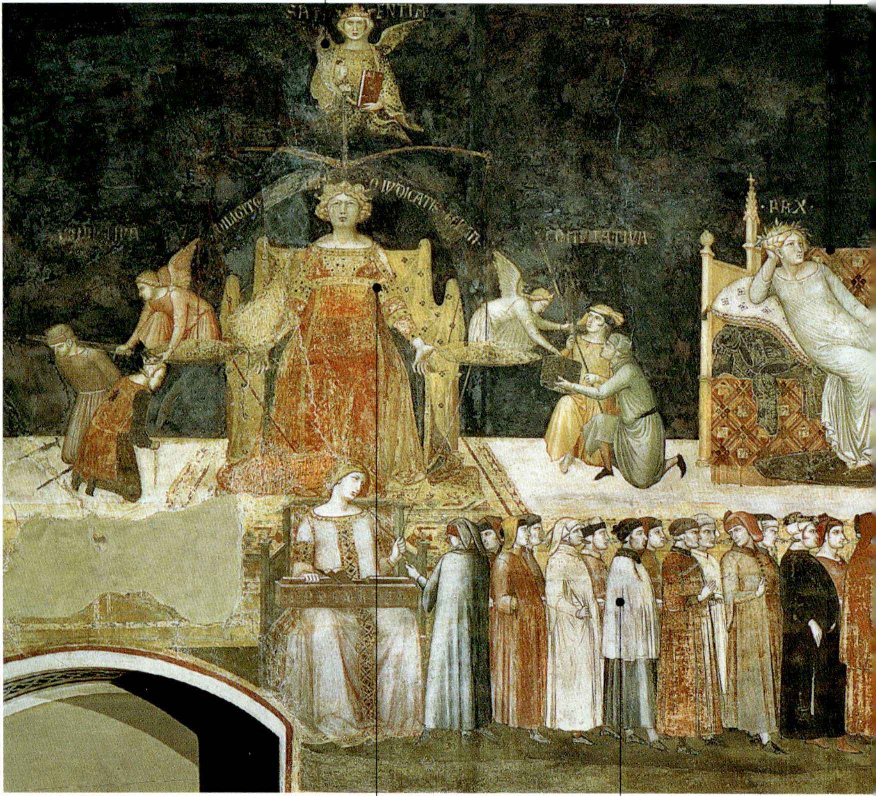

De la tête de la Justice partent les deux bras du fléau de la balance avec laquelle sont pesées les qualités des citoyens.

Les citoyens vertueux sont représentés à une échelle plus petite que celle des Vertus pour signifier leur soumission aux valeurs morales et civiques. Ils se tiennent par la main pour illustrer l'idée de concorde.

▲ Ambrogio Lorenzetti,
Les Effets du bon gouvernement (détail), 1337-1340
Sienne, Palais communal, salle des Neuf

La présence des Vertus théologales en arc de cercle autour de la tête du Bien commun signifie que le Bon Gouvernement est protégé par Dieu.

Le Bien commun, accompagné des Vertus cardinales, est représenté sous les traits d'un empereur sur son trône.

La Magnanimité tient sur son giron les dons à prodiguer.

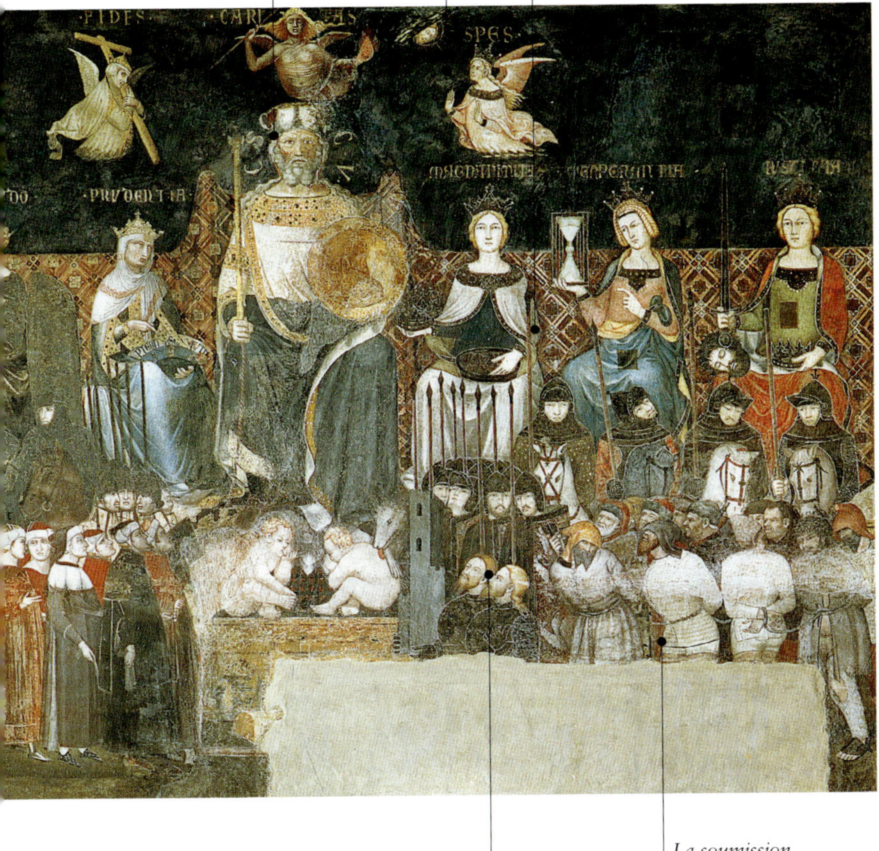

La soumission des ennemis conclut l'allégorie du Bon Gouvernement.

Les chevaliers défendent de leurs armes la paix et la concorde civiles.

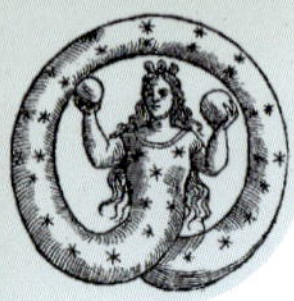

Représentation : sous les traits d'une femme faisant tourner une roue, son principal attribut, ou se tenant en équilibre précaire sur une sphère qui roule.

La Fortune

La Fortune est un symbole ambivalent en ce qu'elle peut représenter aussi bien le bon que le mauvais sort de l'homme.

Elle est souvent figurée portant une corne d'abondance (symbole d'opulence) et tenant un timon (avec lequel elle pilote la roue de la vie) ; elle peut aussi avoir pour attributs une voile ou des ailes (qui changent de direction selon le vent), ou bien se tenir en équilibre instable sur une sphère, symbole de l'inconstance et du changement perpétuel du destin.

Son attribut principal est une roue, gigantesque engrenage constamment en mouvement, capable de précipiter dans la boue ou d'élever aux sommets les plus hauts de l'échelle sociale des hommes de quelque condition et rang que ce soit : princes, paysans, prélats, chefs militaires, sages et philosophes… Pour illustrer l'indifférence avec laquelle elle choisit ou abandonne ses protégés, elle peut être représentée avec les yeux bandés ou bien comme un monstre aveugle et cruel.

Dans l'Antiquité, elle était vénérée comme une divinité féminine – Tyché chez les Grecs, Fortuna pour les Romains – qui déterminait le bon ou le mauvais aboutissement des actions entreprises. Pour connaître les desseins divins, ou pour apaiser l'hostilité de la Fortune, les Anciens avaient l'habitude de consulter les oracles. À l'ère chrétienne, la Fortune est identifiée avec la providence divine ou avec l'inconstance changeante.

Étymologie du nom
Du latin *fortuna*, qui dérive de « fors », « sort, hasard ».

Origine du symbole
Il provient de la confusion, opérée au Moyen Âge, du dieu grec Kairos avec la déesse romaine Fortuna.

Caractéristiques
Elle favorise l'abondance, la fertilité et la victoire, et elle représente la fluctuation du sort.

Divinités et symboles en relation
Tyché, l'Inconstance, Isis, Némésis, Niké, Kairos, le Temps ; la roue, le globe, la corne d'abondance, le caducée, la voile.

Fêtes et dévotions
La déesse romaine Fortuna était vénérée le 5 avril et le 25 mai, et la Fortune virile, le 11 juin.

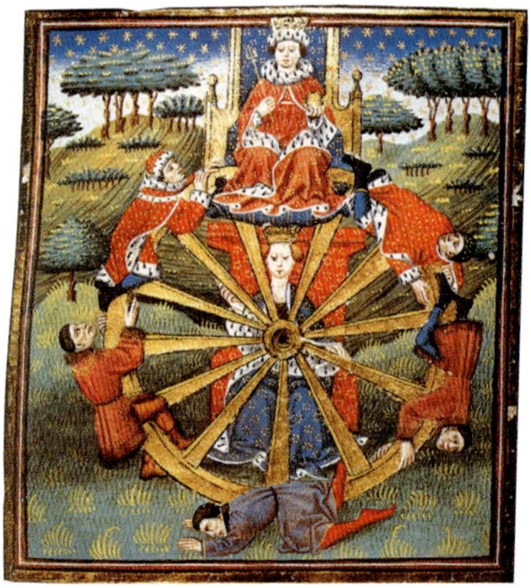

► *La Roue de la Fortune*, miniature du *Troy Book and Story of Thebes* de John Lydgate, vers 1455-1462

Sur la roue de la Fortune sont représentées les différentes classes sociales : à chacune d'elles, la déesse dispensera ses faveurs inconstantes et passagères.

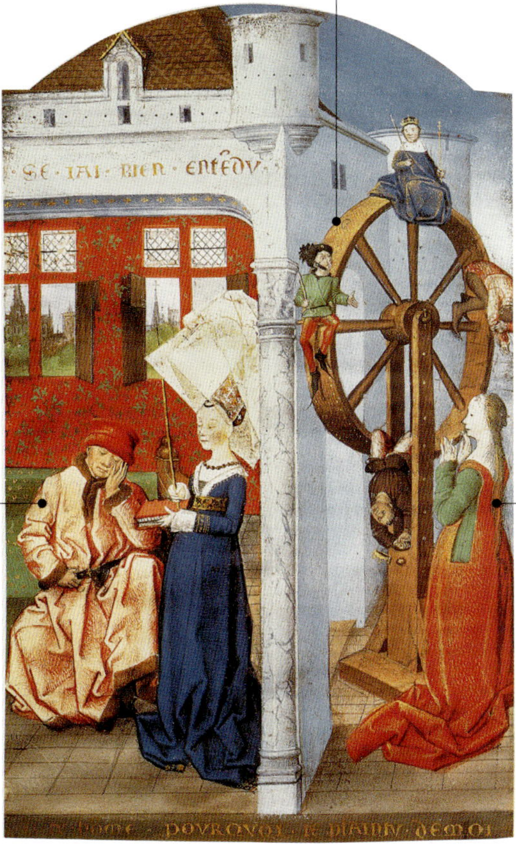

Le philosophe Boèce, emprisonné par le roi des Ostrogoths Théodoric, dicte à Philosophia son testament spirituel : La Consolation de la philosophie.

La Fortune inconstante fait inexorablement tourner la roue du bon et du mauvais sort.

▲ École française,
La Roue de la Fortune, miniature du *De consolatione philosophiae* de Boèce, vers 1460-1470
Londres, Wallace Collection

La longue mèche dressée au-dessus du front provient de l'iconographie de Kairos, la divinité qui incarne l'occasion, ou moment propice pour agir.

Le bandeau sur les yeux indique la caractéristique principale de la Fortune : sa cécité dans la distribution de la faveur et de la disgrâce.

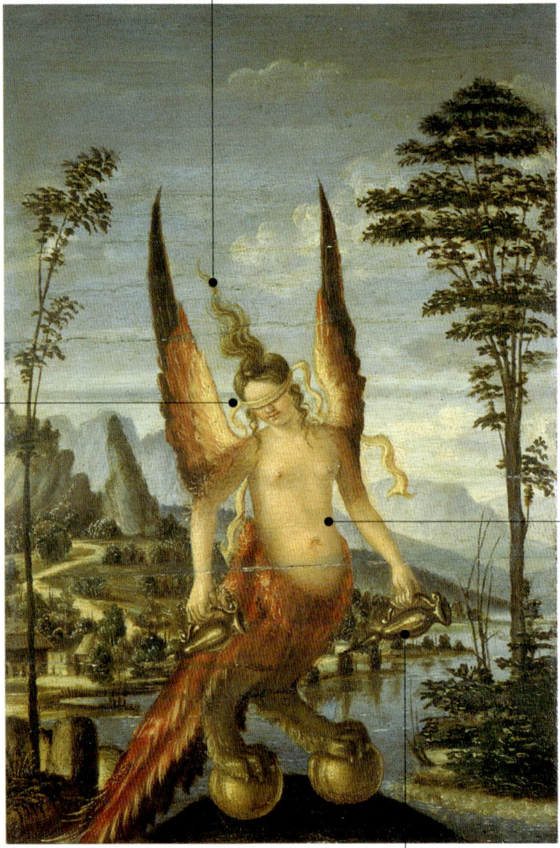

Le Mauvais Sort est figuré sous l'aspect d'un démon ailé à queue de paon et pattes de lion.

Les deux vases représentent les dons ambivalents distribués par la déesse.

▲ Giovanni Bellini,
Allégorie de la Fortune ailée, 1490
Venise, Gallerie dell'Accademia

La coupe tenue en équilibre au bout des doigts symbolise l'instabilité et l'inconstance des faveurs du Sort.

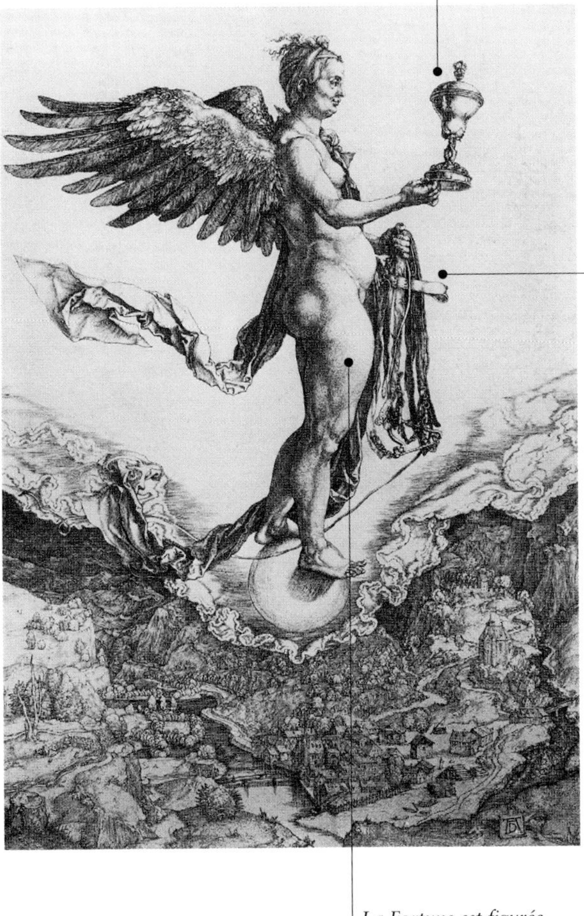

Les courroies de cuir représentent le joug du Destin qui pèse sur la vie humaine.

La Fortune est figurée sous les traits de Némésis, la divinité grecque personnifiant la vengeance.

▲ Albrecht Dürer,
La Grande Fortune : Némésis,
gravure, vers 1501-1503

La femme représentant le Bon Sort tient une corne d'abondance : c'est un attribut de la déesse grecque Tyché, dispensatrice d'opulence et de fertilité.

Ce pan de manteau flottant symbolise l'inconstance de la Fortune.

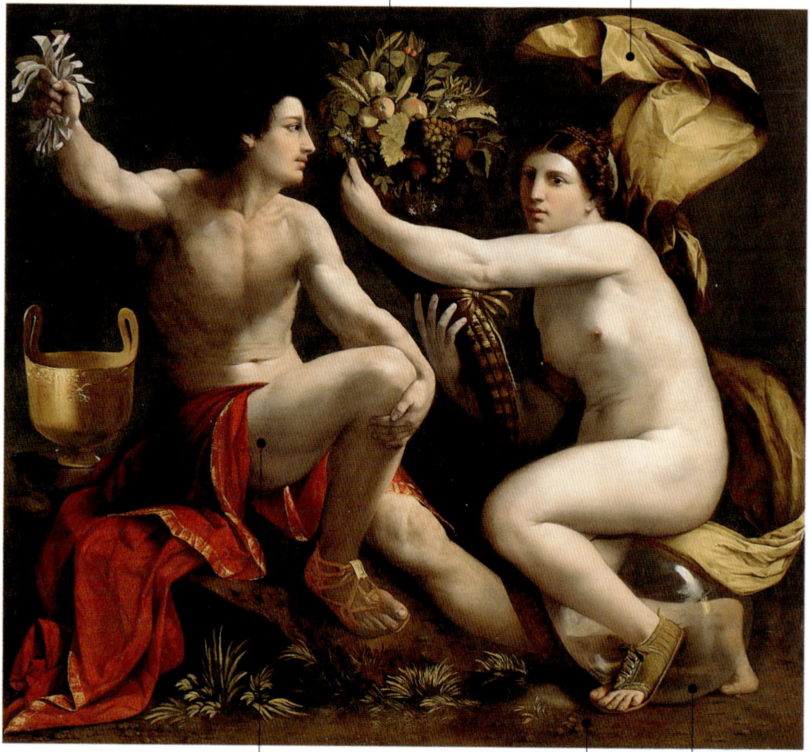

Le Hasard serre dans la main des billets de loterie, jeu très répandu à l'époque du peintre.

La présence d'une seule sandale symbolise le Fatum, le destin inexorable de l'homme.

La sphère qui est sur le point de se briser sous le poids de la déesse illustre la fragilité et l'incertitude du sort.

▲ Dosso Dossi,
Allégorie de la Fortune, vers 1535-1538
Los Angeles, The J. Paul Getty Museum

La lune est une allusion aux soudains changements d'humeur. Ce tableau s'inspire d'une célèbre description de Cesare Ripa dans son Iconologie.

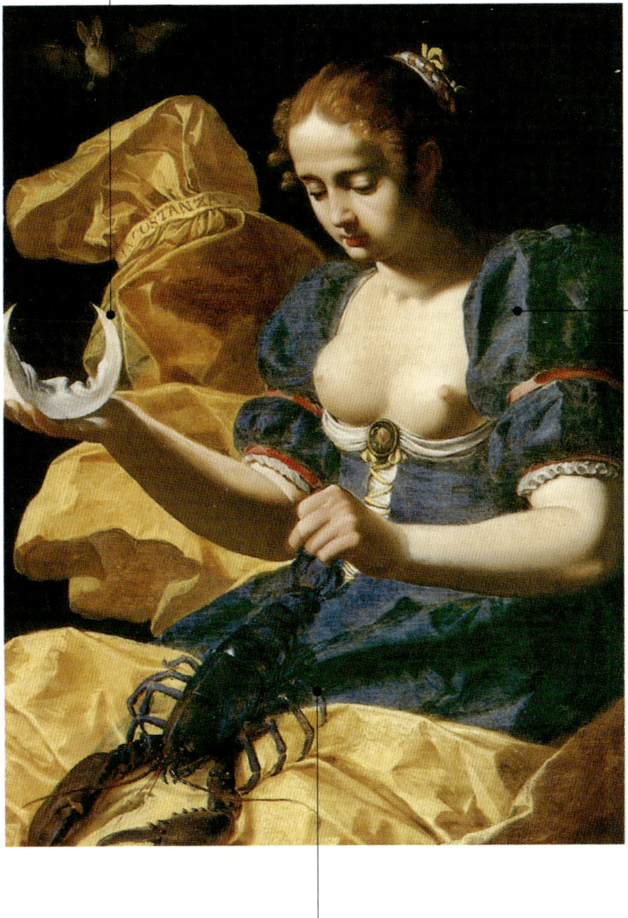

Le bleu de la robe rappelle la couleur des vagues de la mer, symboles des événements sans cesse changeants.

La langouste et le crabe sont des animaux traditionnellement associés à l'Inconstance à cause de leur marche indifféremment en avant ou en arrière.

▲ École hollandaise,
Allégorie de l'Inconstance, XVIIe siècle
Copenhague, Statens Museum for Kunst

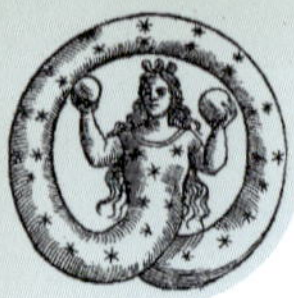

Représentation: l'appareil sensoriel humain sous forme d'objets, d'animaux ou de personnifications, dans une mise en scène complexe à visée morale.

Les cinq sens

La représentation des cinq sens (la vue, l'ouïe, l'odorat, le goût et le toucher) commence à se développer au Moyen Âge, en raison de l'intérêt de plus en plus marqué pour les mécanismes cognitifs de l'homme. C'est à cette époque que se fixent les caractéristiques iconographiques de ce motif pictural tout à fait particulier, qui connaîtra sa plus grande splendeur aux XVIe et XVIIe siècles.

Influencés par les conceptions religieuses du Moyen Âge, qui considèrent les sens comme de dangereuses voies d'accès au péché, de nombreux artistes traitent ce thème dans des vanités (allégories picturales sur la fugacité de la vie humaine et sur la vanité des plaisirs terrestres), ou bien ils introduisent dans leurs œuvres les personnifications de la Prudence et de la Tempérance à titre de mise en garde contre les excès du Plaisir.

Dans les bestiaires médiévaux, influencés par l'*Histoire naturelle* de Pline l'Ancien, à chaque sens étaient associés tel ou tel animal: à la vue, le chat, le lynx ou l'aigle; à l'ouïe, le cerf, la taupe ou le sanglier; à l'odorat, le chien ou le vautour; au goût, le singe; au toucher, l'araignée ou la tortue. Les principaux dieux olympiens ont été aussi associés aux différents sens: Jupiter à la vue, Cérès au goût, Apollon à l'ouïe, Diane à l'odorat. En outre, la représentation des sens a été utilisée au XVIe siècle dans la dispute entre peinture et sculpture connue sous le nom de *paragone* («comparaison») des arts.

Origine des symboles
Ils proviennent de la lecture allégorique et morale de la physiologie humaine élaborée à partir du Moyen Âge.

Caractéristiques
Ils représentent les facultés sensibles de l'homme, entendues comme capacités réceptives des stimulus externes.

Divinités et symboles en relation
Zeus (Jupiter), Phébus (Apollon), Déméter (Cérès), Artémis (Diane); les saisons, les éléments, l'homme, le microcosme, les animaux, les fleurs, les fruits, les arts, les sciences, le miroir, la vanité, les tempéraments.

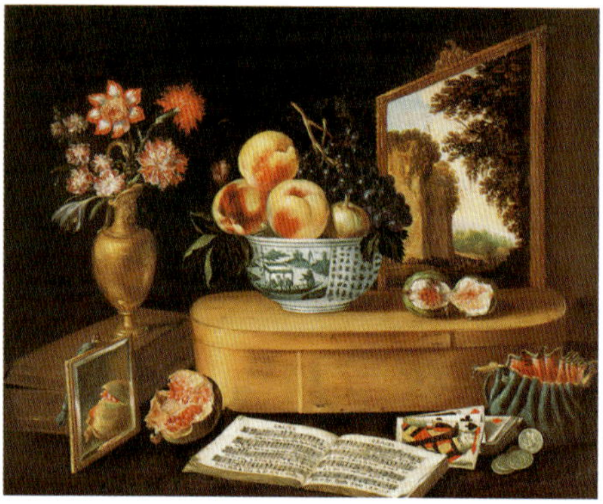

► Jacques Linard, *Les Cinq Sens*, 1638
Strasbourg, musée des Beaux-Arts

La fillette qui porte un bouquet de fleurs est une personnification de l'odorat.

La jeune fille qui tient un citron et le petit singe qui croque une pêche (tout à droite) représentent le goût. Le toucher est personnifié par la jeune femme sur la main de laquelle est perché un perroquet.

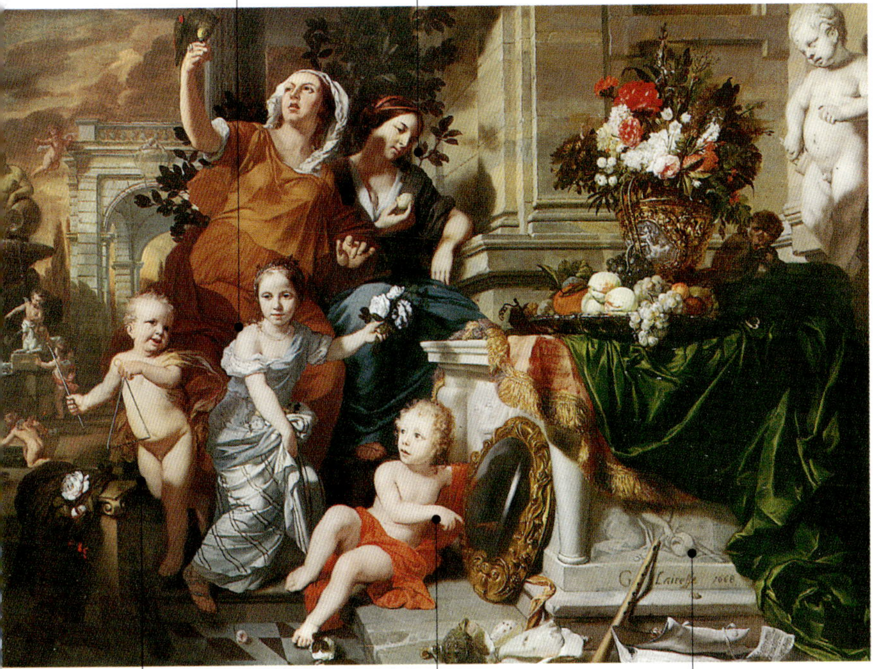

Le jeune enfant qui joue du triangle représente l'ouïe. Ce sens est évoqué aussi par la flûte et les partitions au premier plan à droite.

Le garçon qui désigne le miroir fait allusion au sens de la vue.

Les cinq sens sont représentés sous des apparences humaines conformément à l'enseignement d'Aristote.

▲ Gérard de Lairesse,
Allégorie des cinq sens, 1668
Glasgow, Art Museum

L'odorat est représenté par la jeune femme qui hume le bouquet de fleurs ; il est en outre associé au chien, animal au flair particulièrement développé.

L'image reflétée ne correspond pas au visage de la jeune femme : cette différence évoque le motif de la vanité, qui exprime la fugacité de la beauté.

La jeune femme qui se regarde dans le miroir représente le sens de la vue. Elle personnifie aussi la vision intérieure, capable de dépasser les apparences phénoméniques.

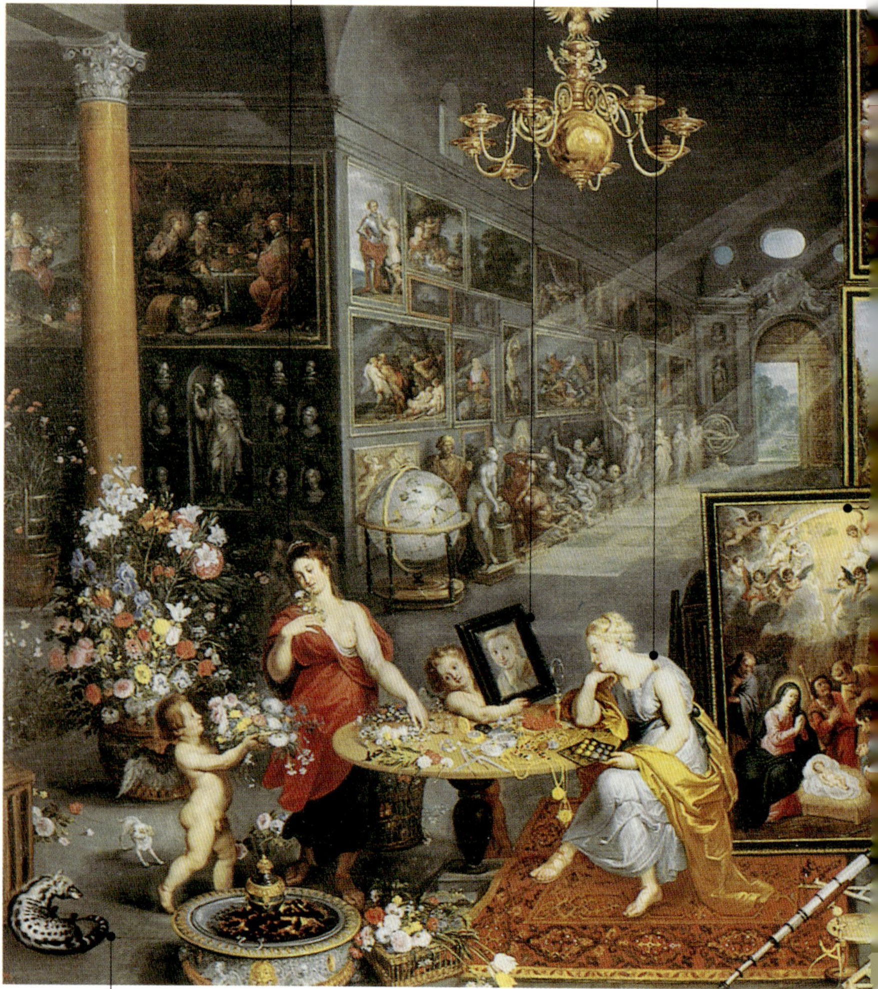

La civette, d'une glande de laquelle on tirait un parfum précieux, est associée au sens de l'odorat.

Chacun des tableaux reproduits ici recèle une signification allégorique et un message moral précis : par exemple, Le Jugement de Pâris *fait allusion à la vie sensuelle et au châtiment divin.*

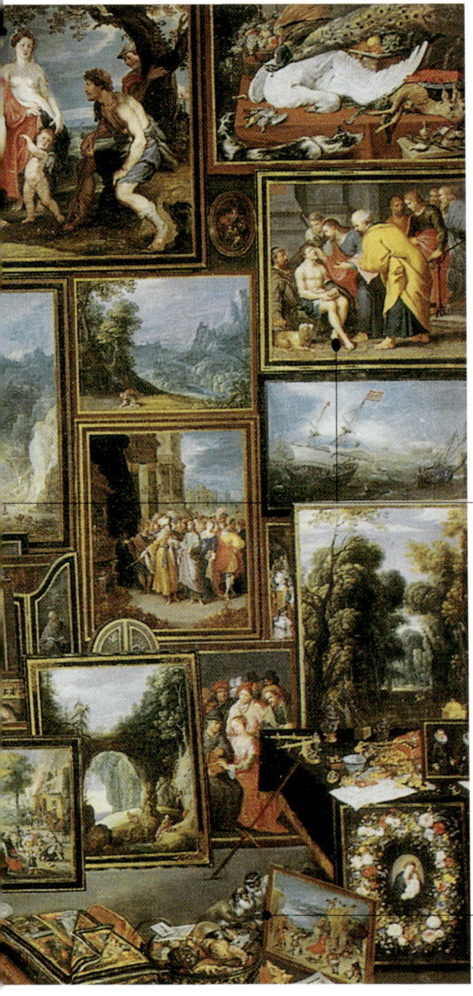

L'Adoration des bergers *et* La Guérison de l'aveugle *représentent la vision intérieure de la foi.*

Les singes qui examinent les tableaux illustrent l'attitude de l'esprit obtus, incapable de comprendre la valeur authentique des choses.

◄ Jan Ier Bruegel de Velours, *Allégorie de la vue et de l'odorat*, fin du XVIe siècle – début du XVIIe
Madrid, Museo del Prado

L'expression du jeune garçon traduit l'intérêt du Caravage pour la représentation des « affects », ou « mouvements de l'esprit ».

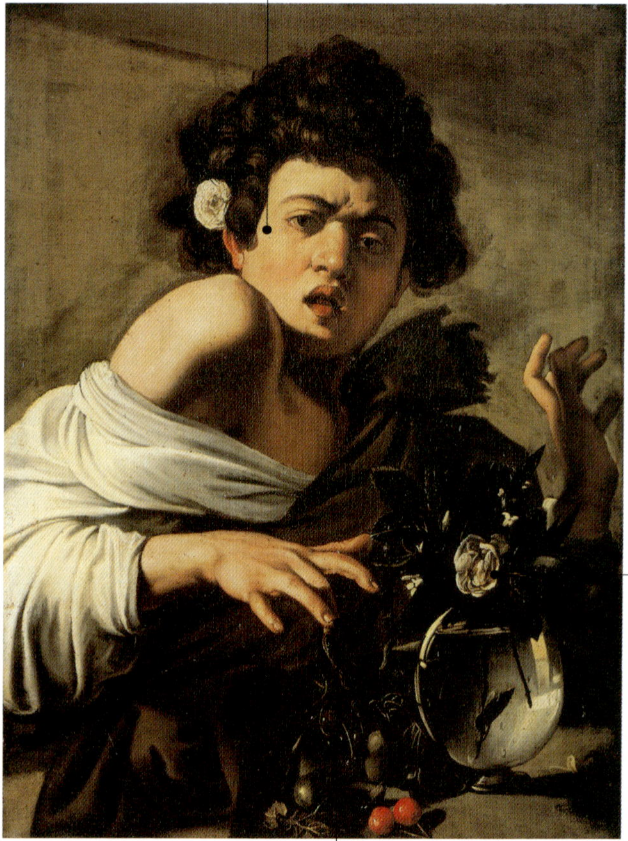

Les fleurs coupées, à la beauté fugace et éphémère, sont un symbole typique de la Vanité.

La morsure du lézard illustre le sens du toucher et fait référence au topos *poétique de la douleur cachée sous le plaisir (le vase de fleurs).*

▲ Le Caravage,
Jeune Garçon mordu par un lézard, 1595-1596
Florence, Fondazione Roberto Longhi

Le cerf, animal extrêmement sensible aux bruits, est une représentation allégorique de l'ouïe.

Le sens de l'ouïe est aussi personnifié par la joueuse de luth.

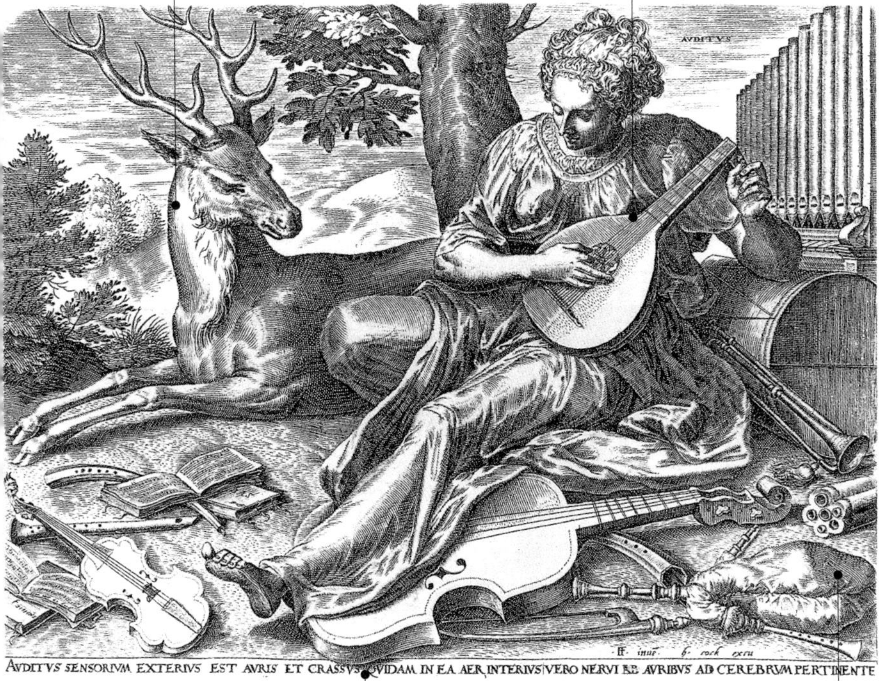

Les vers latins tirés du De anima et vita *(1538) de Juan Luis Vives donnent une description anatomique des organes de l'ouïe.*

Les instruments de musique sont des attributs caractéristiques du sens de l'ouïe, qui est associé à l'art de la musique comme à celui du chant.

▲ Cornelis Cort et Frans Floris, *Les Cinq Sens : l'ouïe*, gravure, vers 1561

Cette tapisserie fait partie d'un cycle ayant pour sujet l'élévation spirituelle de l'homme par la connaissance sensible et l'amour.

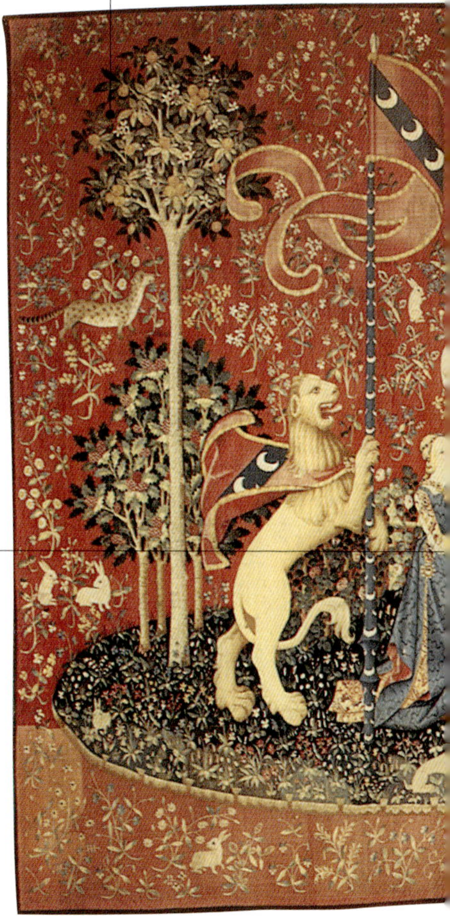

La personnification allégorique du goût se présente sous les traits d'une jeune fille richement vêtue.

► Manufacture flamande,
Le Goût, tapisserie du cycle
de *La Dame à la licorne*, 1495-1500
Paris, Musée de Cluny

Le perroquet, qui tient un gâteau dans ses pattes, est une autre allusion au sens du goût.

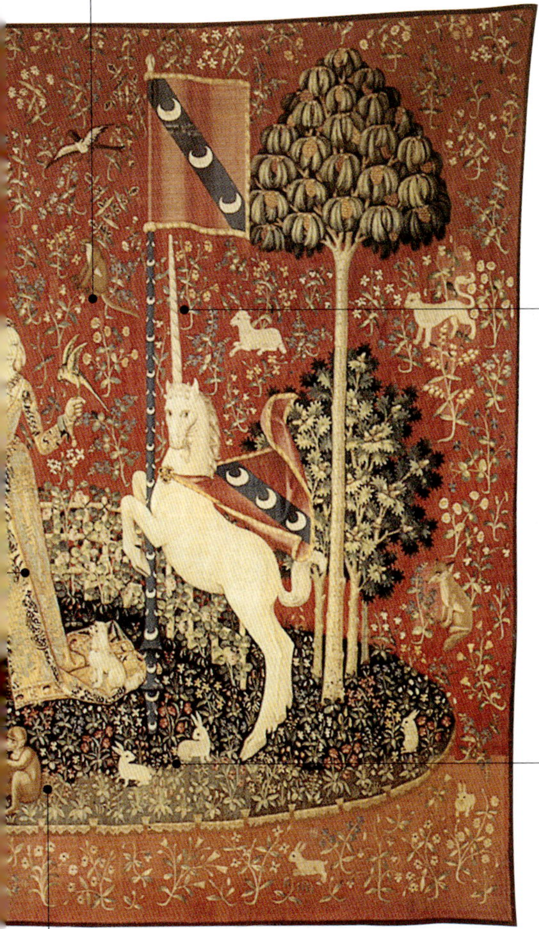

Le lion et la licorne, symbole de rapidité, de « vistesse » en français médiéval, sont les emblèmes héraldiques du commanditaire de la tapisserie : un riche marchand de la famille Le Viste, originaire de la ville de Lyon.

Les animaux sauvages représentent le réveil des pulsions et instincts sexuels lors du passage de l'enfance à l'adolescence.

Le geste du petit singe qui porte une baie à sa bouche fait écho à celui de la jeune fille qui prend dans la coupe un bonbon pour le goûter.

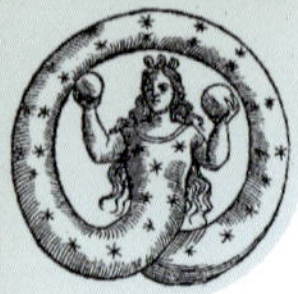

Représentation: des personnifications, des animaux, des objets et des couleurs qui illustrent les différentes inclinations de l'esprit humain.

Les tempéraments

La doctrine des quatre tempéraments (flegmatique, colérique, mélancolique et sanguin) est à la base de la représentation des passions et des caractères dans l'art de la Renaissance. Selon les théories médicales d'Hippocrate et de Galien, à chaque « humeur » sont précisément associés une saison, un élément cosmique et un caractère psychologique: au sang correspondent le printemps, l'air, le chaud-humide et le tempérament sanguin; à la bile jaune, l'été, le feu, le chaud-sec et le tempérament bilieux, ou colérique; à la bile noire (*melaina choli*, d'où vient le mot « mélancolie »), l'automne, la terre, le froid-sec et le tempérament mélancolique; au flegme, l'hiver, l'eau, le froid-humide et le tempérament flegmatique.

À la Renaissance, la doctrine des tempéraments prend place dans un système moral et philosophique complexe, qui reconnaît dans la vie active et dans la vie contemplative les deux voies différentes qui conduisent à Dieu. Parmi les œuvres les plus représentatives de cette conception, citons les portraits de Julien et de Laurent de Médicis (Florence, église San Lorenzo, Nouvelle Sacristie), le Moïse et le saint Paul pour le tombeau de Jules II (Rome, église San Pietro in Vincoli), tous dus à Michel-Ange.

Le peintre allemand Dürer fut aussi profondément influencé par les conceptions des milieux du néoplatonisme florentin qui attribuaient une haute valeur intellectuelle au tempérament mélancolique, associé astrologiquement au dieu Saturne.

Étymologie du nom
Du latin *temperamentum*, dérivé du verbe *temperare*, « mélanger dans de justes proportions ».

Caractéristiques
Ils indiquent le mélange des quatre humeurs fondamentales de l'organisme.

Divinités et symboles en relation
Arès (Mars), Zeus (Jupiter), Hadès (Pluton), Saturne, les apôtres; le zodiaque, les planètes, les saisons, les éléments, l'homme, le microcosme, les vices, les vertus.

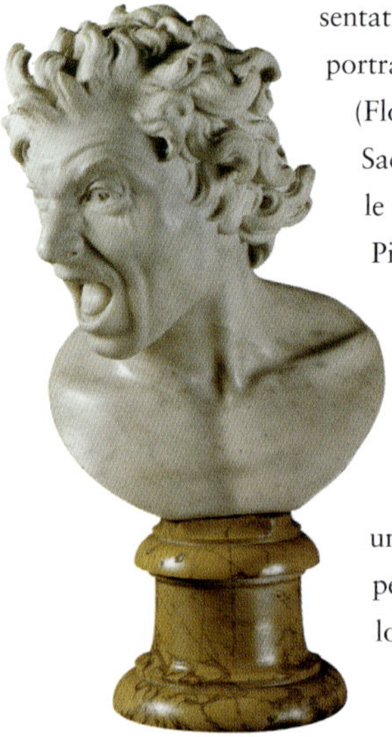

► Le Bernin, *Âme damnée*, 1619
Rome, Ambassade espagnole auprès du Saint-Siège, Palazzo di Spagna

Pierre, homme âgé au teint pâle, représente le tempérament flegmatique.

L'expression animée de Marc illustre le tempérament bilieux, ou colérique, associé à l'été, à la maturité et à la couleur du soleil : le jaune.

Jean est associé à l'humeur sanguine, au printemps et à la couleur rouge du feu.

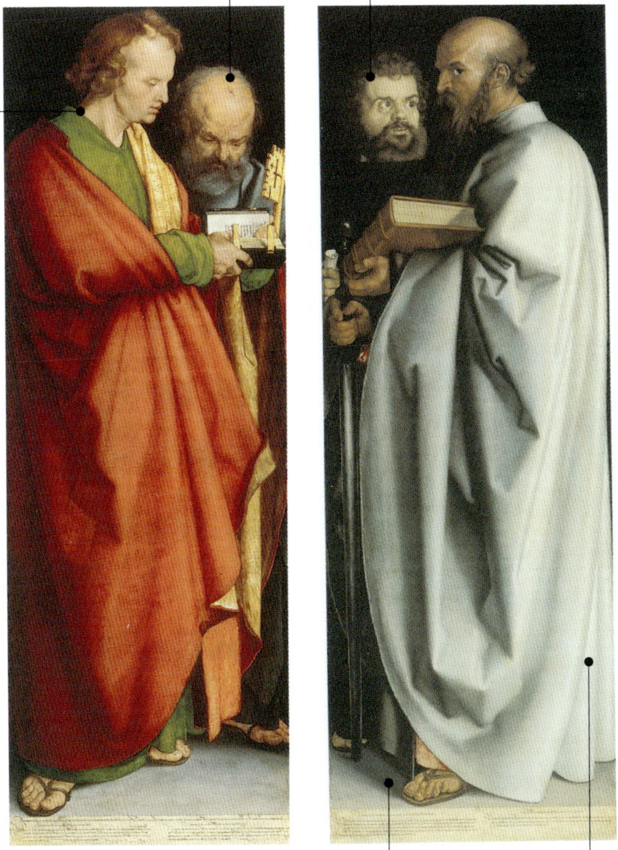

Les saints représentés personnifient les quatre tempéraments selon les doctrines médico-astrologiques du Moyen Âge et de la Renaissance.

Paul représente l'humeur mélancolique.

▲ Albrecht Dürer,
Les Quatre Apôtres
(*Allégorie des quatre tempéraments*), 1526
Munich, Alte Pinakothek

La tête inclinée est une attitude fréquente caractéristique de la Mélancolie: elle indique aussi bien les souffrances de l'âme que la propension à la contemplation.

Le carré magique apparaît de façon récurrente dans les images alchimiques.

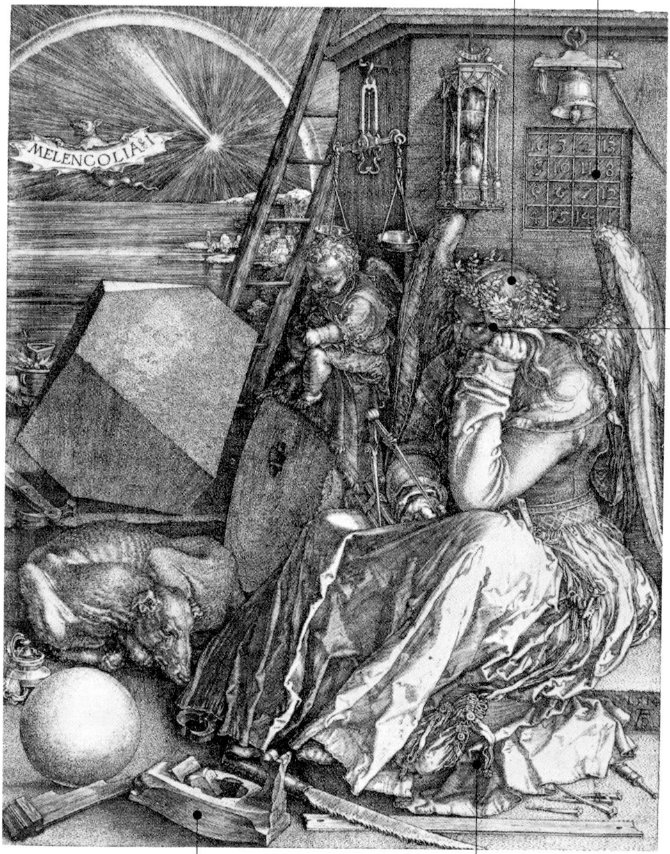

Le teint sombre du visage rappelle la nigredo, *la phase initiale de l'œuvre alchimique.*

Les divers instruments au premier plan font référence aux différentes étapes de la transformation de la matière.

La bourse et les clefs sont des attributs de Saturne, dieu protecteur du tempérament mélancolique.

▲ Albrecht Dürer,
La Mélancolie I, gravure, 1514

Le teint blême et l'attitude pensive sont caractéristiques de l'humeur mélancolique.

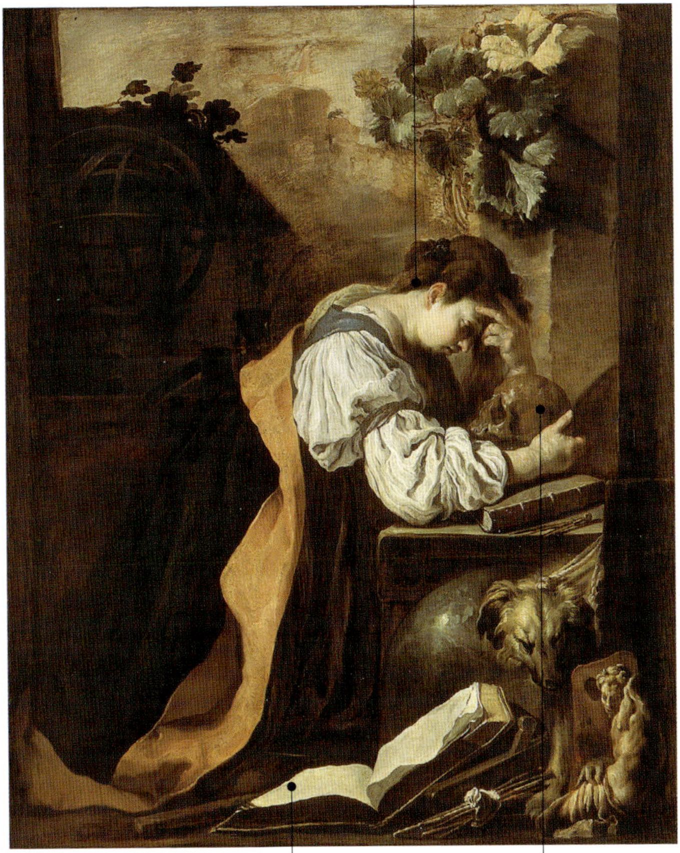

Les livres et les pinceaux, attributs classiques des arts, symbolisent la vanité du plaisir et de la connaissance.

Le crâne illustre le thème de la fugacité de l'existence et du bonheur accordés aux hommes sur la terre.

▲ Domenico Fetti,
La Mélancolie, vers 1622
Venise, Gallerie dell'Accademia

Pâris représente le tempérament sensuel, opposé à la vie active comme à la vie contemplative.

Junon, la reine des dieux, est accompagnée du paon, animal qui lui est consacré.

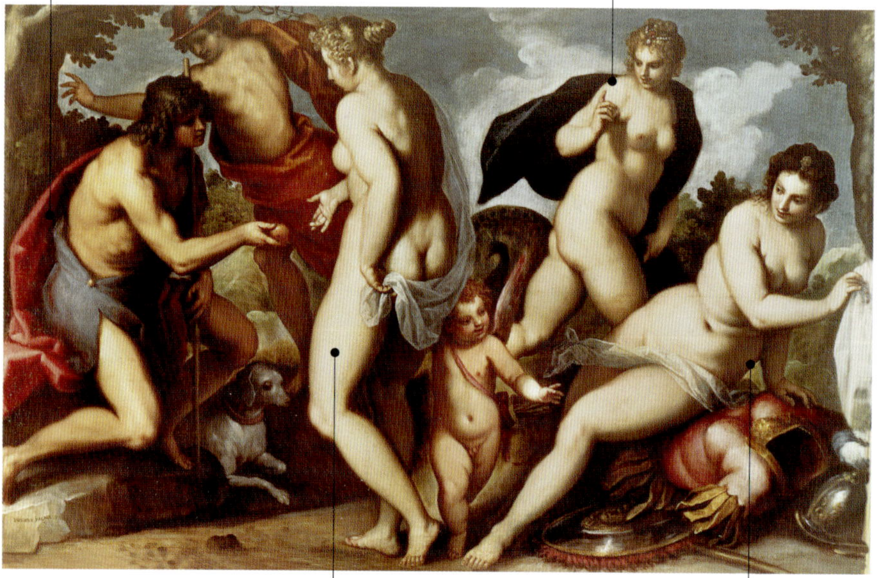

Vénus reçoit de Pâris la pomme de la discorde.

On reconnaît Minerve, déesse de la sagesse, à la présence du bouclier et de la cuirasse.

▲ Palma le Jeune,
Le Jugement de Pâris, 1610-1615
Collection particulière

Hercule représente la vertu héroïque, qui s'oppose aussi bien à la vie contemplative qu'aux désirs charnels.

Minerve personnifie le courage, la force et la sagesse.

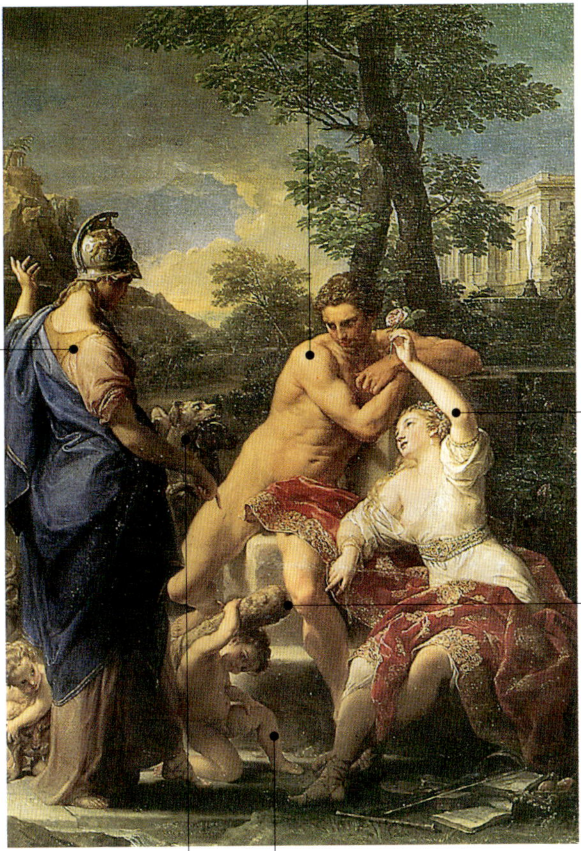

Vénus, déesse de l'amour, tente vainement de séduire le héros avec une fleur parfumée.

La massue et la peau de lion sont les principaux attributs d'Hercule.

La figure de Cerbère, gardien des enfers, évoque aussi bien l'un des douze travaux d'Hercule que le thème des trois voies qui s'ouvrent aux morts.

Le thème d'Hercule au carrefour enseigne que le choix du plaisir au détriment de la vertu ne conduit pas au bonheur mais au châtiment divin.

▲ Girolamo Batoni,
Hercule entre l'Amour et la Sagesse, 1765
Saint-Pétersbourg, musée de l'Ermitage

L'épée, symbole de force, est associée à la vertu héroïque et à l'action.

Le rameau de myrte, attribut traditionnel de Vénus, est une allusion aux plaisirs des sens.

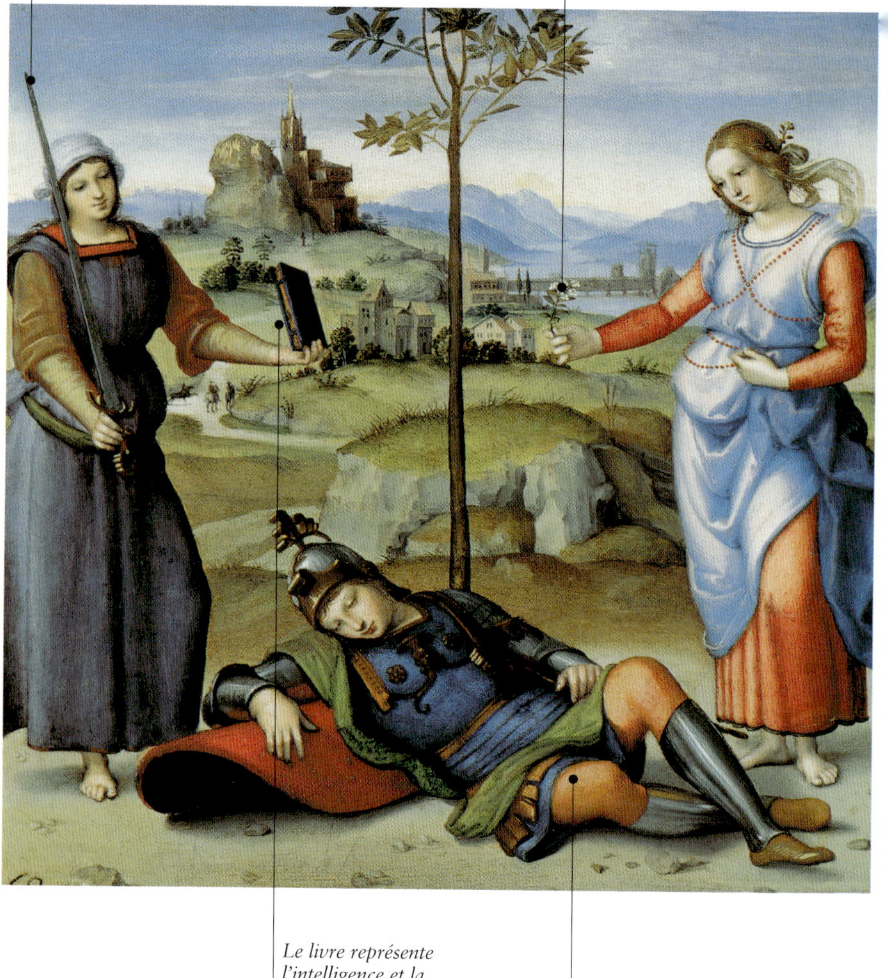

Le livre représente l'intelligence et la vie contemplative.

Scipion est l'homme complet, en mesure de faire coexister dans l'harmonie les trois composantes de l'âme : l'esprit, le courage et le désir.

▲ Raphaël,
Le Songe de Scipion, 1504
Londres, National Gallery

La scène représentée est une allusion en termes surréalistes au mythe de Pygmalion, roi de Crète, qui décida de renoncer aux plaisirs des sens pour se consacrer à l'art.

La femme « fleurie », du corps de laquelle sortent des pousses luxuriantes, représente la fécondité de l'amour partagé.

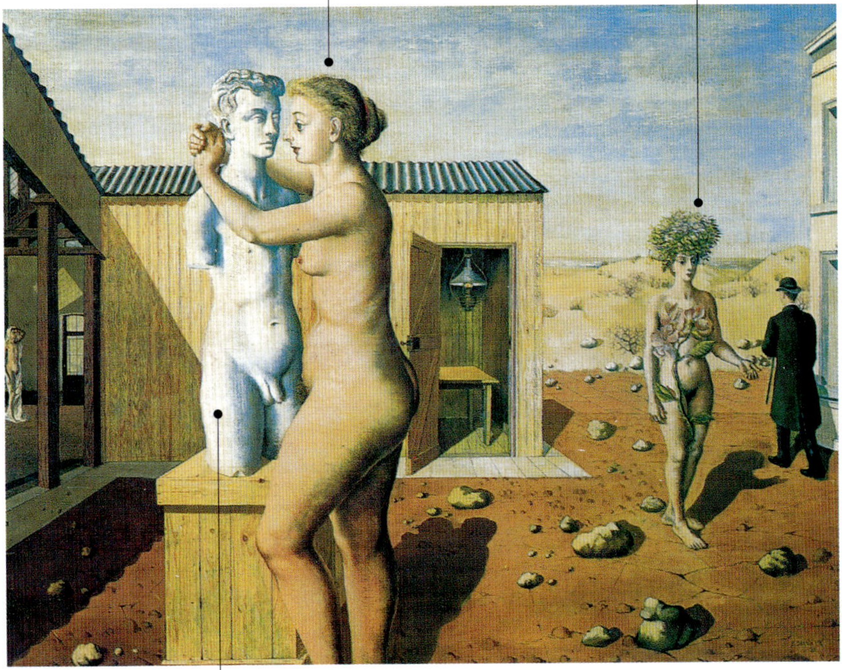

La froide statue de marbre illustre le motif du désir féminin non payé de retour.

▲ Paul Delvaux,
Pygmalion, 1939
Bruxelles, Musées royaux des beaux-arts de Belgique

Julien personnifie la vie active, l'une des deux voies qui mènent à Dieu.

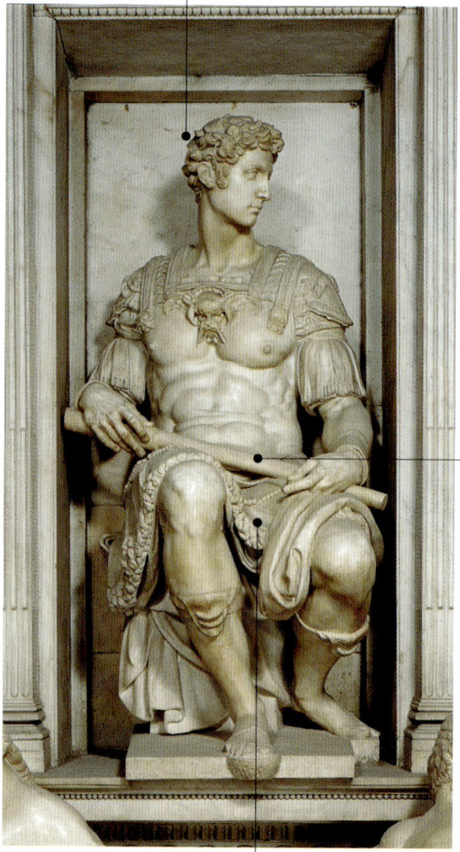

Le sceptre est une allusion à l'exercice du pouvoir – ici, royal –, à quoi sont enclins les hommes nés sous le signe de Jupiter.

Les pièces de monnaie sont un symbole de magnanimité et de munificence: elles indiquent combien l'homme actif aime « briller » dans l'action

▲ Michel-Ange,
Julien de Médicis, 1520-1534
Florence, église San Lorenzo, Nouvelle Sacristie

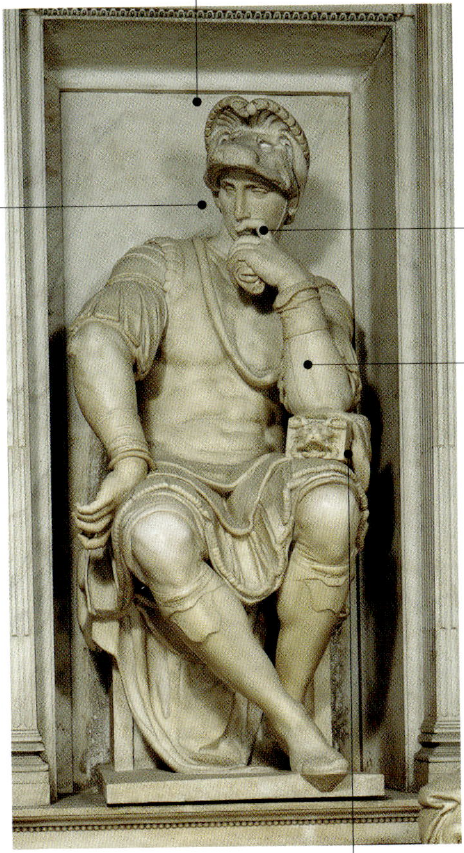

Laurent, qu'on appelait aussi « pensif », représente l'attitude contemplative.

Le visage dans l'ombre rappelle la facies nigra *de Saturne, dieu protecteur des mélancoliques.*

L'index sur la bouche évoque le motif saturnien du silence.

La tête appuyée sur la main est un topos *iconographique de l'humeur mélancolique.*

Le coffret fermé est une allusion à l'épargne, qualité caractéristique du tempérament saturnien.

▲ Michel-Ange,
Laurent de Médicis, 1520-1534
Florence, église San Lorenzo,
Nouvelle Sacristie

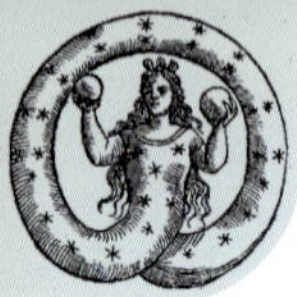

L'amour

Étymologie du nom
Du latin *amor*.

Origine du symbole
Dans la Grèce antique, il était identifié avec Éros-Phanès, le principe moteur de l'univers, et avec Cupidon, fils de Vénus.

Caractéristiques
Il représente le principe désirant et cognitif qui maintient le monde vivant, c'est-à-dire constamment en mouvement.

Traditions religieuses et philosophiques
L'orphisme, le platonisme, la kabbale, l'alchimie, le néoplatonisme.

Divinités et symboles en relation
Vénus, la Sagesse, la Vierge Marie, Jésus-Christ; l'Église, les animaux, la vie, la mort, les vices, les vertus, les cinq sens, les tempéraments, la musique, l'alchimie.

Représentation: sous les traits d'un enfant ailé armé d'un arc et de flèches, ou sous ceux de la déesse de la beauté, ou par un couple d'amants.

Au cours des siècles, l'amour a été représenté dans une très vaste série de sujets et motifs allégoriques, aussi bien sous son aspect positif et spirituel que sous son aspect négatif et sensuel. Éros-Phanès, le principe orphique de la création, incarne le désir universel qui a donné naissance au monde par son pouvoir fécondant. Fils de Pénia, la pauvreté, et de Poros, l'astuce (ou l'abondance), Éros représente selon Platon l'état androgyne originaire auquel toutes les créatures tendent à retourner. À l'époque classique, Éros perd beaucoup de ses valeurs cosmogoniques pour se transformer en un enfant ailé irrévérencieux, fils d'Arès et d'Aphrodite.

L'amour est donc d'abord considéré, par la littérature ésotérique et par les arts, comme un principe d'élévation spirituelle, capable d'ouvrir le cœur de l'homme à l'expérience du divin. Les expressions les plus hautes en sont le livre biblique du Cantique des cantiques, la conception de l'amour courtois au Moyen Âge et celle de l'amour platonique à la Renaissance. Marsile Ficin reprend l'idée de l'amour comme *concordia oppositorum* (l'union des opposés), qui influence profondément Botticelli, Giorgione, Titien et Véronèse.

Avec le développement et l'ascension de la bourgeoisie, l'amour est progressivement dépouillé de tout caractère mystique et intellectuel, pour être considéré sous la forme d'un contrat ou d'un lien social courant. L'art baroque développe en termes allégoriques le thème de l'amour, et il en fait une métaphore sensuelle de la vie humaine.

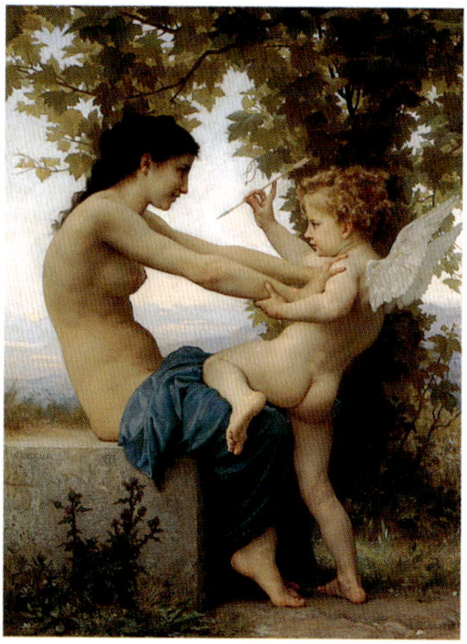

► William-Adolphe Bouguereau, *Jeune Fille qui se défend contre l'Amour*, vers 1880
Los Angeles, The J. Paul Getty Museum

Le jeune homme personnifie le désir masculin.

Les objets disposés sur le meuble sont des allusions au pouvoir des sens et à la tentation du vice.

La jeune fille donne naissance à la flamme de la passion en grattant une allumette tirée d'une boîte.

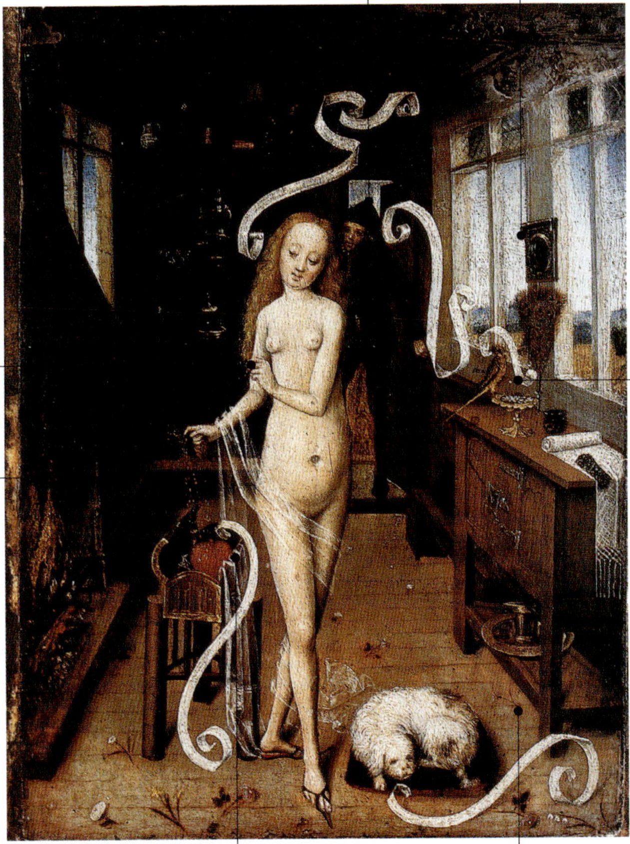

Le perroquet est un symbole de la luxure.

Les gouttes d'eau qui tombent de l'éponge éteignent les ardeurs amoureuses.

Ce tableau représente des rites de fertilité traditionnellement célébrés à l'approche du solstice d'été.

Le cœur sanglant évoque le pouvoir enchanteur de la femme sur la psyché de l'homme.

▲ École rhénane,
Le Sortilège d'amour, 1470-1480
Leipzig, Museum der Bildenden Künste

Le faucon est une allusion au rôle de « chasseresse » que remplit la dame dans le jeu amoureux ; il est le symbole d'un amour supérieur, capable de s'élever au-dessus des plaisirs des sens.

Le cœur représente l'aspect spirituel du désir masculin, le caractère immatériel et impalpable de la passion.

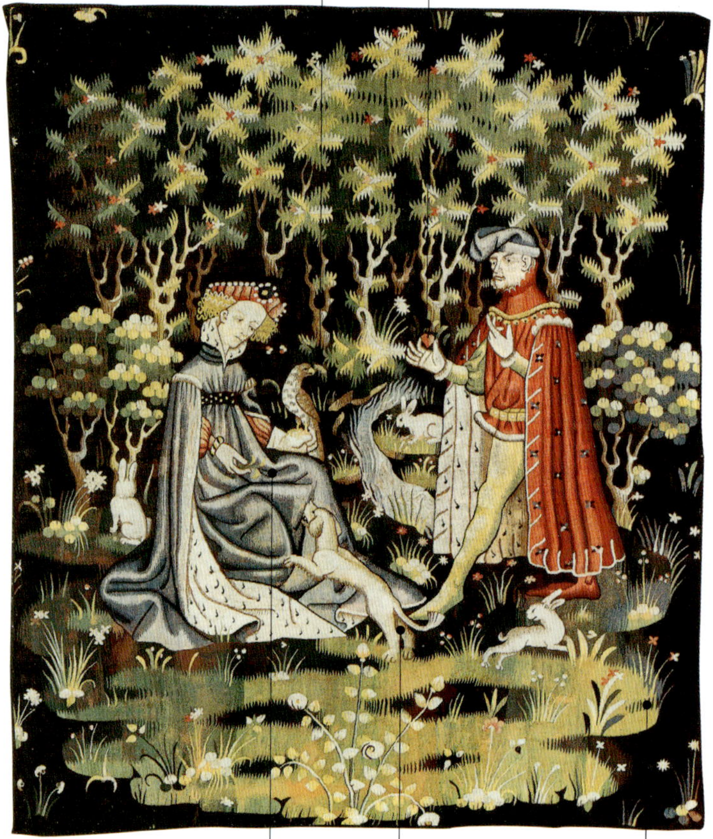

La fleur est un emblème de la virginité.

Le locus amœnus, *inspiré des bosquets de Vénus, est le décor voué à la représentation de l'amour.*

▲ Manufacture française,
L'Offrande du cœur, tapisserie, vers 1400-1410
Paris, musée du Louvre

Le chien et les lapins symbolisent le désir de la chair et la sensualité.

Le singe est traditionnellement associé au péché de luxure.

Le cheval bai, qui regarde la femme avec douceur, est ici un symbole de l'amour authentique.

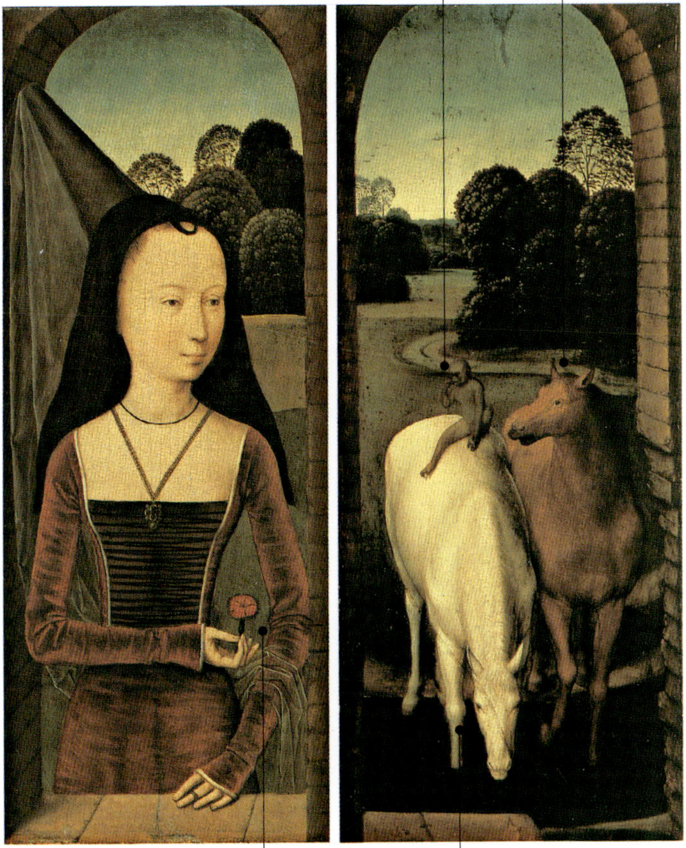

L'œillet est l'un des symboles de la fidélité conjugale.

Le cheval blanc représente le mauvais amant, celui qui recherche la satisfaction immédiate de ses instincts.

▲ Hans Memling,
Diptyque de l'Allégorie du véritable amour, vers 1485-1490
New York, Metropolitan Museum of Art (pour le panneau de gauche) ;
Rotterdam, Museum Boymans-Van Beuningen (pour le panneau de droite)

Les inscriptions des deux phylactères révèlent que ce couple d'amants n'est pas uni par le lien conjugal.

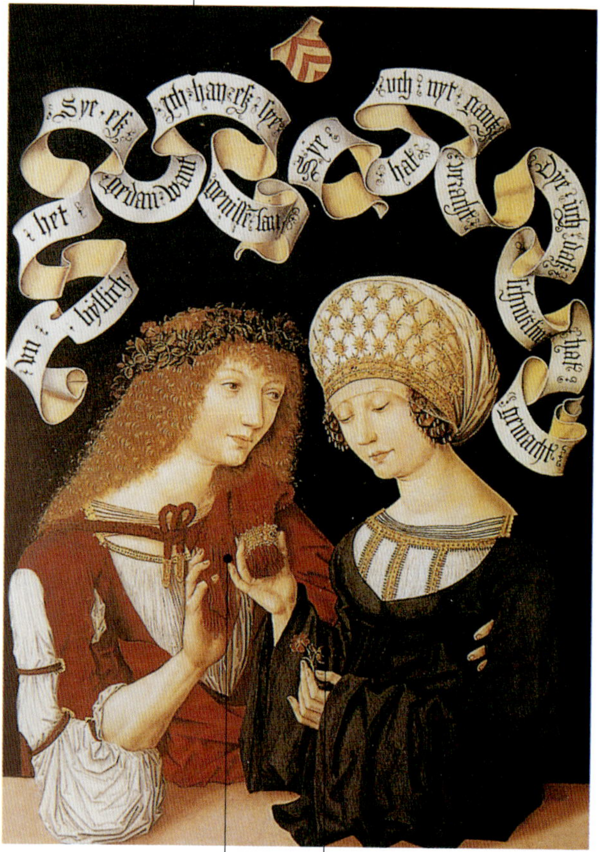

La jeune fille tient à la main gauche une rose sauvage, symbole du caractère illégitime de la liaison qui l'unit au jeune homme.

▲ Maître du Livre de Raison (Allemagne méridionale), *Amants non courtois*, vers 1484 Gotha, Schlossmuseum

Le schnürlin *finement travaillé est un ornement traditionnel du vêtement masculin au Moyen Âge.*

La bougie allumée est un symbole de la Foi, l'une des trois vertus théologales.

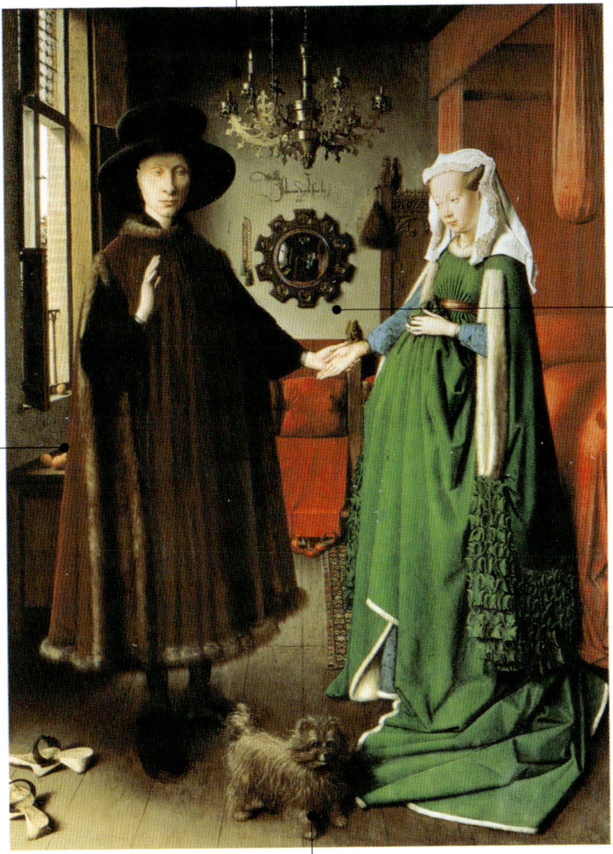

Les oranges sont un présage de fertilité.

Dans le miroir se reflètent les témoins de cette union heureuse. Le tableau est une allégorie de l'idéal social du mariage, qui doit apporter richesse, abondance et prospérité.

Le chien et les souliers de bois sont des symboles de la fidélité conjugale.

▲ Jan Van Eyck,
Les Époux Arnolfini, 1434
Londres, National Gallery

Mercure, qui écarte les nuages avec son caducée, a pour tâche de « dévoiler » les mystères de l'amour.

Castitas (la Chasteté) est initiée aux mystères de l'amour par ses sœurs Voluptas (La Volupté, ou le Plaisir) et Pulchritudo (la Beauté).

Cupidon va décocher dans le cœur de Castitas une flèche portant la flamme de la passion.

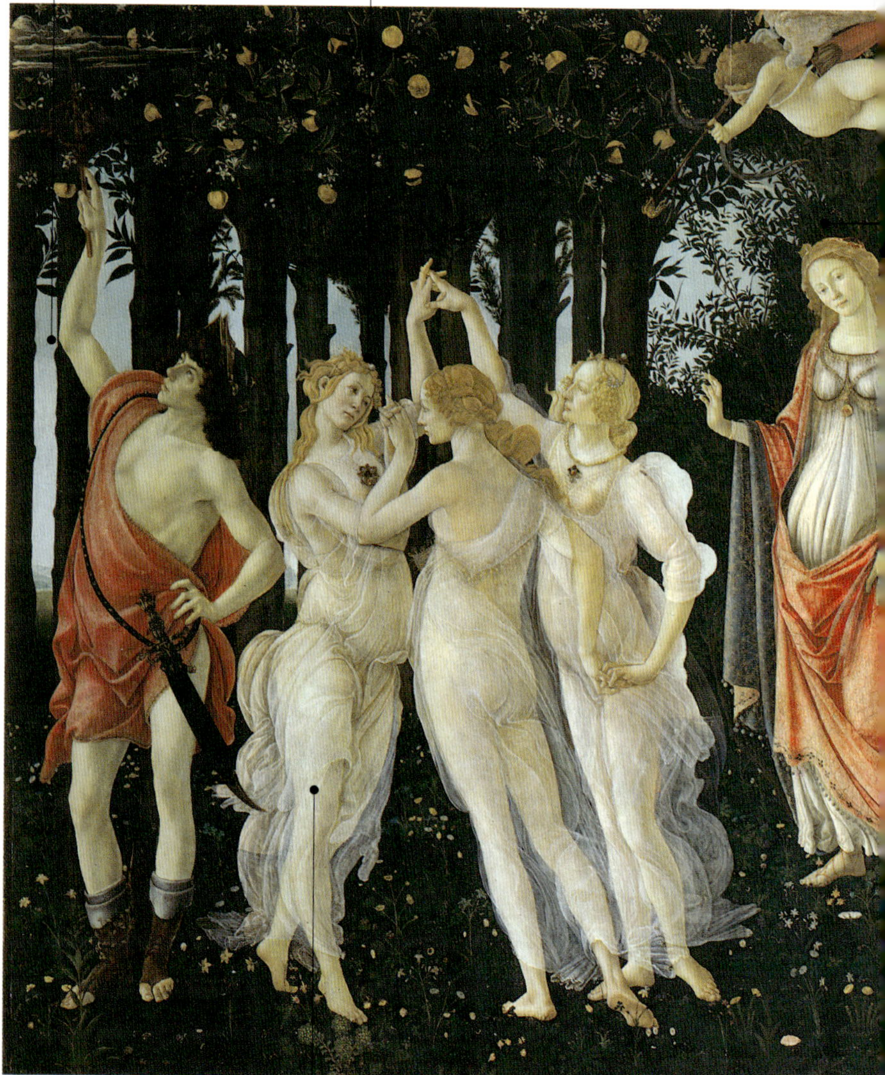

Les Grâces représentent la concorde et l'amour désintéressé, qui donne tout sans rien demander en retour.

*Vénus représente la vertu de l'*humanitas *et l'amour spirituel, capables d'élever l'âme jusqu'à Dieu et de la rendre immortelle.*

Zéphyr, le vent printanier, féconde la vierge Chloris avec le « souffle de la passion ». Ce tableau est la traduction picturale de l'ouvrage de Martianus Capella, De nuptiis Philologiae et Mercurii.

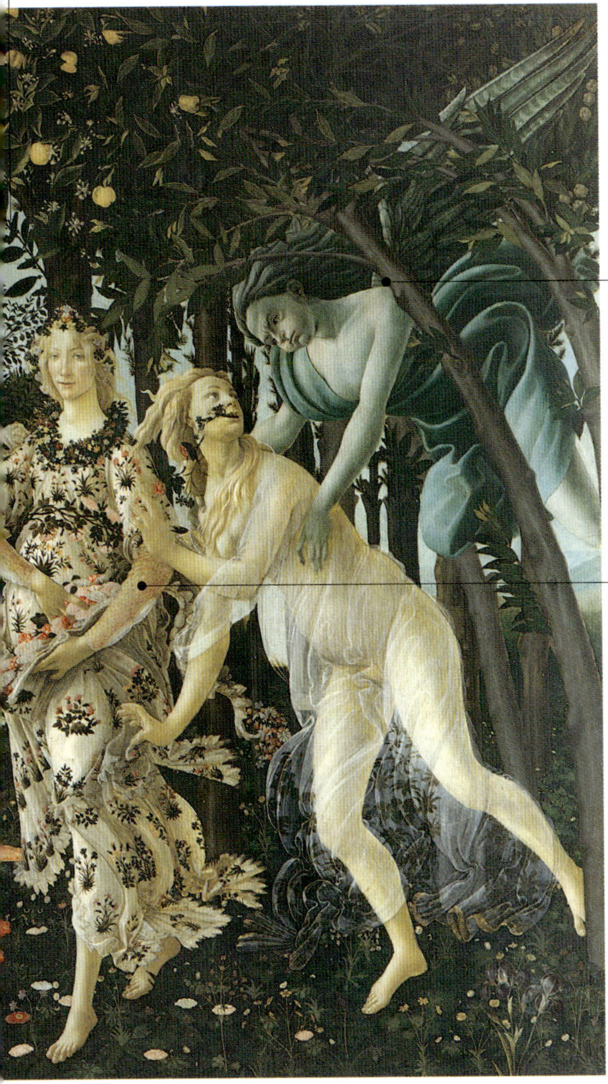

L'image de Flore, déesse du Printemps, est ici inspirée d'un passage des Fastes *d'Ovide. Elle représente l'union des principes opposés de la Chasteté (Chloris) et de l'Amour (Zéphyr).*

◄ Sandro Botticelli,
Le Printemps, vers 1482-1483
Florence, Galleria degli Uffizi

Galatée tourne le regard vers le ciel, la sphère du divin, exprimant ainsi son choix d'une vie chaste et vertueuse.

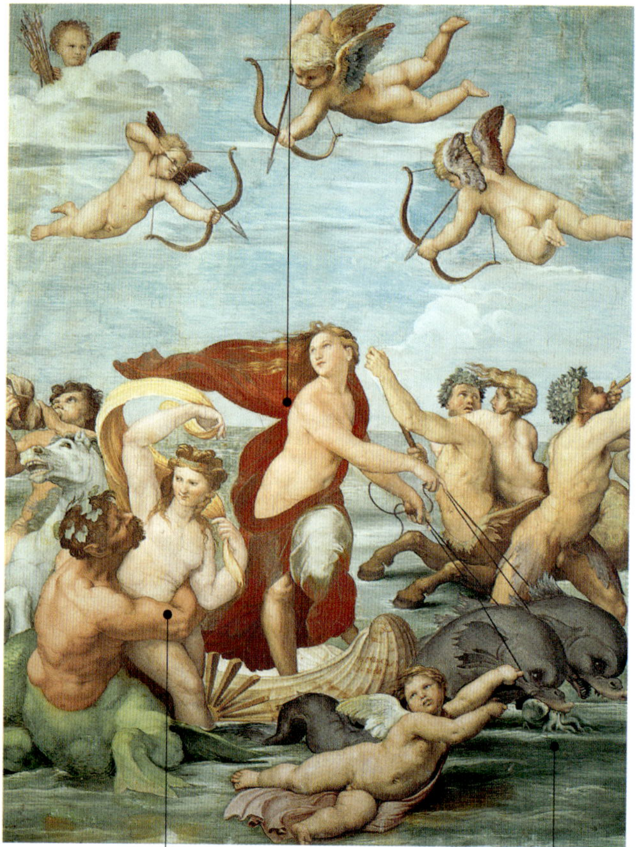

Des nymphes et des tritons, frappés par les flèches de l'amour, symbolisent la passion sensuelle.

Cette image, tirée des Stanze per la Giostra *(« Stances pour le tournoi ») de Politien et inspirée des écrits de Philostrate, illustre l'opposition entre l'amour charnel et l'amour spirituel.*

▲ Raphaël,
Le Triomphe de Galatée, 1511-1512
Rome, villa Farnesina

L'arc est l'instrument régulateur de la passion : son emploi requiert maîtrise et habileté, et il symbolise la modération des pulsions et des instincts.

Antéros, symbole de l'amour spirituel, se cache dans le dos de Vénus.

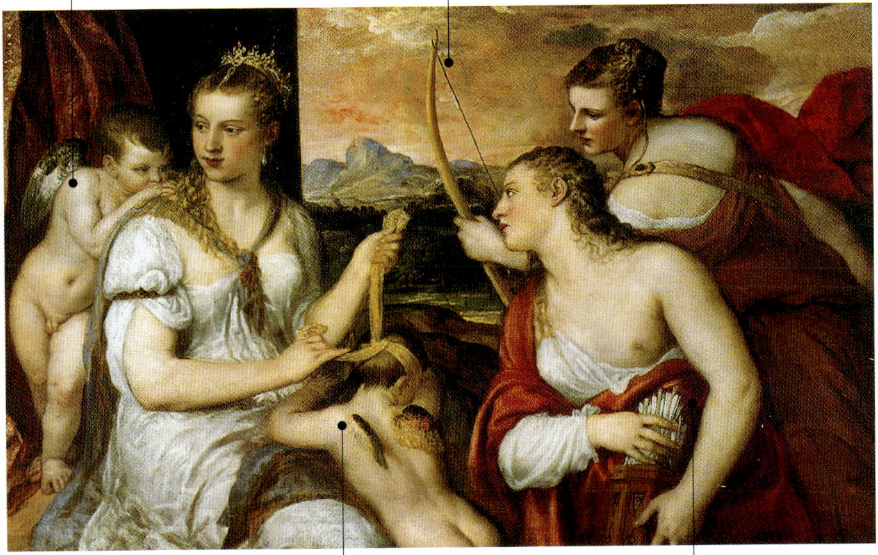

Éros aux yeux bandés représente le caractère aveugle et irrationnel de l'amour sensuel.

Les flèches font allusion aux regards échangés, qui sont comme des traits qui frappent le cœur des amants.

▲ Titien,
Vénus bande les yeux de l'Amour, vers 1565
Rome, Galleria Borghese

La présence de Cupidon apporte une connotation précise à la source, entendue ici comme fontaine de l'amour.

La couronne de myrte est l'un des symboles de la fidélité conjugale.

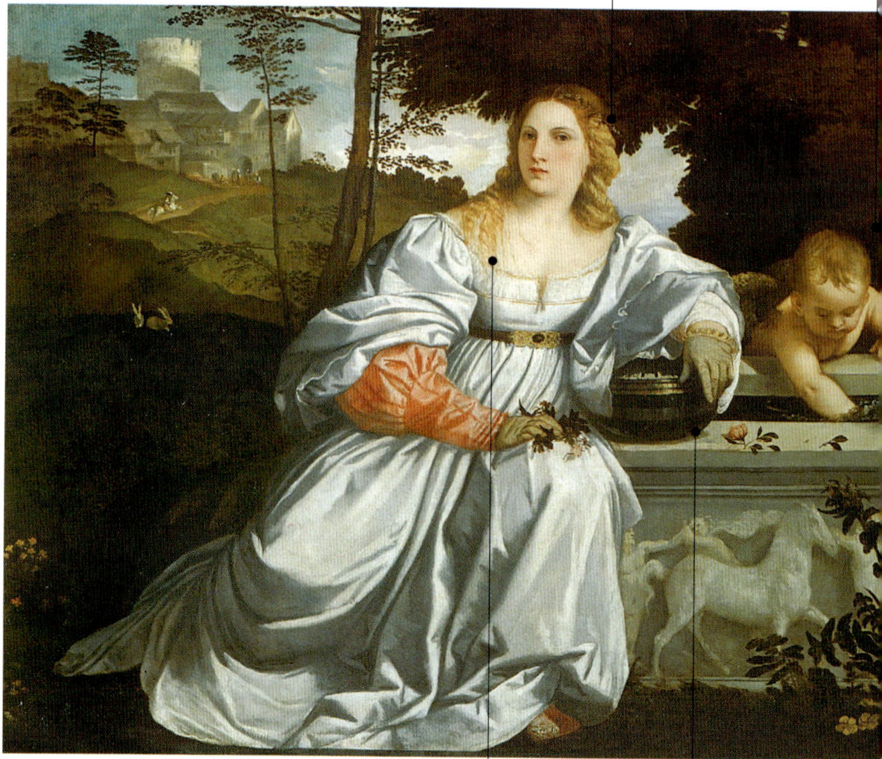

La jeune femme habillée est une personnification idéale de l'amour terrestre.

La coupe qui contient des bijoux a été interprétée comme une allusion au bonheur éphémère, le seul auquel il soit possible d'atteindre dans la vie humaine.

▲ Titien,
L'Amour sacré et l'Amour profane, 1514
Rome, Galleria Borghese

Vénus Uranie représente le bonheur éternel et céleste ainsi que le principe de l'amour spirituel.

Le manteau rouge et la cassolette ardente sont des signes de la nature passionnée de Vénus.

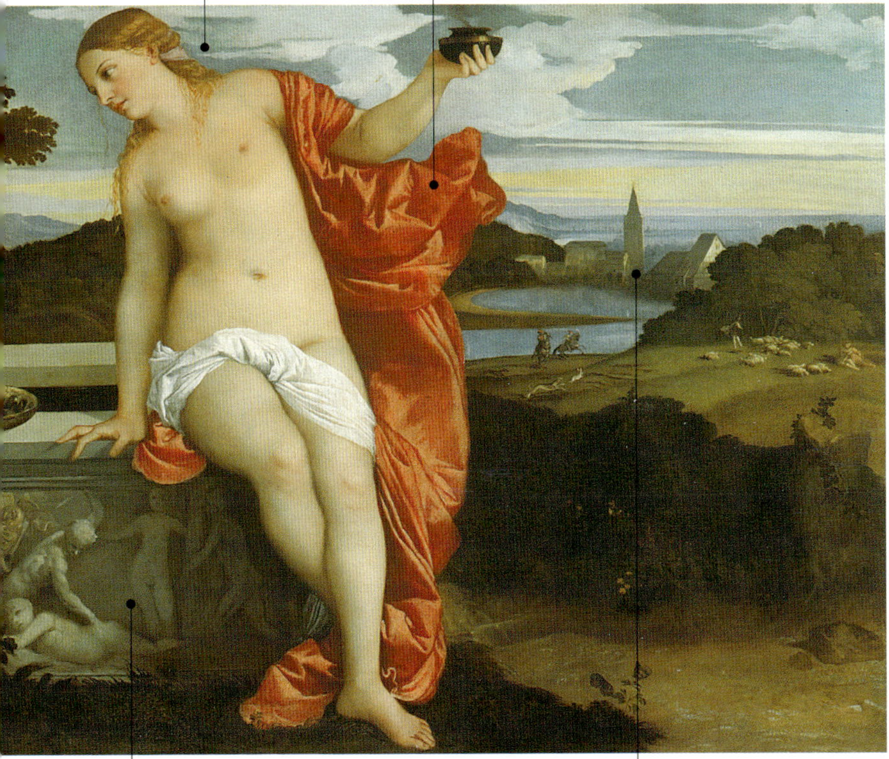

Les scènes cruelles de châtiment représentées sur le sarcophage veulent signifier que la passion sensuelle doit être punie et refrénée.

La présence de l'église à l'arrière-plan souligne le caractère sacré de la Vénus céleste.

La tempête qui agite la mer symbolise le caractère malheureux d'une relation amoureuse vécue à distance.

La jeune femme vient de recevoir une lettre d'amour.

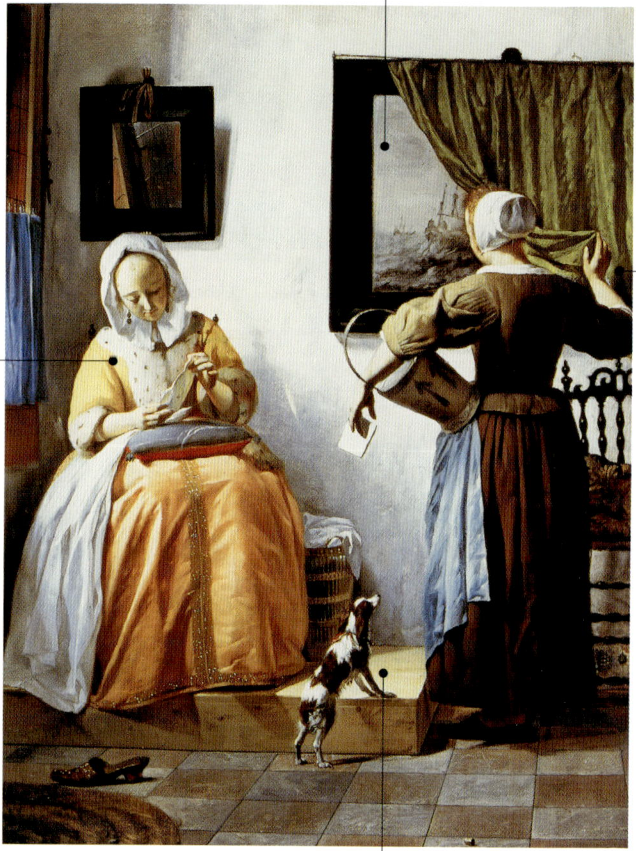

Le geste de la servante qui « découvre » le tableau au mur donne la clef de lecture de toute la composition.

L'attente agitée du chien illustre le ton passionné de la lettre.

▲ Gabriel Metsu,
Jeune Femme lisant une lettre, vers 1663
Dublin, National Gallery of Ireland

La mariée fait allusion au caractère androgyne de la virginité, où il n'y a nulle différence entre le masculin et le féminin.

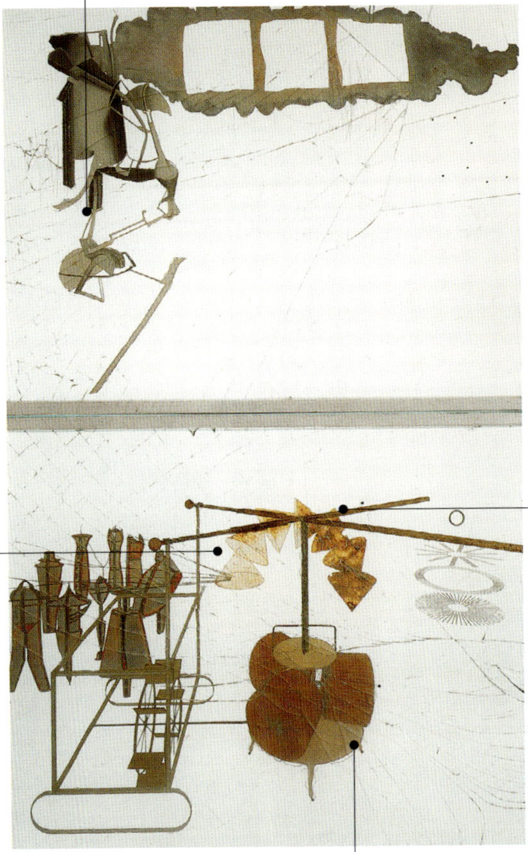

Les giclées sont la matérialisation du désir masculin, qui culmine en un orgasme solitaire.

L'hélice est associée au motif de la roue et à celui du feu alchimique, l'agent actif de la transformation.

La figure du célibataire est représentée par l'image d'une machine, la broyeuse à chocolat.

▲ Marcel Duchamp,
La Mariée mise à nu par ses célibataires, même, 1915-1923.
Philadelphie, Philadelphia Museum of Art.

Représentation: sous les traits de sept femmes d'allure vertueuse munies de leurs attributs particuliers caractéristiques.

Les arts

Étymologie du nom
Du latin *ars*.

Caractéristiques
Ils représentent les sept branches du savoir et les qualités créatrices de l'homme.

Divinités et symboles en relation
Les Muses, le zodiaque, les planètes, les sacrements, les âges du monde et de l'homme, les vertus, les tempéraments, le macrocosme, le microcosme, les sciences, les métiers, les arts mécaniques.

Au Moyen Âge, le système du savoir répartit les sept arts libéraux entre le *trivium* (grammaire, rhétorique, dialectique) et le *quadrivium* (arithmétique, géométrie, astronomie, musique).

Leur iconographie s'inspire de celle des Muses classiques, divinités qui personnifiaient les différentes disciplines artistiques et intellectuelles chez les Grecs et les Romains. On pensait que les arts libéraux, comme les signes du zodiaque et les éléments, exerçaient une influence de type astrologique sur le caractère de l'homme, et la pratique de tel ou tel d'entre eux était donc prescrite à titre de thérapie dans le traitement de certaines maladies. L'établissement de rapports entre les arts et les planètes remonte à Pythagore, qui avait élaboré un système complexe de correspondances harmoniques entre les Muses et les sphères célestes.

Au Moyen Âge, saint Thomas d'Aquin reprend la philosophie classique en termes religieux et moraux, et il fait correspondre un sacrement et une vertu à chaque art libéral. Cette conception, reprise par Dante dans son *Banquet*, constitue le modèle de l'iconographie des arts libéraux tout au long du Moyen Âge, et elle est illustrée par des artistes majeurs du XIVe siècle comme Giotto, Andrea Pisano et Andrea Bonaiuti. La représentation personnifiée des arts donne souvent lieu au portrait de leurs inventeurs légendaires (Orphée, Hermès Trismégiste, Pythagore, Platon, Aristote, Zoroastre).

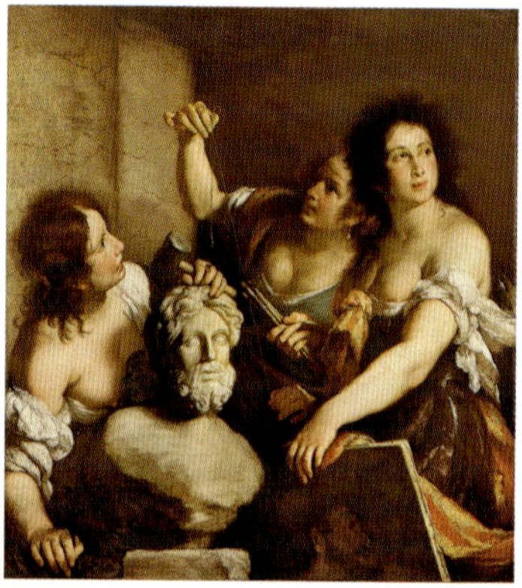

► Bernardo Strozzi, *Allégorie des arts*, première moitié du XVIIe siècle Saint-Pétersbourg, musée de l'Ermitage

Le masque est un attribut d'Érato, muse de la poésie amoureuse. On identifie à côté d'elle : à sa gauche, Terpsichore, protectrice de la danse, à sa droite, Polymnie, inspiratrice du mime, et, montrée de dos, Uranie, muse de l'astronomie.

Melpomène, muse de la tragédie, est représentée sous les traits d'une jeune femme pensive. Elle tient dans ses bras Thalie, inspiratrice de la comédie.

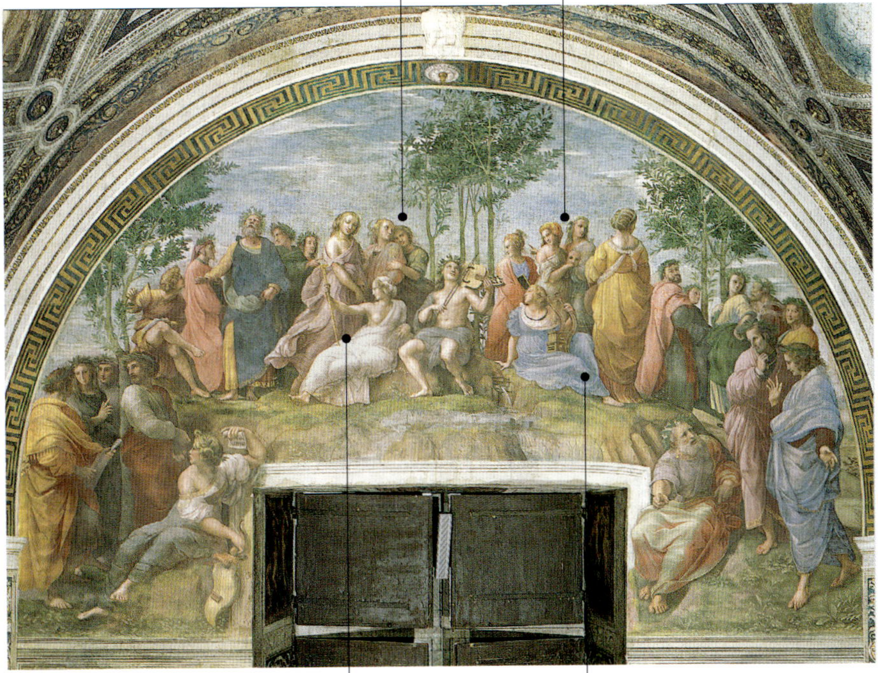

On reconnaît Clio, muse de l'histoire, à la trompette de la renommée. À côté d'elle se tient Euterpe, protectrice de la musique.

Calliope, muse de la poésie épique, tient une cithare à sept cordes, symbole de l'harmonie des sphères célestes.

▲ Raphaël,
Le Parnasse, 1509-1510
Cité du Vatican, chambre de la Signature

Saturne et sa faucille sont associés à l'Astronomie. Dans la doctrine thomiste, à chaque qualité morale correspond une planète du zodiaque.

Selon le Livre de la Genèse, la Musique est associée à la figure de Yubal, alors qu'est ici représentée celle du forgeron Tubal-Caïn (Genèse, IV, 21-22).

On reconnaît la Géométrie à son équerre et à la présence d'Euclide, son principal représentant.

L'astronome Ptolémée, confondu avec les souverains homonymes, est représenté portant couronne et vêtements royaux.

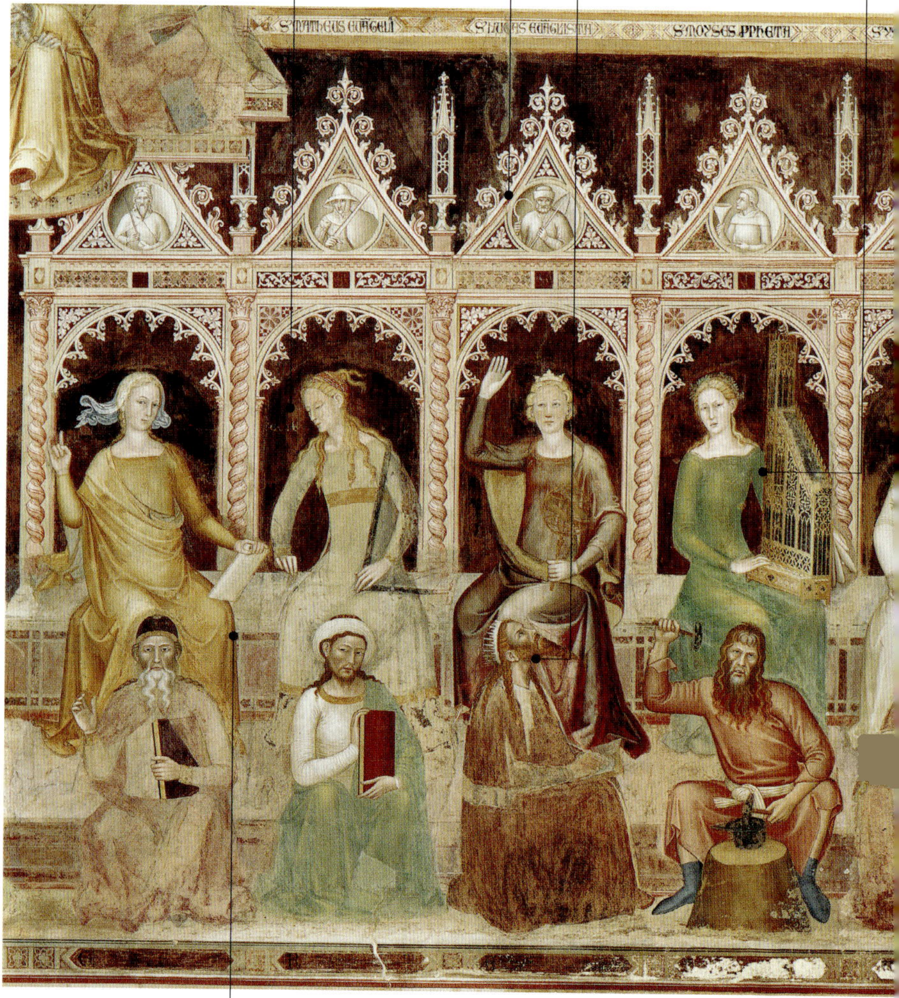

Pythagore accompagne la figure de l'Arithmétique.

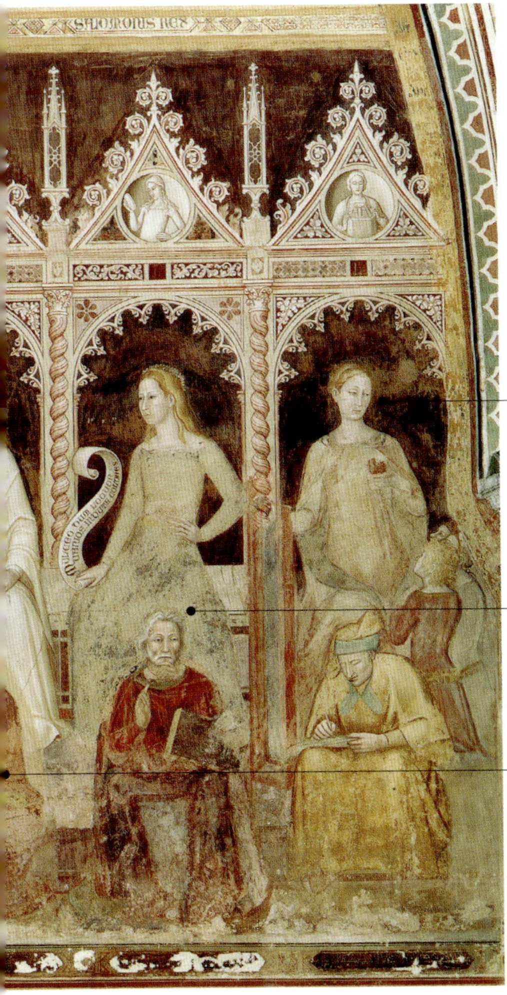

La Grammaire est souvent associée aux portraits idéaux de Priscien et de Donat.

Cicéron est représenté aux pieds de la Rhétorique.

Aristote était traditionnellement considéré comme l'inventeur de la Logique.

◄ Andrea Bonaiuti,
Les Sept Arts libéraux, 1365-1367
Florence, église Santa Maria Novella,
chapelle des Espagnols

Le Génie portant une torche ardente représente l'inspiration.

Vulcain forge sur son enclume les notes de la musique.

La figure nue a été interprétée comme la personnification de la musique sacrée, et celle à demi vêtue, de la musique profane.

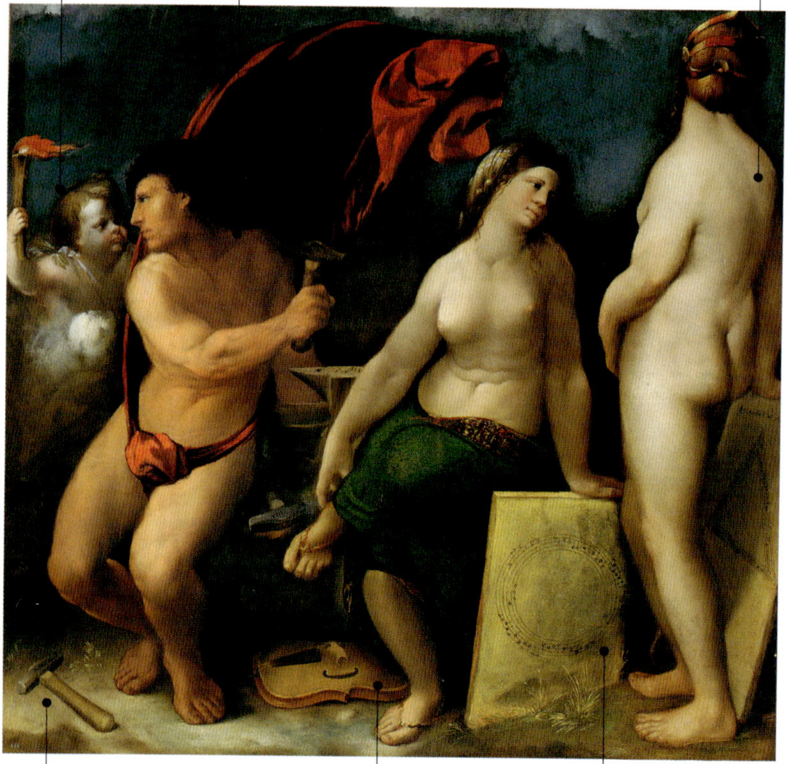

La différence de forme et de taille des trois marteaux évoque la diversité des sons obtenus selon la manière dont ces outils sont employés.

L'abandon à terre de la viole témoignerait de la supériorité de la polyphonie (les canons inscrits sur les tablettes) par rapport à la musique instrumentale.

Des canons musicaux sont reproduits sur les tablettes. Celui en forme de triangle porte l'inscription Trinitas in unum, *allusion à la « concorde des opposés » dans l'unité divine.*

▲ Dosso Dossi,
Allégorie de la Musique, vers 1525
Florence, Fondazione Horne

La parfaite précision des tracés et détails de la carte géographique témoigne de la capacité de la peinture à reproduire fidèlement la réalité.

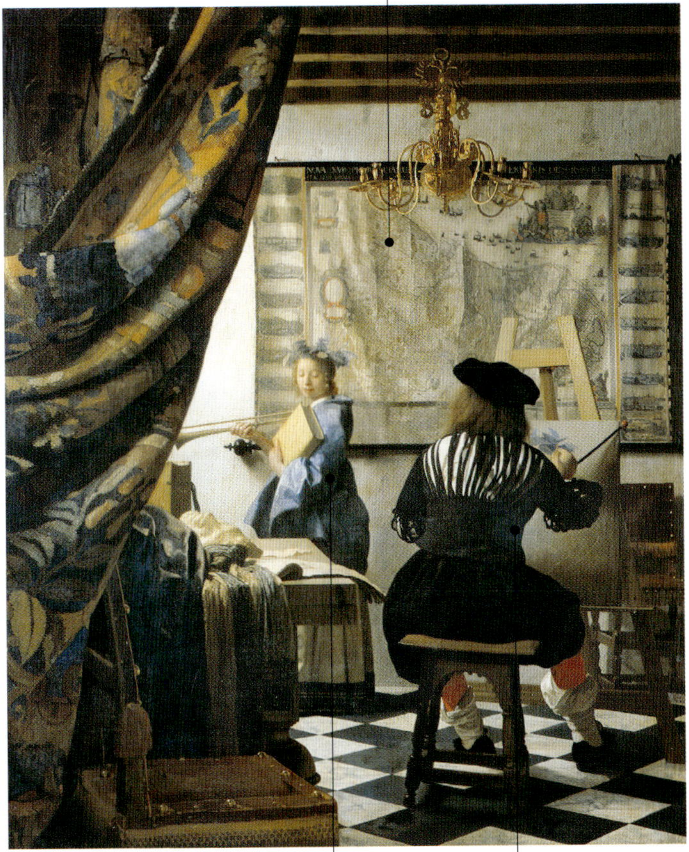

La jeune fille est figurée sous les traits de Clio, muse de l'Histoire et de la Renommée.

L'art de la peinture est représenté par le motif allégorique du peintre au travail dans son atelier.

▲ Jan Vermeer de Delft,
Allégorie de la peinture (*L'Atelier*), vers 1672
Vienne, Kunsthistorisches Museum

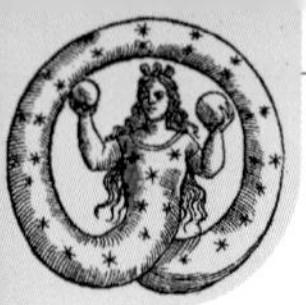

Représentation: aussi bien par des jeunes femmes que par des figures idéales de philosophes, de savants et d'inventeurs, ou bien par différents instruments techniques et scientifiques.

Les sciences

Étymologie du nom
Du latin *scientia*, qui dérive du verbe *scire*, « savoir ».

Caractéristiques
Elles représentent les diverses disciplines en quoi peut se diviser l'activité spéculative de l'homme.

Divinités et symboles en relation
Les arts, les vertus.

L'image des sciences est généralement liée aux portraits idéaux des personnages que la tradition considère comme les inventeurs ou les principaux représentants de chaque discipline. La culture humaniste accorde une importance particulière aux facultés cognitives, dont elle donne des illustrations dans de grands cycles picturaux, (celui de Raphaël dans les chambres du Vatican). Au cours du XVIe siècle, la redécouverte et la diffusion grâce à l'imprimerie des principaux ouvrages scientifiques de l'Antiquité suscitent un intérêt de plus en plus profond pour les sciences, dont l'étude devient l'apanage prestigieux de nobles seigneurs, d'artistes et d'intellectuels. Léonard de Vinci, qui incarne l'idéal de l'artiste inventeur de la Renaissance, a laissé de précieux témoignages de ses méthodes de travail et de ses activités, qui visent à unir l'expérience et la raison (les connaissances théoriques de son époque). À mesure que s'affirme la spécialisation des savoirs et que se diffusent les découvertes révolutionnaires en astronomie et en optique du XVIIe siècle (de Copernic à Galilée, de Tycho Brahé à Kepler et à Newton), l'iconographie des sciences se développe progressivement: de la minutieuse définition des objets et des instruments scientifiques – dans les marqueteries comme dans les natures mortes, dans les portraits comme dans les représentations allégoriques de la Vanité –, on passe à la célébration de la personnalité des savants. Dans la représentation de l'espace, des phénomènes atmosphériques et des corps célestes, les artistes reproduisent les images nouvelles de la réalité offertes par la science.

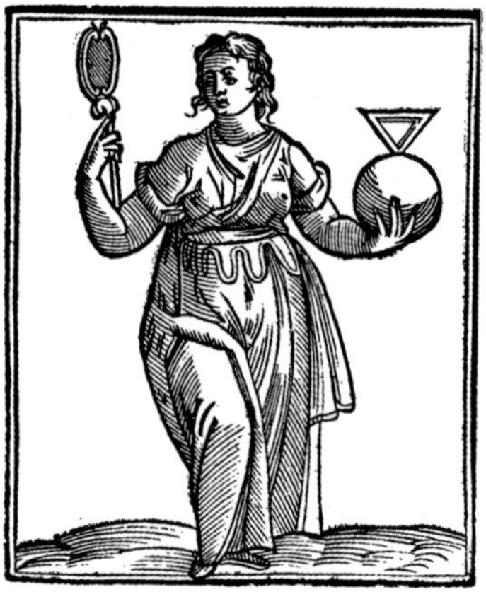

► *La Science*, illustration de l'*Iconologia* de Cesare Ripa, 1618

Le jeune enfant porte sur ses épaules le globe du monde.

Les ailes et les yeux tournés vers le ciel indiquent que la Mathématique s'élève par l'esprit à la contemplation des réalités abstraites.

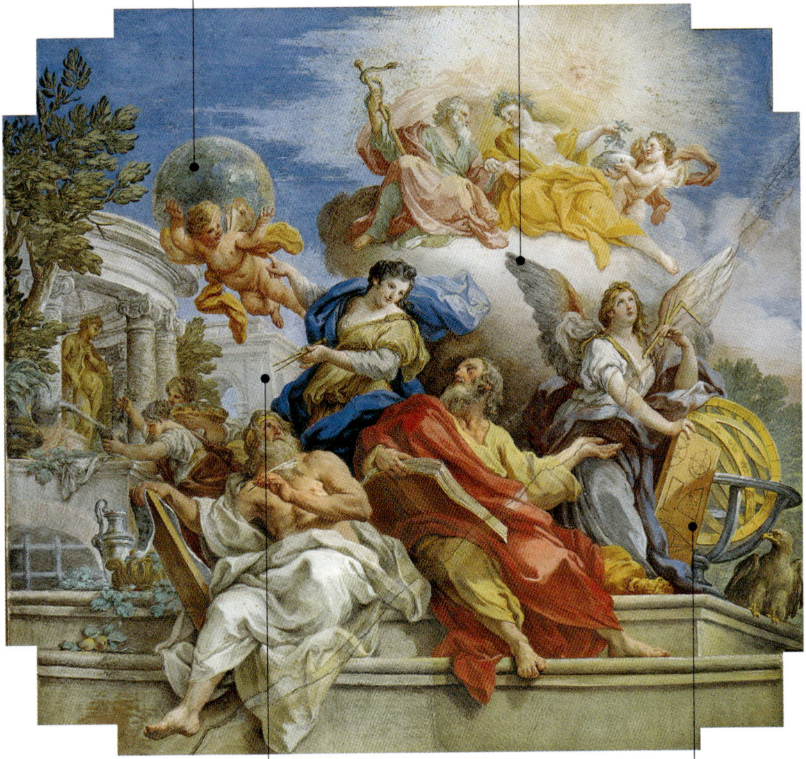

Le compas est un attribut caractéristique de la Géométrie et de la Géographie. Il donne la proportion, la règle et la mesure des choses.

L'astrolabe et les tables astronomiques servent à l'étude des phénomènes célestes.

▲ Sebastiano Conca,
Allégorie de la Science, XVIIIe siècle
Rome, palais Corsini, bibliothèque

Cette grande fresque veut illustrer la synthèse des différentes composantes du savoir: métaphysique, philosophie de la nature, théologie et magie.

Platon tenant à la main le Timée *et Aristote avec l'*Éthique *représentent les deux branches principales de la sagesse: la philosophie spéculative et la morale.*

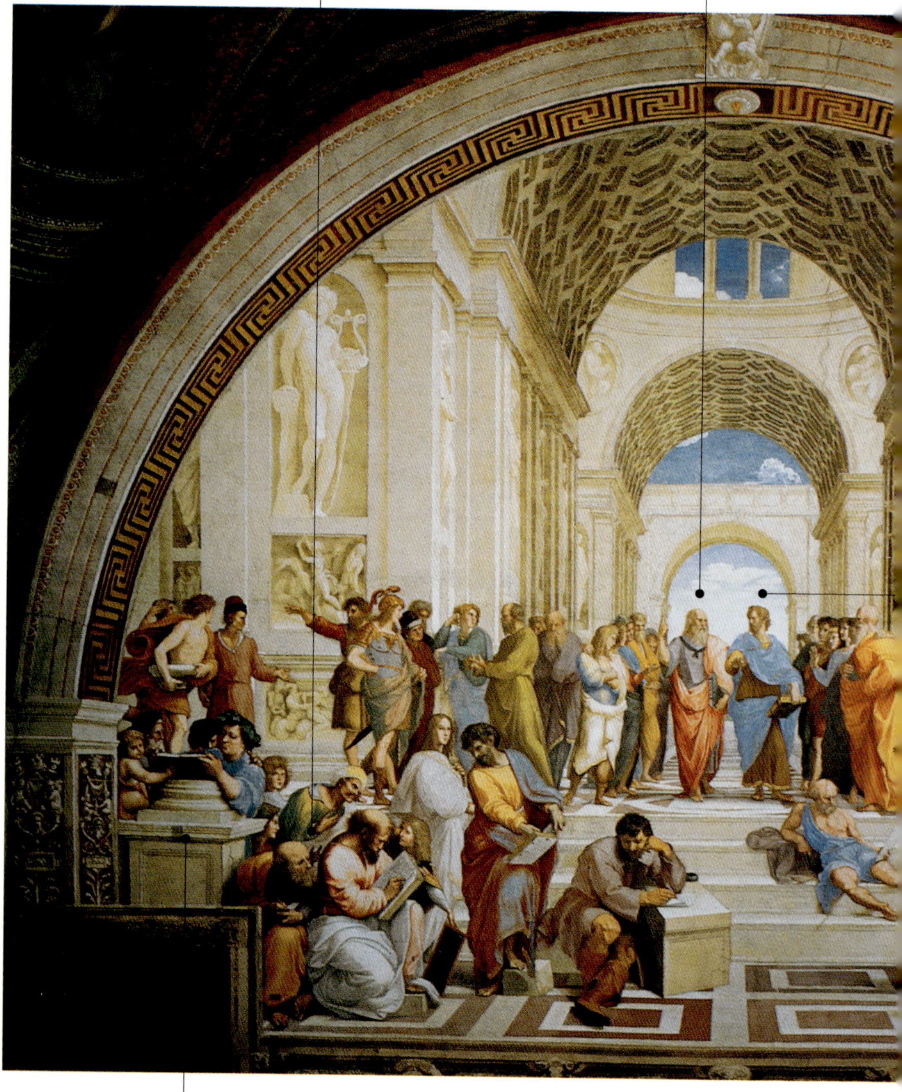

Ce socle de colonne indique que la révélation orphique constitue le fondement de la philosophie.

De la main tendue devant lui, Aristote, chef de file de l'école naturaliste, montre la surface de la Terre; de son doigt levé, Platon, qui a recueilli et systématisé les doctrines cosmologiques de l'Antiquité, désigne la voûte du ciel.

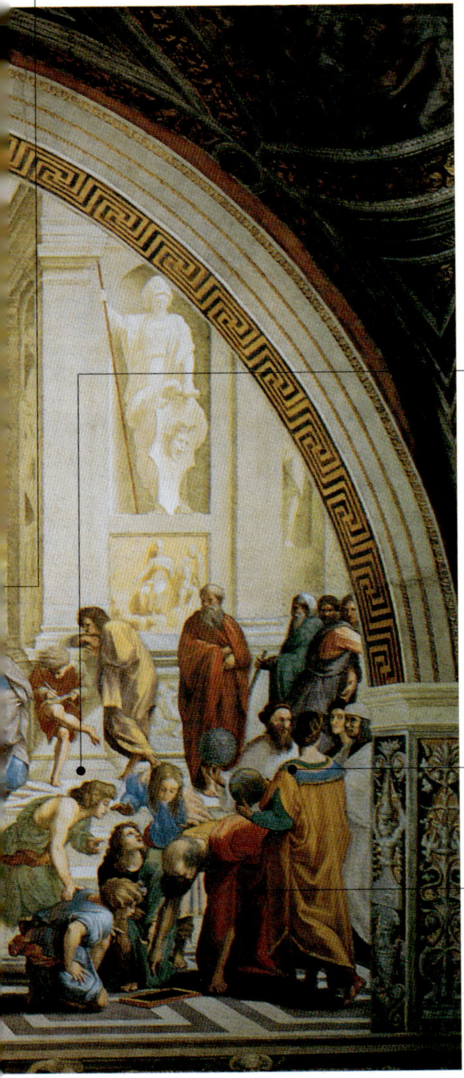

Sur la droite, sont représentés les philosophes de la nature et les principaux disciples d'Aristote.

Le globe céleste (que porte Zoroastre, l'auteur légendaire des Oracles chaldéens*) est placé à côté du globe terrestre (que tient Ptolémée) pour symboliser les influences du ciel sur la Terre.*

Euclide trace la figure de l'un de ses théorèmes.

◄ Raphaël,
L'École d'Athènes, 1510
Cité du Vatican, palais pontificaux,
chambre de la Signature

Ce polyèdre régulier est le symbole de la connaissance mathématique parfaite.

Luca Pacioli incarne le savant austère, détaché du monde et absorbé dans son activité.

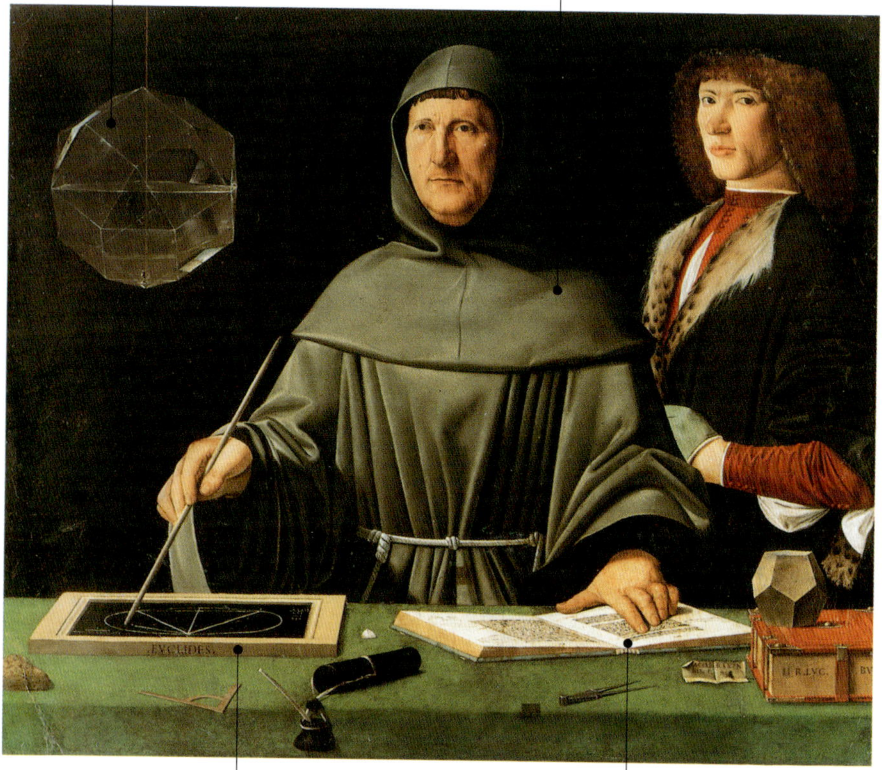

Le triangle équilatéral inscrit dans un cercle illustre un célèbre théorème euclidien.

Ce livre est un exemplaire de la première édition imprimée des Éléments *d'Euclide.*

▲ Jacopo de'Barbari,
Portrait du mathématicien Fra Luca Pacioli et d'un jeune homme inconnu, premier quart du XVIe siècle
Naples, Galleria Nazionale di Capodimonte

Le motif de l'expérimentation permet de donner une image accessible et vivante de la science.

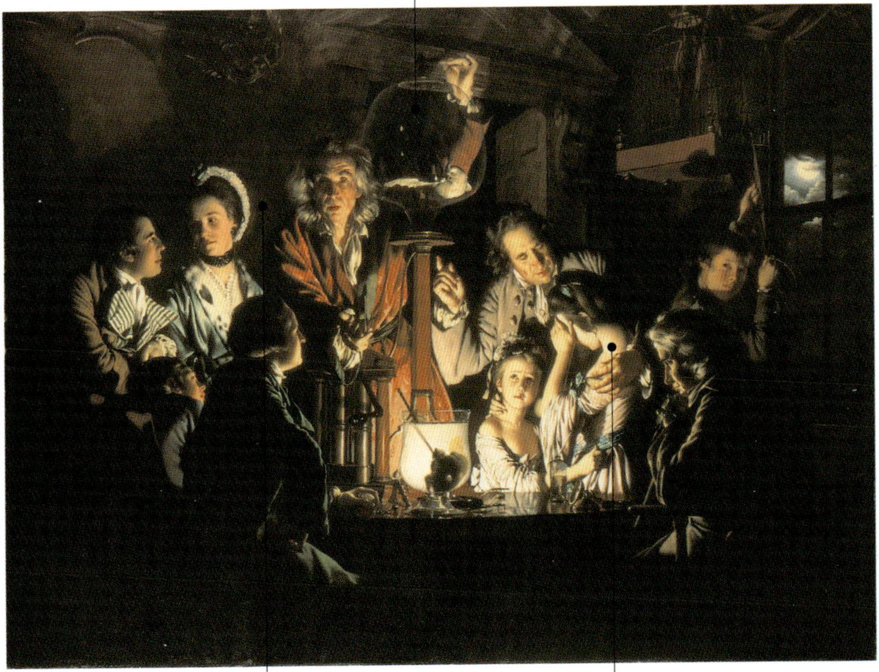

Le caractère familier de la leçon dispensée dans un cercle domestique indique que le savoir scientifique est devenu un patrimoine collectif, sans distinction de sexe ni d'âge.

L'attitude effarouchée des enfants illustre le thème de l'inconnu qui fait toujours peur, et que la science a pour mission de dévoiler.

▲ Joseph Wright of Derby, *Expérience sur un volatile avec la pompe à air*, 1768 Londres, National Gallery

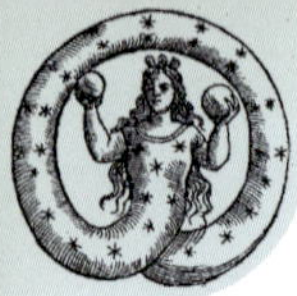

Représentation : combinaison de motifs symboliques de nature diverse (fleurs, fruits, instruments de musique), qui font allusion à la fugacité de la vie humaine.

La vanité

La vanité représente la vie humaine au moyen de motifs symboliques destinés à mettre en évidence son inconsistance et sa fragilité. Elle se développe en tant que genre pictural indépendant au début du XVIIe siècle et elle est étroitement liée au sentiment de précarité qui se répand en Europe à la suite de la guerre de Trente Ans et des épidémies de peste. Dans la très riche iconographie de la vanité, des thèmes politiques et religieux peuvent ainsi se mêler, sous forme allégorique, au thème moral de la fugacité de l'existence.
Le cours inexorable du temps est figuré par l'usure des objets et la couche de poussière qui recouvre lentement les choses – comme dans de célèbres natures mortes à thème musical d'Évariste Baschenis – ainsi qu'à travers la présentation de sujets matériellement « inconsistants », comme le chant, la musique ou le fait de fumer. La représentation raffinée d'objets inanimés, poussée jusqu'aux limites de la virtuosité la plus ostentatoire, permet aux artistes du XVIIIe siècle de faire étalage de leur maîtrise dans la reproduction de la réalité.

Étymologie du nom
Du latin *vanitas*, qui dérive de l'adjectif *vanus*, « vide, vain, trompeur, fugace, éphémère ».

Origine du symbole
La vanité devient un genre pictural autonome au début du XVIIe siècle comme expression du sentiment de précarité qui se répand dans la culture européenne.

Caractéristiques
Elle représente la fugacité de l'existence, le cours inexorable du temps et l'inconsistance des plaisirs terrestres.

Divinités et symboles en relation
Le temps, les saisons, la vie, la mort.

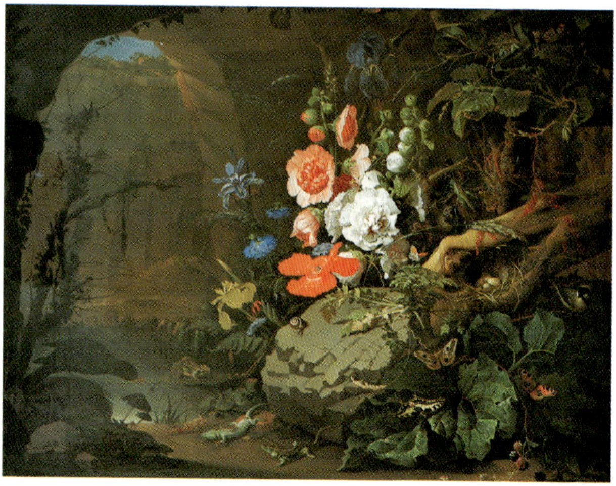

► Abraham Mignon, *La Nature comme symbole de la Vanité*, 1665-1679
Darmstadt, Hessisches Landesmuseum

Les instruments scientifiques et de musique sont chargés de complexes contenus symboliques, relatifs au caractère éphémère de la beauté, de l'harmonie et de l'art.

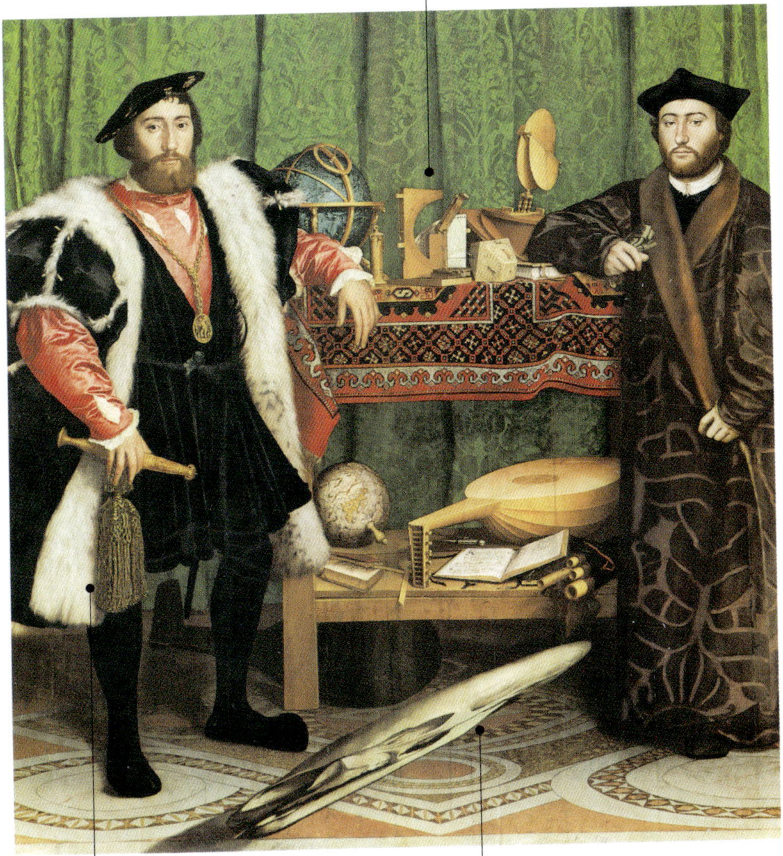

L'ambassadeur richement vêtu tient à la main une lunette, emblème de sa profession.

Le crâne au premier plan, dissimulé par la technique déformante de l'anamorphose, révèle la signification du tableau, qui est une allégorie raffinée de la vanité des ambitions et des connaissances terrestres.

▲ Hans Holbein le Jeune, *Les Ambassadeurs français Georges de Selve et Jean de Denteville*, 1533
Londres, National Gallery

La bougie éteinte, les crânes, le sablier et les pièces de cuirasse font allusion au déclin de l'empire espagnol et aux guerres qui se sont succédé pour le maintenir.

Le globe terrestre montre l'étendue des possessions impériales, de l'Europe orientale jusqu'aux Amériques.

Le camée que tient l'ange est un portrait de l'empereur Charles Quint.

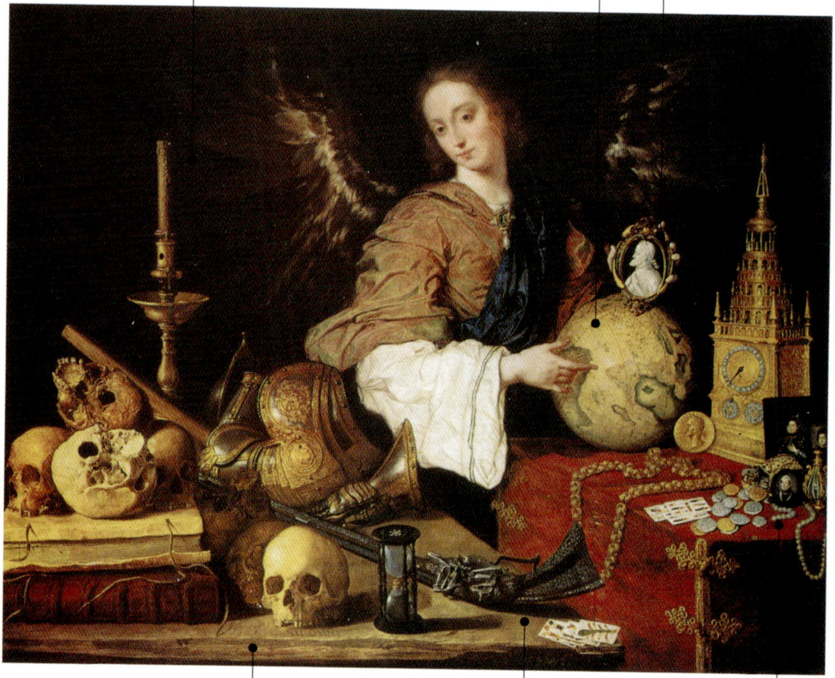

Le devant de la scène est occupé par une table de bois fruste, au plateau usé et abîmé, chargée d'objets illustrant le thème de la vanité.

Devant le crâne au premier plan, est gravée dans le bois l'inscription Nihil omne, *« Tout est rien ».*

Sur le meuble recouvert d'une étoffe rouge sont disposés des objets précieux, symboles de la richesse de l'Espagne à l'époque de Charles Quint. Ce tableau est une vanité à fond politique qui veut signifier que ce pays a perdu sa suprématie dans l'Europe du XVIIe siècle.

▲ Antonio de Pereda,
Vanitas vanitatum, 1640-1645
Vienne, Kunsthistorisches Museum

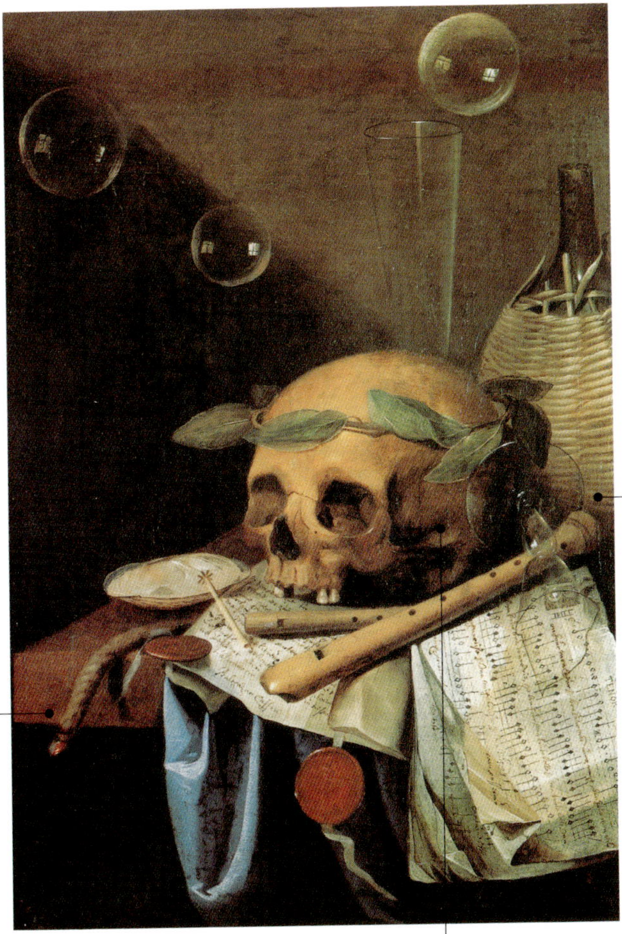

La flûte et la partition représentent les joies éphémères de la musique.

La mèche allumée qui se consume symbolise l'approche de la fin de la vie.

Crânes et objets cassés ou abîmés illustrent le dialogue intérieur du peintre face au caractère inéluctable du destin de l'homme.

▲ Simon Renard de Saint-André,
Vanité, vers 1650
Lyon, musée des Beaux-Arts

*Le motif de la bulle de savon rappelle celui de l'*homo bulla*, cruelle allégorie sur la vanité de l'existence humaine qui est destinée à se dissiper comme une bulle de savon.*

Cette torche ardente et le brasero au premier plan à gauche sont des symboles de la vie qui ne cesse de se consumer.

L'image du Rédempteur fait référence à la vie supraterrestre, fin véritable à laquelle l'homme est destiné.

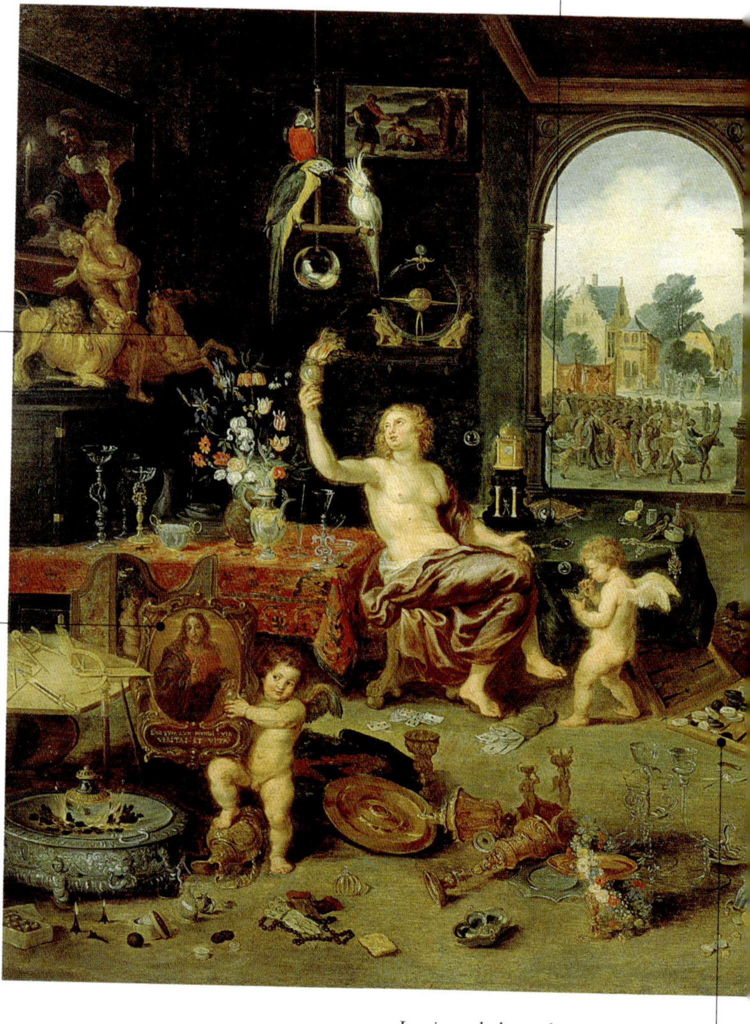

Les jeux de hasard (comme les cartes, le jacquet ou le trictrac) illustrent le thème de l'inconsistance des plaisirs terrestres.

▲ Jan Ier Bruegel de Velours et Pierre Paul Rubens, *Allégorie de la fugacité de la vie humaine*, 1615-1618
Turin, Galleria Sabauda

La scène du repas fait référence aux péchés de gourmandise et d'intempérance.

Le paon est associé à l'orgueil et à la vanité.

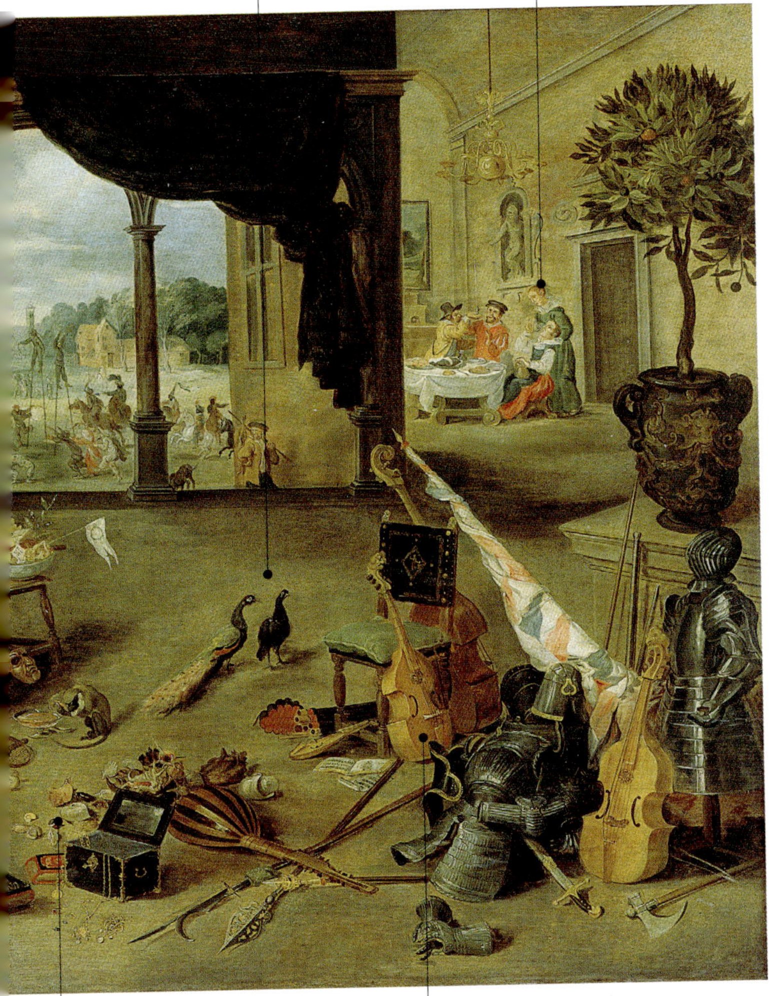

Objets précieux, pièces d'or et bijoux illustrent la vanité des richesses matérielles.

Les instruments de musique sont un motif récurrent dans les allégories de la Vanité au XVIIe siècle.

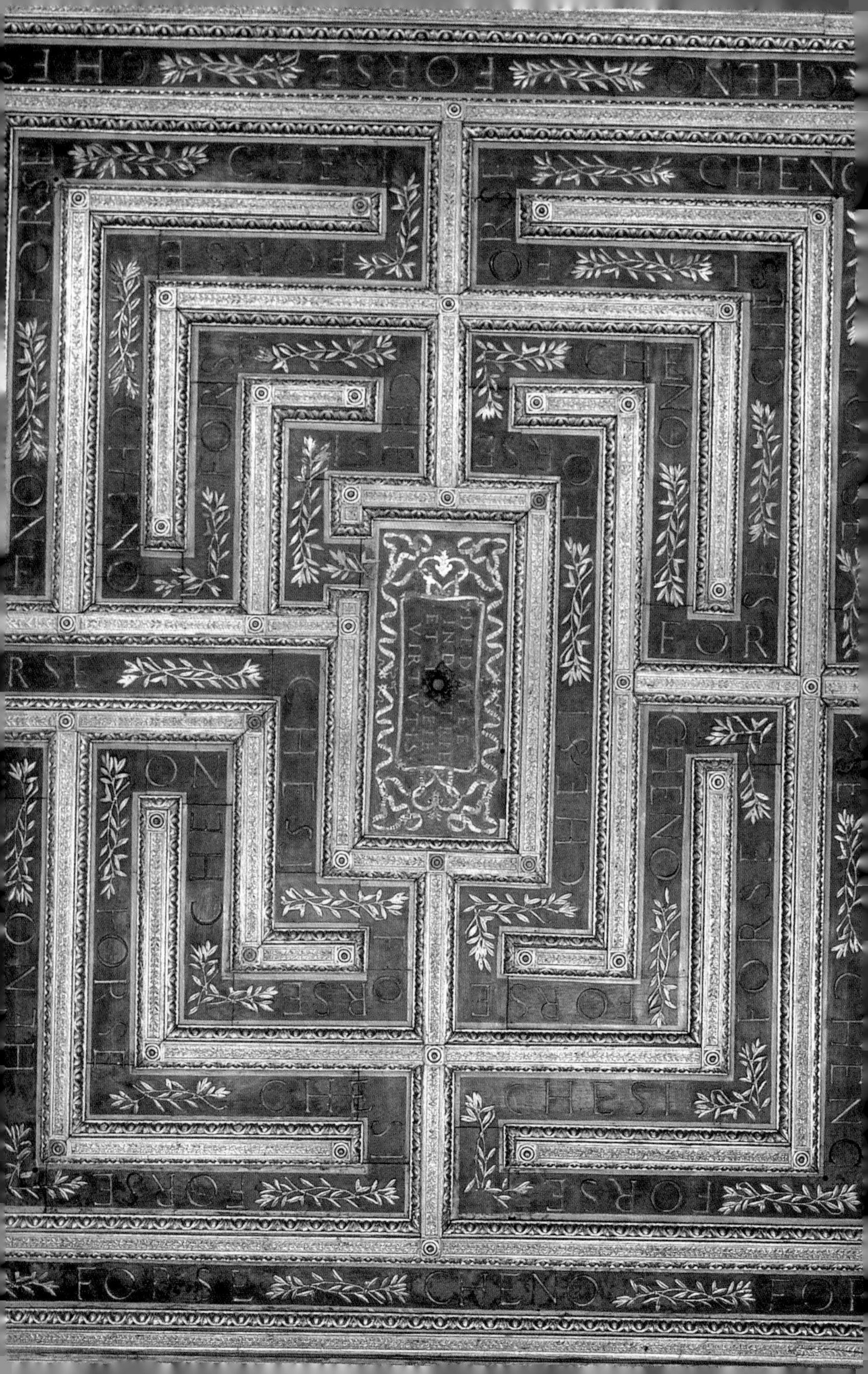
FORSE CHE NO

INDEX DES SYMBOLES ET DES ALLÉGORIES

SOURCES

Ouroboros
Platon, *Timée*, *Politique*; Macrobe, *Les Saturnales*; Pierio Valeriano, *Hieroglyphica*; Horapollon, *Hieroglyphica*; Pétrarque, *Les Triomphes*; Marsile Ficin, *Platonica theologia de immortalitate animorum*; Pic de la Mirandole, *De ente et uno*, *Disputationes adversus astrologiam divinatricem*; Francesco Colonna, *Le Songe de Poliphile*; Cesare Ripa, *Iconologie.*

L'Océan
Homère, *L'Iliade*, *L'Odyssée*; Hésiode, *Théogonie*; Héraclite, *Sur la nature des choses*; Platon, *Cratyle*, *Phèdre*, *Théétète*, *Timée*; Aristote, *Métaphysique*; Apollonios de Rhodes, *Les Argonautiques*; *Poèmes orphiques*; Lucrèce, *De la nature*; Pline l'Ancien, *Histoire naturelle.*

L'Occasion
Hésiode, *Théogonie*; *Poèmes orphiques*; Prudence, *Psychomachia*; Pierio Valeriano, *Hieroglyphica*; Horapollon, *Hieroglyphica*; Philippe de Vitry, *Ovide moralisé*; John Ridewall, *Fulgentius metaforalis*; Pierre Bersuire, *Reductorium morale*; Robert Holkot, *Moralitates*, *Gesta Romanorum*; Brunetto Latini, *Le Livre du trésor*; Bartolommeo da San Concordio, *Ammaestramenti degli antichi*; Albricus Philosophus, *De imaginibus deorum*; *Mythographus I, II, III*; Dante, *Le Banquet*, *La Divine Comédie*; Pétrarque, *Les Triomphes*; Boccace, *Genealogia deorum*; Cesare Ripa, *Iconologie*; Cristoforo Giarda, *Icones symbolicae.*

Éon
Saint Paul, Épîtres (aux Corinthiens, aux Éphésiens, aux Hébreux); Joachim de Flore, *Concordia Novi ac Veteris Testamenti*, *De unitate seu essentia Trinitatis*, *Liber figurarum.*

Le Temps
Hésiode, *Théogonie*; Platon, *Euthyphron*, *Gorgias*, *Cratyle*, *Le Banquet*, *Euthydème*, *Politique*, *Timée*, *Les Lois*; Aristote, *Métaphysique*, *Physique*; Ovide, *Les Fastes*; Plutarque, *De Iside et Osiride*; Hygin, *De astronomia*; saint Augustin, *La Cité de Dieu*; Macrobe, *Les Saturnales*; Martianus Capella, *De nuptiis Philologiae et Mercurii*; Fulgence, *Mythologies*; Raban Maur, *De universo*; Philippe de Vitry, *Ovide moralisé*; John Ridewall, *Fulgentius metaforalis*; Pierre Bersuire, *Reductorium morale*; Pétrarque, *Les Triomphes*; Cesare Ripa, *Iconologie.*

Jésus-Christ Chronocrator
Saint Jean, Évangile, Apocalypse; saint Augustin, *La Doctrine chrétienne*; Isidore de Séville, *Étymologies*; Lambert de Saint-Omer, *Liber floridus*; *L'ordinamento dei sette pianeti, del cielo e della terra.*

Le zodiaque
Homère, *L'Iliade*; Platon, *Timée*; Eudoxe de Cnide; Aratos de Soles, *Les Phénomènes*; Manilius, *Astronomica*; Firmicus Maternus, *Astronomicon libri VIII*; Hygin, *De astronomia*, *Genealogiae*, *Fabulae*;

Columelle, *De re rustica*; Ptolémée, *Almagestum*, *Tétrabible*; Lactance, *Institutions divines*; Macrobe, *Commentaire du* Songe de Scipion *de Cicéron*, *Les Saturnales*; saint Augustin, *La Cité de Dieu*; Albumasar, *Introductorium majus*; Alexander Nequam, *De naturis rerum*; Lambert de Saint-Omer, *Liber floridus*; *L'ordinamento dei sette pianeti, del cielo e della terra*; Petrus de Abano, *Astrolabium Planum*; Pierre d'Ailly, *Imago mundi*; Dante, *Le Banquet*, *La Divine Comédie*; Coluccio Salutati, *De fato et fortuna*; Leonardo Dati, *De sphaera*; Franchino Gafori, *Pratica musicae*, *Theorica musicae*; Marsile Ficin, *De vita coelitus comparanda*; *Picatrix*; Basinio da Parma, *Astronomicum*; Agrippa von Nettesheim, *De occulta philosophia*; Giorgio Vasari, *Ragionamenti*; Jacopo Zucchi, *Discorso sopra li dei de' gentili*; Vincenzo Cartari, *Les Images des dieux des Anciens*; Cesare Ripa, *Iconologie*.

LES SAISONS
Hésiode, *Théogonie*, *Les Travaux et les Jours*; Ovide, *Les Métamorphoses*; Virgile, *Les Géorgiques*; Giorgio Vasari, *Ragionamenti*; Jacopo Zucchi, *Discorso sopra li dei de' gentili*; Vincenzo Cartari, *Les Images des dieux des Anciens*; Cesare Ripa, *Iconologie*.

LE PRINTEMPS
Hésiode, *Théogonie*, *Les Travaux et les Jours*; Platon, *Cratyle*, *Ménon*, *Les Lois*; Ovide, *Les Métamorphoses*; Virgile, *Les Géorgiques*; Giorgio Vasari, *Ragionamenti*; Jacopo Zucchi, *Discorso sopra li dei de' gentili*; Vincenzo Cartari, *Les Images des dieux des Anciens*; Cesare Ripa, *Iconologie*.

L'ÉTÉ
Hésiode, *Théogonie*, *Les Travaux et les Jours*; Ovide, *Les Métamorphoses*; Virgile, *Les Géorgiques*; Giorgio Vasari, *Ragionamenti*; Jacopo Zucchi, *Discorso sopra li dei de' gentili*; Vincenzo Cartari, *Les Images des dieux des Anciens*; Cesare Ripa, *Iconologie*.

L'AUTOMNE
Hésiode, *Théogonie*, *Les Travaux et les Jours*; Platon, *Le Banquet*, *Phèdre*, *Les Lois*, *Axiochos*, *Gorgias*, *Cratyle*, *Philèbe*; Virgile, *Les Géorgiques*; Ovide, *Les Métamorphoses*; Philostrate de Lemmos, *Imagines*; Giorgio Vasari, *Ragionamenti*; Jacopo Zucchi, *Discorso sopra li dei de' gentili*; Vincenzo Cartari, *Les Images des dieux des Anciens*; Cesare Ripa, *Iconologie*.

L'HIVER
Hésiode, *Théogonie*, *Les Travaux et les Jours*; Platon, *Gorgias*, *Axiochos*, *Les Lois*, *Cratyle*; Ovide, *Les Métamorphoses*; Virgile, *Les Géorgiques*; Giorgio Vasari, *Ragionamenti*; Jacopo Zucchi, *Discorso sopra li dei de' gentili*; Vincenzo Cartari, *Les Images des dieux des Anciens*; Cesare Ripa, *Iconologie*.

LES MOIS
L'Ancien Testament (Genèse); Vincent de Beauvais, *Speculum doctrinale, historiale et naturale*; livres d'heures; Pétrarque, *Les Triomphes*; Dante, *Le Banquet*; Leonardo Dati, *De sphaera*; Giorgio Vasari, *Ragionamenti*; Jacopo Zucchi, *Discorso sopra li dei de' gentili*; Vincenzo Cartari, *Les Images des dieux des Anciens*; Cesare Ripa, *Iconologie*.

L'AURORE
Homère, *L'Iliade*; Cesare Ripa, *Iconologie*.

MIDI
Poème homérique à Pan; saint Jean Cassien, *Institutions*; Cesare Ripa, *Iconologie*.

LE CRÉPUSCULE
Cesare Ripa, *Iconologie*.

LA NUIT
Homère, *L'Iliade*; Hésiode, *Théogonie*, *Les Travaux et*

les Jours; *Poèmes orphiques*; Cesare Ripa, *Iconologie.*

Les heures
Homère, *L'Iliade*; Hésiode, *Théogonie*, *Les Travaux et les Jours*; Cesare Ripa, *Iconologie.*

La vie
Homère, *L'Iliade*; Hésiode, *Théogonie*, *Les Travaux et les Jours*; Platon, *Le Banquet*, *La République*, *Les Lois*; *Poèmes orphiques*; Ovide, *Les Métamorphoses*; le Nouveau Testament (Évangiles); Robert de l'Omme, *Le Miroir de la vie et de la mort*; *Raconto dei tre morti e dei tre vivi*; Vincent de Beauvais, *Speculum doctrinale, historiale et naturale*; Cesare Ripa, *Iconologie.*

La mort
Homère, *L'Iliade*; Hésiode, *Théogonie*, *Les Travaux et les Jours* ; Platon, *Phèdre*, *Le Banquet*, *La République*, *Les Lois* ; *Poèmes orphiques* ; Virgile, *Les Géorgiques*; Ovide, *Les Métamorphoses*; Hygin, *Genealogiae*, *Fabulae*; Catulle, *Carmina*; Apollodore, *De l'origine des dieux*, *Bibliothèque*, *Chroniques*; *Ars moriendi*; le Nouveau Testament (Évangiles); saint Jean, Apocalypse; Robert de l'Omme, *Le Miroir de la vie et de la mort*; *Raconti dei tre morti e dei tre vivi*; Vincent de Beauvais, *Speculum doctrinale, historiale et naturale*; *Nove stadi del corpo dopo la morte*; Pétrarque, *Les Triomphes*; Cesare Ripa, *Iconologie.*

Les âges du monde
Poèmes homériques; Hésiode, *Les Travaux et les Jours*; Platon, *Gorgias*, *Politique*, *Euthyphron*, *Cratyle*, *Timée*, *Le Banquet*, *Euthydème*, *Les Lois*; Virgile, *L'Énéide*; Lucrèce, *De la nature*; Pline l'Ancien, *Histoire naturelle*; Diodore de Sicile, *Bibliothèque historique*; Vitruve, *De architectura*; Pierre Comestor, *Sermones*, *Historia scolastica*; Isidore de Séville, *Étymologies*; Lambert de Saint-Omer, *Liber floridus*; Brunetto Latini, *Le Livre du trésor*; Boccace, *Genealogia deorum.*

Les âges de l'homme
Machiavel, *Le Prince*; Baldassare Castiglione, *Le Courtisan*; Pietro Bembo, *Les Azolains.*

L'androgyne
Platon, *Le Banquet*; l'Ancien Testament (Genèse); Marsile Ficin, *Commentaire du* Banquet *de Platon*; Salomon Trismosin, *Splendor solis*; Jakob Böhme, *L'Aurore à son lever*; Basile Valentin, *Les Douze Clefs de philosophie*; Richard Meier, *Atalanta fugiens*; Altus, *Mutus Liber.*

Le microcosme
Platon, *Timée*; Aristote, *De l'âme*; Plotin, *Ennéades*; Théocrite, *Idylles*; Cicéron, *Les Tusculanes*, *De la nature des dieux*; Ovide, *Les Métamorphoses*; Vitruve, *De proportione*; Pline l'Ancien, *Histoire naturelle*; Manilius, *Astronomica*; Firmicus Maternus, *Astronomicon libri VIII*; Hildegarde de Bingen, *Liber divinorum operum* (*De operatione Dei*); Isidore de Séville, *De natura rerum*, *Étymologies*; Honorius d'Autun, *De imagine mundi*; saint Albert le Grand, *Philosophia naturalis*; Vincent de Beauvais, *Speculum doctrinale, historiale et naturale*; Agrippa von Nettesheim, *De occulta philosophia*; Bernard Silvestris, *De mundi universitate sive megacosmus et microcosmus*; Pierre d'Ailly, *Imago mundi*; Alexander Nequam, *De naturis rerum*; Marsile Ficin, *Platonica theologia de immortalitate animorum*, *Corpus hermeticum*, *Commentaire des* Ennéades *de Plotin*; Pic de la Mirandole, *Disputationes adversus astrologiam divinatricem*; Franchino Gafori, *Pratica musicae*, *Theorica musicae*; Giovanni Paolo Lomazzo, *Trattato dell'arte della pittura, scoltura et architettura*, *Idea del tempio della pittura*; *Picatrix*; Paracelse, *Opus paramirium*, *Paragranum*; Giambattista

Della Porta, *Magia naturalis*; Robert Fludd, *Utriusque cosmi historia I*; Andreas Cellarius, *Harmonia macrocosmica*; Jakob Böhme, *L'Aurore à son lever*; John Milton, *Le Paradis perdu.*

JÉSUS-CHRIST
L'Ancien Testament (Cantique des cantiques); le Nouveau Testament (Évangiles, Actes des apôtres); saint Jean, Apocalypse; textes apocryphes (Pseudo-évangile de Jacques, Pseudo-évangile de Matthieu); saint Augustin, *La Doctrine chrétienne*; Jacques de Voragine, *La Légende dorée.*

LA VIERGE MARIE
L'Ancien Testament (Cantique des cantiques); le Nouveau Testament (Évangiles, Actes des apôtres, Apocalypse); textes apocryphes (Pseudo-évangile de Jacques); saint Augustin, *La Doctrine chrétienne*; Jacques de Voragine, *La Légende dorée*; *Libro della morte della santissima di tutte le Vergini, la Madre di Dio.*

LA TRINITÉ
Platon, *Timée*; Plotin, *Ennéades*; Proclus, *Commentaire du* Timée *de Platon*; Ovide, *Les Fastes*; l'Ancien Testament (Genèse); le Nouveau Testament (Évangiles, Actes des apôtres); saint Paul, Épître aux Romains; saint Augustin, *La Trinité*; Boèce, *De Trinitate*; Joachim de Flore, *De unitate seu essentia Trinitatis, Liber figurarum*; Georges Gémiste Pléthon, *Sulla processione dello Spirito Santo*; Marsile Ficin, *De rationibus Trinitatis*; Pic de la Mirandole, *De ente et uno*; Francesco Colonna, *Le Songe de Poliphile.*

ÈVE
L'Ancien Testament (Genèse); Altus, *Mutus Liber.*

LA MÈRE
Euripide, *Hélène*; Aristophane, *Les Oiseaux*; *Poèmes orphiques*; Lucien de Samosate, *Dialogue des dieux*; l'Ancien Testament (Genèse); Altus, *Mutus Liber*; Francesco Colonna, *Le Songe de Poliphile.*

L'ŒUF
Euripide, *Hélène*; Aristophane, *Les Oiseaux*; *Poèmes orphiques*; Lucien de Samosate, *Dialogue des dieux*; le Nouveau Testament (Évangiles, Épîtres de Pierre); Francesco Colonna, *Le Songe de Poliphile.*

LE MIROIR
Socrate; Diogène Laërce, *Vies, doctrines et sentences des philosophes illustres*, *Épigrammes*; Ovide, *Les Métamorphoses*; Philostrate de Lemmos, *Imagines*; *Specchio della Divina Provvidenza*; *Specchio del mal d'amore*; Cesare Ripa, *Iconologie.*

LA CROIX
Le Nouveau Testament (Évangiles, Actes des apôtres); textes apocryphes (Pseudo-évangile de Nicodème); saint Bonaventure, *Méditations sur la vie de Jésus-Christ*; saint Bernard de Clairvaux, *Sermons sur le* Cantique des cantiques; Jacques de Voragine, *La Légende dorée.*

L'AURÉOLE
Saint Jean, Apocalypse.

L'ANGE
L'Ancien Testament (Genèse, Tobie); saint Jean, Évangile, Apocalypse; textes apocryphes (Livre d'Hénoch); Justin, *Apologies*; saint Thomas d'Aquin, *Somme théologique*; saint Anselme, *Elucidarium*; Jacques de Voragine, *La Légende dorée*; Dante, *La Divine Comédie*; Agrippa von Nettesheim, *De occulta philosophia*; John Milton, *Le Paradis perdu.*

SATAN
L'Ancien Testament (Genèse, Exode, Isaïe, Lévitique, Chroniques, Maccabées); le Nouveau Testament (Évangile, Deuxième Épître de Pierre); saint Jean, Apocalypse; textes apocryphes (Livre d'Hénoch, Pseudo-évangile de Nicodème, Apocalypse de Paul,

Apocalypse de Pierre, Apocalypse de Treviri); Justin, *Apologies*; Origène, *Contre Celse*; saint Augustin, *La Cité de Dieu*, *La Trinité*; Denys l'Aréopagite, *La Hiérarchie céleste*; Basile II, *Ménologe*; *La Vision de Tondale*; saint Thomas d'Aquin, *Somme théologique*, *Somme contre les gentils*; Jacques de Voragine, *La Légende dorée*; *Le Roman de Fauvel*; Dante, *La Divine Comédie*; Heinrich Kramer, *Malleus Maleficarum*; Agrippa von Nettesheim, *De occulta philosophia*; Franciscus Junius, *Manuscrit de Junius*; Le Tasse, *La Jérusalem délivrée*; John Milton, *Le Paradis perdu*; Christopher Marlowe, *La Tragique Histoire du docteur Faust*.

Le monstre
Homère, *L'Iliade*, *L'Odyssée*; Hésiode, *Théogonie*; Platon, *Lettres*, *Phèdre*, *Politique*, *Axiochos*, *La République*, *Les Lois*; *Poèmes orphiques*; Virgile, *L'Énéide*; Lucrèce, *De la nature*; Ovide, *Les Métamorphoses*; l'Ancien Testament (Livre de Job); Bibles moralisées; Apocalypses anglo-normandes; Apocalypse de Toulouse; évangéliaires; psautiers; lapidaires; livres d'heures; bréviaires; bestiaires; *Liber de impressionnibus imaginum in gemmis*; *Livres des merveilles de l'Inde*; *Meraviglie della natura e singolarità delle cose create*; Macarius, *Traité de gemmes antiques*; *Ars moriendi*; *Calendrier des bergers*; Thomas de Cantimpré, *De naturis rerum*; *La Vision de Tondale*; *La Vision du moine d'Eynsham*; *La Vision de Turkill*; Dante, *La Divine Comédie*; Cesare Ripa, *Iconologie*.

Le polycéphale
Homère, *L'Iliade*, *L'Odyssée*; Hésiode, *Théogonie*; Platon, *Lettres*, *Phèdre*, *Politique*, *Axiochos*, *La République*; *Poèmes orphiques*; Virgile, *L'Énéide*; Lucrèce, *De la nature*; Ovide, *Les Métamorphoses*; l'Ancien Testament (Livre de Job); Bibles moralisées; Apocalypses anglo-normandes; Apocalypse de Toulouse; évangéliaires; psautiers; lapidaires; livres d'heures; bréviaires; *Liber de impressionnibus imaginum in gemmis*; *Livres des merveilles de l'Inde*; *Meraviglie della natura e singolarità delle cose create*; Macarius, *Traité de gemmes antiques*; *Ars moriendi*; *Calendrier des bergers*; Thomas de Cantimpré, *De naturis rerum*; Dante, *La Divine Comédie*.

Le tétramorphe
Sophocle, *Œdipe roi*; Apollodore, *De l'origine des dieux*, *Bibliothèque*, *Chroniques*; Hygin, *Genealogiae*, *Fabulae*; l'Ancien Testament; saint Jean, Apocalypse; textes apocryphes (Livre d'Hénoch); *Le Livre de l'échelle de Mahomet*.

Le zoomorphe
Homère, *L'Iliade*, *L'Odyssée*; Hésiode, *Théogonie*; Platon, *Lettres*, *Phèdre*, *Politique*, *Axiochos*, *La République*; *Poèmes orphiques*; Virgile, *L'Énéide*; Lucrèce, *De la nature*; Ovide, *Les Métamorphoses*; l'Ancien Testament (Livre de Job); Bibles moralisées; Apocalypses anglo-normandes; Apocalypse de Toulouse; évangéliaires; psautiers; lapidaires; livres d'heures; bréviaires; *Liber de impressionnibus imaginum in gemmis*; *Livres des merveilles de l'Inde*; *Meraviglie della natura e singolarità delle cose create*; Macarius, *Traité de gemmes antiques*; *Ars moriendi*; *Calendrier des bergers*; Thomas de Cantimpré, *De naturis rerum*; Dante, *La Divine Comédie*.

Le chaos
Platon, *Timée*, *Critias*, *La République*; Aristophane, *Les Oiseaux*; Aristote, *Politique*; l'Ancien Testament (Genèse); saint Jean, Apocalypse; Agrippa von Nettesheim, *De occulta*

philosophia; Jakob Böhme, *L'Aurore à son lever*; Athanasius Kircher, *Mundus subterraneaus*; John Milton, *Le Paradis perdu*; De Hooghe, *Hiéroglyphes, ou Symboles des Anciens*; William Blake, *Le Livre d'Urizen*.

Le cosmos

Platon, *Timée*, *Critias*, *La République*; Aristophane, *Les Oiseaux*; Aristote, *Métaphysique*, *Physique*; l'Ancien Testament (Genèse); saint Jean, Apocalypse; Hugues de Saint-Victor, *Eruditiones didascalicae*; Bernard Silvestris, *De mundi universitate sive megacosmus et microcosmus*; Al Qazwini, *Cosmographie*; Marsile Ficin, *De christiana religione*, *Platonica theologia de immortalitate animorum*; Pic de la Mirandole, *De ente et uno*, *Disputationes adversus astrologiam divinatricem*; Paracelse, *Opus paramirium*, *Paragranum*; Giambattista Della Porta, *Magia naturalis*; Agrippa von Nettesheim, *De occulta philosophia*; Jakob Böhme, *L'Aurore à son lever*; Athanasius Kircher, *Mundus subterraneaus*; John Milton, *Le Paradis perdu*; Robert Fludd, *Utriusque cosmi historia I*; Andreas Cellarius, *Harmonia macrocosmica*; De Hooghe, *Hiéroglyphes, ou Symboles des Anciens*; William Blake, *Le Livre d'Urizen*.

Le ciel

Homère, *L'Odyssée*; Hésiode, *Théogonie*; Platon, *Timée*, *Euthyphron*, *Le Banquet*, *Epinomis*, *La République*; Aristote, *Métaphysique*, *Physique*; Aristophane, *Les Oiseaux*; Ovide, *Les Métamorphoses*; l'Ancien Testament (Genèse, Ézéchiel); saint Jean, Apocalypse; Livre d'Hénoch; le Coran; *Le Livre de l'échelle de Mahomet*; Aratos de Soles, *Les Phénomènes*; Manilius, *Astronomica*; Firmicus Maternus, *Astronomicon libri VIII*; Hygin, *De astronomia*, *Genealogiae*, *Fabulae*; Denys l'Aréopagite, *La Hiérarchie céleste*; saint Augustin, *La Cité de Dieu*; Bernard Sivestris, *De mundi universitate*; Hildegarde de Bingen, *Liber scivias*, *Liber divinorum operum* (*De operatione Dei*); saint Thomas d'Aquin, *Somme théologique*; Hugues de Saint-Victor, *Eruditiones didascalicae*, *Commentaria in hierarchiam caelestem*; Jacques de Voragine, *La Légende dorée*; Ibn Arabi, *L'Alchimie du bonheur parfait*; Dante, *La Divine Comédie*; Petrus de Abano, *Astrolabium Planum*; Leonardo Dati, *De sphaera*; Marsile Ficin, *De christiana religione*, *Platonica theologia de immortalitate animorum*, *De vita coelitus comparanda*; Pic de la Mirandole, *De ente et uno*, *Disputationes adversus astrologiam divinatricem*; Paracelse, *Opus paramirium*, *Paragranum*; Jakob Böhme, *L'Aurore à son lever*; Robert Fludd, *Utriusque cosmi historia I*; Andreas Cellarius, *Harmonia macrocosmica*; Giorgio Vasari, *Ragionamenti*; Jacopo Zucchi, *Discorso sopra li dei de' gentili*; Vincenzo Cartari, *Les Images des dieux des Anciens*; Cesare Ripa, *Iconologie*.

Le soleil

Hésiode, *Théogonie*; Platon, *Timée*, *Apologie de Socrate*, *Les Lois*; Aristote, *Métaphysique*, *Physique*; Eschyle, *Les Choéphores*; Ovide, *Les Métamorphoses*; Plutarque, *De Iside et Osiride*; Aratos de Soles, *Les Phénomènes*; Manilius, *Astronomica*; Firmicus Maternus, *Astronomicon libri VIII*; l'Ancien Testament; les Évangiles; saint Jean, Apocalypse; Hildegarde de Bingen, *Liber divinorum operum* (*De operatione Dei*); saint François d'Assise, *Cantique du frère Soleil*, *Cantique des créatures*; *Les Tables d'émeraude d'Hermès Trismégiste*; *La Chanson de Roland*; saint Bernard de Clairvaux, *De diligendo Deo*; Chrétien de Troyes, *Perceval ou le Conte du Graal*; Dante, *La Divine Comédie*; Petrus de Abano, *Astrolabium Planum*; Leonardo Dati, *De sphaera*; Marsile Ficin,

De sole, *De christiana religione*, *Platonica theologia de immortalitate animorum*, *De vita coelitus comparanda*; Pic de la Mirandole, *De ente et uno*, *Disputationes adversus astrologiam divinatricem*; Paracelse, *Opus paramirium*, *Paragranum*; Jakob Böhme, *L'Aurore à son lever*; Giambattista Della Porta, *Magia naturalis*; Salomon Trismosin, *Splendor solis*; Robert Fludd, *Utriusque cosmi historia I*; Andreas Cellarius, *Harmonia macrocosmica*; Richard Meier, *Atalanta fugiens*; Athanasius Kircher, *Ars magna lucis et umbrae*; Giorgio Vasari, *Ragionamenti*; Jacopo Zucchi, *Discorso sopra li dei de' gentili*; Vincenzo Cartari, *Les Images des dieux des Anciens*.

La lune

Hésiode, *Théogonie*; Platon, *Timée*, *Phèdre*, *Epinomis*, *La République*, *Les Lois*; Aristote, *Métaphysique*, *Physique*; Eschyle, *Les Choéphores*; Ovide, *Les Métamorphoses*; Plutarque, *De Iside et Osiride*; Aratos de Soles, *Les Phénomènes*; Manilius, *Astronomica*; Firmicus Maternus, *Astronomicon libri VIII*; l'Ancien Testament; les Évangiles; saint Jean, Apocalypse; Hildegarde de Bingen, *Liber divinorum operum* (*De operatione Dei*); saint François d'Assise, *Cantique des créatures*; *Les Tables d'émeraude d'Hermès Trismégiste*; Dante, *La Divine Comédie*; Petrus de Abano, *Astrolabium Planum*; Leonardo Dati, *De sphaera*; Marsile Ficin, *De christiana religione*, *Platonica theologia de immortalitate animorum*, *De vita coelitus comparanda*; Pic de la Mirandole, *De ente et uno*, *Disputationes adversus astrologiam divinatricem*; Paracelse, *Opus paramirium*, *Paragranum*; Giambattista Della Porta, *Magia naturalis*; Jakob Böhme, *L'Aurore à son lever*; Robert Fludd, *Utriusque cosmi historia I*; Andreas Cellarius, *Harmonia macrocosmica*; Richard Meier, *Atalanta fugiens*; Athanasius Kircher, *Ars magna lucis et umbrae*; Giorgio Vasari, *Ragionamenti*; Jacopo Zucchi, *Discorso sopra li dei de' gentili*; Vincenzo Cartari, *Les Images des dieux des Anciens*.

La terre

Poème homérique à Déméter; Hésiode, *Théogonie*; Platon, *Timée*, *Le Banquet*, *Axiochos*, *Cratyle*, *Les Lois*; Aristote, *Métaphysique*, *Physique*; Eschyle, *Les Choéphores*; Ovide, *Les Métamorphoses*, *Les Fastes*; l'Ancien Testament (Genèse, Ézéchiel); saint Jean, Apocalypse; textes apocryphes (Livre d'Hénoch); Hildegarde de Bingen, *Liber divinorum operum* (*De operatione Dei*); Marsile Ficin, *Platonica theologia de immortalitate animorum*; Pic de la Mirandole, *De ente et uno*, *Disputationes adversus astrologiam divinatricem*; Paracelse, *Opus paramirium*, *Paragranum*; Giambattista Della Porta, *Magia naturalis*; Jakob Böhme, *L'Aurore à son lever*; Robert Fludd, *Utriusque cosmi historia I*; Athanasius Kircher, *Mundus subterraneaus*; Cesare Ripa, *Iconologie*.

Les éléments

Thalès; Anaximène; Anaximandre; *Poème homérique à Déméter*; Hésiode, *Théogonie*; Platon, *Timée*, *Axiochos*, *Cratyle*, *Les Lois*; Aristote, *Métaphysique*, *Physique*; Ovide, *Les Métamorphoses*, *Les Fastes*; Pline l'Ancien, *Histoire naturelle*; Isidore de Séville, *Allégories*, *Étymologies*; Honorius d'Autun, *Elucidarium*; Alain de Lille, *De planctu naturae*; Hugues de Saint-Victor, *Eruditiones didascalicae*, *Commentaria in hierarchiam caelestem*; Bernard de Tours, *De mundi universitate*; Hildegarde de Bingen, *Liber scivias*, *Liber divinorum operum* (*De operatione Dei*); saint Albert le Grand, *Philosophia naturalis*; *Les Tables d'émeraude d'Hermès Trismégiste*; Marsile Ficin, *Platonica theologia de immortalitate animorum*; Pic de la Mirandole, *De ente et uno*, *Disputationes adversus astrologiam divinatricem*; Paracelse, *Opus paramirium*, *Paragranum*; Jérôme Cardan, *Opera omnia*; Giambattista Della Porta, *Magia naturalis*; Jakob Böhme, *L'Aurore à son lever*; Robert Fludd, *Utriusque cosmi historia I*; Agrippa von Nettesheim, *De occulta philosophia*; Cesare Ripa, *Iconologie*.

L'AU-DELÀ
Homère, *L'Odyssée*; Hésiode, *Théogonie*; Platon, *Apologie de Socrate*, *Phèdre*, *Axiochos*, *Critias*, *Timée*, *Hippias mineur*, *Ion*, *Gorgias*, *Cratyle*, *Le Banquet*, *Charmide*, *Les Lois*, *La République*; Aristote, *Métaphysique*; Cicéron, *Le Songe de Scipion*; Virgile, *L'Énéide*; Ovide, *Les Métamorphoses*; Pline l'Ancien, *Histoire naturelle*; Dante, *La Divine Comédie*.

LE PARADIS
L'Ancien Testament (Genèse); le Nouveau Testament (Évangiles, Apocalypse); textes apocryphes (Apocalypse de Paul); le Coran; *Le Livre de l'échelle de Mahomet*; saint Augustin, *Les Confessions*, *La Cité de Dieu*; Denys l'Aréopagite, *La Hiérarchie céleste*; Hildegarde de Bingen, *Liber divinorum operum* (*De operatione Dei*); saint Thomas d'Aquin, *Somme théologique*; Dante, *Le Banquet*, *La Divine Comédie*; Agrippa von Nettesheim, *De occulta philosophia*.

LE PURGATOIRE
Platon, *Gorgias*; saint Paul, Épîtres aux Corinthiens; saint Augustin, *De l'âme*; saint Grégoire le Grand, *Dialogues*; *Traité du purgatoire de saint Patrick*; saint Thomas d'Aquin, *Somme théologique*; Jacques de Voragine, *La Légende dorée*; Dante, *Le Banquet*, *La Divine Comédie*; Catherine de Gênes, *Traité du purgatoire*; Robert Bellarmin, *Controverses*.

LES LIMBES
Le Nouveau Testament (Évangile de Luc, Épîtres de Pierre, Épître de Paul aux Éphésiens); textes apocryphes (Pseudo-évangile de Barthélemy, Pseudo-évangile de Nicodème); Dante, *La Divine Comédie*.

L'ENFER
L'Ancien Testament; saint Jean, Apocalypse; textes apocryphes (Livre d'Hénoch, Apocalypse de Pierre, Apocalypse de Paul, Apocalypse d'Esdras, Pistis Sophia, Actes de Thomas, Épître du pseudo-Tite); saint Augustin, *La Cité de Dieu*; Honorius d'Autun, *Elucidarium*; *La Vision de Tondale*; *La Vision du moine d'Eynsham*; *La Vision de Turkill*; *Ars moriendi*; *Calendrier des bergers*; Dante, *La Divine Comédie*.

LE VOYAGE
L'Épopée de Gilgamesh; *Poèmes orphiques*; Homère, *L'Iliade*, *L'Odyssée*; Apollonios de Rhodes, *Les Argonautiques*; Cicéron, *Le Songe de Scipion*; Virgile, *L'Énéide*; Ovide, *Les Métamorphoses*; l'Ancien Testament (Exode, Daniel); le Nouveau Testament (Évangile de Matthieu); textes apocryphes (Actes de Thomas); Ibn Arabi, *Le Livre du voyageur nocturne*; *La Navigation de saint Brendan à la recherche du paradis*; Chrétien de Troyes, *Perceval ou le Conte du Graal*; *La Vision de Tondale*; *Traité du purgatoire de saint Patrick*; Jacques de Voragine, *La Légende dorée*; Giacomino da Verona, *De Jerusalem coelesti*, *De Babilonia civitate infernali*; Bonvesin de la Riva, *Il libro delle tre scritture*; Dante, *La Divine Comédie*; Flavius Josèphe, *Antiquités judaïques*; *Viaggio di Alessandro Magno in Paradiso*; Jean de Mandeville, *Voyages*; Francesco Colonna, *Le Songe de Poliphile*.

LE RÊVE
L'Épopée de Gilgamesh; Homère, *L'Iliade*, *L'Odyssée*; Platon, *Timée*; Apollonios de

Rhodes, *Les Argonautiques*; Virgile, *L'Énéide*; Cicéron, *Le Songe de Scipion*; *Poèmes orphiques*; l'Ancien Testament (Daniel); textes apocryphes (Pseudo-évangile de Matthieu, Pseudo-évangile de Jacques, Actes de Thomas); Ibn Arabi, *Le Livre du voyageur nocturne*; Macrobe, *Commentaire du* Songe de Scipion *de Cicéron*; Jacques de Voragine, *La Légende dorée*; Hildegarde de Bingen, *Liber scivias*, *Liber divinorum operum* (*De operatione Dei*); Chrétien de Troyes, *Perceval ou le Conte du Graal*; Dante, *La Divine Comédie*; Francesco Colonna, *Le Songe de Poliphile*; Cesare Ripa, *Iconologie*.

L'échelle
Platon, *Timée*; l'Ancien Testament (Genèse, Rois, Ézéchiel, Psaumes, Cantique des cantiques); textes apocryphes (Actes de Thomas); Origène, *Homélies sur le* Cantique des cantiques; Denys l'Aréopagite, *La Hiérarchie céleste*; saint Bernard de Clairvaux, *De gradibus humilitatis et superbiae*; Scot Érigène, *De la division de la nature*; *La Passion de Perpétue et de Félicité*; saint Jean Climaque, *L'Échelle sainte ou les degrés pour monter au ciel*; Raymond Lulle, *Breviculum*, *De cognitione Dei*; Chrétien de Troyes, *Perceval ou le Conte du Graal*; Dante, *La Divine Comédie* (*Le Paradis*); Nicolas de Cuse, *De conjecturis*; Agrippa von Nettesheim, *De occulta philosophia*; Athanasius Kircher, *Musurgia universalis*, *Ars magna sciendi*; Robert Fludd, *Philosophia sacra*.

La montagne
Hésiode, *Théogonie*; Platon, *Timée*, *Les Lois*; l'Ancien Testament (Genèse, Rois, Juges, Isaïe, Ézéchiel, Psaumes); saint Jean, Apocalypse; textes apocryphes (Livre d'Hénoch); Ovide, *Les Métamorphoses*; Chrétien de Troyes, *Perceval ou le Conte du Graal*; Dante, *La Divine Comédie*.

La forêt
Hésiode, *Théogonie*; Platon, *Timée*, *Les Lois*; l'Ancien Testament (Genèse, Rois, Juges, Isaïe, Ézéchiel, Psaumes); saint Jean, Apocalypse; Livre d'Hénoch; Ovide, *Les Métamorphoses*; Chrétien de Troyes, *Perceval ou le Conte du Graal*; Dante, *La Divine Comédie*.

L'arbre
L'Ancien Testament (Genèse, Exode, Isaïe, Psaumes, Proverbes); le Nouveau Testament (Évangile de Matthieu, Apocalypse); *Livres des merveilles de l'Inde*; *Meraviglie della natura e singolarità delle cose create*; Al Qazwini, *Les Merveilles de la création*; *Physiologus*; Raban Maur, *Allegoriae in Sacram Scripturam*; *La Passion de Perpétue et de Félicité*; martyrologes, obituaires et légendaires cisterciens; saint Bernard de Clairvaux, *Premier Sermon pour l'Avent*; Hugues de Saint-Victor, *De fructibus carnis et spiritu*; herbiers; *Le Roman d'Alexandre*; Robert de l'Omme, *Le Miroir de la vie et de la mort*; Dante, *La Divine Comédie* (*Le Paradis*).

Le jardin
L'Ancien Testament (Genèse, Rois, Isaïe, Ézéchiel, Cantique des cantiques); textes apocryphes (Apocalypse de Moïse, Vie d'Adam et Ève); Flavius Josèphe, *Antiquités judaïques*; *Viaggio di Alessandro Magno in Paradiso*; herbiers; *Roman de la Rose*; Dante, *La Divine Comédie* (*Le Purgatoire*); Jean de Mandeville, *Voyages*; Francesco Colonna, *Le Songe de Poliphile*.

La fontaine
L'Ancien Testament (Genèse, Cantique des cantiques); écrits apocryphes (Vie d'Adam et Ève); Flavius Josèphe, *Antiquités judaïques*; *Viaggio di Alessandro Magno in Paradiso*; *Le Roman d'Alexandre*; *Roman de la Rose*; Dante, *La Divine Comédie*; *Le Jardin*

symbolique; Leonardo Dati, *De sphaera*; Francesco Colonna, *Le Songe de Poliphile.*

Le labyrinthe

Platon, *Les Lois*; Diodore de Sicile, *Bibliothèque historique*; Plutarque, *Thésée*; Hygin, *Genealogiae, Fabulae*; Philostrate de Lemmos, *Imagines*; l'Ancien Testament (Rois); *Le Labyrinthe du monde et le paradis du cœur*; Sebastiano Serlio, *L'Architecture*; Athanasius Kircher, *Turris Babel sive Archontologia.*

La ville

Platon, *Timée, Critias, La République, Les Lois*; Aristophane, *Les Oiseaux*; Aristote, *Politique*; Vitruve, *De architectura*; l'Ancien Testament (Genèse); saint Jean, Apocalypse; saint Augustin, *La Cité de Dieu*; Giacomino da Verona, *De Jerusalem coelesti, De Babilonia civitate infernali*; Leon Battista Alberti, *De re aedificatoria*; saint Thomas More, *L'Utopie*; Tommaso Campanella, *La Cité du soleil.*

La tour

L'Ancien Testament (Genèse); *Pastor Hermae*; Bonvesin de la Riva, *Libro delle tre scritture*; cartes du jeu de tarot; Sébastien Brandt, *La Nef des fous*; Athanasius Kircher, *Turris Babel sive Archontologia.*

Les vices

Hésiode, *Les Travaux et les Jours*; Homère, *L'Iliade, L'Odyssée*; Ésope, *Fables*; Xénophon, *Mémorables*; Platon, *Timée, Théétète, Phèdre, La République*; Aristote, *Éthique à Nicomaque, Poétique, Rhétorique*; Plutarque, *Œuvres morales*; Virgile, *L'Énéide*; Ovide, *Les Fastes, Les Métamorphoses*; Horace, *Art poétique*; Lucien de Samosate, *Dialogue des dieux*; Martianus Capella, *De nuptiis Philologiae et Mercurii*; Pierio Valeriano, *Hieroglyphica*; Horapollon, *Hieroglyphica*; Cornutus, *Theologiae graecae compendium*; saint Augustin, *La Trinité*; Prudence, *Psychomachia*; Servius, *Commentaire des* Bucoliques *de Virgile*; Denys l'Aréopagite, *La Hiérarchie céleste*; Fulgence, *Mythologies*; Isidore de Séville, *Étymologies*; Raban Maur, *De universo*; Hugues de Saint-Victor, *De fructibus carnis et spiritu*; Alain de Lille, *Anticlaudianus*; Vincent de Beauvais, *Speculum doctrinale, historiale et naturale*; saint Thomas d'Aquin, *Somme théologique, Somme contre les gentils, De malo*; Philippe de Vitry, *Ovide moralisé*; John Ridewall, *Fulgentius metaforalis*; Pierre Bersuire, *Reductorium morale*; Alexander Nequam, *De naturis rerum*; Brunetto Latini, *Le Livre du trésor*; Dante, *Le Banquet, La Divine Comédie*; Pétrarque, *Les Triomphes*; Boccace, *Genealogia deorum*; Sébastien Brandt, *La Nef des fous*; Robert Holkot, *Moralitates, Gesta Romanorum*; Albricus Philosophus, *De imaginibus deorum*; *Mythographus I, II, III*; Cristoforo Landino, *Disputationes camaldulenses, Commentaire sur* La Divine Comédie *de Dante*; André Alciat, *Livret des emblèmes*; Cesare Ripa, *Iconologie*; Cristoforo Giarda, *Icones symbolicae*; Claude-François Ménestrier, *Art des emblèmes où s'enseigne la morale par les figures de la fable, de l'histoire et de la nature.*

Les vertus

Hésiode, *Les Travaux et les Jours*; Homère, *L'Iliade, L'Odyssée*; Ésope, *Fables*; Xénophon, *Mémorables*; Platon, *Euthydème, Lysis, Charmide, Lachès, Hippias mineur, Protagoras, Ménon, Euthyphron, Phédon, Timée, Théétète, Phèdre, La République*; Aristote, *Éthique à Nicomaque, Poétique, Rhétorique*; Plutarque, *Œuvres morales*; Virgile, *L'Énéide*; Ovide, *Les Fastes, Les Métamorphoses*; Horace, *Art poétique*; Cornutus, *Theologiae graecae compendium*; Pierio Valeriano, *Hieroglyphica*; Horapollon,

Hieroglyphica; Lucien de Samosate, *Dialogue des dieux*; Lactance, *Commentaire de la* Thébaïde *de Stace*; Servius, *Commentaire des* Bucoliques *de Virgile*; Martianus Capella, *De nuptiis Philologiae et Mercurii*; Fulgence, *Mythologies*; l'Ancien Testament; saint Augustin, *La Trinité*; Prudence, *Psychomachia*; Denys l'Aréopagite, *La Hiérarchie céleste*; Isidore de Séville, *Étymologies*; Raban Maur, *De universo*; Albricus Philosophus, *De imaginibus deorum*; *Mythographus I, II, III*; Hugues de Saint-Victor, *De fructibus carnis et spiritu*; Alain de Lille, *Anticlaudianus*; Alexander Nequam, *De naturis rerum*; Vincent de Beauvais, *Speculum doctrinale, historiale et naturale*; saint Thomas d'Aquin, *Somme théologique*, *Somme contre les gentils*; Philippe de Vitry, *Ovide moralisé*; John Ridewall, *Fulgentius metaforalis*; Pierre Bersuire, *Reductorium morale*; Robert Holkot, *Moralitates*, *Gesta Romanorum*; Brunetto Latini, *Le Livre du trésor*; Dante, *Le Banquet*, *La Divine Comédie*; Pétrarque, *Les Triomphes*; Boccace, *Genealogia deorum*; Cristoforo Landino, *Disputationes camaldulenses*, *Commentaire sur* La Divine Comédie *de Dante*; André Alciat, *Livret des emblèmes*; Cesare Ripa, *Iconologie*; Cristoforo Giarda, *Icones symbolicae*; François Ménestrier, *Art des emblèmes où s'enseigne la morale par les figures de la fable, de l'histoire et de la nature.*

La Fortune
Prudence, *Psychomachia*; Pierio Valeriano, *Hieroglyphica*; Horapollon, *Hieroglyphica*; Boèce, *La Consolation de la philosophie*; Albricus Philosophus, *De imaginibus deorum*; *Mythographus I, II, III*; Vincent de Beauvais, *Speculum doctrinale, historiale et naturale*; Philippe de Vitry, *Ovide moralisé*; John Ridewall, *Fulgentius metaforalis*; Pierre Bersuire, *Reductorium morale*; Robert Holkot, *Moralitates*, *Gesta Romanorum*; Brunetto Latini, *Le Livre du trésor*; Dante, *Le Banquet*, *La Divine Comédie*; Pétrarque, *Les Triomphes*, *Contre la bonne et la mauvaise fortune*; Boccace, *Genealogia deorum*, *De casibus*; Coluccio Salutati, *De fato et fortuna*; André Alciat, *Livret des emblèmes*; Cesare Ripa, *Iconologie*; Cristoforo Giarda, *Icones symbolicae.*

Les cinq sens
Platon, *Timée*, *Théétète*, *Phèdre*, *La République*; Aristote, *Métaphysique*, *Éthique à Nicomaque*, *De l'âme*, *De sensu*; Plotin, *Ennéades*; Cicéron, *De natura deorum*; Lucrèce, *De la nature*; Ovide, *Les Métamorphoses*, *Les Fastes*; Pline l'Ancien, *Histoire naturelle*; Origène, *Contre Celse*; saint Augustin, *Les Confessions*, *De spiritu et anima*; Alain de Lille, *Anticlaudianus*; Vincent de Beauvais, *Speculum doctrinale, historiale et naturale*; Richard de Fournival, *Le Bestiaire d'amour*; Francesco Colonna, *Le Songe de Poliphile*; Ignace de Loyola, *Exercices spirituels*; Cesare Ripa, *Iconologie.*

Les tempéraments
Platon, *Timée*; Aristote, *De anima*; Hippocrate, *La Nature de l'homme*; Plotin, *Ennéades*; Hermès Trismégiste, *Asclepius*; Ovide, *Héroïdes*; Lucien de Samosate, *Dialogue des dieux*; Hygin, *De astronomia*, *Genealogiae*, *Fabulae*; Galien, *In Hippocrates aphorismos commentarii*, *Ars medica*, *Ars parva*; Petrus de Abano, *Liber physionomiae*; Coluccio Salutati, *De nobilitate legum et medicinae*; Agrippa von Nettesheim, *De occulta philosophia*; Marsile Ficin, *De vita triplici*, *Platonica theologia de immortalitate animorum*; Pomponio Gaurico, *De sculptura*; Cristoforo Landino, *Disputationes camaldulenses*; Léonard de Vinci, *Traité de la peinture*; Paracelse, *La Grande Chirurgie*;

Jérôme Cardan, *De subtilitate, De rerum varietate, Metoposcopia*; Giambattista Della Porta, *De humanae physiognomonia*; Giovanni Paolo Lomazzo, *Trattato dell'arte della pittura, scoltura et architettura, Idea del tempio della pittura*; Cesare Ripa, *Iconologie*; Thomas Hobbes, *De homine*; René Descartes, *Les Passions de l'âme*; Pierre Paul Rubens, *Théorie de la figure humaine*; Charles Le Brun, *Traité sur les passions de l'âme à l'usage des peintres*; Denis Diderot, *La Religieuse, Encyclopédie.*

L'AMOUR
Hésiode, *Théogonie*; Homère, *L'Iliade, L'Odyssée*; Platon, *Le Banquet, Phèdre*; Théocrite, *Idylles*; Virgile, *L'Énéide*; Catulle, *Carmina*; Horace, *Carmina*; Ovide, *Les Métamorphoses, L'Art d'aimer, Les Remèdes d'amour, Les Fastes*; Properce, *Élégies*; Sénèque, *Des bienfaits, Octavie*; Apulée, *Métamorphoses ou L'Âne d'or*; Lucien de Samosate, *Dialogue des dieux*; Martianus Capella, *De nuptiis Philologiae et Mercurii*; Pierio Valeriano, *Hieroglyphica*; Horapollon, *Hieroglyphica*; l'Ancien Testament (Cantique des cantiques); saint Augustin, *Les Confessions*; Raban Maur, *De universo*; saint Bernard de Clairvaux, *Sermons sur le Cantique des cantiques, De diligendo Deo*; John Ridewall, *Fulgentius metaforalis*; André le Chapelain, *Traité de l'amour courtois*; Raymond Lulle, *Le Livre de l'ami et de l'aimé, L'Arbre de philosophie d'amour*; Jacques de Voragine, *La Légende dorée*; *Carmina burana*; *Roman de la Rose*; Tibaut, *Le Roman de la Poire*; *Le Roman d'Alexandre*; *Livre de raison*; Guillaume de Machaut, *Le Remède de fortune*; Richard de Fournival, *Le Bestiaire d'amour*; Bartolomeo Anglico, *De proprietatibus rerum*; Arnaud de Villeneuve, *Rosarius philosophorum*; Dante, *La Vie nouvelle, Le Banquet, La Divine Comédie*; Pétrarque, *Le Chansonnier, Les Triomphes*; Boccace, *La Vision amoureuse, Genealogia deorum*; Cristoforo Landino, *Disputationes camaldulenses, Commentaire sur* La Divine Comédie *de Dante*; Ange Politien, *Le stanze per la Giostra*; Marsile Ficin, *De voluptate, Platonica theologia de immortalitate animorum*; Francesco Colonna, *Le Songe de Poliphile*; Baldassare Castiglione, *Le Courtisan*; Pietro Bembo, *Les Azolains*; Léon l'Hébreu, *Dialogues d'amour*; André Alciat, *Livret des emblèmes*; L'Arétin, *Sonnets*; Marcantonio Raimondi, *Modi*; Giulio Romano, *Les Amours des dieux*; Cesare Ripa, *Iconologie*; Cristoforo Giarda, *Icones symbolicae.*

LES ARTS
Platon, *Timée, Criton, Phèdre, Alcibiade, Ion, Euthydème, Le Banquet, Cratyle, La République, Les Lois*; Aristote, *Poétique, Rhétorique*; Cicéron, *De l'invention*; *Rhétorique à Herennius*; Ovide, *Les Métamorphoses*; Pline l'Ancien, *Histoire naturelle*; Martianus Capella, *De nuptiis Philologiae et Mercurii*; Raban Maur, *De universo*; saint Thomas d'Aquin, *Somme théologique*; Dante, *Le Banquet*; Cennino Cennini, *Le Livre de l'art*; Franchino Gafori, *Pratica musicae, Theorica musicae*; André Alciat, *Livret des emblèmes*; Cesare Ripa, *Iconologie.*

LES SCIENCES
Cicéron, *De l'invention*; *Rhétorique à Herennius*; Martianus Capella, *De nuptiis Philologiae et Mercurii*; Cennino Cennini, *Le Livre de l'art*; André Alciat, *Livret des emblèmes*; Cesare Ripa, *Iconologie.*

LA VANITÉ
L'Ancien Testament (Ecclésiaste).

INDEX DES ARTISTES

BIBLIOGRAPHIE

Jurgis BALTRUSAITIS, *Le Moyen Âge fantastique*, Paris, Flammarion, 1981.

Matilde BATTISTINI, « L'uovo : un archetipo universale », dans *Ovazione*, Milan, Electa, 1999.

Giordano BERTI, *Les Mondes de l'au-delà*, adaptation française de Jean-Louis Houdebine, Paris, Gründ, 2000.

André BRETON, *L'Art magique*, Paris, Phébus-Adam Biro, [1957] 1991.

Jacob BURCKHARDT, *La Civilisation de la Renaissance en Italie*, trad. Louis Schmitt et Robert Klein, Paris, Plon, 1958.

Maurizio CALVESI, *Arte e alchimia*, Florence, Giunti, 1986.

Michael CAMILLE, *The Medieval Art of Love. Objects and Subjects of Desire*, New York, Abrams, et Londres, Laurence King, 1998.

Joseph CAMPBELL, *The Inner reaches of outer space. Metaphor as myth and as religion*, New York, A. Van der Marck, 1985 ; trad. en italien : *Le distese interiori del cosmo. La metafora nel mito e nella religione*, Milan, Guanda, 1992.

Sarah CARR-GOMM, *Hidden Symbols in Art*, New York, Rizzoli, 2001.

Ernst CASSIRER, *La Philosophie des formes symboliques*, trad. Ole Hausen-Love, Jean Lacoste et Claude Fronty, Paris, Éditions de Minuit, 1972.

Alfredo CATTABIANI, *Lunario. Dodici mesi di miti, feste, leggende e tradizioni popolari d'Italia*, Milan, Mondadori, 1994.

Gérard DE CHAMPEAUX, *Introduction au monde des symboles du Moyen Âge*, Saint-Léger-Vauban (Yonne), Zodiaque, 1972.

Jean CHEVALIER et Alain GHEERBRANT, *Dictionnaire des symboles*, Paris, Robert Laffont, 1969.

Juan Eduardo CIRLOT, *Diccionario de sìmbolos tradicionales*, Barcelone, Luis Miracle, 1958 ; trad. en italien : *Dizionario dei simboli. Come interpretare la natura e il valore dei simboli per comprenderne il significato nascosto*, Milan, Eco-Gruppo Editoriale Armenia, 1996 ; trad. en anglais : *A Dictionnary of symbols*, Mineola (New York), Dover Publications, 2002.

Ioan Petru COULIANO, *Éros et Magie à la Renaissance : 1484*, Paris, Flammarion, 1984.

Marie-Madeleine DAVY, *Essai sur la symbolique romane, XIIe siècle*, Paris, Flammarion, 1955.

Gilbert DURAND, *Les Structures anthropologiques de l'imaginaire. Introduction à l'archétypologie générale*, Paris, Dunod, 1984.

Mircea ELIADE, *Images et Symboles. Essai sur le symbolisme magico-religieux*, Paris, Gallimard, 1952.

Sylvia FERINO-PAGDEN, *I cinque sensi nell'arte. Immagini del sentire*, Milan, Leonardo Arte, 1996.

Marie-Louise VON FRANZ, *I volti del tempo. Ritmo, riposo, flusso e durata*, Côme, Red Edizioni, 1989.

Ernst Hans GOMBRICH, *Studies in the Art of the Renaissance. Symbolic Images*, Oxford, Phaidon, 1978.

Robert GRAVES, *Les Mythes grecs*, trad. Mounir Hafez, Paris, Fayard, 1967.

Alessandro GROSSATO, *Il libro dei simboli : metamorphosi dell'umano tra Oriente a Occidente*, Milan, Mondadori, 1999.

James HALL, *Dictionnaire des mythes et des symboles*, trad. Alix Girod, Paris, Éditions G. Monfort, 1994.

Raymond HUMBERT, *Le Symbolisme dans l'art populaire*, Paris, Éditions Dessain et Tolra, 1988.

Johan Huizinga, *Le Déclin du Moyen Âge*, trad. Julia Bastin, Paris, Payot, 1932.

Carl Gustav Jung *et al.*, *L'Homme et ses symboles*, Paris, Robert Laffont, 1992.

Karl Kerényi, *Miti e misteri*, Turin, Boringhieri, 1979.

Karl Kerényi, *Nel labirinto*, Turin, Boringhieri, 1983.

Hermann Kern, *Labyrinthe. Erscheinungs und Deutungen: 5 000 Jahre Gegenwart eines Urbilds*, Munich, Prestel, 1983-1995.

Raymond Klibansky, Erwin Panofsky, Fritz Saxl, *Saturne et la Mélancolie. Études historiques et philosophiques. Nature, religion, médecine et art*, trad. Fabienne Durand-Bogaert et Louis Evrard, Paris, Gallimard, 1989.

Heinrich Krauss, et Eva Uthemann, *Was Bilder erzählen. Die klassischen Geschichten aus Antike und Christientum in der abendländischen Malerei*, Munich, C. H. Beck, 1998.

S. Larsen, *L'immaginazione mitica*, Milan, Interno Giallo Editore, 1992.

Jacques Le Goff, *La Naissance du Purgatoire*, Paris, Gallimard, 1981.

Luther Link, *The Devil. A Mask without a Face*, Londres, Reaktion Books, 1995.

Gioia Mori, *Arte e astrologia*, Florence, Giunti, 1987.

Erwin Panofsky, *Essais d'iconologie. Thèmes humanistes dans l'art de la Renaissance*, trad. Claude Herbette et Bernard Teyssèdre, Paris, Gallimard, 1987.

Daniel Poiron, *Il meraviglioso nella letteratura medievale*, Turin, Einaudi, 1988.

Cesare Ripa, *Iconologia*, éd. abrégée à partir de l'éd. de 1618 par Piero Buscaroli, Turin, Fïgola Editore, 1986, 2 vol.; adaptation partielle en français par Jean Baudoin sous le titre *Iconologie, ou Explication nouvelle de plusieurs images, emblèmes et autres figures hiéroglyphiques des vertus, des vices, des arts, des sciences, des causes naturelles, des humeurs différentes et des passions humaines*, reproduite (éd. de 1644) dans: Virginie Bar et Dominique Brême, *Dictionnaire iconologique*, Dijon, Éditions Faton, 1999, vol. 2.

Robert Rosenblum, *L'Art au* XVIIIe *siècle: transformations et mutations*, trad. Sylvie Girard, Paris, Éditions G. Monfort, 2002.

P. Rossi (dir.), *La magia naturale nel Rinascimento*, Turin, UTET, 1989.

Jeffrey Burton Russell, *Lucifer. The Devil in the Middle Ages*, Ithaca, Cornell University Press, 1984.

Fritz Saxl, *La storia delle immagini*, trad. Giulio Veneziani, Bari, Laterza, 1965.

Fritz Saxl, *La fede negli astri: dall' antichita al Rinascimento*, trad. Sandra Cirri Colli, Flavio Cuniberto, Piero Meriggi, Turin, Boringhieri, 1985.

Paolo Santarcangeli, *Le Livre des labyrinthes. Histoire d'un mythe et d'un symbole*, trad. Monique Lacau, Paris, Gallimard, 1974.

Arturo Schwarz, *Cabbalà e alchimia. Saggio sugli archetipi comuni*, Florence, La Giuntina, 1999.

Arturo Schwarz, *L'immaginazione alchemica ancora*, Bergame, Moretti & Vitali, 2000.

Inge Schwarz-Winklohfer et Hans Biedermann, *Le Livre des signes et des symboles*, trad. Inge Hanneforth, Paris, Éditions J. Grancher, 1992.

Jean Seznec, *La Survivance des dieux antiques. Essai sur le rôle de la tradition mythologique dans l'humanisme et dans l'art de la Renaissance*, Paris, Flammarion, 1980.

Virgilio Vercelloni, *La Cité idéale en Occident*, trad. Denis-Armand Canal, Paris, Éditions Lebaud, 1996.

Aby M. Warburg, *Die Erneuerung der heidnischen Antike. Kulturwissenschaftliche Beiträge zur Geschichte der europaïschen Renaissance*, Berlin, Akademie, [1932] 1998.

Edgar Wind, *Mystères païens de la Renaissance*, trad. Pierre-Emmanuel Dauzat, Paris, Gallimard, 1992.

Rudolf et Margot Wittkover, *Les Enfants de Saturne. Psychologie et comportement des artistes de l'Antiquité à la Révolution française*, trad. Daniel Arasse, Paris, Macula, 1985.

Rudolf Wittkover, *La Migration des symboles*, trad. Michèle Hechter, Paris, Thames & Hudson, 1992.

Références photographiques
Sergio Anelli, Electa.
Archivio Alinari, Milan.
Archivio Electa, Milan.
Archivio fotografico Pincoteca Capitolina, Rome.
Foto Amoretti, Parme.
Foto Saporetti, Milan.
Fototeca Scala Group, Antella.
Antonio Quattroni, Florence.
The Bridgeman Art Library, Londres.

C'est avec l'aimable autorisation du Ministero per i Beni e le Attività culturali du gouvernement de la République italienne que sont reproduites les images fournies par:
la Soprintendenza per il patrimonio storico, artistico e demoetnoantropologico de Brescia, Crémone et Mantoue;
laSoprintendenza per il patrimonio storico, artistico e demoetnoantropologico de Milan, Bergame, Côme, Lecco, Lodi, Pavie, Sondrio et Varèse;
la Soprintendenza per il patrimonio storico, artistico e demoetnoantropologico du Piémont, à Turin;
la Soprintendenza per il patrimonio storico, artistico e demoetnoantropologico de Venise.

L'éditeur remercie aussi les services photographiques des musées et des institutions publiques et privées qui ont fourni le matériel iconographique.

L'éditeur est à la disposition des ayants droit pour ce qui concerne d'éventuelles sources iconographiques non identifiées.

Imprimé en Espagne